황금, 설탕, 이자(金糖利; Gold, Sukkar, Máš)

- 바빌로니아의 수수께끼 編 (上-1) 券 -

Babylonian Enigma

미국과 중국의 거대한 체스판

황금, 설탕, 이자(金糖利: **Gold, Sukkar, Máš**)

바빌로니아의 수수께끼 編 (上-1) 券

초판 1쇄 발행 2024년 7월 31일

지은이: 이원희
펴낸곳: (주)하움출판사
펴낸이: 문현광
출판등록 제 2019-000004호
주소: 전북 군산시 소송로 315, MJ빌딩 3층 하움출판사
전화: 070-4281-7160
블로그: blog.naver.com/haum1007, 인스타: @haum1007

표지 및 내지 디자인: 이원희
편집: 이원희
교정: 이원희
마케팅, 지원: 김혜지
ISBN 979-11-6440-655-5(03900)
값 22,000원

황금, 설탕, 이자

金糖利

바빌로니아의 수수께끼(上·1)

Gold, Sukkar, Máš

In Memory of My Father, Moonsun Lee

이 원 희 지음

황금, 설탕, 이자를 동시에 장악하는 자가 세상을 지배한다!!!

서양은 왜 동양을 지배하게 되었는가? 세계 질서는 왜 등장했는가?
미국, 중국 대결의 승자는? 황금, 설탕, 이자의 역사 탐구를 통해 그 대답을 찾다!!!

SI VIS PACEM, PARA BELLUM

머리말

　황금, 설탕, 이자. 제목이 뭔가 이상하다? 하지만 제목이 상징하는 것은 책을 읽다 보면 자연스럽게 알게 될 것이다. 나아가 황금, 설탕, 이자, 이 세 가지가 결합하면 무슨 일이 일어났는지도 알게 될 것이다. 예컨대 헨리 키신저는 『세계 질서』에서 1948년 이후 세계 질서가 등장한 사실은 지적했었지만, 왜 이 질서가 등장했는지는 설명하지 않았다. 하지만 필자는 1948년 이후 세계 질서가 왜 등장했는지 황금, 설탕, 이자의 결합을 통해 설명할 것이다.

　특히 책을 읽다 보면 이 세 가지의 결합은 왜 서양이 동양을 지배하게 되었는지, 미국과 중국 충돌의 승자는 누가 될 것인지, 미래 인류의 발전 방향은 어떻게 흘러가야 하는지도 알려 주는 중요한 요인이라는 것을 알게 될 것이라 생각한다. 예컨대 재러드 다이아몬드는 『총, 균, 쇠』가 서양이 동양을 지배한 요인이라고 주장했지만, 필자는 총, 균, 쇠가 아니라 『금, 당, 리[金, 糖, 利]』의 결합이야말로 서양이 동양을 지배한 원인이라고 감히 주장할 것이다.

　이 책은 역사책이다. 하지만 단순히 과거에 무슨 일이 일어났는지를 기록한 역사책은 아니다. 따라서 역사적 사실을 기록하는 과정에서 약간의 오류 가능성은 있을 수 있다. 다만 필자는 황금, 설탕, 이자라는 특정 관점에서 과거 인간 사회의 역사를 추적하고, 이를 통해 현재의 시사점을 찾아내려고 노력했다. 필요한 부분에서는 간단히 미래의 발전 방향까지 제시하려고 하였다. 이제 그 험난하고 오랜 여정을 시작해 볼까 한다.

저자 및 저서

이원희(李元熙)

서울대학교 경제학과, 서울대학교 행정대학원
JD at University of New Hampshire School of Law, Attorney at Law (N.Y. State)
행정고시 41회, 산업자원부 자원정책과, 투자진흥과,
국무총리실 심사평가심의관실, 지식경제부 부품소재총괄과
대한무역투자진흥공사 파견근무, 우정사업본부 예금사업단 대체투자팀장, 산업통상자원부
수출입과장, 산업통상자원부 무역규범과장, 무역위원회 덤핑조사과장
現 산업통상자원부 서기관

저서

외국인직접투자, 얼마나 알고 계십니까? (2002, 공저)
한일투자협정 해설 (2003, 공저)
대체투자 파헤치기(상) - 세계 경제동향, 헤지펀드 編 (2014)
대체투자 파헤치기(중) - 타이타노마키의 서막: PEF 編 (2015)
대체투자 파헤치기(하) - 타이타노마키의 2막: 주주행동주의, 주요 대기업 그룹 해부 編 (2015)
황금, 설탕, 이자(金糖利; **Gold, Sukkar, Máš**) - 바빌로니아의 수수께끼編 (上-1)券(2024)
황금, 설탕, 이자(金糖利; **Gold, Sukkar, Máš**) - 바빌로니아의 수수께끼編 (上-2)券(2024)

차례

〈바빌로니아의 수수께끼 編: (上-1) 券〉

〈바빌로니아의 수수께끼 編: (下-1) 券〉

Ⅲ. 뱅킹의 기원 - 이자의 탄생 ·································· 1

Ⅳ. 황금, 국제교역, 뱅킹의 역사 - 수메르와 메소포타미아 ·················· 18

바빌로니아의 수수께끼(上 - 1)

Gold, Sukkar, Máš

프롤로그

황금의 지배, 무역의 지배, 금융의 지배, 세계의 지배

(1) 미국, 로마 제국의 아바타

미국은 로마 제국의 아바타이다. 즉 미국은 로마 제국과 거의 모든 면에서 닮았다. 우선 두 나라 모두 패권국가이다. 예컨 대 로마 제국은 로마 황제에 대한 숭배를 거부하고 반란을 일으킨 유대인들을 용서하지 않았다. 3차례에 걸친 유대-로 마 전쟁 결과 예루살렘의 헤롯 성전은 "돌 하나도 다른 돌 위에 남아 있지 않을 정도로 완전히 파괴"되었고,[1] 유대인들은 2차 대전 후까지 무려 2,000년 동안 예루살렘으로 돌아오지도 못했다. 헤롯 성전의 자리에는 로마 최고의 신인 유피 테르의 신전이 세워졌다. 마키아벨리에 따르면 로마는 "약소국에는 상주병을 파 견하여 그 세력의 증대를 막고, 강국의 경우에는 이를 철저히 쳐부수고, 제3세 력에 대한 평가는 높아지지 않도록 항상 유의하였다."

1　신약성서, 마가복음, 13:1~2. 예루살렘에 성전을 처음 만든 이는 솔로몬 왕이다. 이곳에 그 유명한 모세의 언 약궤가 보관되어 있었고, 이때의 성전을 솔로몬 성전이라고 부른다. 이 성전이 파괴되고 두 번째 건설된 성전은 바빌 론 유폐에서 유대인을 이끌고 다시 예루살렘으로 돌아온 유다 총독 스룹바벨(Zerubbabel)이 건설하여 스룹바벨 성 전이라고 부른다. 세 번째 성전은 헤롯 왕의 주도로 건설되어 헤롯 성전이라고 부른다. 그리스도가 파괴를 예언한 성 전은 헤롯 성전이다. 예루살렘의 성전과 관련된 상세한 이야기는 『*황금, 설탕, 이자 - 성전기사단의 비밀(上)*』編에서 상술한다.

미국도 마찬가지다. 1989년 12월, 파나마의 최고 권력자 노리에가(Manuel Noriega, 1934~2017)는 300여 대의 최첨단 헬기와 항공기가 동원된 24,000여 명에 이르는 미군의 파나마 침공으로 체포되었다. 명목은 플로리다 법이 금지한 마약 밀매 혐의였다. 그는 미국에서 20년간 복역했다.

2001년 9·11 테러의 배후로 지목된 오사마 빈 라덴(Osama bin Laden, 1957~2011)도 2011년 5월 2일, 제로 다크 써티(Zero Dark Thirty), 즉 밤 12:30에 시작된 "넵튠 스피어 작전(Operation Neptune Spear)"에서 현재까지도 정체가 정확히 알려지지 않은 스텔스 헬리콥터에 탑승한 네이비 실 6팀인 데브그루(DEVGRU)와 CIA의 합동작전으로 파키스탄 수도 근처의 아보타바드(Abbottabad) 자택에서 사살되었다.[2] 그의 범죄 혐의는 1998년 아프리카 미국 대사관 테러 공격을 공모한 혐의 등이었다.[3] 파키스탄은 아프가니스탄에서 출발한 미군 헬기가 자국 영공을 침범한 사실도 모른 채, 한밤중에, 그것도 수도 근처에서 미군의 군사 작전으로 건물 하나가 완전히 유린되는 사태를 알고 나서도 찍소리 한마디 하지 못했다. 이처럼 로마와 미국 모두 다른 나라의 주권이나 의지를 무시하고 자국 뜻대로 세계를 경영할 수 있는 권력을 소유한 국가이다.

둘째, 개방된 시민권이다. 로마는 아테네와 달리 로마 제국에 충성을 맹세하는 남자라면 누구나 로마 시민이 될 수 있었다. 예컨대 로마는 로마에 대한 충성을 전제로 그들에게 마지막까지 저항하던 철천지원수인 남부의 삼니움(Samnium)족에게도 시민권을 부여했다. 플루타르크에 따르면 "패자마저 자기들에게 동화

---

2 제로 다크 써티는 2012년 미국 여성 영화감독인 캐서린 비글로우(Kathryn Bigelow, 1951~)가 영화로 만들기도 했다. 이 영화 끝부분에서는 빈 라덴의 사살 장면을 매우 사실감 있게 묘사하고 있는데, 이 때문에 혹자는 CIA가 사살 당시의 상세한 상황을 비밀리에 비글로우 감독에게 전달했다는 주장도 한다.

3 오사마 빈 라덴은 1998년 8월 7일, 케냐의 수도인 나이로비와 탄자니아의 거대 도시인 다르에살람(Dar-es-Salaam)의 미국 대사관을 폭파했다는 혐의를 받고 있다. 이 사고로 무려 224명이 사망하고, 5,000여 명이 다쳤다. 미군은 8월 20일, "Infinite Reach" 작전을 통해 아프가니스탄과 수단의 알카에다 기지라고 알려진 곳에 최첨단 구축함 USS 콜에서 순항 미사일 1,000여 발을 쏟아부었다. 물론 빈 라덴은 아프가니스탄에 없었다. 미국은 7.5억 불의 미사일로 알카에다 하급 직원 단 2명을 제거하고 수단의 제약 공장을 파괴하는 데 그쳤다. 수단의 제약 공장이 알카에다 화학무기 생산기지인지도 확실치 않았다. 영국의 이코노미스트는 실패한 무제한 접근 작전이 10만 명의 빈 라덴 추종자들을 만들지도 모른다고 비아냥거렸다.

시키는 이 방식만큼 로마를 강대국으로 만든 요인은 없다."[4] 미국의 경우도 미국에 태어난 이는 인종에 상관없이 미국 시민이다. 미국 수정헌법 제14조에 담긴 이 내용은 미국의 각 주가 헌법이 부여한 시민권을 제한할 수 없다고도 규정한다.

이에 따라 1960년 케냐에서 온 남학생과 캔자스에서 온 여학생이 1959년 정식 주로 승격된 하와이의 하와이 대학 러시아어 수업에서 만나 결혼한 후, 하와이에서 낳은 남자아이는 어엿한 미국 시민으로 성장하여 나중에 미국 대통령까지 된다. 트럼프 대통령은 선거 기간 중 오바마 대통령이 미국 시민이 아니라는 것을 증명하기 위해 사립 탐정까지 고용하겠다고 으름장을 놓았지만, 트럼프 대통령의 어깃장과 상관없이 오바마 대통령은 미 헌법 규정에 따라 미국 50번째 주인 하와이에서 태어난 엄연한 미국 시민이다.[5]

셋째, 문화의 개방성이다. 로마는 다른 문화에 대해 매우 개방적이었다. 건국 초기에는 아예 강제로 문화를 개방했다. 대표적으로 건국 초기 주변의 사비니족(Sabines)들을 강제로 납치하여 라틴족과 결혼시켰다. 이처럼 로마는 건국 초기부터 에트루리아인, 사비니족, 라틴족 등으로 구성된 다민족 국가였다.[6] 정복 과정에서도 로마인들은 자신에게 이익이 되는 것이면 다른 민족들의 모든 것을 수용했다. 로마 4대 황제 클라우디우스(Claudius, BC 10~AD 54)는 아테네와 스파르타 멸망의 유일한 원인이 피정복민을 철저히 배척했기 때문이라고 평가할 정도였다.[7]

---

4 박상익, 『나의 서양사 편력 1』, 푸른역사, 2015, pp. 53~54

5 2008년 대선 문제에서도 유사한 문제가 공론화된 적이 있다. 즉 공화당 후보였던 존 매케인(John McCain, 1936~2018)의 출생지는 파나마 운하의 코코 솔로 공군기지였다. 미국 헌법은 대통령이 미국 시민이어야 한다고 규정하는데, 파나마 운하의 미군 기지에서 태어난 이는 미국 시민인가? 1937년 의회는 토론을 거쳐 미국인 부모를 둔 파나마 운하 지대 출생자에게도 시민권을 소급 부과했다. 존 매케인은 1936년에 태어났지만, 이 법에 따라 미국 시민권을 획득하게 된다.

6 로마 최초의 왕인 로물루스와 3대 왕은 라틴족, 2, 4대 왕은 사비니족, 5, 6, 7대 왕은 에트루리아인이었다. 특히 2대 왕인 누마 폼필리우스(Numa Pompilius, BC 753~673)는 1년을 열두 달로 나눈 최초의 로마 왕이다. 원래 로마는 로물루스가 건국할 때 1년이 10달이었고, 3월이 1년의 첫 달이었다. 폼필리우스는 겨울을 두 개의 달로 나누고, 1년의 시작으로 하였으며, 신들의 문지기 야누스와 정화의 축제 이름인 페브루아(Februa)의 이름을 따서 1월(January)과 2월(February)로 나누었다.

7 에이미 추아, 『제국의 미래』, 비아북, 2008, p. 73.   하지만 로마 제국 말기에는 사회가 폐쇄되기 시작한다. 예컨대 4세기 말에는 로마 역사상 처음으로 정복민에 대한 인종차별 정책을 시행한다.

자크 루이 다비드(Jacques-Louis David, 1748~1825)의 1799년 作 「사비니 여인의 납치」. 가운데 양팔을 벌린 여인이 로물루스의 아내인 헤르실리아(Hersilia). 정면 우측에 창을 들고 있는 이가 로마 건국자 로물루스(Romulus), 그리고 맞은편에 있는 이가 헤르실리아의 부친인 사비니 왕 티투스 타티우스(Titus Tatius). 로물루스는 건국 초기 여성이 부족하여 인근의 사비니족을 초대하고는 위 그림처럼 여인을 제외한 남성은 무력으로 내쫓고 사비니 여인과 로마인들을 강제로 결혼시켰다. 루브르 박물관 소장.

미국은 당초 이민자의 국가였다. 1820~1914년 사이에 미국으로 이주한 이들의 수는 3,000만 명으로 역사상 최대 규모였다.[8] 링컨 대통령과 함께 미국 역사상 가장 유명한 대통령인 케네디(John F. Kennedy, 1917~1963) 대통령도 아일랜드 이민자 집안 출신이다. 아일랜드계의 직간접 후손 중에는 존 F. 케네디 외에도 우드로 윌슨, 지미 카터, 로널드 레이건, 부시 부자, 조 바이든 등의 대통령도 있다. 문화

---

8 에이미 추아, *앞의 책*, p. 350. 에이미 추아는 제국 붕괴의 중요한 원인 중의 하나가 폐쇄성이라고 주장한다. 예컨대 몽골 제국도 건국자 칭기즈 칸 이래로 개방 정책을 일관되게 유지하다가, 말년에는 폐쇄 정책을 채택하면서 결국 붕괴한다. 몽골의 마지막 황제인 원 혜종{元 惠宗, 1320~1370}도 중국화를 거부하고 장, 이, 류, 왕, 조 씨 등 5개 성을 가진 중국인들을 모조리 처형하자는 계획을 세우기까지 했다. 만약 이 계획이 실제로 실행되었다면 중국 인구의 90%가 몰살당했을 것이다. 에이미 추아, *앞의 책*, p. 190

가 융합될 수밖에 없었다. 즉, 미국 문화는 "용광로 (melting pot)" 문화다. 미국은 아직까지는 이 문화적 전통이 유지되고 있다.

넷째가 법치국가이다. 로마는 호민관을 통해 평민도 법을 발의할 수 있었고, 원로원이 확정했다. 일단 법이 제정되면 황제도 법을 어길 수 없었다. 서양 종교법과 근대법의 모든 원류는 로마법이다. "그리스인들보다 지성에서 뒤지고, 게르만족보다는 체력에서 뒤지고, 카르타고인들보다는 경제력에서 뒤지고, 에트루리아인들보다 기술력이 현저히 부족했던" 최빈국 로마는 로마법 체계를 통해 세계 최강대국으로 부상할 수 있었다. 황제가 되려고 시도했던 카이사르를 포함하여, 카이사르 암살 후 14년 동안의 내전을 거쳐 티베리우스(Tiberius, 재위 14~37), 칼리굴라(Caligula, 재위 37~41), 클라우디우스(Claudius, 재위 41~54), 네로(Nero, 재위 54~68), 갈바(Galba, 재위 68~69) 등 5명의 황제 모두가 연쇄적으로 암살되고도, 갈바 황제 사후인 69년에는 단 1년 만에 4명의 황제가 교체되는 극도의 혼란을 겪고도 로마가 최강대국으로 남아 있었던 이유 또한, 로마는 황제가 아니라 법이 지배하는 국가였기 때문이다. [🚶 Fun Fun 상식]

티투스 황제가 예루살렘 반란을 진압하고 난 후 그 승리를 기념하기 위해 로마 원로원이 만든 개선문. 이 개선문에는 티투스 황제가 71년 개선 마차를 타고 로마로 돌아와 승리를 기념하는 모습이 조각되어 있다. 티투스 개선문은 현재 로마에 남아 있는 3개의 개선문 중 가장 작지만, 가장 오래된 개선문이다. 티투스 개선문은 이후 세워지는 서양의 모든 개선문 모양의 모티브를 제공한다. 로마 포로 로마노 소재.

미국도 마찬가지이다. 미국은 사법 지상주의 국가이다. 미국 대통령도 사법을 방해하면 탄핵 대상이다. 1972년 재선에서 매사추세츠를 제외한 49개 주에서 승리함으로써 현재까지도 깨지지 않는 역사상 최대 표 차이로 승리한 닉슨(Richard Nixon, 1913~1994) 대통령조차도, 워터게이

트 사건 특검의 조사 방해를 이유로 최종 탄핵 직전에 사임했다.

다섯째는 자유 민주국가적 요소이다. 로마는 출발이 왕정이었지만, 마지막 왕인 거만한 타르퀴니우스^(Lucius Tarquinius Superbus, BC ?~495)의 학정에 기겁을 하고는 왕을 추방했다. 대신 집정관, 민회, 원로원 3각 체제의 레스 푸블리카^(res publica), 즉 공화정을 만들었다. 로마 스스로도 로마가 원로원과 인민이 통합된 국가라는 뜻의 "SPQR^(Senatus Populusque Romanus)"을 국호로 사용하였다.[9] 서양 역사상 가장 위대한 천재 군인이자 정치가인 카이사르도 황제가 되려고 시도하다가, 아니 황제가 될지도 모른다는 일말의 가능성 때문에 암살당했다.

어렵사리 도입된 황제 체제 이후에도 로마는 공화국의 전통이 그대로 남아 있었다. 예컨대 로마 10대 황제 티투스^(Titus, 39~81)는 유대인 여자와 결혼하고 싶었다. 후궁이 18,000여 명에 이른 한나라 무제^(武帝, BC 156~87)나 궁녀 4만여 명을 거느리며 생활하다가 꽃들까지 기가 죽을 만큼 아름답다는 이유 하나로 며느리를 출가시켜 아내로 맞이한 당나라 현종^(玄宗, 685~762)이 들으면 기절초풍하겠지만, 대중이 반대하면서 티투스는 황제임에도 불구하고 자신의 뜻대로 결혼조차 할 수 없었다.[10] 티투스는 평생 독신으로 살았다.

---

9   로마의 원로원과 대중이라는 뜻의 라틴어. 이탈리아 독재자 무솔리니는 로마 공화국의 영광을 재현하기 위해 SPQR을 공공건물이나 맨홀 뚜껑 등에도 새겼다.

10   『대당육전(大唐六典)』에 따르면 중국 황제는 황후 1, 부인 4, 빈 9, 첩 9, 미인 9, 재인 9, 보림 27, 어녀 27, 채녀 27 등 총 121명의 공식적인 후궁을 둘 수 있다고 규정한다. 당나라 말아먹은 현종의 연인은 그 유명한 양귀비(楊貴妃)이다. 하지만, 양귀비는 이름이 아니고, 양씨 성을 가진 귀비(직함)라는 뜻이다. 그녀의 정식 이름은 양옥환(楊玉環, 719~756)인데, 팔에 옥고리 모양의 문양이 있다고 해서 붙여진 이름이라고 한다. 그녀는 원래 당 현종의 후궁인 무혜비(武惠妃, 699~738)의 3남인 수왕(壽王) 이모(李瑁, 720~775)와 결혼했다가, 무혜비가 죽자 당 현종이 그녀를 사실상의 아내로 맞이한다. 그녀는 태어날 때 향기가 온 방을 가득 채웠고, 피부는 백옥처럼 고왔으며, 예술에도 조예가 깊은 절세 미녀였다고 한다. 그녀가 얼마나 아름다웠는지 꽃이 그녀를 보고 기가 죽어 고개를 숙인다고 해서 별칭이 수화(羞花)이다. (불행히도 당시 그녀를 그린 그림은 지금 단 하나도 남아 있지 않다.) 그러나 아무리 황제라고 해도 며느리를 아내로 맞이한 게 겸연쩍었는지, 당나라 공식 역사서인 『구당서』에도 양귀비가 수왕의 아내라는 사실조차 기록되어 있지 않다. 한편 중국 황제 중 황후나 후궁에 대한 구체적 기록이 거의 없는 황제는 진시황이다. 다만 사마천의 사기 진시황 본기에는 시황제가 여산에 안장될 때, 자식이 없는 후궁은 모두 순장했는데 이렇게 죽은 후궁이 숱하게 많았다는 기록만 있다.

Fun Fun 상식: 옥타비아누스 황제의 암살?

옥타비아누스는 76세까지 살았으므로, 암살당했다고 보는 건 무리가 있다. 하지만 그의 죽음이 암살 때문이라는 소문이 있다. 옥타비아누스 암살의 배후로 지목되는 사람은 그의 세 번째 아내 리비아 드루실라(Livia Drusilla, BC 59 ~ AD 29)이다. 리비아 가문은 카이사르 사후 14년간 지속된 내전 시 옥타비아누스 반대편에 서 있어서, 옥타비아누스 집권 이후 거의 몰락한 상태였다. 옥타비아누스는 리비아와 결혼 당시 두 번째 아내인 스크리보니아(Scribonia, BC 70 ~ AD 16) 사이에 율리아(Julia the elder, BC 39 ~ AD 14)라는 딸만 두고 있었다. 하지만 유부녀인 리비아의 미모에 반해 BC 38년에 그녀와 세 번째로 결혼하게 된다. 이유는 간단했다. 바로 리비아가 당시 로마 최고의 미녀였기 때문이다. 하지만 옥타비아누스와 리비아 사이에는 자식이 없었고, 리비아는 옥타비아누스와 결혼 전에 티베리우스와 드루수스(Drusus, BC 38 ~ AD 9, 혼인당시 임신한 아들)라는 아들 둘이 있었다. 이 때문에 옥타비아누스는 자신의 후계자로 자신의 조카이면서 동시에 율리아의 첫 남편인 마르켈루스(Marcellus, BC 42~23)를 지목하였다.

로마 초대 황제 옥타비아누스의 청동 두상. 청동으로 만들어졌지만 눈은 유리와 돌로 만들어져 사실감을 높였다. 이 두상은 수단의 메로에(Meroe)에서 1910년에 발견된 것이다. BC 27~25년경. 영국박물관 소장

하지만 마르켈루스는 19세에 열병으로 사망한다. 이에 따라 옥타비아누스는 자신이 가장 신임하는 평민 출신 부관 아그리파(Marcus Vipsanius Agrippa, BC c.63~12, 칼리굴라 황제의 조부)와 율리아를 혼인시키고 아그리파를 후계자로 삼는다. 아그리파는 재물이나 명성에는 아무 관심이 없이 묵묵히 일만 하는 충신이었다.

7

로마 제정 초기 로마 건축물은 아그리파의 손을 거치지 않은 것이 없다. 오늘날 미대생이 가장 많이 그리는 초상화도 이 아그리파이다. 이 아그리파와 율리아는 아들 3명을 낳게 되는데, 바로 가이우스 (Gaius Caesar, BC 20 ~ AD 4), 루키우스 (Lucius Caesar, BC 17 ~ AD 2), 포스트무스 (Agrippa Postumus, BC 12 ~ AD 14)이다. 옥타비아누스는 이 중 가이우스와 루키우스를 애지중지하여 직접 교육시키고 손수 양육한 후 공식 후계자로 지명한다.

하지만 아그리파, 가이우스, 루키우스 모두 의문의 죽음을 맞이한다. 4명의 후계자가 모두 연이어 사망하자 리비아는 옥타비아누스를 설득하여 자신의 장남인 티베리우스를 옥타비아누스의 양아들로 입양시키는데 성공한다. 이 무렵 옥타비아누스는 아그리파의 마지막 혈육인 포스트무스도 입양한다. 불행히도 포스트무스는 2년 뒤 추방당한다. 이제 남은 후계자는 리비아의 장남인 티베리우스뿐이었다.

리비아의 정치 활동은 이처럼 매우 치밀하고 활발하였는데, 그녀가 옥타비아누스와 혼인한 BC 38년 이후 마르켈루스 (BC 23), 아그리파 (BC 12), 가이우스 (AD 4), 루키우스 (AD 2) 등을 독살하였고, 자신의 장남이자 2대 황제인 티베리우스가 등극할 때도 그녀가 옥타비아누스까지 독살했다는 소문이 있다. 실제로 로마 역사가 타키투스 (Publius Cornelius Tacitus, 56~117)는 다른 이는 몰라도 가이우스와 루키우스 죽음의 배후에는 리비아가 있을 수도 있다고 주장했다.

리 비 아 드루실라 조각상. 전설에 따르면 옥타비아누스는 두 번째 아내인 스크리보니아(Scribonia, BC. c.70~AD. c.16)가 있었음에도 불구하고, 그녀를 보자마자 사랑에 빠졌다고 한다. BC31년경. 사진사: 마리-랑 응구엔(Marie-Lan Nguyen). 루브르 박물관 소장. Public Domain

8

로마 17대 황제 마르쿠스 아우렐리우스 (Marcus Aurelius, 121~180) 도 "만인 평등과 언론의 자유에 기초를 둔 공화국의 개념과 무엇보다도 국민의 자유를 존중하는 정치체제의 개념을 알고 있었다."[11] 로마 공화정의 상징인 SPQR은 로마 황제들도 그대로 사용했다.

미국은 자유민주주의 국가의 상징이다. 예컨대 국가 권력을 엄격히 제한해야 한다는 反 연방주의자들의 주장을 반영한 미국 수정헌법 제1조는 다음과 같이 선언한다. 즉 "의회는 종교의 자유, 언론의 자유, 말할 수 있는 자유, 평화적 집회의 자유, 청원권을 제한하는 그 어떠한 법규도 만들 수 없다!!!"[12] 다수당으로서 오만한 의회 권력으로 온갖 악법을 제정함으로써 보편적 인류애를 말살한 히틀러나 나치 당이 미국 수정헌법 1조를 면밀히 살펴보았다면 무슨 생각을 하였을까?

여섯째, 두 국가 모두 능력만 있으면 얼마든지 최고의 자리에 오를 수 있는 열린사회였다. 콤모두스 (Commodus, 161~192) 황제가 암살되고 193년에 로마 황제가 된 페르티낙스 (Pertinax, ?~193) 는 제노바에서 모직물을 사고파는 해방 노예 집안 출신이었다. 로마 역사가 타키투스 (Cornelius Tacitus, 56~120) 에 따르면 "능력만 있으면 로마가 아닌 다른 어느 지역에서도 황제가 나올 수 있었다."[13] 1848년 스코틀랜드에서 13살의 나이로 미국에 건너가 공장 노동자, 전보 배달원, 전신 기사 등을 전전하던 앤드류 카네기 (Andrew Carnegie, 1835~1919) 는 철도산업에 발을 들인 후, 철강 산업의 성장잠재력을 간파하여 50년 만에 세계 최고의 부자 철강왕이 되었다.[14]

---

11   아우렐리우스, 『아우렐리우스 명상록』, 육문사, 1993, p. 25

12   Congress shall make no law respecting an establishment of religion, or prohibiting the free exercise thereof; or abridging the freedom of speech, or of the press, or the right of the people peaceably to assemble, and to petition the Government for a redress of grievances.

13   에이미 추아, 앞의 책, p. 71

14   이 당시 증기기관차는 화물역에 정차할 때 증기기관을 끌 수가 없었다. 증기기관을 껐다가 다시 켜는 데 비용이 너무 많이 들었기 때문이다. 이 때문에 증기기관차에 화물을 가장 신속하게 싣는 것이 당시 가장 큰 과제였다. 증기기관차와 증기선은 운송 비용을 급격히 낮추어, 19세기 세계를 하나로 묶는 가장 핵심적인 수단이 된다. 대표적으로 1825년 무렵 세계에서 처음으로 증기기관차를 만들고 철도를 부설한 영국은 철도 시간을 통일하기 위해 그리니치 (Greenwich)를 기준으로 표준 철도시(鐵道時)를 만든다. 그리니치 표준 철도 시간은 이후 전 세계 표준시의 기준이

클린턴에 이어 2017년에 대통령에 취임하였고, 총격을 당하면서까지 2024년에 다시 대선에 도전한 트럼프도 대통령 이전 의회 경력이 전혀 없는 완전 생짜배기 부동산 상인 출신이다. 미국은 자신들의 열린 사회적 특성을 "아메리칸 드림 (American Dream)"이라고 부른다. 중국의 키신저라 불리는 왕후닝(王滬寧, 1955~)이 들으면 입에 거품을 물고 반박하겠지만, 필자가 보기에 미국은 출신에 상관없이 갑부나 대통령이 될 수 있는 열린 사회인 것만큼은 확실하다.

일곱째, 두 제국 모두 확고한 통일의식, 국가의식, 단일의식이 있었다. 로마는 로마에 대한 충성을 전제로 피정복민들에게도 시민권을 부여했다. 시민권을 부여받으면 민족에 상관없이 로마 시민이었다. "나, 로마 시민이야!(Civis romanus sum!)" 말 한마디면 전 세계 어디를 가도 보호받을 수 있었다. 따라서 로마 시민은 로마에 대한 절대 충성심으로 똘똘 뭉쳐 있었다. 대표적인 사례가 한니발 전쟁이다. 우선 카르타고의 명장 한니발은 단 2만 6천 명의 돌격대로 알프스 산맥을 넘어 70만 명을 동원할 수 있는 로마 전체를 공포에 빠뜨렸다. 불행히도 그는 로마 바로 코앞에서 진격을 멈추고, 이탈리아 반도 전체를 휘젓고 다녔다. 이탈리아 반도를 휘저어 로마에 충성을 맹세한 동맹 도시들을 분열시키려고 했기 때문이다. 하지만 한니발은 역사학자 토인비가 로마 정치건축의 걸작이라고 평가한 로마 연합, 즉 로마의 통일의식과 단일의식을 과소평가했다. 한니발은 이탈리아 반도 곳곳에서 승승장구하였지만, 로마가 끝내 저항하면서 이탈리아 반도 전체가 로마를 중심으로 더 결집할 수 있다는 사실은 간과했다. 결국 한니발은 패배했다.

미국도 로마와 마찬가지로 확고한 통일의식, 국가의식, 단일의식을 보유하고 있다. 그러나 미국이 출발부터 그랬던 것은 결코 아니었다. 미국이 독립선언을

된다. 2023년을 기준으로 167년의 전통을 지닌 스위스의 크레디 스위스(Credit Swiss)도 스위스의 철도 건설을 위한 파이낸싱을 위해 설립된 금융 회사이다. 크레디 스위스는 2008년 금융위기 때 미국이나 유럽의 다른 대형 은행들보다 상대적으로 피해가 덜하여, 이후 공격적으로 투자은행 업무를 키웠다. 그러다가 2021년 3월 한국계 투자자 빌 황(Bill Hwang, 1964~)이 운용하는 펀드 아르케고스(Archegos)에 엄청난 자금을 투자했다가, 2020년 순이익의 대략 2배인 55억 불을 날렸다. 2023년 3월에는 FED의 공격적인 금리 인상의 충격을 견디지 못하고, UBS가 시총의 ⅓ 수준인 32억 불에 인수하게 된다.

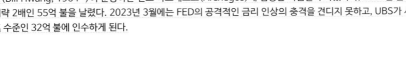

할 때인 1776년에는 미국이라는 단일 국가가 없었다. 독립선언서도 단지 13개 주의 식민지 대표가 각자의 권한에 따라 서명한 느슨한 모자이크 작품일 뿐이었다. 독립선언서를 기초한 토마스 제퍼슨^(Thomas Jefferson, 1743~1826)조차도 강력한 통일 국가인 미합중국 설립에 결사반대했다. 하지만 단일 국가 개념 정립을 주도했던 제임스 매디슨^(James Madison, 1751~1836)은 인류 최초의 헌법인 미국 헌법을 만들어 미합중국이라는 단일 국가 개념의 기초를 확립했다.

다만 통일을 지향하는 연방주의와 분권을 지향하는 反 연방주의의 대립은 쉽게 해결되지 않았다. 연방주의와 反 연방주의의 대립은 결국 전쟁으로 비화하는데, 바로 남북전쟁이다. 우선 건국 초기 미국 북동부에 거주한 뉴잉글랜드에 정착한 이주민들은 농사에 매우 서툴렀다. 얼마나 서툴렀는지 한 기록에 따르면 첫 이주민의 절반가량이 이주 초기에 굶어 죽을 정도였다고 한다. 이를 보다 못한 인디언 중에는 농법을 가르쳐 준 이도 있었다. 디즈니 만화 「포카혼타스」는 인디언에 의존해야 했던 초기 청교도들의 기막힌 사연을 배경으로 만들어진 애니메이션이다. 설상가상으로 뉴잉글랜드 겨울은 무척이나 길고 춥다. 농사짓는 법도 모르고 겨울이 길고 혹독하여, 정말 추수라도 할 수만 있는 9~10월경에는 진짜 사람이라면 하늘에 감사절을 지낼 수밖에 없었을 것이다.

이 때문에 북부 사람들은 농사보다 근처의 바다로 나아가 대구잡이에 몰두하거나, 근처 삼림을 활용한 수공업에 종사했다. 특히 영국은 1660년대가 되면 함선 건조에 자국의 나무를 거의 모두 사용하였으므로, 뉴잉글랜드의 삼림은 더없이 좋은 원자재였다. 영국은 식민지에 상업적 목적의 상품을 제조하는 수공업을 금지하였는데, 선박 제조는 할 수 없이 미국 북동부 뉴잉글랜드 지방에 맡길 수밖에 없었다. 이 때문에 뉴잉글랜드 지방에는 일찍부터 조선 산업이 발달했다. 현재도 미국 최대의 조선소인 뉴포트 뉴스^(Newport News) 조선소는 버지니아의 노퍽^(Norfolk)에 위치한다. 아울러 미국 독립 이후 뉴잉글랜드인은 영국의 특허권을 도용하여 뉴잉글랜드 지방에 면 방적공장을 세우기 시작했다. 이처럼 조선소와 방적공장을 바탕으로 미국 북동부는 17~18세기부터 공업지역으로 발달

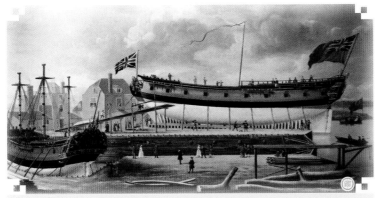

17~19세기, 런던은 세계에서 가장 큰 조선소 산업단지가 위치한 도시였다. 위 그림은 템즈강 남쪽의 로더하이더(Rotherhithe)의 사립 조선소에서 선박을 건조하는 모습을 그린 것이다. 이 조선소들 때문에 영국은 국내에서 연간 4,500톤에 이르는 어마어마한 목재를 사용했다. 결국 영국은 미국의 뉴잉글랜드 정착민에게 선박 제조의 일부를 맡기게 된다. 이 조치가 나중에 남북전쟁의 원인이 된다. 작가는 존 클레벌리(John Cleverley, the Elder, c, 1712~1777)로, 데트포드(Debtford)에 위치한 왕립 조선소의 조선공 출신인데 나중에 화가로 전향한 인물이다.

하기 시작했다.

이와는 반대로 버지니아 남부, 노스 & 사우스 캐롤라이나, 조지아, 앨라배마, 미시시피 등 날씨가 따뜻한 미국 남동부 지역의 경우에는 1730년 무렵부터 영국 면방적 산업의 급속한

기계화를 뒷받침하기 위한 거대한 면화 생산지로 처음부터 각광받았다. 이후 미국 남부는 전 세계 면화 공급의 80%를 장악한 세계 최대의 면화 생산기지가 되었고, 영국은 자국 면방적 산업에 필요한 면화의 70~75%를 미국 남부로부터 수입했다. 이 거대한 면화 생산지를 운영하기 위해서는 엄청난 수의 노예가 필요하였는데, 미국 남부의 면화는 거의 100% 흑인 노예를 통해 생산되었다.

요컨대 미국 북동부와 남동부는 역사적으로 산업 발달의 경로가 완전히 달랐다. 이 와중인 1860년 노예제 폐지를 약속한 링컨이 대통령에 당선된 것이다. 링컨이 속한 공화당의 노예제 폐지 공약은 유럽 계몽주의의 영향을 받아 혹독한 노예 노동에 대한 저항감에서 비롯된 것도 있고, 북부의 발달한 공업에 필요한 노동력을 싼값에 공급받으려는 경제적 목적도 있었다. 하지만 노예 노동력은 남부 면화 지역의 모든 생명줄을 쥐고 있는 핵심 생산수단이었다. 따라서 북부와 남부는 노예 해방을 내건 링컨 대통령이 당선된 1860년 이후에는 절대로 공존할 수 없었다.

하여튼 남북전쟁에서 승리한 링컨 대통령의 위대함은 노예 해방도 있지만, 더 큰 업적은 바로 통일된 미국을 완성하였다는 점이다. 남북전쟁 승리 후 통일된 미국은 얼마 후 당시 패권국가였던 영국을 제압하고, 패권국가로의 확실한 기틀을 다졌다. 만약 링컨 대통령이 남북전쟁에서 승리하지 못했다면, 미국은 오늘날 유럽과 마찬가지로 지리멸렬하게 남과 북으로 분열되어 있었을 것이 거의 확실하다. 이 점에서 영국은 남북전쟁 당시 어떻게든 남부군을 지원해서 영국이 독일과 프랑스에 했듯이 미국의 분열을 유도했어야 했다. 영국의 이와 같은 전략적 실수가 영국의 패권이 몰락하게 된 가장 결정적인 이유다.

(2) 그러나, 미국은 로마와 다르다!

하지만 두 제국은 다마스쿠스 강철 검^(Damascus steel sword)의 칼날처럼 선명한 차이가 있다. 바로 황금이다. 엄격히 말하면 황금의 보유량이다. 황금의 철학적 의

미에 대해서는 『황금, 설탕, 이자 - 성전기사단의 비밀^(上)』編에서 상술하겠지만, 로마 제국은 갈리아 정복과 스페인의 라스 메둘라스 금광을 통해 대량의 황금을 확보하면서 제국의 전성기를 맞이했다. 엄청난 양의 황금이 유입되었기 때문이다. 즉, 로마 제국 패권의 원천은 이베리아 반도의 라스 메둘라스 금광에서 채굴한 막대한 양의 황금이었다. 그러나 로마는 제국이 안정화되자 비단과 향신료 등 사치품 수입에 몰두했다. 로마가 인도나 중국으로 수출하는 대표 품목은 없었다. 특히 로마의 황제들은 대중의 인기를 얻기 위해 정

다마스쿠스 강철 검을 제작하는 시리아의 대장장이. 작자 미상. 1900년경. 출처: Wikipedia. Public Domain

부의 재정지출을 급격히 늘렸다. 로마 시민들에게는 빵이 무료로 배급되었고, 황제가 전쟁에 승리하면 황금과 은으로 만든 동전을 무료로 시민들에게 나누어

주었다. 이 과정에서 막대한 양의 황금이 로마 제국 밖으로 유출되었다.

필자가 보기에 중국의 비단이나 인도의 향신료와 같은 사치품 수입 때문에 3세기경 로마 제국의 무역수지 적자는 로마 GDP의 △10%를 넘었다. 로마 황실의 재정 파탄도 심각하여 군인들에게 월급으로 지급하던 은화 데나리우스의 은함유량은 270년을 전후한 시기에 거의 "제로"였다. 심지어 디오클레티아누스 황제(Diocletian, 244~311, 재위 284~305)는 마르크스가 등장하기 무려 1500년 전에 26종류의 여성 샌들을 포함한 로마 제국의 모든 물품과 서비스에 대한 최고 가격제를 통해 로마 제국의 황금 유출을 막으려고 처절하게 몸부림쳤다. 그러나 소용이 없었다. 디오클레티아누스 황제는 자포자기한 상태로 퇴임한 후 크로아티아 해변에서 자신이 정성스럽게 기른 양배추를 보러 오라는 편지나 쓰면서 로마의 쇠퇴를 씁쓸히 지켜보았다. 이처럼 막대한 무역수지 적자 및 재정적자로 인한 급격한 황금 유출, 이로 인한 화폐가치 하락이 로마 제국 몰락의 결정적 원인이었다. 용병 시스템에서 월급으로 지급하는 은화의 가치가 제로가 되면, 용병들이 어떻게 로마 국경을 지킬 수 있나? 동쪽으로 피신한 동로마만이 동방 교역으로 황금을 확보하면서 겨우 제국의 명맥을 유지했다.

미국은 다르다. 미국은 달러가 있다. 2차 대전이 끝나자마자 미국은 달러를 금 교환증서라고 선언했다. 즉 달러가 곧 황금이었다. 하지만 1970년대 독일·일본 등의 부상 때문에 국제교역을 하면 할수록 달러가 미국 외로 급격히 유출되었다. 미국의 재정적자도 심각한 상황이었다. 특히 베트남 전쟁은 미국 달러의 해외 유출을 통제 불가능할 정도로 가속화시켰다. 예컨대 1970년에서 1972년 3년 동안 미국은 인도차이나 반도에 무려 총 5백만 톤의 폭탄을 쏟아부었다.[15] 미국의 한 상원 의원이 닉슨을 "역사상 가장 거대한 폭격자(bomber)"라고 비아냥거릴 정도였으니까.[16] 이처럼 로마 제국과 마찬가지로 심각한 무역수지 적자와 재

---

15 대니얼 임머바르, 『미국, 제국의 연대기』, 글항아리, 2020, p. 554

16 David Graeber, 『Debt: The First 5000 Years』, Melville House, 2014, p. 364

정적자 때문에 달러를 황금으로 바꾸어 주면 미국 내 금은 하나도 남아 있지 않게 된다. 1971년, 미국은 자국 내 황금을 지키기 위해 닉슨 대통령의 용어를 빌리면 "일시적으로(temporarily)" 달러의 금 태환을 정지했다. 이제 달러는 종잇조각에 불과하다.

하지만 미국은 세계 1위 교역 품목인 원유를 오직 달러로만 결제하게 만들었다. 이후 원유뿐 아니라 쌀, 밀, 콩, 철, 구리 등 주요 원자재도 달러로만 결제되었다.

로마와 사비니족의 전투. 로마와 사비니족은 건국 초기에 끊임없이 싸웠다. 17세기 초 태피스트리. 에르미타쥬 미술관 소장

이후 달러는 황금 교환증서가 아니라 오일 교환증서, 원자재 교환증서가 되었다. 이에 따라 금 태환을 정지한 이후에도 달러는 국제교역 과정에서 확고한 결제 수단의 위상을 유지했다. 즉, 미국은 달러 패권을 지켰다. 따라서 로마와 달리 미국은 국제 결제 수단이 부족할 가능성이 제로이다. 달러가 부족하면 연방준비은행에서 찍으면 그만이니까. 물론 최소한 아직까지는.

02 미국의 위기와 달러

피사의 스탬피스(Satpimace) 성채의 공격, 베키오 궁전 소장

(1) 1990년대, 중국의 세계 시장 편입

국이 1990년대 세계 시장에 편입되면서 달러 패권의 패러다임이 바뀌었다. 중국은 값싼 제품을 세계 시장에 미친 듯이 공급했다. 중국은 자본주의 역사, 아니 인류 역사상 단 한 번도 겪지 못한 엄청난 규모의 저가 제품을 미국을 비롯한 전 세계로 쓰나미처럼 공급했다. 예컨대 중국은 세계 시장에서 어린이 장난감의 80%, 복사기, 신발, 장난감, 전자레인지의 ⅔를 생산했고, DVD 플레이어, 의류, 디지털카메라 세계 생산의 ½, DVD 롬 드라이브, 데스크톱 컴퓨터 세계 생산의 ⅓, 휴대전화, TV, 카 스테레오 세계 생산의 ¼을 담당했다.[1]

특히 중국은 2024년 기준으로 전기차 배터리 생산에 필수적인 광물로 제련 과정을 거친 흑연의 78%, 코발트의 41%, 리튬의 28%를 장악했다.[2] 배터리 양극재 시장도 기존의 니켈, 코발트, 망간으로 만드는 NCM 양극재 시장에 뛰어

---

1 마틴 자크, 『중국이 세계를 지배하면』, 부키, 2010, p. 217
2 리튬은 배터리의 핵심 소재로, 특히 전기차의 가장 핵심 소재이다. 필요한 양도 많아서 스마트폰 하나에는 리튬이 대략 6그램이 필요하지만, 테슬라 모델 S에는 이보다 1만 배나 많은 약 60㎏이 들어간다. 테슬라의 2030년 판매 목표가 2천만 대인데, 산술적으로 120만 톤의 리튬이 필요한 것이다. (리튬의 2023년 전 세계 재고량은 2,800만 톤, 2023년 생산량은 18만 톤이었다.) 리튬은 바닷물에도 있지만 리튬의 보고라는 칠레 염호에 있는 리튬 함유량 1,000ppm(0.1%)의 1/10,000에 불과하여, 리튬은 향후 전 세계 자원전쟁의 핵심 타겟이 될 전망이다. 혹자는 가까운 미래에 OPEC가 아니라 리튬 수출기구인 OLEC가 형성될 것이라 전망한다.

들어, 이보다 가격이 싼 리튬과 인산철(LFP) 제품을 공급하면서, 중국이 생산하는 LFP 양극재가 2023년 기준 전 세계의 78%를 차지한다. 이외에도 전 세계 배터리 음극재의 92%, 분리막의 74%, 전해질의 82%가 중국산이다.[3] 심지어 고급 음식의 대명사로 황금 수저로만 떠서 먹는다는 철갑상어알로 만든 캐비어도 중국은 전 세계 생산의 ⅓을 담당하고, 이제는 오리의 간으로 만드는 푸아그라를 만들기 위한 오리 도축도 중국이 전 세계의 ⅔를 차지한다. 이제 중국은 전 세계 상품 공급망의 "옴파로스(Omphalos)"와 "메카"가 되었다.[4]

중국의 이-커머스(e-Commerce) 시장 점유율도 상상을 초월한다. 미 상무부에 따르면 중국에서 이-커머스 시장을 통한 소매 판매액은 2023년에 이미 전 세계 절반 규모인 3조 달러에 달했다.[5] 특히 중국의 중소업체들은 2023년부터 중국에서 진행된 디플레이션 해소 창구로 이-커머스를 적극 활용한다. 대표적으로 2010년에 출범한 알리바바의 자회사인 알리 익스프레스(AliExpress)는 중국 중소기업 상품이 전 세계로 판매되는 글로벌 전자 상거래 판매망이다. 이미 러시아에서 알리 익스프레스는 가장 많이 활용되는 전자 상거래 플랫폼이며, 한국에서도 대표적인 전자 상거래 플랫폼인 쿠팡 등을 위협하고 있다. 즉 한국에서 전자 상거래 시장 점유율 확대를 위해 알리 익스프레스는 2024년 기준으로 대체로 배송비조차도 받지 않는다. 예컨대 한국에서 알리를 통해 검은 양말 10족을 구매하는 데 드는 비용은 1,000~2,000원이고, 배송비도 없다. 이처럼 중국의 전자 상거래 업체는 중국 전역과 해외 주요 거점에 엄청난 규모의 물류 창고를 건설하여, 저렴한 상품의 신속한 배송을 목표로 공격적인 글로벌시장 점유율 확대를 추진 중이다.

그 결과 중국의 생산과 배송이 멈추면 세계는 상품을 제대로 소비할 수 없다.

3　New York Times, May 16, 2023

4　옴파로스는 대지의 배꼽이라는 뜻이다. 그리스 신화에서 제우스가 2마리의 독수리를 날리는 데, 이 2마리의 독수리가 세상을 가로질러 만난 세상의 중심이 바로 옴파로스이다.

5　미국 ITA(International Trade Administration)의 Global e-Commerce,: China - Country Commercial Guide, https://www.trade.gov/country-commercial-guides/china-ecommerce

예컨대 2021년 말, 중국이 호주와의 외교적 갈등을 이유로 호주로부터의 석탄 수입을 제한하자 전력난으로 공장 가동률이 떨어졌다.[6] 나아가 중국이 제로 코로나 정책을 고수하면서 확진자가 1명이라도 발생하면 저장성의 닝보항 등 주요 수출 항구 일부 지역 전체를 아예 봉쇄해 버렸다. 그 결과 2021년 겨울 미국과 캐나다 마트에서는 화장지조차도 제대로 구할 수 없었고, 크리스마스 시즌을 앞두고 인기 있는 장난감도 백화점에서 자취를 감추었다.

미국이 중국을 상대로 20~30%대의 고율 관세를 부과하기 시작한 2019년 이후 미국의 소비 풍경도 완전히 바뀌었다. 필자는 2005~2008년 사이에 미국에 거주했는데, 그 당시 미국은 그야말로 값싼 물건으로 넘쳐나는 소비 천국이었다. 100불을 들고 의류 매장을 가면 품질이 나쁘지 않은 성인용 바지 5~6개는 거뜬히 살 수 있었으니까. 그러나 2024년 기준 한국의 다이소에서 1,000~2,000원 하는 생활 품목이 미국에서는 10불대이다. 가죽으로 된 6인용 소파는 한국에서 100만 원 이하 가격으로도 살 수 있지만, 미국에서는 허접한 4인용 가죽 소파 최소 가격은 2,000불이 넘는다. 우스갯소리로 미국은 현재 "바나나" 빼고는 모두 물건이 비싸다. 바로 Made in China의 위력이다!!!

미국은 2008년 금융위기 이전까지, 아니 트럼프 행정부가 중국에 관세를 실제로 부과하기 시작했던 2019년까지도 이 엄청난 사실을 인지하지 못했다. 그 대신 미국 소비자는 값싼 중국 제품을 달러를 통해 원 없이 소비했다. 마치 로마 귀족들이 라스 메둘라스 금광과 다키아 지방의 황금만 믿고 중국 한나라의 비단과 인도 쿠샨 제국의 향신료 소비에 미친 듯이 몰두했듯이. 1세기 후반에 활

---

6  중국은 대략 매년 3억 톤의 석탄을 수입하는 세계 최대 석탄 수입국이다. 중국은 호주와 인도네시아에서 각 30% 내외를 수입한다. 그런데 호주는 2018년 자국의 5G 사업에 화웨이 등 중국 통신 장비 업체의 참여를 배제하여 양국 관계가 매우 껄끄러운 상태였다. 이 와중에 호주는 2021년 4월, 코로나 발원지가 중국이라면서 국제 공동 조사를 요구했었다. 중국 정부는 이 사건을 계기로 2021년 10월, 호주산 랍스터, 와인, 소고기에 이어 석탄 수입을 사실상 중단했다. 더 나아가 자국 내 발전소와 제철소에게 호주산 석탄 사용까지 금지했다. 호주산 석탄은 열효율이 좋아(1㎏당 5,500kcal의 고효율탄) 화력 발전소에서 많이 사용했는데, 호주산 석탄의 사용 금지 때문에 발전량이 갑자기 떨어졌다. 이 사태로 석탄 가격이 급등했고, 호주산 대신에 인도네시아산 석탄(1㎏당 3,000kcal의 중효율탄)의 중국 수입이 급격히 증가했다. 불행히도 인도네시아 내수 석탄보다 중국으로 수출하는 석탄이 급격히 증가하자 2022년 1월에는 인도네시아가 자국산 석탄의 수출 금지까지 발표했다. 이 사건은 물고 물리는 오늘날 공급망의 나비 효과라는 대표적인 사례로 남아 있다.

약한 제정 로마 시대 대표적인 시인 유베날리스^(Decimus Iunius Iuvenalis, 55~140)가 그의 풍자시에서 "칼보다 무서운 사치가 자리를 잡았고, 그리하여 정복된 나라가 복수를 가했으며," "로마의 테베레강에는 오론테스^(Orontes) 강물이 넘쳐난다."라고 개탄했는데, 이는 아시아의 향락 문화가 로마의 검소한 문화를 이미 집어삼켰다는 깊은 탄식이었다.[7]

유베날리스의 표현대로 하면 "워싱턴의 포토맥^(Potomac)강에 양쯔강물이 넘쳐나면서," 결국 위기가 터졌다. 건국 232년 만인 2008년 금융위기를 전후한 시기에 미국의 상품수지 적자 폭은 GDP의 △6%에 육박했다. 로마도 제정이 수립^(BC 27)된 지 327년 만인 AD 300년에 절체절명의 위기를 맞이했다. 그때도 로마의 무역수지 적자는 미국의 2008년과 마찬가지로 GDP의 △5%를 넘었다. 아니 필자 추정에는 △10%도 넘었을 것이다. 그 결과 은화 데나리우스 가치가 제로가 되었고, 로마 제국 내 황금은 하나도 없었다. 결국 로마는 붕괴되었다.

하지만 미국은 달랐다. 미국은 로마와 달리 국제무역의 결제 수단이 부족하지 않았다. 왜냐하면 그냥 달러를 찍으면 되니까. 2008년 금융위기를 극복하기 위해 연방준비은행^(Federal Reserve Board: FRB)이 찍은 달러 규모는, 학교를 갓 졸업한 중국 여성들이 고향을 떠나 수천 킬로미터를 이동하여 3~4시간만 자고 일어나 단순 반복 작업으로 생산한 옷이나 장난감을 팔아 마련한 2014년 중국의 외환보유고 총액과 정확히 규모가 같은 4조 달러였다.

그 누구도 설득력 있는 이론적 근거를 제시하지 못하고 있지만, 이처럼 지폐한 장당 원가 10센트 내외의 비용으로 인쇄해서 헬리콥터에서 미친 듯이 공중에 달러를 뿌렸음에도 불구하고 달러는 그 가치가 하락하지도 않았다. 후술하겠지만 필자는 이 현상을 「*바빌로니아의 수수께끼*^(Babylonian Enigma)」라고 부를 것이다. 바빌로니아가 이자라는 개념을 어떻게 발견했는지 그 과정이 현재까지 인류에게 전혀 알려져 있지 않듯이, 인쇄기로 찍어도 쿠빌라이 칸의 교초나 바이마르

---

7 오론테스강은 시리아와 레바논을 흐르는 강이다. 유베날리스는 오론테스강을 아시아의 사치품 소비 문화로 빗대어서 표현한 것이다. 피터 프랭코판, 앞의 책, p. 47

공화국의 마르크화와 달리 달러 가치가 하락하지 않는 이유를 아직까지 아무도 모르기 때문이다.

이유가 있다면 오직 하나. 그것은 미 연방준비은행을 향한 전 세계 금융시장의 컬트(cult) 의식과도 같은 무조건적인 경외심과 찬양뿐이다. 오늘날 달러에 대한 무조건적인 경배와 수천 년 전 바빌로니아 신 아누(Anu)와 엔릴(Enlil)을 향한 고대인들의 절대 복종이 도대체 어떻게 다른가? 필자가 보기엔 달러 경배는 우상숭배나 다를 바가 하나도 없다. 1달러 지폐에 피라미드와 호   루스(Horus)의 눈이 그려진 이유도 달러가 요구하는 절대 복종을 상징하기 때문인지도 모르겠다.

페니키아인들의 상아 조각에서 묘사된 호루스(Horus) 신의 탄생. 연꽃 위에 앉아서 왼손을 입에 물고 맞은편에 날개 달린 여신을 쳐다보는 호루스 신의 모습. 맞은편 부서진 조각의 여신은 이시스(Isis) 여신으로 추정된다. BC 800~700경, 님루드(Nimrud) 출토. 영국박물관 소장

하여튼 달러가 아니었다면 미국은 2008년 금융위기로 인한 국제무역 결제 수단 부족과 화폐가치 하락이라는 악순환에 빠져서 로마와 비슷한 제국 붕괴의 길을 걸었을 것이다. 하지만 로마 제국과 달리 미국은 제국 붕괴라는 절체절명의 위기에서 1년 6개월 만에 너무나 쉽게 탈출했다.[8] 즉, 미국은 제국 붕괴라는 위기를

---

8   전미경제연구소(NBER)에 따르면 2008년 금융위기로 인한 미국의 불황은 2007년 12월부터 2009년 6월까지 18개월이다.

벗어나기 위해 단순히 달러를 인쇄하기만 하면 되었다!!!

이 점에서 미국은 달러 패권이 유지되는 한, 로마가 제국의 지위를 실질적으로 유지한 기간인 400여 년보다 오랫동안 제국의 지위를 누릴 가능성이 높다. 필자 계산에 따르면 현재의 무역구조가 유지된다고 가정할 때 미국이 연평균 3% 이상만 성장하면 미국의 달러 패권은 사실상 영원히 유지된다.[9] 나아가 BEA에 따르면 2023년 미국의 경제 성장률은 2.5%를 기록하여 GDP가 6,825억 달러가 증가하였는데, 이는 2023년 한 해 동안 GDP가 6,500억 달러인 벨기에 경제 크기의 부가가치를 미국이 자국 내에서 새로 만들었다는 뜻이다.

특히 미국은 20세기 초 영국과의 패권 경쟁에서 승리하기도 하였고, 2차 대전 후엔 소련과의 체제 경쟁에서 승리한 경험도 있으며, 1980년대에는 일본의 경제적 부상을 궤멸시킨 경험 또한 있다. 미국은 이런 경험 등을 바탕으로 사력을 다해 2022년 기준 5.5%, 2023년 기준 5%, 2024년 기준 5% 미만인 중국의 잠재 경제 성장률을 최대한 끌어내릴 것이다.[10] 즉, 미국은 중국의 부상과 같은 특별한 사정이 없는 한, 최소한 독립선언을 한 연도인 1776년부터 로마가 제국의 지위를 실질적으로 유지한 400여 년 되는 시점인 2200년까지는 제국의 지위를 누릴 것이다. 가장 중요한 이유는 바로 달러 때문이다. 금 태환이 정지되기 이전 용어로 이야기하면 달러가 가진 국제무역 결제 수단으로서의 힘, 즉 황금과 같은 힘 때문이다. 미국의 세계 패권은 이와 같은 국제무역 결제 수단으로서의 달러가 그 기반이다.

9 　필자는 미국이 매년 3%씩 성장하는 것은 불가능하다고 생각한다. 성장률이 그 이하이면 달러 패권은 미래 어느 시점에 붕괴할 것이다. 이 내용은 『황금, 설탕, 이자 - 바빌로니아의 수수께끼( )』編에서 상술한다. 한편 성장률과 관련된 법칙 중 "72의 법칙"이라는 것이 있다. 즉 72를 성장률로 나눈 후 나온 결과치는 경제 규모가 2배가 되는 시점이다. 예컨대 연평균 6% 성장하면, 대략 12년 후에 경제 규모가 2배가 된다.

10 　중국이 개혁개방 정책을 추진한 1978년 이후 성장률이 4%(세계은행 기준) 밑으로 떨어진 해는 천안문 사태 직후인 1990년(3.9%)과 코로나 사태가 터진 2020년(2.2%) 단 두 해뿐이다. 다만 갈수록 경제 활력이 떨어져 2022년 기준 중국의 잠재 성장률은 대략 5% 중반 수준인데도 불구하고, 2022년 중국의 경제 성장률은 3%를 기록했다. 2023년도 역시 국내 및 해외 수요 부족으로 예상보다 경제가 부진한 상태인데, 향후 추이가 주목된다.

(2) 드골의 달러 패권 공격

뒤집어 이야기하면 미국의 패권을 위협하는 방법은 달러 패권을 공격하면 된다. 1960년대는 나치 독일의 저항을 이끌어 국민적 영웅이 된 후 대통령까지 된 프랑스의 드골(Charles de Gaulle, 재직 1958~1969)이 대규모 금 태환을 일시에 요구함으로써 미국의 달러 패권을 공격했다. 예컨대 그는 1965년 2월 4일, 기자회견을 자청하여 "미국만이 달러를 발행할 수 있기 때문에 미국의 무역수지 적자는 사실상 미국인들이 해외에서 공짜로 빚지고 있는 것"이라고 전제하고, 이제는 "달러가 보유한 초월적 가치의 기초인 미국의 최대 금 보유량은 붕괴되었다."라면서 달러 지위를 맹비난했다.[11] 표면적으로는 부인했지만, 이는 달러 패권에 대한 명백한 공개 도전장이었다.[12]

샤를 드골. 그는 독실한 카톨릭 집안 출신으로, 집안에서는 주로 역사가와 작가를 많이 배출했다. 하지만 그는 어렸을 때부터 군사학에 관심이 많아, 사관학교에 입학한다. 1차 대전 때는 독일군에게 포로로 잡혀 1년 넘게 수감생활을 하였으며, 2차 대전 때는 기갑여단 지휘관 등을 역임했다. 나치와 휴전을 반대하다가 영국으로 추방되어, 그곳에서 反 나치 운동을 전개한다. 성격이 다소 오만하고 독선적이어서, 이 기간 중 영국 정부와도 마찰이 심했다고 한다. 전쟁이 끝나고 나서는 철저한 나치 청산 작업에 몰두했으며, 1958년에는 5공화국 대통령까지 된다. 이후 프랑스의 위대함을 내세우면서, 미국과 영국에 대해 극단적인 자주 노선을 표방하는데, 1968년 5월 혁명으로 권좌에서 내려온다. 미국 전쟁정보국(Office of War Information) 소장. 1942년 사진. Public Domain

이유는? 드골 대통령이 2차 대전 후의 세계 질서 재편에 미국과 영국이 프랑스를 배제한 것에 대해 매우 불편해 했기 때문이다. 확실히 그는 금 태환 이외에도 미국의 패권에 대놓고 반기를 들었다. 예컨대 드골 대통령은 1958년 프랑스 제5 공화국

---

11 "The custom of ascribing a superior value to the dollar as an international currency no longer rests on its initial foundation - I mean America's possession of the largest share of the world's gold...the deficits in their favor in the American balance of payments, leads the United States to indebt itself abroad at no cost. Indeed, what it owes abroad, it pays for, at least partially, with dollars, which it alone can issue, instead of paying entirely with gold." Charles de Gaulle, 「Text of Press Conference」, Yale University Library, 1965 February, p. 5

12 묘하게도 1965년 미국의 상품수지 흑자는 전년의 68억 불보다 △27.2%나 급격히 감소한 49.5억 불에 불과했다.

을 개막하면서 "핵무기 없는 대국은 자신의 운명을 결정할 수 없다."라며 핵무장을 공식 천명했다. 이유는 바로 드골 대통령 당선 직전인 1958년 7월에 미국과 영국이 상호방위조약을 체결하여, 핵잠수함 기술을 포함한 미국의 핵무기 기술이 영국으로 이전되기 시작하고 있었기 때문이다.

나아가 재직 전부터 사하라 사막을 방문하여 미국 원유 회사에 대한 의존도를 줄이고 프랑스 소유의 원유 개발 의지를 불태웠던 그는, 결국 사하라 사막에서 원유를 발견한 후 1962년 알제리 정부와 에비앙 협정(vian Accords)을 체결하여 사하라 사막의 원유를 확보했다.[13] 1966년 3월에는 미국과 유럽 군사 동맹체인 나토의 통합지휘부에서도 탈퇴했다. 당시 나토 사령관은 아이젠하워 장군 이래 계속해서 미군 대장이 역임했는데, 드골 대통령의 프랑스인 임명 요청을 나토가 거부했기 때문이다.[14] 나토 지휘부는 결국 짐을 싸서 파리에서 브뤼셀로 이사를 가야 했다.

드골 대통령은 나아가 미국과 상호방위조약을 맺은 후 핵잠수함 기술과 군사 정보를 공유하고 대외 외교 정책에서 공동보조를 취했던 영국에 대해서 유럽 공동 시장(European Common Market) 가입을 2번이나 거부했다. 카터 대통령의 국가 안보 담당 특별보좌관인 브레진스키(Zbigniew Brezinski, 1928~2017)는 프랑스의 이와 같은 지속적인 행보를 두고 "세계열강이라고 생각하는 프랑스 정치 엘리트의 강박 관념에 가까운 집착"이라고 평가했다.[15] 아마도 브레진스키는 11~13세기 중세 유럽 정치 질서를 새롭게 규정했던 십자군 전쟁과 그들에게 자금을 공급했던 성전기사단(Knights Templar)이 모두 프랑크족들이 주도했다는 역사적 사실을 몰랐나 보다.

---

13 드골은 자신의 재직 시절인 1961년, 세계 각국에서 프랑스 정부 소유 혹은 통제의 원유 회사가 프랑스 석유 수요의 94%까지 생산하는 단계까지 완성했다. 대니얼 예긴, 『황금의 샘 II』, 고려원, 1993, p. 386

14 ▨▨▨▨ 이후 프랑스는 2009년 재가입하기 전까지 무려 43년 동안 나토회원국이 아니었다.

15 Z. 브레진스키, 『거대한 체스판』, 삼인, 2008, pp. 88~89. ▨▨▨▨ 프랑스와 미국의 갈등은 현재도 진행 중이다. 예컨대 2021년 9월 15일, 미국은 호주에 핵잠수함 기술 이전을 선언하였는데, 호주는 이 때문에 프랑스 나발 그룹으로부터 최대 12척의 디젤 잠수함 공급 계약을 일방적으로 파기해 버렸다. 프랑스는 항의의 표시로 미국에 있는 프랑스 대사를 본국으로 철수시키는 초강수를 두었다. 2021년 10월, 바이든 대통령이 프랑스를 방문하여 마크롱 대통령에게 공개 사과하면서 양국 간 갈등은 겨우 봉합되었다.

그렇다면 과연 드골 대통령의 이와 같은 반미 행보가 대규모 금 태환 요청과 무관하다고 생각하는가? 드골 대통령의 금 태환 요청 이후 행위를 보면 그 대답은 더 명확하다. 우선 1960년대는 타국 정부나 중앙은행이 달러 외환보유고에 대해 금 태환을 요청하는 경우 해당 금은 소유권 이동 증서만 발행하고, 실제 금은 뉴욕 연방준비은행 지하 금고에 위치한 122개의 칸막이로 분리된 보관 장소 중 하나에서 다른 곳으로 단순히 이동하면 그만이었다. 영화 「다이하드 2」에서 테러리스트들이 불도저로 무지막지하게 부숴버린 그 지하 금고의 칸막이들 말이다.[16] 즉, 금 태환 요청이 있더라도 「다이하드 2」의 테러리스트들처럼 인출된 금을 맨해튼 리버티 스트리트(Liberty Street) 33번가의 뉴욕 연준 밖으로 실어내는 것이 아니라, 그곳에 그대로 보관하는 것이 상거래 관행이었다. 하지만 드골 대통령은 태환한 3억 달러어치의 금을 「다이하드 2」의 테러리스트들처럼 뉴욕 연준에서 빼낸 후 배에 실어 대서양을 건너 프랑스로 직접 "모셔 왔다." 왜 태환한 금을 미국 국내에 두나? 당연히 프랑스로 옮겨 와야지. 이유는 바로 미국 세계 패권의 기본 전제인 미국의 달러 패권을 붕괴시켜야 하기 때문이었다.

드골은 당시 트로이 온스당 35불이었던 금 태환 비율을 70불로 올리자는 정치, 외교적 공세도 멈추지 않았다. 그의 전략은 어느 정도 성공하는 듯했다. 당시 미국 대통령이던 닉슨은 드골의 공세에 움찔하지 않을 수 없었을 터이다. 불행히도 드골은 치즈가 400개가 되는 나라를 다스리는 것은 정말 힘들다고 정권 말기에 불평을 터뜨리다, 1968년 5월 혁명의 여파로 권력에서 결국 밀려났다. 자유로운 영혼을 가진 프랑스인들을 히틀러에 대항해 레지스탕스를 이끌던 군대식

---

16   맨해튼 리버티 스트리트(Liberty Street) 33번가에 위치한 뉴욕 연준의 지하 금고는 각국 중앙정부, 국제기구나 중앙은행이 보유한 황금을 위탁 보관하는 대표적인 장소이다. 이 지하 금고는 육상에서 24m(해상 기준으로는 15m) 지하에 위치해 있다. 이 지하 금고에는 122개의 분리 저장소가 설치되어 있어, 소유권에 따라 분리 보관한다. 음모론에 따르면 2011년 무너진 쌍둥이 빌딩 지하에도 황금이 보관된 금고가 설치되어 있었다고 한다. (음모론은 2011년 911테러가 쌍둥이 빌딩 지하에 숨겨진 황금 때문이었다고 주장한다.) 우리나라 중앙은행의 황금은 뉴욕 연준이 아니라, 런던의 잉글랜드 은행 지하 금고에 보관되어 있다. 한편 미 연방정부의 황금이 보관된 장소는 뉴욕 연준 외에 켄터키 주의 포트 녹스(Fort Knox)가 있다. 포트 녹스에는 미국 금 보유량의 절반가량인 대략 4,500여 톤의 황금이 보관된 것으로 알려져 있다. 켄터키주에 황금을 보관한 이유는 뉴욕이 해안가에 있어 대외 침략의 가능성이 높다고 보고, 황금을 좀 더 안전하게 보관하기 위해 내륙 깊숙한 곳으로 분산 보관해야 하기 때문이다. 포트 녹스 주변에는 미육군 신병 훈련기지, Marshall Hall, Fort Knox SRP 등 다양한 미군 기지도 위치해 있다.

방식으로 통치하는 것이 장기적으로 지속 가능하지는 않았을 것이다. 그럼에도 불구하고 아마 그가 계속 권좌에 있었으면, 프랑스는 미국에 금 태환을 계속 요구하여 미국의 금을 모두 **빼내** 가면서 지금쯤 뉴욕 연방준비은행의 지하 금고는 텅텅 비어 있었을지도 모르겠다.

그렇다면 드골의 달러에 대한 프랑스식 반감은 1960년대의 고리타분한 이야기에 불과한가? 절대 아니다. 2023년 4월 5~7일 사흘간 중국을 방문하고 귀국하는 비행편에서 프랑스의 마크롱(Emmanuel Jean-Michel Frédéric Macron, 1977~) 대통령 또한 달러의 "초월적 지위(extraterritoriality)"에 대한 과도한 의존성을 줄여야 한다고 대담하게 선언했다. 그는 이어서 공식적으로 보도되지는 않았지만, 프랑스가 미국의 "봉신(vassal)"이냐면서 반도체 등의 첨단 기술 공급망에서 중국을 떼어내려는 디커플링에 반대하며, 대만 문제에 우크라이나 문제 해결도 벅찬 유럽을 끌어들이지 말라는 뜻을 천명하기도 했다. 극렬 반미 이슬람 원리주의자 말과 유사한 마크롱의 이 발언은 필자가 보기에 중국의 시진핑이 160대에 이르는 프랑스 산 에어버스를 구매한 대가로 나온 단순한 립 서비스가 아니라, 프랑스가 드골 대통령의 발언이 있었던 1960년대부터 미국의 달러와 달러에 기반한 미국식 일극 패권주의에 대해 가지고 있던 본능적인 거부감에서 비롯된 계산된 발언이다.[17]

하여튼 드골의 금 태환 요구 3년 후인 1971년 8월 15일 일요일, 우연의 일치인지 몰라도 닉슨은 금 태환을 아예 중단시켰다.[18] 닉슨의 표현에 따르면 금 태환 정지는 "일시적(temporary)"이었다. 물론 전적으로 프랑스의 공세 때문이라고 말할 수는 없지만, 어느 정도 영향을 미쳤던 것은 틀림이 없다. 왜냐하면 1971년 초에는 프랑스에 이어 영국까지 당시 미국 금 보유고의 ⅓에 해당하는 대규모 금 태환을 요구하려고 시도하였기 때문이다.[19] 드골이 보기에는 매우 불행하게도

---

17 트럼프 전 대통령은 마크롱의 訪中에 대해 시진핑의 엉덩이에 키스만 하고 돌아온 꼴이라고 비꼬았다.

18 전설적인 헤지펀드 매니저 레이 달리오는 금 태환이 정지되면 전 세계 금융시장이 대혼란에 빠져 주식시장이 폭락할 것이라 예상했다고 한다. 하지만 결과는 정반대였다. 그다음 날 미국 주식시장은 상승했고, 금융시장의 대혼란은 없었다. 바로 **「바빌로니아의 수수께끼」** 현상 중의 하나다.

19 엘렌 H. 브라운, 「달러」, AK, 2009, p. 316

1971년 이후 달러의 금 태환은 정지되었으나, 오일달러를 탄생시킨 미국 국무장관 헨리 키신저[Henry Kissinger, 1923~2023]의 외교 역량과 소련을 붕괴시킨 군사력을 동원한 힘의 논리로 달러 패권은 아직까지 붕괴되지 않고 있다.

(3) 유로화 = 기축통화?

1999년부터는 EU가 단일 화폐인 유로화를 만들어 미국의 달러 패권을 공격했다.[20] 유로화는 프랑스 드골 대통령의 금 태환 요구와 같은 "달러 패권에 대한 도전"이라는 맥락에서 탄생한 것이다. 즉, 필자는 유로화가 프랑스 드골 대통령의 미국 패권에 대한 레지스탕스 정신을 계승한, 프랑스 스타일의 패권이 만든 산물이라고 생각한다. 브레진스키도 프랑스를 전통적으로 자신 영토의 국경선을 넘어 대서양에서 우랄 산맥에 이르는 유럽 전역에 자신의 영향력과 힘을 확산시키려는 지정 전략적 게임 참가자로 분류했다.[21] 다시 말해 프랑스는 드골 대통령 이후에도 여전히 달러 패권에 반감을 품고 있었고, 그 반감이 유로화 탄생에 어느 정도 영향을 미쳤을 것이라는 말이다. 필자는 이것이 유로화가 달러보다 가치가 높게 설정되었는지에 대한 이유라고 본다.

하지만 유로화가 달러와 같은 기축통화인가? 필자가 보기엔 아직은 역부족이다. 무엇보다도 프랑스의 시도와 달리 유럽 전체는 로마 이후 "하나"라는 확고한 단일 이념이 역사적으로 없었다. 물론, 지금도 없다.[22] 비록 유럽인들이 시리아인들의 대규모 이민을 일치단결하여 반대할 만큼 중동 지역에 대해서는 유럽

---

20 1999년은 유럽 각국 화폐와 유로화의 환율을 고정한 상태에서 여행자 수표, 자금 이체 등이 유로화로 표시된 해이다. 즉, 1999년에도 여전히 유럽 각국의 실물 화폐는 통용되었다. 하지만 2002년 1월 1일부터 유럽 각국의 실물 화폐는 완전히 없어졌고, 오직 유로화만 법정 화폐가 되었다.

21 Z. 브레진스키, 앞의 책, p. 64. 브레진스키는 프랑스와 유사하게 영향력을 확대하려는 지정 전략적 게임 참가자로 독일, 러시아, 중국, 인도 등 5개 국가를 꼽았다. 브레진스키는 5개국 외에 자발적으로 제국적 욕망을 포기하고 근대화, 유럽화, 민주화를 선택한 나라로 튀르키예를 예로 들었다.

22 유럽과 달리 미국과 중국은 자신들이 하나라는 명확한 소속감이 있다. 따라서 미국과 중국은 세계 패권을 누릴 수 있는 필요 조건은 가지고 있는 셈이다. 미국과 중국의 국가 의식에 관한 이야기는 『황금, 설탕, 이자 - 성전기사단의 비밀(上)』編에서 상술한다.

이라는 단일 정체성을 내세울지는 몰라도, 로마 제국 멸망 이후 유럽인들 내부의 암묵적 합의는 "분열(divergence)"이었다. 예컨대 1453년 콘스탄티노플의 함락은 오스만 튀르크의 무시무시한 술탄 메흐멧 2세(Mehmed II, 1432~1481)의 파상 공세 때문이 아니라, 당시 유럽 패권국가였던 베네치아가 밀라노, 피렌체, 제노바, 프랑스, 신성 로마 제국, 잉글랜드 등 경쟁국들과 끊임없이 싸우면서 스스로 자초한 결과이다.[23]

콘스탄티노플 함락으로 이슬람 국가인 오스만 튀르크는 발칸 반도 동쪽에 있는 세르비아·몬테네그로 지역의 그리스 정교회와 서쪽에 있는 슬로베니아·크로아티아·보스니아 등의 카톨릭이 세력 다툼을 벌이던 발칸 반도로 진출했다. 오스만은 유럽인들도 예상치 못했던 놀랍도록 숙련된 행정 능력을 바탕으로 특유의 기병대, 최첨단 포병대, 무적함대를 결합하여 슬로베니아와 크로아티아 일부를 제외한 지역 전체를 지배했고, 종교 갈등과 민족 갈등을 교묘히 이용해 이 지역을 다스렸다.[24] 오스만 제국이 도입한 이슬람 종교 또한 또 하나의 갈등 요소가 된다.

1536년에는 신성 로마 제국의 황제 카를 5세와의 세력 대결에서 수세로 몰린 프랑스의 프랑수아 1세가 지푸라기라도 잡는 심정으로 이슬람 국가인 오스만

23 　메흐멧 2세 술탄은 튀르키예어, 그리스어, 슬라브어 등 3개 국어를 구사할 수 있었고, 알렉산더 대왕을 자신의 롤 모델로 삼았으며, 지리·역사·무기·전술에 능통하면서 26세에 술탄이 된 전설적인 인물이다. 1453년 4월, 콘스탄티노플 침공 때 동로마가 금각만 입구에 철책선으로 해저 방어선을 치자, 배를 육지로 옮겨 금각만 안으로 진입한 후 초대형 대포 등을 동원해 콘스탄티노플을 53일 만에 함락시켰다. 이 당시 유럽은 베네치아의 독주를 견제하기 위해 밀라노, 피렌체, 제노바, 프랑스, 스페인, 영국, 교황 등이 서로 이합집산을 거듭하고 있어, 콘스탄티노플 함락 때 아무런 도움을 주지 못했다. 오히려 제노바는 콘스탄티노플의 베네치아 독점을 무너뜨리기 위해, 메흐멧 2세의 선박 육지 이동을 돕기도 했다.

24 　오스만은 1371년 마리챠(Maritsa) 강에서 처음 세르비아를 물리쳤고, 1389년 코소보에서도 세르비아를 궤멸시켰다. 그 결과 오스만은 14~15세기에 발칸 반도의 강국 세르비아 땅을 대부분 점령한다. 오스만의 슐레이만 대제(Suleiman I, 1494~1566)가 1521년 세르비아 수도 베오그라드까지 점령하자 다급해진 헝가리는 크로아티아, 보헤미아, 바이에른 등과 연합하여 1526년 8월, 오늘날 헝가리 부다페스트 남쪽 모하치에서 전투(Battle of Mohács)를 벌인다. 이 전투에서 오스만은 무려 300문가량의 화포를 이용하여 헝가리 연합 기병대를 궤멸시켰다. 이후 헝가리는 오스만의 슐레이만 대제에게 수도 부다페스트까지 잃고 대부분의 영토를 오스만에게 점령당한다. 1544년 오스만 제국은 이 땅을 자국 영토에 편입하고는 오토만 헝가리(Ottoman Hungary)라고 불렀다. 한편 슐레이만 대제의 유럽 침공은 1529년 오스트리아의 비엔나 침공이 실패하면서 결국 멈추게 된다. 슐레이만 대제의 오토만 제국은 당시 세계에서 가장 큰 제국이었고, 이 제국은 300년가량 지속한다.

튀르크에 손을 내밀고 동맹을 체결했다. 오스만 튀르크는 기고만장하여 헝가리를 점령하고, 오스트리아 수도 비엔나의 턱밑까지 영토를 확장했다.[25] 그 결과 오스만 튀르크는 발칸 반도 전역은 물론이고 그 북쪽까지 영향력을 크게 확대하여, 오스트리아까지 발칸 반도 문제에 끌어들이는 효과를 낳았다. 요컨대 유럽 분열로 인해 오스만 튀르크가 발칸 반도 넘어까지 진출하였고, 그 후 조성된 복잡한 종교적, 민족적 갈등으로 인해 오스트리아 황태자 암살 사건을 계기로 제1차 세계대전이 터진 것이다. 비스마르크는 "큰 전쟁은 발칸 반도에서 벌어지는 바보 같은 짓거리로 촉발될 것"이라고 예언했는데, 그의 예언은 100% 적중했다.

특히 1차 세계 대전은 뒤이은 2차 세계 대전과 비교하면 유럽 내에서 주요한 전쟁이 일어났기 때문에 유럽 내전으로 불러도 좋다고 생각한다. 하지만 단순한 유럽 내전이었던 1차 세계 대전은 잘 알려져 있다시피 전 지구적 차원의 제2차 세계대전의 직접적인 원인이 된다.[26] 다시 말해 양차 세계 대전의 근본 원인은 유럽의 분열 때문이었다. EC나 EU의 출범 모두 이러한 반성에서 출발한 것이다.

이처럼 유럽은 표면적으로는 통합되었지만, 실질적으로는 여전히 분열 가능성을 내포하고 있다. EU의 모태가 된 유럽석탄철강공동체의 모토가 "보다 긴밀한 연합"이었고, EU의 기치가 "Unity in Diversity(다양성 속의 통일)"인데, 이는 EU 스스로도 분열을 인정하고 있다는 뜻이다. 심지어 하나의 국가를 이루고 있는 스페인 내의 카탈루니아, 바스크, 갈리시아 등의 지방은 아예 스페인이라는 통일된 정체성을 통째로 부정한다.[27] 예컨대 스페인 북부의 바스크는 독립을 위해 스페

25　　오스만 튀르크와 전쟁 중에 보헤미아와 헝가리 왕인 러요시 2세(Lajos II, 1506~1526)가 사망한다. 이 때문에 신성 로마 제국 황제로 카를 5세의 친동생이었던 페르디난트 1세(Ferdinand I, 1503~1563)가 보헤미아와 헝가리의 왕이라고 선언하기도 한다.

26　　2차 세계 대전은 특히 자원을 둘러싼 전쟁이었다. 자원의 중심은 석유였는데, 필자는 이 점에서 2차 세계 대전은 최초의 석유 전쟁이라고 불러도 좋다고 본다.

27　　바스크인들이 사용하는 언어인 에우스카라(euskara)는 인도-유럽어 계통이 아니라, 그보다 더 오랜 기원을 가진 것으로 알려져 있다. 이 언어의 기원은 인도-유럽어가 유럽에 전해지기 이전 선사 시대에서 유럽인들이 사용했던 유일한 언어라고 한다. 하지만 그 기원은 아직도 밝혀지지 않아, 오늘날에도 여전히 미스터리로 남아 있다. 스페인의 파시스트 독재자인 프랑코는 스페인 통합을 위해 에우스카라어를 포함하여 스페인 각지의 고유 언어를 금지하고 오직 스페인어만 사용하도록 강요하기도 하였다.

인 중앙정부에 대한 폭탄테러도 서슴지 않는다. 독재자 프랑코(Francisco Franco, 1892~1975)를 탄생시킨 스페인 내전(1936~1939)의 근본적인 이유도 분리 독립을 추구한 지역주의 문제를 스페인 중앙 정부가 원만하게 해결하지 못해서 생긴 내분 때문이다.[28] 이 때문에 스페인은 국가에 가사가 없다. 어느 가사를 넣어야 할지에 대해서 지방마다 의견이 다르기 때문이다.

프랑코. 해군 가문 출신으로 해군에 지원하려 했지만, 미국-스페인 전쟁에서 스페인 해군이 거의 전멸하면서 육군에 입대한다. 1912년 모로코 전선에서 공을 세운 뒤 승승장구하여, 스페인 역사상 최연소 영관급 장교가 된다. 한편 이 당시 스페인의 정정은 불안의 극치였다. 즉, 1873년 스페인 왕정이 복고되었지만, 분열된 스페인은 정치적 안정을 이루지 못하고 쿠데타와 대공황 등을 거쳐 1931년 공화정으로 다시 이행한다. 하지만 공산당의 집권 가능성이 높아지자, 1936년 프랑코가 주도하는 아프리카 군단 파벌을 중심으로 내란이 시작되는데 바로 스페인 내전이다. 1939년 내전을 승리로 이끈 프랑코는 1975년 사망할 때까지 스페인의 국가원수이자 독재자인 카우디요(Caudillo)를 무려 39년 1개월 동안 역임한다. 작자 미상. 1964년경. 출처: Wikipedia. Public Domain

스코틀랜드도 마찬가지다. 스코틀랜드는 잉글랜드와 마찬가지로 영어를 쓰지만, 단어 철자와 발음이 영어와 많이 다르다. 예컨대 our는 스코틀랜드에서는 oor(우어)로 읽고, number도 nummer(누머)로 읽는다. 필자가 런던에 살 때 스코틀랜드인과 대화할 기회가 있었는데, 무슨 발음인지 도무지 알 수가 없었던 기억이 있다. 단어가 완전히 다른 경우도 있다. 즉 스코틀랜드에서는 아이를 bairn이라고 하고, 개울을 beck라고 한다. 민족 또한 1만 년 전, 빙하가 녹아 영국과 유럽이 바다로 갈라지기 이전 유럽 대륙에서 이동한 켈트족이 주류다. 7세기에는 아일랜드에서 스코티족이 북부 영국을 침공하여 그곳에 아예 정착했다. 스코틀랜드라는 뜻도 스코티족의 땅이라는 뜻이다.

한편 하드리아누스 성벽 남쪽만 정복했던 로마 세력이 약해진 4~5세기 무렵, 스코틀랜드 남쪽의 잉글랜드 각지에서 소규모 왕국이 난립하자, 이들 소규

---

28 프랑코는 히틀러와 무솔리니의 적극적인 도움을 통해 집권했고, 히틀러와 무솔리니가 2차 대전 종전을 전후하여 실권한 것과 달리 프랑코는 1975년 죽을 때까지 스페인에 38년 동안이나 독재 정치를 시행했다.

모 왕국이 오늘날 덴마크가 위치한 유틀란트 반도에 거주하던 앵글족과 색슨족을 용병으로 고용하기 시작했다. 용병으로 고용된 앵글족과 색슨족이 영국 남부에 7 왕국을 건국하면서 북부의 스코틀랜드^(스코티족의 땅)와 남부의 잉글랜드^(앵글족의 땅)는 사실상 완전히 다른 국가의 영토가 되었다. 예컨대 잉글랜드는 프랑스와 기본적으로 대립했지만, 스코틀랜드는 잉글랜드를 견제하기 위해 프랑스와는 우호 관계였다.

외교 관계는 차치하고 잉글랜드와 스코틀랜드는 끊임없이 싸웠다. 너무 전쟁이 잦아서 자신들도 싸움에 제풀에 지치게 되자, 양측은 결혼을 통해 전쟁을 자제하기로 결정하였다. 이 때문에 우연적 사건으로 인해 양국이 서로의 왕을 겸하는 경우도 생기게 된다. 예를 들어 국가와 결혼한 처녀 여왕 엘리자베스 1세가 후사 없이 사망하자, 스코틀랜드의 왕 제임스 6세가 잉글랜드의 왕 제임스 1세가 되기도 한다.

스코틀랜드의 제임스 6세(James VI, 1566~1625). 그는 잉글랜드의 엘리자베스 여왕이 후사가 없이 사망하자, 1603년에 잉글랜드의 왕인 제임스 1세가 되어 잉글랜드와 스코틀랜드를 동시에 다스리는 최초의 왕이 되었다. 완전히 서로 다른 2개의 국가를 상당히 원만하게 통치했다는 평가를 받는다. 1621년, 플랑드르 출신의 화가 다니엘 미텐스(Daniel Mitens, 1590~1647) 作. 영국 초상화 박물관 소장

하지만 여전히 양국은 엄연히 다른 국가였다. 천년을 넘게 싸워 오면서 쌓인 앙금이 왕 한 명이 바뀌었다고 해소될 리가 없었다. 그럼에도 불구하고 양국은 운명처럼 통합의 길을 걷게 되는데, 양국 통합의 결정적 계기는 파나마 식민 지배 문제였다. 즉 스코틀랜드는 잉글랜드와의 식민지 경쟁에 이기기 위해 파나마를 선택했고, 파나마에 시쳇말로 국가 전 재산을 "몰빵"하는 도박을 하게 된다. 하지만 파나마 식민지 경영은 말라리아와 같은 바이러스와 역병으로 대실패로

끝났고, 그 결과 스코틀랜드 정부는 파산 위기에 직면한다.[29] 이를 계기로 잉글랜드 정부가 스코틀랜드 정부의 부채를 갚되, 양국을 통합하는 역사적 합의가 1707년에 이루어진다. 간단히 말해 스코틀랜드는 돈이 부족해서 어쩔 수 없이 잉글랜드와 통합한 것이다.

이런 역사적 배경과 국민적 정서 때문에 스코틀랜드는 1707년 합병 후 대략 300년 후에 영국으로부터 독립을 위한 국민투표를 결국 2014년에 실시했다. 55%의 스코틀랜드인이 독립에 반대하면서 겨우 분리는 막았지만, 양국의 긴장 관계는 여전히 진행 중이다. 언제가 될지는 모르지만, 스코틀랜드인은 2014년에 이어 두 번째로 독립을 위한 국민투표를 여전히 계획하고 있다.

불행히도 영국의 핵잠수함 기지인 천혜의 요새 파슬레인(Faslane) 해군 기지와 핵무기를 보관한 쿨포트(Coulport) 저장소가 모두 스코틀랜드에 있다. 2013년 마틴 알바스터(Martin Albaster, 1958~) 해군 소장 말대로 영국은 "파슬레인과 쿨포트 없이 전략적 억제를 위해 다른 기지를 사용하는 것은 상상조차 할 수 없다."[30] 영국 북대서양 패권 라인의 핵심인 그린란드-아이슬란드-영국으로 이어지는 이른바 "GIUK 갭" 또한 스코틀랜드가 독립하면 영국이 그냥 앉아서 포기해야

---

29 파나마 운하 건설을 본격 시작한 미국 선발대 역시 거의 전원이 말라리아로 사망한다. 선발대 직후 떠난 후발대가 본국에서 실어 간 것은 말라리아로 사망한 인부들을 넣기 위한 대량의 관이었다.

30 팀 마샬, 『지리의 힘2』, 사이, 2021, p. 204

하는 해상 전략 라인이다. 따라서 영국은 결코 스코틀랜드 독립을 좌시하지 않으려고 할 것이다. 엘리자베스 2세 여왕이 2022년 9월에 서거하는 장소를 스코틀랜드의 밸모럴 성^(Balmoral Castle)으로 정한 것 또한 영국이 스코틀랜드 독립을 결코 좌시하지 않겠다는 무언의 메시지였다. 그러나 스코틀랜드는 언제든지 독립을 추진할 가능성이 매우 높다.

영국과 스코틀랜드만 그럴까? 1939년 9월 1일 새벽 4시 50분, 독일이 약 300만 명의 군사, 40만 필의 말, 20만 대의 차량을 소집한 후[31] 폴란드를 침공하여 2차 세계 대전의 서막이 올랐을 때도, 프랑스와 영국은 독일이 폴란드를 침공하면 폴란드에 대한 군사 지원을 약속한 조약이 있었음에도 불구하고 독일의 폴란드 점령을 강 건너 불 구경하듯이 쳐다만 보고 있었다.[32] 특히 독일

1945년 2월, 크림반도의 얄타에서 만난 처칠, 루스벨트, 스탈린. 스탈린과 루스벨트는 이 회의에서 독일을 사실상 와해하는 방안도 논의했으나, 처칠은 종전 후 독일에 대한 강압적인 조치에 반대했다. 하지만 얄타 회담은 독일보다는 폴란드 문제에 초점을 맞춘 회의이다. 왜냐하면 이 회의가 당초 폴란드를 소련의 속령으로 만들고자 했던 스탈린이 미국과 영국으로부터 지지를 얻기 위해 만들어진 회의였기 때문이다. 예브게니 칼데이(Yevgeni Khaldei, 1917~1997)의 사진으로 근대 역사상 가장 유명한 사진 중의 하나이다. 런던 초상화 박물관 소장

이 1939년 8월 22일, 소련과 불가침 조약을 맺은 후 폴란드를 점령하게 되면 다음 목표는 프랑스가 될 것임이 너무나 명확한데도, 프랑스군은 마지노선에 틀어

---

31 앤터니 비버, 『제2차 세계대전』, 글항아리, 2013, p. 45

32   독일 침공 시 폴란드에 대한 군사 지원 조약은 프랑스와는 1939년 3월 30일, 영국과는 1939년 8월 25일에 체결되었다.

박혀 꼼짝도 하지 않았다.[33] 심지어 영국과 프랑스는 독일 전역에 동원령이 내려져 독일군이 폴란드 접경 지역에 집결한 1939년 8월 29일에도, 8월 28일 총동원령을 내린 폴란드의 결정을 철회하라고 폴란드를 압박하면서 독일과 외교적 해결을 강조하는 이해할 수 없는 행동을 하게 된다.[34]

더 나아가 1939년 9월 1일 달리디에(Édouard Daladier, 1884~1970) 총리가 총동원령을 내린 프랑스 군은 1939년 11월에도 방어진지 구축에만 몰두하고 독일군에 대한 군사 활동을 전혀 하지 않았다. 프랑스 군은 "카드 게임을 하고, 술을 마시고, 아내에게 편지만 쓰면서" 시간을 보내기 일쑤였고, 프랑스 철학자 샤르트르(Jean-Paul Sartre, 1908~1980)는 이 시기에 독일과의 최전방에서 『자유의 길』 제1권과 『존재와 무』 일부를 완성하기도 했다. 기갑사단 창설을 강력히 주장하던 드골이 "무기력이 곧 패배"라고 호소했지만, 그의 호소는 짜증 난 프랑스 장군들 사이에 완전히 묻혔다.[35] 프랑스는 결국 폴란드 몰락 후 독일의 침공을 받고 나라 전체를 고스란히 나치에게 갖다 바쳤다.

영국도 마찬가지였다. 영국은 독일의 폴란드 침공으로 독일에 선전포고를 하고 난 후에도, 9월 초 독일 상공으로 날아가 폭탄이 아니라 전단지만 날렸다. 1939년 9월 초, 내각 회의 기록에 따르면 "독일 당국이 우리 선전 활동을 두려워하고 있다고 믿을 만한 충분한 근거가 있다. 그리고 비행기가 아무런 제재도 받지 않고 독일 북서부 전역으로 날아갈 수 있다는 것은 독일 국민의 사기를 떨어뜨리는 효과가 있을 것이다."[36] 이후에도 더 많은 전단지를 날리면 더 큰 효과

---

33   실제로 소련과 동맹조약을 맺었던 프랑스는 독소 불가침 조약에 가장 큰 충격을 받은 나라였다. 한편 영국과 프랑스는 독일이 1938년 3월, 오스트리아를 병합할 때에도 이를 그대로 놔두는 것이 세계 평화를 위해 치러야 할 작은 대가라고 생각했다. 앤터니 비버, *앞의 책*, p. 23

34   이에 따라 폴란드는 8월 29일 총동원령을 취소한다. 한편 히틀러는 스탈린과도 협정을 맺어 독일이 폴란드 서쪽을 침공하면, 스탈린은 폴란드 동쪽과 발트해 국가들을 점유한다는 비밀 협정도 맺었다. 스탈린은 폴란드 전역의 안전이 확보되자 1939년 11월, 100만 명이 넘는 붉은 군대를 이끌고 핀란드를 침공한다. 예비병과 소년병으로 구성된 단 15만 명의 핀란드 군은 핀란드의 겨울 추위를 이용하여, 스탈린 군대를 격파한다. 이 전쟁을 「겨울 전쟁」이라고 부른다. 그러나 스탈린은 1940년 핀란드를 다시 쳐들어가 기어이 핀란드를 점령하고 만다.

35   앤터니 비버, *앞의 책*, p. 83

36   피터 프랭코판, 『*실크로드 세계사*』, 책과함께, 2017, p. 앞의 책, p. 604

를 거둘 것이라고 자리에 앉은 영국의 내각 각료들 모두가 동의했다! 더 나아가 실제 전쟁이 터진 직후인 1939년 9월 4일부터 5주 동안 15만 8,000명이 영국 해협을 건넜지만, 영국군은 12월까지 독일군과 군사적으로 충돌하지 않았다.[37] 2차 대전 당시 독일, 폴란드, 프랑스, 영국의 상황은 유럽의 분열이 얼마나 고질적인 병폐인지 극단적으로 보여 주는 사례이다.[38]

1차 세계 대전 이후 수립된 유고슬라비아 왕국도 마찬가지다. 이 나라는 오스트리아-헝가리 제국의 슬라브 민족 탄압에 반발해 1차 대전이 끝나고 세워진 왕국이다.[39] 유고슬라비아 왕국은 오스만 제국의 지배를 받던 세르비아와 오스트리아-헝가리 제국의 지배를 받던 크로아티아 및 슬로베니아 3개 국가의 연합 왕국이었다. 이 왕국의 국가도 처음에는 세르비아어, 그다음은 크로아티아어, 슬로베니아어 차례로 부르고 마지막에는 세르비아어로 끝난다. 처음 국가의 명칭은 "세르브인 크로아트인 슬로벤인 왕국"이었다가, 현지어로 남쪽이란 뜻의 유고(Yugo)를 슬라브와 결합하여 남슬라브인의 땅이라는 뜻의 유고슬라비아로 바꾸었다.[40] 실질적 통합을 위해 행정구역도 민족적, 역사적 경계선을 철저히 허물고 오로지 지리적 경계선을 위주로 다시 재편하였다.

2차 대전 중 독일, 이탈리아가 유고 왕국을 침공하자, 영국으로 망명한 유고 정부는 왕정을 끝내고 유고슬라비아 민주 연방을 수립했다. 2차 대전이 끝난 후에는 현재의 크로아티아 출신인 反 나치주의자 티토(Josip Broz Tito, 1892~1980)를 중심으로 유고슬라비아 사회주의 연방공화국이 된다. 티토는 사회주의 국가의 지도자이면서도 소련과 일정한 거리를 두고 제3세계 외교를 주도하면서, 다민족으로 구성된 유고 연방국가의 통일성을 그나마 안정적으로 유지할 수 있었다,

---

37 앤터니 비버, *앞의 책*, p. 58
38 폴란드는 2차 대전 당시 이와 같은 역사적 기억 때문에, 2차 대전 후에는 자국의 안보를 유럽의 강대국이 아닌 미국에게 맡기기로 결정한다. 이 결정이 바로 1999년 폴란드의 나토 가입이다.
39 유고(Yugo)는 현지어로 남쪽이란 뜻이다.
40 슬라브인들은 폴란드·체코·슬로바키아의 西 슬라브, 러시아·우크라이나·벨라루스 등 東 슬라브, 발칸 반도의 남 슬라브인으로 구분된다. 이들은 같은 슬라브 민족이지만 확연히 구분되는 정체성을 가지고 있다.

하지만 티토가 1980년 사망하자, 유고 연방국가의 본질이 그대로 드러났다. 특히 1980년대 말부터 소련의 영향력이 급속히 쇠락하자 동유럽 국가들이 속속 소련으로부터 독립하게 되는데, 유고의 경우는 단일 정체성이 없었기 때문에 소련으로부터의 독립운동이 각 민족의 독립 국가 건설로 변질되어 나타났다. 우선 1990년 주로 크로아티아의 동쪽에 거주하던 세르비아인들이 크로아티아 정부의 차별에 반발하려 통나무를 깔아서 국경선을 만들고 독립운동을 시작했다. 크로아티아는 세르비아인들에 대한 유혈진압을 시도했지만, 결국 실패했다. 크로아티아의 세르비아인들은 크라이나-세르비아 공화국이라는 새로운 나라를 만들었다.

이 사건을 계기로 유고슬라비아 공화국 각지에서 민족 독립운동이 촉발되었다. 즉, 1991년 7월에는 크로아티아의 북쪽에 있던 슬로베니아가 독립을 선포했다. 유고 연방군이 투입되었지만, 크라이나-세르비아 공화국에 화력을 집중하기 위해 유고 연방군이 철수하면서 단 10일 만에 슬로베니아 군의

유고슬라비아 연방의 해체

승리로 돌아갔다. 1991년 9월에는 크로아티아 남부의 마케도니아가 독립을 선포했고, 1992년에는 크로아티아마저 유고 연방을 탈퇴해 독립했다. 슬로베니아, 마케도니아, 크로아티아의 독립으로 유고 연방은 사실상 해체된 것이나 다름없었다.

유고 연방이 사실상 해체되면서 1992년 4월에는 카톨릭을 믿는 크로아티아인, 그리스 정교를 믿는 세르비아인, 이슬람교를 믿는 보스니아인 등이 복잡하게 얽혀 있는 남부 보스니아 지역이 보스니아-헤르체고비나 공화국 수립을 선포하고 독립한다.[41] 하지만 90% 이상의 단일민족이 거주하던 슬로베니아나 크로아티아와 달리, 보스니아-헤르체고비나는 이슬람 보스니아계 48%, 그리스 정교 세르비아계 37%, 카톨릭 크로아티아계 14% 등 민족과 종교가 복잡하게 얽혀 있는 지역이었다. 따라서 독립 자체를 반대하던 세르비아 계열과 독립을 주장한 보스니아와 크로아티아 계열이 결국 내전으로 돌입했고, 보스니아의 이슬람인들을 중심으로 대략 30만 명이 사망하는 20세기 후반 최악의 전쟁으로 비화했다. 보스니아 내전은 1995년 미국, EU, 러시아 등 국제 사회의 중재로 겨우 평화를 되찾았으나, 현재까지도 갈등의 불씨는 해결되지 않고 아직 남아 있다.

1998년 3월에는 세르비아 남부 코소보 지역 인구의 90%를 차지하던 알바니아계 분리주의자들 또한 독립을 위해 세르비아 경찰을 공격했다. 세르비아는 이 사건을 계기로 "인종청소"라고 불릴 정도로 이들을 무자비하게 살육했다. 결국 나토가 개입하여 코소보는 자치구로 분리되었고, 2008년 2월 코소보는 결국 독립을 선언했다. 하지만 세르비아는 아직도 코소보의 독립을 인정하고 있지 않아, 코소보 독립을 둘러싼 세르비아와의 갈등은 현재까지도 진행 중이다. 이처럼 발칸 반도의 분열은 1차 대전을 촉발한 유럽의 화약고였지만, 2차 대전이 끝난 후인 지금까지도 분열 상태가 정리되지 않은 유럽의 지뢰밭으로 여전히 남아 있다.

요컨대 **유럽의 본질은 분열이다!!!** 1, 2차 세계 대전과 발칸 반도의 유혈 사태는 차치하고 2011년 유럽 재정위기, 2014년과 언제가 다시 진행될 스코틀랜드 독립 국민투표, 2014년과 2017년 두 번 실시된 스페인의 카탈루냐 독립투표, 2019~2020년 영국의 브렉시트를 둘러싼 난장판과 2021년 1월 영국의 EU 공식 탈퇴, 네덜란드의 EU 탈퇴를 공언한 헤이르트 빌더르스^(Geert Wilders, 1963~)가 이

---

41 이슬람교를 믿는 보스니아인들을 보슈나크인 이라고 부른다.

끄는 '자유를 위한 정당'이 2023년 12월 네덜란드 총선에서 150석의 하원 의석 중 24.7%인 37석을 차지하여 제1 당이 된 사건 또한 유럽의 분열 가능성이 표면화된 사건에 불과하다.[42] 플랑드르 (Flanders, 벨기에·프랑스), 바이에른 (Bavaria, 독일), 브르타뉴 (Brittany, 프랑스), 시칠리아 (Sicily, 이탈리아), 롬바르도-베네토 (Lombard & Veneto, 이탈리아), 코르시카 (Corsica, 이탈리아), 실레지아 (Silezia, 체코·폴란드), 제켈리 랜드 (Zekely Land, 루마니아), 이스트리아 (Istria, 크로아티아) 지역 사람들 역시 당장 지금 각 국가에서 분리 독립한다고 길거리에 나서도 전혀 이상하지 않다. 1970년대 미국 국무장관 키신저의 말대로 "내가 유럽에 전화를 걸어야 하면 도대체 어느 국가에게 전화를 걸어야 하나?"

물론 계몽주의와 산업혁명의 고향인 EU는 미국과 달리 강권에 의한 패권 행사를 구사하지 않는다. EU 가입국의 확대도 고대 로마와 달리 군대를 동원한 강제 편입이 아니라, 다른 유럽 국가들이 자발적으로 EU에 가입한 결과물이다.[43] 다시 말하면 EU는 반제국주의적 접근법을 통해 미국에 맞선 세계 패권을 행사하려고 시도한다. 이는 EU에서 출발한 르네상스, 계몽주의의 역사적 유산 때문이다. 특히 다양한 국가를 통합하기 위해 EU는 언제나 계몽주의적 가치를 옹호하는 관용과 비차별적 보편 윤리를 우선하는 도덕적 민감성을 강조한다. 근대 역사에서 강력한 기억을 남긴 나치와 같은 전제주의 정권과 유대인 대학살과 같은 비극적 사건 또한 EU의 보편적 세계주의에 대한 집착에 영향을 미쳤다. 예컨대 대부분의 EU 국가는 미국의 일방주의적 세계 패권 행사의 결과물인 이라크 침공을 맹비난했다.

이처럼 EU의 통치 철학은 최소한 이념적 측면에서는 미국보다 확장성이 매우 뛰어나다. 이 때문인지 몰라도 브레진스키는 유럽이 정치적 통합에 성공하면 미

---

42   2017년 9월 카탈루냐 독립투표는 마드리드 정부의 투표 금지 명령을 뚫고 진행되었다. 투표율은 42%였고 독립에 찬성한 비율은 91.9%에 이르렀다. 그 결과 2017년 10월 27일, 카탈루냐 의회는 카탈루냐 공화국 수립을 선포하고 독립을 선언했다. 하지만 마드리드 정부는 투표 결과를 신뢰할 수 없다며, 스페인 헌법 155조를 적용하여 카탈루냐 공무원들을 체포하고 카탈루냐에 대한 직접 통제권을 행사했다.

43   Z. 브레진스키, *앞의 책*, p. 105. EU 회원국 수: 15(2004 이전) → 25(2004) → 28(2013) → 27(2020)

국에 맞서게 되는 세계 강국이 될 것이라고 우려하기도 했다.[44] 하지만 필자가 보기에 브레진스키의 우려는 마른하늘에 혹시나 빗방울이 떨어지지는 않을까 걱정하는 기우에 가깝다. 브레진스키 스스로도 "유럽 민족 국가들이 원상태로 돌아갈 수 있는 탄성력에는 깊은 역사적 뿌리가 있고, 초국가적 유럽을 향한 열정은 눈에 보이게 쇠퇴하였다."라고 평가하지 않았나? 즉, 비차별적 계몽주의와 같은 보편적 도덕원리는 1500년 넘게 이어져 온 EU의 복잡한 역사적, 민족적 다양성을 하나로 붙이는 강력한 물리적 접착제가 될 수 없다!!! 예컨대 EU가 인간은 누구나 인종에 상관없이 동등하고 차별받지 않아야 한다는 계몽주의를 내세워 폴란드 국민과 독일 국민, 프랑스 국민을 강력하게 하나로 묶을 수 있나? 특별한 모토 없이도 쓰촨 사람, 푸젠 사람, 북경 사람 모두가 단일 중국인이라고 생각하는 통일 중국과 뉴햄프셔주, 텍사스주, 캘리포니아주 미국인이 스스로 born in the "USA"라고 생각하는 연방 미국을 EU와 비교해 보라!!!

반면 EU 출범과 함께 등장한 유로화는 출범 이후 국제무역 결제 시장에서 달러의 아성을 성공적으로 공략했다. 국제은행 간 통신협회인 SWIFT에 따르면 2016년 기준으로 국제무역 결제 시장에서 달러 비중은 42.9%였고, 유로화는 이에 육박한 31.3%였다. 2019년 기준으로도 중앙은행 외환보유고의 달러 비중은 51%이고 2위가 유로화로 20%에 이른다.[45] 2024년도 비슷하여 국제 결제 시장에서 대체로 달러 40~50%, 유로화 20~30% 수준이다. 이는 유로화가 국제무역 결제 시장에서 달러에 버금가는 위상을 확보해 가고 있음을 보여 주는 신호이다. 어떤 경우에는 유로화가 달러화에 대항하여 출범한 것이기 때문에 의도적으로 달러 패권에 반기를 든 국가들이 국제무역 결제 수단으로 유로화를 선택한다. 예컨대 영국인으로부터 한때 "매력적인 미소를 지닌 괜찮은 젊은이"라고

---

44 Z. 브레진스키, *앞의 책*, p. 83

45 레이 달리오, 앞의 책, p. 498. Statista.com, 2019년 기준 중앙은행 외환보유고 비중: 1위 - 달러화(51%), 2위 - 유로화(20%), 3위- 황금(12%). 그 뒤 일본 엔화(6%), 영국 파운드화(5%), 중국 위안화(2%) 순이다.

평가받던[46] 이라크의 후세인은 원유를 달러가 아니라 유로화로 결제하려고 시도하였다. 그렇다면 유로화는 현재 달러의 지위를 실질적으로 위협하는 기축통화인가? 필자 대답은 "아직 아니다!(Not Yet!)"

우선 유로화의 가치는 EU 19개 국가의 평균 경쟁력에 맞춰져 있다. 따라서 유로화는 특정 국가에게는 평가 절하되어 있고, 특정 국가에게는 평가 절상되어 있다. 예컨대 유로화는 독일에게는 사실상 평가 절하된 통화이고, 그리스에게는 평가 절상된 통화이다. 따라서 중국과 미국에 이은 세계 3위 수출국 독일은 자신의 국가 경쟁력보다 상대적으로 평가 절하된 유로화를 앞세워 지속적 수출 증가를 통해 계속해서 부유하게 될 것이다. 실제로 독일은 유로화가 도입되기 직전 경상수지가 적자였으나, 도입 직후인 2002년부터 흑자로 반전되었고, 2015년 이후부터는 8%를 넘나들고 있다.[47] 반면 그리스는 자신의 국가 경쟁력보다 훨씬 평가 절상된 유로화로 인해 계속해서 수입을 늘릴 것이다. 따라서 그리스는 유로화 체제 하에서는 구조적으로 가난을 벗어나기 어렵다.[48] EU의 통화정책 또한

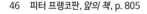

46   피터 프랭코판, *앞의 책*, p. 805

47   독일의 경상수지 흑자의 GDP 대비 비율(출처: IMF)

연도	00	01	02	03	04	05	06	07	08	09	10	11
경상수지/GDP (%)	△1.8	△0.4	1.9	1.4	4.5	4.7	5.8	6.9	5.7	5.8	5.7	6.2
연도	12	13	14	15	16	17	18	19	20	21	22	23
경상수지/GDP (%)	7.1	6.6	7.2	8.6	8.6	7.8	8.0	8.2	7.1	7.7	4.2	4.7

48   그리스는 콘스탄티노플이 함락된 1453년부터 독립 전쟁을 개시한 1821년까지 368년 동안 오스만 튀르크의 식민지였다. 독립 전쟁 후에도 독립 국가로 인정받지 못하다가 1832년에야 영국, 프랑스, 러시아가 그리스를 군주제 독립 국가로 인정했다. 초대 왕은 바이에른 출신의 오토 프리드리히 폰 바이에른 비텔스바흐 백작(Otto of Greece, Otto Friedrich Ludvig von Bayern Wittelsbach, 1832~1862)이었다. 이후 비텔스바흐 가문은 왕위에서 축출되고, 덴마크 왕자 출신인 조지 1세(George I of Greece, 혹은 요르요세 1세, 1845~1913)가 왕이 된다. 조지 1세는 영토를 확장하고 그리스 민족성을 고취하는 민족주의 정책을 취한다. 1912년과 1913년에는 1차 대전의 서막인 1, 2차 발칸 전쟁에도 참여하여 영토 확장에 매진했다. 1차 대전 초기에는 중립을 지키다가 1917년 무렵 연합국에 참여하여, 오스만 제국의 영토 깊숙이 무력으로 진출하기도 한다. 하지만 1922년 튀르키예의 무스타파 케말(Mustafa Kemal, 1881~1938)에 패퇴한 후 로잔 조약(1923년)을 맺어 겨우 양국 간 분쟁이 가라앉았다. 하지만 로잔 조약으로 그리스의 정정은 불안을 지속했고, 파시즘에 동조하는 군사 통치 시대가 도래한다. 대표적으로 1936년 집권한 요안니스 메탁사스(Ioannis Metaxas, 1871~1941)는 무솔리니의 파시즘 정권을 모방한 철권 독재 정치를 시행했다. 2차 대전 초기에는 중립을 지키다가 무솔리니의 과도한 요구로 이탈리아와 전쟁을 벌였고, 결국 독일에 점령당한다. 독일 점령기간에 수십만 명이 굶어 죽거나 처형되고, 레지스탕스에 가담했다는 이유로 수많은 마을이 파괴되었다. 1944년 10월 독일이 철수하자 영국군이 진출하지만, 왕당파, 중도 우파, 공산주의 등의 정쟁으로 전면적인 내전이 터졌다. 영국은 2차 대전 후 국력 소진으로 발을 빼 버렸고, 대신 미국이 개입하여 그리스 공산주의 당파를

인플레이션과 실업률이 높은 그리스에 맞추어야 할지, 아니면 인플레이션과 실업률이 낮은 독일에 맞추어야 할지 거의 언제나 진퇴양난에 빠져 있다.[49]

EU 회원국 정부의 재정 상황도 국가별로 천차만별이다. 예컨대 만성적인 재정 적자국인 이탈리아는 2023년 GDP의 △7.4%에 달하는 재정적자를 기록하였고, 덴마크는 2023년 재정흑자 규모가 GDP의 3.1%로 거의 언제나 재정이 흑자인 국가이다. 재정 상황이 대체로 안 좋던 포르투갈은 2023년에 1.2%의 재정 흑자를 달성했고, 재정적자 규모가 대체로 최악이었던 그리스는 2023년 △1.6%로 재정 건전성이 개선되고 있다. 프랑스는 만성적인 재정 적자국으로 마크롱 대통령이 2023년 연금 개혁안까지 밀어붙여 적자 탈출을 노리고 있지만, 이 때문에 정치적으로는 인기가 거의 없어 정치적 혼란이 극에 달하고 있다.

이런 불평등 상황을 과연 나머지 EU의 가입국들이 두고만 볼 것인가? 필자는 유로화는 거대 단일 경제권에서 통용되는 통화임에도 불구하고, EU가 하나의 "단일 정체(政體, 폴리테이아, *Politeia*)"라는 확고하고 명확한 정치적 구심점이 없기 때문에 유로화가 정치경제학적으로 달러를 실질적으로 위협하는 패권적 권력을 가지고 있다고 보기는 어렵다고 생각한다. 왜냐하면 통화 패권은 그저 경제적 역량이 뛰어나다고 자동으로 달성될 수 있는 단순한 산수 문제의 답이 아니기 때문이다. 통화 패권은 제국을 건설한 다리우스 1세나 알렉산더 1세 때의 통일 금화 혹은 쿠빌라이 칸의 지폐처럼 제국의 영향력을 과시하고 때로는 다른 국가의 주권을 무시하는 패권 행사의 원인이자 결과물이다. 패권 행사의 주체가 되는

소탕했다. 하지만 내전 후유증으로 1960년대와 1970년대 경제발전에 뒤처지게 되고, 1967년에는 군부 쿠데타까지 일어났다. 1974년 겨우 민주화되었고, 1981년에는 EEC에 가입하면서 그나마 경제발전의 계기를 마련하게 된다. 이후 경제가 성장하면서 2004년 올림픽 유치에도 성공하여 부흥하는 듯 하였지만, 2008년 금융위기 때 헤지펀드의 집중적인 그리스 국채 공격으로 IMF의 구제금융을 받는 처지에 몰렸다. IMF의 구제금융 조건으로 내건 극도의 긴축정책으로 중도파는 설 자리를 잃었고, 극우나 극좌가 다시 정권을 뺏고 뺏기는 정국 불안이 현재까지도 계속되고 있다.

49 다만 2023년부터는 독일과 그리스 양 국가의 경제 상황이 급격한 반전을 보여 주고 있다. 즉 독일은 우크라이나-러시아 전쟁 후 급등한 에너지 가격 등으로 인해 2023년에 성장률이 △0.3%를 기록한 반면, 그리스는 2020년 GDP △9.3%라는 최악의 마이너스 성장세 이후 뼈를 깎는 경제 구조조정을 거쳐 2021년 8.4%, 2022년 5.6%, 2023년에는 2.2% 성장세를 기록함으로써 EU 평균 성장률을 계속 상회하고 있다. 독일과 그리스 상황이 러시아-우크라이나 전쟁에 따른 일시적 요인 때문인지, 아니면 다른 구조적 요인 때문인지는 조금 더 지켜봐야 할 것 같다.

강력하고 단일한 폴리테이아 자체가 미약한 EU가 통화 패권을 소유한다는 것은 패권적 권력을 관철할 의지 자체가 없는 중국 시인 두보가 어느 날 갑자기 루비콘강을 건너 원로원을 제압하는 로마의 카이사르로 둔갑한다는 삼류 소설처럼 황당한 이야기이다. 나아가 "유로화가 가진 평균성," 즉 통화가치가 유럽 국가의 평균 경쟁력에 맞춰진 본질적 특성 때문에 미래 언젠가는 유로화가 유럽 각 국가의 통화로 조각조각 날 가능성이 높다고 생각한다.

특히 이론상으로는 2002년 유로화 도입 이후 EU 역내 교역 비중은 증가해야 한다. 하지만 실제로는 70%에 육박하던 EU 지역의 역내 교역 비중은 유로화 도입 이후 60% 초반대로 오히려 하락추세였다. 다만 EU 출범 후 12년째인 2014년부터는 역내 수출 비중이 증가 추세로 반전되어 2022년까지 지속되는 모습을 보여 주고 있다. 따라서 EU 통일 화폐의 도입으로 역내 통합이 최근 들어서는 강화되고 있다고 평가해도 무방하다고 본다.

<EU 역내, 역외 수출입 비중>

구분	연도별 EU 역내·외 수출입 및 비중 현황 (단위 : 억불)									
	수출					수입				
	역내	비중	역외	비중	對세계	역내	비중	역외	비중	對世界
1999	16,372	69.3	7,240	30.7	23,613	16,351	67.4	7,918	32.6	24,269
2000	16,764	68.2	7,807	31.8	24,571	16,712	64.6	9,165	35.4	25,878
2001	16,868	68.2	7,875	31.8	24,743	16,819	65.7	8,767	34.3	25,586
2002	18,053	68.3	8,372	31.7	26,425	17,967	67.0	8,861	33.0	26,828
2003	21,801	69.1	9,750	30.9	31,551	21,704	67.2	10,580	32.8	32,284
2004	25,959	68.8	11,757	31.2	37,716	25,966	67.0	12,780	33.0	38,745
2005	27,770	68.0	13,057	32.0	40,827	27,767	65.3	14,729	34.7	42,497
2006	31,592	68.6	14,469	31.4	46,061	31,569	64.8	17,134	35.2	48,703
2007	36,744	68.5	16,916	31.5	53,660	36,723	64.9	19,829	35.1	56,552
2008	40,294	67.7	19,255	32.3	59,549	40,268	63.3	23,316	36.7	63,584
2009	30,877	66.9	15,259	33.1	46,135	30,857	64.2	17,235	35.8	48,092
2010	33,900	65.4	17,939	34.6	51,839	33,900	62.5	20,311	37.5	54,211
2011	39,288	64.5	21,634	35.5	60,922	39,288	62.1	24,013	37.9	63,301
2012	30,668	57.4	22,757	42.6	53,425	29,897	57.8	21,886	38.8	51,783
2013	31,715	57.3	23,638	42.7	55,353	30,955	58.8	21,657	37.3	52,612
2014	32,674	57.8	23,856	42.2	56,530	31,886	59.6	21,602	36.6	53,488
2015	28,489	57.8	20,802	42.2	49,291	28,713	62.3	18,280	36.0	46,093
2016	29,042	58.4	20,655	42.6	49,697	28,491	61.6	17,728	35.4	46,219
2017	32,133	58.7	22,534	41.3	54,667	31,602	61.2	20,009	38.8	51,611
2018	35,611	59.4	24,319	40.6	59,930	34,948	60.8	22,572	39.2	57,520

2019	34,390	59.0	23,864	41.0	58,254	33,714	60.8	21,730	39.2	55,444
2020	32,648	59.6	22,103	40.4	54,751	31,944	62.0	19,616	38.0	51,560
2021	40,693	61.2	25,778	38.8	66,471	39,988	61.4	25,095	38.6	65,083
2022	44,711	62.5	27,037	37.5	71,478	43,079	57.7	31,547	42.3	74,626

출처: WTO, 2004년 이전은 EU 15개국, 2005~2006은 EU 25개국, 2007년 이후는 EU 28개국[2012년부터 통계 기준이 변경되었으므로, 추세는 2012년부터가 다소 정확]

물론 EU 가입국이 계속 확대되고 있기 때문에 EU 통합의 효과를 측정하기 위해서는 좀 더 기다려야 한다는 주장도 가능은 하다. 그러나 신규 가입국 후보 중에는 독일과 같은 산업 경쟁력을 보유한 국가가 별로 없어, 신규 가입을 계기로 역내 수출이 증가할 수 있을지는 의문이다. 예컨대 2014년 6월에 후보국 지위를 부여받은 알바니아나 2022년 6월에 후보국 지위를 부여받은 우크라이나가 EU에 가입하면 역내 수출이 증가할까?

하여튼 EU 통합의 긍정적 효과가 분열로 인한 회원국 불평등 상황의 악화보다 더 빨리 나타난다면 유로화 또한 계속 유지될 수도 있을 것이다. 따라서 EU 집행위는 가입국의 불평등 상황이 통합으로 인한 긍정적 효과로 인해 완화될 때까지 어떻게든 가입 국가들 사이의 통합 상태를 강력하게 유지해야 한다. 고대 로마는 "로마 시민"이라는 이데올로기를 사용하여 강력한 통합 전략을 구사했고, 중세 교황은 "카톨릭"이라는 종교를 통해 유럽 통합을 추구했다. 유럽 전체는 아니지만 히틀러는 "아리안족"이라는 인종 개념으로 독일 민족을 철저하게 결집했고, 무솔리니는 "로마 공화국(SPQR)"이라는 역사적 기억으로 이탈리아 국민을 결집했다.[50]

그렇다면 오늘날 유럽 전체 통합의 강력한 구심점은 무엇이 가장 적합한가?

50 　1935년 당시 페르시아는 국호를 아리안족의 나라라는 뜻의 이란으로 바꾼다. 페르시아가 국호를 이란으로 바꾼 가장 결정적인 계기는 나치의 아리안족 혈통 강화 선전전 때문이었다. 당시 페르시아는 영국과 러시아의 지나친 간섭으로 피로도가 극에 달해 있었는데, 유대인을 배격하는 나치가 아리안족을 강조하자 당시 쿠데타로 집권한 레자 샤(Reza Shah, 1878~1944)가 이에 적극 동조하면서 국호까지 바꿔 버렸던 것이다. 당시 아랍인들은 유대인들을 "찌꺼기이자 병균"이라면서 반유대주의를 표방한 히틀러에 열광하고 있었고, 심지어 히틀러를 순례자 히틀러, 즉 알-하지(Al-Haji) 무함마드 히틀러라고 칭송하여 불렀다. (하지는 성지 메카 순례를 성공적으로 마친 사람에게 붙이는 존칭이다.)

필자는 정확한 정답을 모른다. 유럽의 분열은 역사적으로 그 연원이 너무 오래되고 고착화되어 있어 해법을 찾기가 쉽지 않기 때문이다. 다만 필자가 보기엔 현재 EU가 추구하는 보편적 계몽주의는 결집력이 떨어진다고 생각한다. 그보다 좀 더 선명한 EU 자신들만의 확고한 정체성을 발견하여, 이를 집중적으로 EU 가입국들에게 전파해야만 진정한 통합을 추구할 수 있다. 1500년 동안 뿌리 깊게 확립된 분열의 인식을 바꿔야 하는 작업이므로 결코 쉽지 않을 것이다.

나아가 유로화 도입으로 인해 EU 경제가 과연 활성화되었는지 여부도 문제다. 예컨대 유로화가 출범한 10년째인 2012년 EU의 GDP는 14.7조 달러로 미국의 16.3조 달러와 비슷했다. 그러나 그 후 10년이 지난 2022년 EU 27개국의 GDP는 15.8조 달러로 미국의 25.5조 달러에 크게 뒤진다. EU가 아니라 영국을 포함해도 비슷하다. 예컨대 1992년 유럽 5대 국가인 독일, 프랑스, 영국, 이탈리아, 스페인의 GDP는 미국 GDP보다 많았다. 하지만 2022년 기준으로 미국의 상위 9개 州 GDP만 합산해도 유럽 5대 국가를 누른다.[51] 기업도 마찬가지다. 2008년 기준으로 글로벌 500대 기업 중 유럽 기업은 190개였는데, 2022년에는 128개, 2023년에는 119개로 감소세가 뚜렷하다. 2023년 8월 기준으로 글로벌 시총 30대 기업 분포 역시 미국은 21개이나, 유럽은 LVMH^(프랑스, 생활용품), 노보노디스크^(덴마크, 제약사), 네슬레^(스위스, 식품), ASML^(네덜란드, 반도체) 등 4개 기업뿐이다.[52] 특히 EU는 미국의 G^(Google)A^(Apple)F^(Facebook)A^(Amazon)M^(Microsoft)이나 중국의 B^(Baidu)A^(Alibaba)T^(Tencent)와 같이 인공지능 시대 필수적인 데이터 플랫폼 기업이 단 한 개도 없다. 이 때문일까? 2022년 7월 14일에는 유로화 출범 이후 사실상 처음으로 장중에 1유로=0.9952달러를 기록하여 유로화가 달러화 가치를 밑돌았다. 이후 유로화 가치가 약간 상승하긴 했으나, 1유로=1달러, 즉 dollar parity 시대는 이

---

51 European Center for International Political Economy(ECIPE), 『Policy Brief: If the EU was a State in the United States: Comparing Economic Growth between EU and US States』, July 2023

52 아시아 기업은 5개 기업으로 아람코(사우디, 원유), TSMC(대만, 반도체), 텐센트(중국, IT), 삼성전자(한국, 반도체), 구이저우 마오타이(중국, 술) 등이다.

대로 가면 피할 수 없는 숙명이라고 본다.

하여튼 만약 영국의 EU 탈퇴와 같은 상황이 또 벌어지면 유로화 소멸은 당연한 귀결이고, EU 존립 자체도 쉽지 않을 것이다. 나아가 2024년 기준 27개국인 EU 회원국의 확대 전략은 통합의 긍정적 효과가 나타날 때까지 미루는 것이 좋을 것이다. 통합의 긍정적 효과가 나타나기도 전에 계속 회원 수를 확대하다가는 회원국 불평등 상황이 심화되면서 EU가 스스로 와해될 것이 거의 확실하기 때문이다. 통합의 긍정적 효과가 가시화되기 전이라도, EU는 중국이나 미국처럼 강력한 단일 폴리테이아를 확립하기 위한 통합 이데올로기를 새로이 만들어 이를 집중적으로 추구해야 한다. 필자가 단언컨대 지금의 "Unity in Diversity"처럼 어정쩡한 이데올로기로는 유로화가 아무리 달러와 비슷한 비중의 국제무역 결제 통화라고 하더라도 통화 패권을 결코 달성할 수 없다고 생각한다. EU는 과연 이와 같은 난제를 슬기롭게 극복해서 달러화에 대응하는 새로운 기축통화인 유로화를 만들어 나갈 수 있을 것인가?

이와 같은 점에서 필자가 보기엔 2020년대 들어 강화되고 있는 EU만의 독자적인 행보는 EU의 단일 정체성을 확립하기 위한 매우 중요한 진전이라고 평가한다. 예컨대 2023년 7월 12일 도입한 EU 역외보조금 규정(Foreign Subsidies Regulation, FSR), 2023년 10월 1일 시행된 EU 탄소 국경 조정제도(Carbon Border Adjustment Mechanism, CBAM), 2023년 10월 4일 개시된 EU의 중국산 전기차 보조금 직권 조사, 2024년 3월 13일 전 세계에서 처음으로 시행된 EU의 인공지능 규제 법안, 2024년 7월 18일 시행된 유럽 에코 디자인 규정(Ecodesign for Sustainable Products Regulation, ESPR), 대기업에 대해서는 2024년 12월 30일부터 적용 예정인 EU 삼림 벌채 규정(FRegulation on Deforestation-free products, EUDR) 등은 기후변화나 인공지능에 대한 선제적 대응과 자국의 녹색산업 보호 의지 등을 적극적으로 표명한다는 점에서 미국이나 중국 등 다른 패권국가의 행보와 확연히 구분된다.

필자는 EU의 이런 독자적인 행보를 인류 전체의 보편적 가치를 옹호한다는 점에서, 신보다 인간의 가치 발견에 집중했던 르네상스 시대 인문주의(humanism)에 대비하여 EU의 "보편주의^(universalism)" 정체성이라고 부를 것이다. 필자는 EU만의 독특한 "보편주의" 정체성이 EU 전체를 강력히 통합하는 물리적 접착력을 확보할 수 있을지에 대해 회의적이지만, 보편주의가 확장성이 뛰어나다는 점에서 그 결과는 좀 더 지켜봐야 한다는 생각도 가지고 있다. 나아가 보편주의 정체성을 확립하기 위해서는 이를 뒷받침하기 위한 사회적 생산력이 필수적이다. 이를 위해서는 EU 역내 노동 시장 유연화, 금융시장 활성화, 대학 교육 혁신 등을 통한 EU 27개국의 경제 활성화도 EU가 해결해야 할 또 하나의 중대한 도전이다. EU는 과연 이와 같은 난제를 슬기롭게 극복해서 달러화에 대응하는 새로운 기축 통화인 유로화를 만들어 나갈 수 있을 것인가?

2008년 이후부터는 중국이 위안화를 내세워 미국의 달러 패권을 공격하고 있다. 2013년 9월의 「일대일로^(一帶一路, Belt and Road Initiative: BRI, the One Belt One Road: OBOR)」, 2015년 5월 「중국 제조 2025」, 2016년 9월 중국 위안화의 IMF 특별인출권 바스켓 편입, 2020년 4월 세계 4번째의 중앙은행 디지털^(Central Bank Digital Currency: CBDC) 화폐인 디지털 위안화 발행, 2024년 7월 3중전회에서 공식화된 「신품질 생산력」 모두 위안화의 달러 패권 공격 전략의 일환이다. EU와 달리, 중국인은 하나라는, 배타적이지만 마사무네^(Masamune)의 칼날 끝처럼 선명한 중화사상 또한 달러 패권을 실질적으로 위협하는 매서운 무기가 될 것이다.[53] 미국이 對中 무역 수지 적자와 「중국 제조 2025」를 두려워하는 이유도 유럽과 달리 중국은 확고하게 통일된 정치적 동일성을 보유하고 있기 때문이다. 하지만 필자가 보기엔 위안화의 달러 공격은 아직은 계란으로 바위 치기이다. 중국 정부가 금융 산업이나 뱅킹 산업 발전의 핵심 동력인 "탐욕^(cupidity) 정신"을 간과하고, 금융시장 전체를 정부가 통제하고 있기 때문이다. 결과는 어떻게 될까?

---

53 마사무네(正宗, Goro Nyudo Masamune, 五郎入道正宗, Priest Goro Masamune, 1264~1343)는 13세기 일본 최고의 대장장이였다. 13세기 말에 최고의 명검을 만들었고, 스페인을 통해 유럽에도 그 명성이 알려졌다. 그가 만든 칼은 순수 철이 아니라 특정 비율의 탄소를 혼합한 특수 탄소강이었다. 누가 보아도 보는 순간 마사무네 칼임을 알 수 있었다고 해서, 칼에 마사무네라는 이름을 새길 필요가 없었다고 한다.

(4) 아직은 참을 수 있는 달러의 가벼움!

이처럼 필자가 보기엔 달러 패권이 불괴할 명백한 조짐은 현재까지는 없다. 1971년 금 태환 정지와 2008년 금융위기 당시 잠깐 그 조짐이 있었지만, 미국은 기축통화 달러를 활용한 양적 완화를 통해 위기를 순식간에 극복했다. 물론 다른 평가도 있다. 예컨대 레이 달리오는 그의 저서 『변화하는 세계 질서』에서 미국이 이미 전성기를 지났으며, 내란과 혁명 직전의 쇠퇴기인 5단계에 진입했다는 섬찟한 경고를 날렸다. 그에 따르면 내전 가능성의 신호는 규칙이 무시되고, 양측이 감정적으로 공격하고, 유혈 사태가 발생하는 것이다.[54] 그의 평가대로 이 사태는 트럼프 대통령의 대선 불복 사건으로 인해 2021년 1월에 이미 미국에서 벌어진 사태이기는 하다. 즉, 트럼프 대통령이 대선에 불복함으로써 헌법을 무시했고, 부정선거라는 감정적 프레임을 씌웠으며, 이 과정에서 5명이나 사망했다.

그러나 필자가 보기엔 그 정도까지 미국이 망가진 것은 아니라고 본다.[55] 비록 미국이 막대한 재정적자와 무역수지 적자를 기록하고는 있지만 현재까지는 △5% 이내에서 관리가 가능한 수준이고, 세계 최고의 서비스 산업 및 농업 산업 경쟁력과 세계 제2위의 제조업을 기반으로 미국의 기술 패권, 산업 패권, 무역 패권이 아직까지는 유지되고 있기 때문이다. 물론 레이 달리오의 평가대로 미국의 정치적 극단성과 경제적 불평등성이 과거보다 고조되고 있는 것 또한 크게 틀린 평가는 아니고, 그 때문에 2021년 1월 사상 초유의 대선 불복 운동까지 벌어진 것 또한 사실이다. 하지만 미국의 집단 지성이 그 정도 문제점도 파악하지 못하고, 해결책도 못 찾을 정도로 구제 불능 수준은 아니라고 본다.

특히 미국은 가장 모두에서 말했듯이 개인이 아니라 법과 제도가 나라를 운영하는 법치국가이다. 로마 황제 몇 명이 연달아 암살되었다고 로마 제국이 바로

---

54 레이 달리오, 『변화하는 세계 질서』, 한빛비즈, 2022, p. 544

55 레이 달리오, *앞의 책*, pp. 191~192. 달리오는 전성기를 50% 수준이라고 했을 때, 미국은 70±10% 위치에 있다고 진단한다.

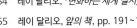

붕괴한 것이 아니듯, 미국은 트럼프 대통령 같은 인물이 몇몇 등장한다고 곧바로 붕괴 단계로 진행되는 허약한 법치국가가 아니라고 본다. 천하의 트럼프 대통령도 헌법과 법률이 정한 절차에 따라 2021년에 교체되지 않았나? 다만 필자의 이 생각은 최근 들어 다소 흔들리기는 한다. 왜냐하면 2024년 7월 1일, 미국 연방대법원이 미국 대통령의 직무 수행과 관련한 공식적인 행위는 형사 소추 대상에서 면제된다고 판결했기 때문이다.[56] 필자가 보기에 형법의 적용을 받지 않는 대통령의 직무 수행이라는 개념은 사실상 봉건국가의 왕정 체제나 다를 바 없기 때문에, 이 판결이 과연 21세기 미국의 연방대법원이 내린 판결인지 눈과 귀를 의심케 한다. 이 판결에서 제시된 소수 의견에 따르면 "대통령이 정적 제거를 위해 네이비실에게 암살 명령을 내려도, 면책이다!!!" 정말 레이 달리오의 평가가 맞는 것일까?

하여튼 아직까지는 여전히 유로화도, 위안화도 달러의 아성에 도전할 정도의 위상은 아니다. 만약 비트코인이 달러처럼 독실한 종교적 경배심의 대상이 되면서 물신(物神)의 위치에 올라 원유를 살 수 있다면 모르겠지만, 설사 엘살바도르가 2021년 비트코인을 세계에서 처음으로 법정 통화로 지정했다 하더라도, 2022년 우크라이나 침공으로 푸틴이 러시아 가스를 비트코인으로 결제하는 방안을 검토했다 하더라도, 개인적으로 비트코인은 찻잔 속 태풍에 그칠 가능성이 매우 높다고 생각한다.

왜? 달러가 물신의 위치에 올라섰던 것도, 달러로 바로 교환될 수 있었던 눈에 보이는 물신인 황금 때문이었다. 더구나 황금은 서양 역사에서 무려 5,000년이 넘는 기간 동안 맹목적인 숭배의 대상이었다. 인터넷이나 컴퓨터, 스마트폰이 없으면 획득도, 사용도 불가능한, 눈에 보이지도 않는 비트코인이 어떻게 일반인들이 맹목적으로 숭배하는 대상인 황금과 같은 페티쉬(fetish)가 될 수 있나? 나아

---

56   23-939, Trump v. United States, 07/01/2024

가 비트코인의 변동성은 웬만한 주식보다도 훨씬 높다.[57] 예컨대 2015년 초에는 중고차 가격이 100비트코인 내외였지만, 2017년 12월에는 1비트코인에 불과했다. 하루 만에 가격 변동이 20~30%가 넘고 2년 만에 가치가 100배가 넘게 변동하는 암호 화폐가 가치를 객관적으로 측정하는 국제무역의 결제 수단이 된다고? 2022년 5월 2일, 스위스 중앙은행(Swiss National Bank) 또한 비트코인은 내재가치가 부족하다는 이유로 중앙은행의 준비 통화로서 보유에 반대한다는 공식 견해를 내기도 했다.[58]

20억 명 이상이 가입한 SNS의 절대 강자 페이스북(Facebook)의 가상 화폐 리브라 코인(Libra crypto-coin)도 가입자 상호 간 소액 이체나 결제와 같은 소비자 금융에서는 쓸모 있을지 몰라도, 대규모 산업 금융이나 국제무역 결제 영역에서 활성화되기는 쉽지 않다. 예컨대 엑슨-모빌이 사우디 국영 석유회사 아람코의 원유를 구매하면서 페이스북의 리브라 코인으로 결제하겠다고 하면, 아람코 중견 간부들이 선뜻 "하드하 후 알카말(Hadha hu alkamal, هذا هو الكمال)!"이라고 할까?[59] 필자는 워크래프트(WarCraft) 게이머들이 사용하는 가상 화폐인 월드 오브 워크래프트 골드(WoW Gold)와 페이스북의 리브라 코인이 실질적으로 어떻게 다른지도 모르겠다. 혹시라도 만에 하나, 그럴 가능성이 있다고 하더라도 그런 일이 벌어지도록 미국의 금융 패권이 결코 좌시하지 않을 것이다. 예컨대 연준의장인 제롬 파월(Jerome Powell, 1953~)은 리브라 구상 발표 한 달만인 2019년 7월, 의회 청문회에서 "리브라와 같은 암호 화폐는 프라이버시, 자금세탁, 소비자 보호, 금융 안정을 위협"할 것이고, ECB 총재 라가르드(Christine Lagarde, 1956~)의 말대로 암호 화폐는 "시스템을 뒤흔들 수 있다."

57 　　　비트코인과 달리 가치 변동이 거의 없는 가상 화폐는 스테이블 코인(stable coin)이라고 부른다. 스테이블 코인은 달러나 파운드화 같은 다른 나라 통화나 상품의 가격에 화폐가치를 연동시켜서 가치 변동을 줄인다.

58 　　　그러나 스위스 중앙은행의 평가 또한 완전히 틀렸다. 왜냐하면 달러도 내재가치가 없는 것은 비트코인과 마찬가지이기 때문이다. 오히려 비트코인은 채굴 비용이 원가 10센트 내외인 달러보다 훨씬 더 들기 때문에, 내재가치가 달러보다 더 높다고도 할 수 있다. 둘 사이의 가장 큰 차이는 비트코인으로는 국제 원자재 시장에서 원유와 같은 원자재를 살 수 없지만, 달러로는 원유와 같은 국제 원자재를 살 수 있다는 점이다.

59 "That is perfect."란 뜻의 아랍어

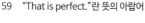

그렇다면 달러 패권은 난공불락의 철옹성인가? 아니다. 달러 패권이 불괴할 수 있는 가장 결정적인 요인은 과거 로마 시대처럼 중국의 비단, 인도의 향신료에서 비롯된 무역수지 적자이다. 로마는 엄청난 비단 수입을 위해 막대한 양의 황금을 제국 밖으로 유출시켰다. 즉 로마의 통화는 홍해와 시리아를 거쳐 현재 파키스탄 신드(Sind) 근처의 항구

로마와 인도 쿠샨 제국의 무역로. 이 무역로를 따라 로마의 금화와 은화가 그대로 인도로 흘러 들어갔다.

바르바리콘(Barbarikon)과 특히 현재 북인도 항구 바루치(Bharuch)인 바리가자(Barigaza) 같은 항구들을 통해 쿠샨 영토로 쏟아져 들어갔다.[60] 그 결과 인도 쿠샨 제국(30~375)의 금화는 사실상 로마 제국의 아우레우스 금화와 동일했다. 예컨대 쿠샨 제국 기본 금화의 금 함유량은 초기 로마 제국 아우레우스의 금 함유량인 7.9그램과 정확히 같았다. 아울러 쿠샨 왕조의 초기 화폐 또한 금화가 기본이었으나, 제국 후기에는 은화 발행이 급증하면서 은화가 기본 통화였다. 이는 로마 제국 초기 사치품 수입을 위해 금이 유출되다가, 금이 부족해지는 제국 후기에는 금이 아니라 은이 로마 제국 밖으로 유출되는 현상과도 거의 일치한다. 이는 비단과 향신료 때문에 로마의 금과 은이 인도의 쿠샨 제국으로 그대로 흘러 들어갔다는 뜻이다.

『황금, 설탕, 이자 – 바빌로니아의 수수께끼[下]』編에서 후술하겠지만 필자 추정에 비단이나 향신료 등 사치품 수입으로 인한 로마의 무역수지 적자는 로마

---

60   피터 프랭코판, *앞의 책*, p. 49

GDP의 △5%는 물론이고 △10%까지 넘었던 것으로 보인다. 이처럼 비단과 같은 사치품 수입으로 인한 금과 은의 유출을 막지 못하면서 로마 제국은 결국 붕괴되었다. 미국도 마찬가지다. 즉 미국의 무역수지 적자가 로마처럼 GDP의 △4%나 △5%를 넘어서면 달러 패권의 붕괴 조짐은 나타날 수도 있다.

하지만 미국은 로마와 다르다. 미국의 제조업은 중국에 이어 전 세계 2위 규모이다. 특히 미국은 전 세계에서 항공기를 가장 많이 만들고, 가장 많이 수출하는 나라이다. 즉, 2016년 미국은 항공기 관련 제품 1,207.8억 불, 2017년에는 1,211.2억 불을 수출해서 항공기 수출 세계 1위를 기록했다. 2022년 항공기 수출은 휘발유[1위], 원유[2위], LNG[3위]에 이어 4위를 기록했는데, 1~3위가 모두 원자재이므로, 미국 제조업 분야에서 항공기의 중요성은 두말할 필요도 없다. 항공기는 최첨단 제조업으로, 산업 전후방 효과도 매우 높다. 항공기 엔진을 만들 수 있는 업체 또한 전 세계에 미국의 GE, 프랫앤휘트니[P&W]와 영국의 롤스로이스 세 군데뿐이다. 잘 알려져 있지 않지만 원래 항공기 자체가 자동차 때문에 등장한 발명품이다.[61] 최초로 비행에 성공한 미국의 라이트 형제는 원래 자전거 제조 및 판매를 하다가, 자동차에 장착하는 가솔린 엔진을 붙여 가속도를 올린 비행기를 만들었다. 롤스로이스도 항공기 엔진과 함께 프리미엄 자동차도 같이 만든다.[62]

다시 말해 항공기 제작 기술이 고도화되었다는 것은 자동차 제작 기술도 세계적이라는 뜻이다. 실제로 미국의 자동차와 자동차 부품 수출액은 2016년 966.4억불, 2017년 985.3억 불로 1,000억 불에 육박한다.[63] 자동차는 미국 수출 3위, 자동차 부품은 미국 수출 4위이며, 이를 합치면 실제로 미국 수출 2위

---

61 스웨덴 항공기 회사 사브(SAAB)도 항공기를 주로 제작하다가 자동차 제조에 주력한 회사이다. 사브는 항공기에 장착하던 터보 엔진을 자동차에 처음 적용한 회사이기도 하다. 그 자동차가 1947년 출시된 "사브 92001"이다. 사브는 1976년에 양산차에 터보 엔진을 최초로 장착하여 "사브 99 터보"를 출시하기도 하였다. 이후 환경 규제가 강화되면서 터보 엔진은 프리미엄 자동차 엔진의 대명사가 되었다.

62 롤스로이스 자동차는 1998년 BMW가 인수한다.

63 2016년 수출액: 자동차 538.1억 불, 자동차 부품 428.3억 불, 2017년 수출액: 자동차 535.8억 불, 자동차 부품 449.5억 불 (출처: 무역협회)

품목이다. 2022년에는 자동차가 항공기에 이어 5위, 자동차 부품은 반도체 칩(6위)과 백신(7위)에 이어 8위를 기록했다. 이는 미국의 제조업 경쟁력이 결코 무시할 수 없는 수준이라는 뜻이다. 전통적으로도 남북전쟁이 끝난 1870년대부터 독일과 일본이 부상하기 전인 1960년대까지 약 100년 동안 미국은 제조업에서 전 세계 최고 강자였다. 트럼프 대통령이 과거 미국 제조업 기업이 집중되어 있던 러스트 벨트(Rust Belt)를 애지중지하는 이유

Maps Data: Google Earth

러스트 벨트. 러스트 벨트는 오하이오주 주변의 제조업 밀집 지역이다. 미국은 1870년부터 1960년까지 글로벌 최강의 제조업 경쟁력을 갖추고 있었는데, 이 지역에는 자동차, 항공, 철강, 석유화학 등의 제조업체가 밀집되어 있었다. 대표적인 도시가 자동차 산업의 메카였던 디트로이트, 철강 산업의 메카인 피츠버그 등이다.

도 미국의 전통적인 제조업 자존심과 밀접하게 관련된 것이다. 특히 총격을 당한 극도의 혼란 속에서도 트럼프 대통령이 2024년 7월 15일, 공화당 전당 대회에서 러스트 벨트의 핵심 지역인 오하이오의 상원 의원인 제임스 D. 밴스(James David Vance, 1984~)를 자신의 2024년 대선 러닝 메이트인 부통령으로 임명한 것도 이와 결코 무관하지 않다.

나아가 미국은 전 세계에서 서비스를 가장 많이 수출하는 나라다. 미국은 1988년에 처음으로 서비스 수출액이 1,000억 불을 넘었고, 23년 만인 2011년에 서비스 수출액이 그 6배인 6,000억 불을 넘었다. 2016년 기준으로 미국은 전 세계로 7,524억 불의 서비스를 수출하여 전체 글로벌 서비스 수출의 20.1%를 차지했다. 미국은 2위 영국의 시장 점유율을 2배 가까이 앞서는 서비스 수출의

절대 강자이다.[64]

미국의 서비스 수출은 이후에도 계속 증가하여, 2017년에는 7,977억 불, 2018년에는 처음으로 서비스 수출이 8,000억 불을 넘은 8,284억 불을 기록했다.[65] 2019년에는 이보다 더 증가하여 8,467억 불어치의 서비스를 수출했으며, 이후 다소 감소하다가 2022년에는 9,000억 불을 넘어 서비스 수출 9,242억 불, 2023년에는 무려 9,991억 불을 기록했다.[66] 미국은 이처럼 상품으로 인한 무역 적자를 서비스 수출로 어느 정도 상쇄하고 있는 구조를 갖추고 있다. 따라서 미국은 로마처럼 전 세계에서 가장 상품 소비를 많이 하는 나라임에도 불구하고, 로마와 달리 막대한 규모의 서비스 수출 흑자로 인해 경상수지 적자가 GDP의 △5% 밑으로 내려가기 쉽지 않을 것이다. 요컨대 미국은 산업기반은 없고 군사력만 세계 최고였던 로마와는 완전히 다르다는 뜻이다. 따라서 아직까지는 달러 패권의 명확한 붕괴 조짐은 없다.[67] 시적으로 표현하면 "아직은 참을 수 있는 달러의 가벼움"이라고나 할까?

---

64 서비스 수출 시장 점유율(IMF, 2014 기준, %): 미국 14.6, 영국 7.4, 독일 5.7, 프랑스 5.7, 중국 4.8, 일본 3.3, 인도 3.2, 네덜란드 3.2, 싱가포르 2.9, 아일랜드 2.7

65 우리나라가 상품 수출 6,000억 불을 사상 처음으로 겨우 넘긴 해가 필자가 산업통상자원부 수출입과장으로 재임하였던 2018년이었는데, 그 해 미국의 서비스 수출액은 8,284억 불이었다.

66 출처 Bureau of Economic Analysis

67 미국 무역수지의 미래와 달러 패권의 중장기 전망에 대한 상세한 내용은 『*황금, 설탕, 이자 - 바빌로니아의 수수께끼(하)*』 編에서 상술한다.

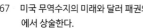

03 미국의 무역과 달러

(1) 길더화와 파운드화

그러나 만약 미국의 기술 및 산업 패권, 무역 패권이 붕괴되면 무슨 일이 생기게 될까? 우선 미국의 경상수지 적자 규모가 GDP의 △5%를 넘게 되면 어떤 일이 벌어질까? 필자가 보기엔 설사 경상수지 적자가 GDP의 △4%나 △5%를 넘는다고 하더라도 당장은 달러가 가진 결제 수단으로서의 명성과 정치적 힘의 논리는 쉽게 붕괴하지 않을 것이다. 왜냐하면 달러가 가진 국제 무역 결제 수단으로서의 지위 때문이다. 역사적으로도 사례가 있다. 바로 네덜란드의 길더화와 영국의 파운드화이다.

네덜란드의 길더화는 17세기 유럽 무역에서 국제무역의 결제 수단이었다. 전 세계 무역의 40%가 암스테르담 은행을 통해 길더화로 결제가 이루어졌으니까.[1] 그러다가 1740년대 4차 영국-네덜란드 전쟁 이후 네덜란드는 영국과의 경쟁에서 최종적으로 패배했다. 하지만 네덜란드

암스테르담 은행(노란색 건물)과 그 우측에서 영업하는 환전소. 환전소에는 피터 샌레담 소유(heeft dit cerft)라고 쓰여 있다. 네덜란드 화가인 피터 얀스 샌레담(Pieter Jansz Saenredam, 1597~1765)의 1657년 유화. 출처: Wikipedia. Public Domain

---

1 레이 달리오, 앞의 책, p. 315

길더화와 암스테르담 은행의 환어음은 그 후 40여 년 동안 기축통화의 지위를 유지했다. 길더화가 기축통화 지위를 완전히 상실한 시기는 1780년대이다.

영국의 파운드화도 마찬가지다. 영국은 네덜란드, 프랑스와의 경쟁에서 승리하면서 전 세계 최고의 기술 및 산업 대국, 무역 대국의 지위에 올랐다. 1850년경 세계 무역의 40%를 대영 제국이 담당했을 정도였으니까.[2] 하지만 2차 대전이 끝난 1945년에는 미국이 최대 기술 및 산업 패권, 무역 패권을 소유하게 되었다. 하지만 파운드화는 국제무역 결제 수단으로서의 힘을 여전히 가지고 있었다. 파운드화가 기축통화의 지위를 완전히 상실한 시점은 1968년 파운드화의 가치를 달러가 90% 보증한 파운드 합의 이후였다. 즉 영국의 산업 패권, 무역 패권이 막을 내린 2차 세계 대전이 끝나고도 20년이 넘게 파운드화의 지위는 어느 정도 유지되었던 것이다.

그렇다면 국제무역 결제 수단으로서 달러가 가진 기축통화의 지위란 무엇인가? 한국은 2016년 경상수지 흑자 규모가 GDP의 6.7%였다. 필자가 수출입과장을 역임했던 2017년에는 한국의 무역수지 흑자 규모가 952억 불로 중국, 독일, 러시아에 이어 전 세계 4위였다. 하지만 원화를 국제무역이나 국제 금융 결제 수단으로는 거의 사용하지는 않는다. 부끄러운 사실이지만 국제 결제 (international payment) 시장에서 한국의 원화는 세계 20위권에도 들지 못한다. 이는 태국의 바트화 결제 비중에도 미치지 못하는 수준이다.[3] 반면 한국은 1997년 경상수지 적자가 GDP의 △4.7%를 기록하면서, IMF로부터 달러를 차입하지 않았으면 경제 전체가 붕괴할 뻔했다. 하지만 미국은 전혀 그렇지 않다.

미국은 2016년 경상수지 적자 규모가 GDP의 △3.6%였다. 미국의 국운이 휘청했던 2008년에도 미국의 무역수지 적자가 GDP의 △6%에 근접할 정도로 심각하였지만, 중국을 제외하고는 그 누구도 달러의 신뢰성을 공격하지 않았

---

2 레이 달리오, *앞의 책*, p. 345
3 국제 결제비중(SWIFT, 2016.12 기준, %): (1위) 미국 - 42.9, (2위) 유로 - 31.3, (3위) 파운드 - 7.2, (4위) 엔화 - 3.4, (5위) 캐나다 달러 - 1.93, (6위) 위안화 - 1.68, (11위) 태국 바트 - 0.93 (20위) 러시아 루블 - 0.26

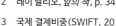

미국 상품수지(1960~2018)

1986 - Goods BOP/GDP: △3.1%

1999 - Goods BOP/GDP: △3.4%

2000 - Goods BOP/GDP: △4.3%

2004 - Goods BOP/GDP: △5.3%

2006 - Goods BOP/GDP: △6.0%

Source: US Census

다. 달러는 2014년 국제무역 결제 수단으로서 전 세계 무역 결제의 51.9%, 2016년 국제 결제 비중에서 42.9%를 차지한 확고한 결제 수단이다.[4] 오히려 세계는 달러를 마구 찍어냈던 FED의 양적 완화를 가뭄의 단비로 간주했다. 2022년 기준으로도 통화 위상은 거의 변하지 않았다. 즉 전 세계 외환시장에서 거래되는 통화의 44.25%가 달러화로 전체의 1위, 유로화가 15.25%로 전체의 2위를 차지했다. 중국의 위안화는 3.5%로 5위이다.[5] 이것이 바로 달러가 가진 패권과 보이지 않는 명성이다. 네덜란드 길드화, 영국의 파운드화, 미국의 달러화처럼 국제무역의 결제 수단으로서 패권과 명성은 하루아침에 무너지지 않는다.

그러나 만약 미국의 경상수지 적자가 GDP의 △4%~△5%를 넘어서는 기간이 예컨대 10년 이상 지속된다면 달러의 명성은 어떻게 될 것인가?[6] 필자 계산에 따르면 미국 경제가 향후 1%씩 저성장하고, 경상수지 적자가 2019년 이후 2010년대 평균인 연 3%씩 증가한다고 가정하면 2030년대 초반에는 이 시점이

---

4 City of London, Europlace, 『Worldwide Currency Usage and Trends』, 2015.12, 외환거래에 수반된 통화별 거래 비중(2014 기준, %): USD 51.9, EUR 30.5, GBP 5.9, JPY 1.8

5 2022년도 BIS 주관 「전세계 외환 및 장외파생상품 시장 조사(거래금액 부문)」 결과

6 경제가 발전한 현재 시점에서 미국을 로마 제국의 붕괴 시점인 GDP의 △10%를 기준으로 삼는 것은 현실적인 시나리오는 아니다. 미국의 경우 현실적인 시나리오는 GDP의 △5%이다. 왜냐하면 중국이 미국의 달러화를 공격하고 미국의 국운이 휘청했던 시점이었던 2007년 전후 미국의 경상수지 적자가 GDP의 △5%를 넘었기 때문이다. 미국처럼 기축통화를 쓰진 않는 다른 나라의 경우는 △2.5%~△3%가 되면 자국 통화가치가 위협받는데, 이는 금융시장에서 해당국 경제의 펀드멘탈이 훼손되는 시점이라고 간주하기 때문이다. 헤지펀드도 통상 이 시점을 기준으로 자동으로 해당 통화가치의 하락을 예상해 숏 포지션을 걸고 있다.

도래한다.[7] 미국이 중국의 부상을 저지하지 못하면 이 시기는 더 빨라질 수도 있다. 이처럼 만약 미국의 경상수지 적자가 GDP의 △4%~△5%를 넘는 기간이 10년 이상 지속된다고 하면, 그때도 전 세계 모든 나라가 달러를 무역 결제 수단으로서 확고하게 인정할 것인가? 필자의 대답은 단연코 "No"이다. 아니, 솔직히 말해 No가 "되어야 한다." 미국의 달러 패권은 미국이 가진 실물 경제와 무역 대국으로서의 힘이 그 근원적 바탕이기 때문이고, 또 그래야 하기 때문이다.

(2) 기축통화 힘의 근원

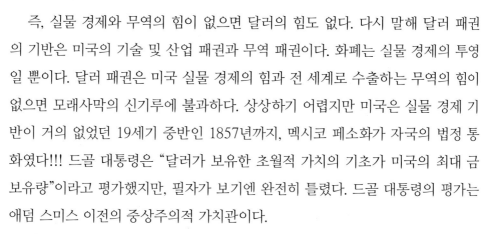

즉, 실물 경제와 무역의 힘이 없으면 달러의 힘도 없다. 다시 말해 달러 패권의 기반은 미국의 기술 및 산업 패권과 무역 패권이다. 화폐는 실물 경제의 투영일 뿐이다. 달러 패권은 미국 실물 경제의 힘과 전 세계로 수출하는 무역의 힘이 없으면 모래사막의 신기루에 불과하다. 상상하기 어렵지만 미국은 실물 경제 기반이 거의 없었던 19세기 중반인 1857년까지, 멕시코 페소화가 자국의 법정 통화였다!!! 드골 대통령은 "달러가 보유한 초월적 가치의 기초가 미국의 최대 금 보유량"이라고 평가했지만, 필자가 보기엔 완전히 틀렸다. 드골 대통령의 평가는 애덤 스미스 이전의 중상주의적 가치관이다.

필자가 보기엔 달러가 보유한 초월적 가치의 기초는 미국의 "기술 및 산업 패권과 무역 패권"이다. 달리 말하면 현재 미국의 달러 패권은 애플의 아이폰, 보잉의 747 비행기, GE의 항공기 엔진 및 대형 증기터빈, GM의 캐딜락, 인텔의 CPU, 엔비디아의 GPU, 퀄컴의 통신 칩, 맥도날드의 햄버거, 돌(Dole)의 파인애플, 카길(Cargill)의 밀, 몬산토(Monsanto)의 옥수수, 구글의 크롬과 자율 주행 차량, OpenAI의 Chat-GPT4o, 아마존닷컴의 전자 상거래 플랫폼, 페이스북의 SNS, 제이피 모건(JP Morgan)의 자금 이체 서비스, 골드만삭스의 M&A 자문 서비스, 디

---

7 미국 경상수지의 적자 규모 및 예상 시점 등에 대한 상세한 내용은 『황금, 설탕, 이자 - 바빌로니아의 수수께끼(下)』編에서 상술한다.

즈니의 겨울왕국, 마블(Marvel) 엔터테인먼트의 블록버스터 영화 어벤져스(Avengers) 시리즈가 그 핵심적인 기반이다. 이들이 없으면 달러 패권도 없다.[8]

역설적이게도 무역을 지배한다고 반드시 금융을 지배하지는 않는다. 중국은 2017년 기준으로 2.3조 달러를 수출하여 전 세계 수출의 13.9%를 차지, 전 세계에서 상품을 가장 많이 수출하였다.[9] 홍콩을 중국에 포함하면 전 세계 수출의 17.3%를 차지한다. 2021년에는 이보다 더 증가하여 사상 처음으로 3조 달러를 넘어 3조 3,360억 불을 기록하여 전 세계 수출의 15.1%를 차지했다. 홍콩의 對 세계 수출 6,500억 불, 2.9% 비중을 합치면 중국은 전 세계 수출의 무려 18%를 차지한다! 특히 2017년과 2021년을 비교하면, 10대 수출국 비중이 증가한 나라(13.9% → 15.1%)는 1위 중국이 유일하다!! 이처럼 중국은 미국의 서비스 수출 세계 시장 점유율과 비슷한, 상품 수출의 절대 강국이다.

하지만 위안화를 국제 결제 수단이라고 정의하지는 않는다. 위안화는 2016년 국제무역 결제 위안화 비중은 1.68%로 캐나다 달러에도 미치지 못하는 세계 6위 수준이다. 2023년 6월 기준으로도 마찬가지다. 즉 달러 42.39%, 유로는 36.95%, 파운드 4.21%, 캐나다 달러 2.23%에 이어 위안화는 1.66%로 6위에 불과하다.[10] 하지만 달러는 미국의 경상수지와 무역수지가 적자임에도 불구하고, 여전히 확고부동한 국제 결제 수단이다. 도대체 무슨 차이 때문일까?

---

8 2008년 4월 토니 스타크가 중동에서 만든 로봇 수트를 입고 영웅이 된다는 「아이언 맨」 개봉부터 「어벤져스」 시리즈를 거쳐 2022년 11월에 개봉한 「블랙 팬서: 와칸다 포에버」까지 13년간 마블 영화 30편이 전 세계 극장에서 올린 매출액은 278억 불이다.

9   1. 전 세계 수출 순위(WTO, 2017, 억불, 비중 %): ① 중국 22,702(13.9) ② 미국 15,468(9.5) ③ 독일 14,485(8.9) ④ 일본 6,982(4.3) ⑤ 네덜란드 6,525(4.0) ⑥ 한국 5,737(3.5) ⑦ 홍콩 5,503(3.4) ⑧ 프랑스 5,350(3.3) ⑨ 이태리 5,063(3.1) ⑩ 영국 4,450(2.7)

2. 전 세계 수출 순위(WTO, 2021, 억불, 비중 %): ① 중국 33,640(15.1) ② 미국 17,540(7.9) ③ 독일 16,320(7.3) ④ 네덜란드 8,370(3.7) ⑤ 일본 7,560(3.4) ⑥ 홍콩 6,700(3.0) ⑦ 한국 6,440(2.9) ⑧ 이탈리아 6,100(2.7) ⑨ 프랑스 5,850(2.6) ⑩ 벨기에 5,450(2.4), 「*World Trade Statistical Review*, 각 연도」, WTO

10   SWIFT, https://www.statista.com/statistics/1189498/share-of-global-payments-by-currency/

04 뱅킹의 힘 - 달러 패권의 원천

코시모 메디치의 4원소의 방, 베키오궁전 소장

Bank of England(BOE, 영란은행) 설립자 윌리엄 패터슨(William Paterson, 1658~1719) 흉상과 1694년 9월 15일에 작성된 BOE 설립 초안. 윌리엄 패터슨은 무역업자였다. 영란은행 소장

(1) 바빌로니아의 에기비 가문, 무역상 그리고 뱅커

차이는 뱅킹이다. 뱅킹이란 무엇인가? 뱅킹은 상품의 인도와 화폐의 결재 사이에 시간 간격이 있는 경우, 이를 메우는 활동 모두를 일컫는다. 상품을 주고, 그 대가로 화폐를 바로 그 자리에서 주고받으면 뱅킹은 전혀 필요 없다. 하지만 예컨대 라파엘로가 100플로린짜리 그림인 아테네 학당을 오늘 판매할 수는 있는데, 살 사람인 스포르차는 당장 지금은 돈이 없으니 거래 대금 100플로린을 3개월 후에나 주겠다고 하면 어떻게 될까? 라파엘로가 정신 이상자가 아닌 이상, 이런 멍청한 거래를 할 이유는 없다.

그런데 라파엘로는 자기 아이들에게 먹일 빵을 오늘 무조건 사야 한다. 그래서 이 그림을 오늘 당장 팔아야 한다. 이 그림을 살 사람도 스포르차 말고는 딱히 구할 수도 없다. 라파엘로는 진퇴양난에 빠진다. 그런데, 만약 라파엘로가 스포르차에게 판매한 거래를 기록한 영수증을 받는 대신, 라파엘로에게 70플로린만 주고 대신 자기가 3개월 후에 스포르차에게 100플로린을 받겠다고 나서는 메디치라는 중개인이 나타난다면 어떻게 될까? 모두가 약속을 지킨다면 이 거래는 3자 거래를 모두 만족시킨다. 라파엘로는 70플로린으로 부족하나마 아이들을 먹일 빵을 오늘 사게 되고, 스포르

58

차는 지금 감상해야 할 그림인 아테네 학당을 당장 구매하게 되었으며, 메디치는 3개월 후에 30플로린을 벌게 된다. 이 경우 상품의 인도와 결제 사이의 간격을 메운 메디치의 활동이 뱅킹이다.

뱅킹의 태동 원천은 크게 3가지이다. 첫째, 뱅킹은 상업 활동이 고도화되면 자연스럽게 발생한다. 대표적으로 외상 거래나 할인 거래는 일종의 뱅킹이다. 상품을 인도하고 전부 혹은 일부 돈을 나중에 받는 것이므로, 이 거래는 시간과 이자가 개입된 일종의 대출이다. 둘째, 국제무역을 하게 되면, 상품의 인도와 자금의 결제 사이에 시간과 공간의 간격이 벌어진다. 예컨대 피렌체의 미켈란젤로가 런던의 햄릿에게 영국산 양모를 사고 싶으면, 런던으로 직접 가든지 중간의 상파뉴에서 미켈란젤로와 햄릿이 서로 만나야 한다. 하지만 중개상인 샤일록이 있다면, 이 중개상^(뱅커)은 영국에 있는 햄릿의 양모를 자기 돈으로 싸게 구입한 후 3개월 후 피렌체의 미켈란젤로에게 비싸게 팔면 된다. 이 3개월 동안 온갖 리스크를 샤일록이 부담하는 것도 뱅킹이다. 셋째, 국제무역 활동에는 서로 다른 통화가 개입되는데, 이 과정에서 환전이 반드시 필요하다. 이 환전 활동도 뱅킹이다.[1]

이 세 가지 원천은 개념상으로는 구분되는데, 실제로는 보통 거의 동시에 발생한다. 즉, 상업 활동이 활발하면 국제무역이 활성화가 되고, 그 과정에서 자연스럽게 환전이 발생하는 것이다. 예컨대 메소포타미아 문명 서쪽 지역에서 최초의 뱅커들은 모두 규모가 큰 상인이었고, 동시에 무역상이면서, 한편으로는 환전상이었다. 국제무역이 활발해지면서 환전상으로서 뱅커들이 무역 업무에 관련된 일을 하다가, 환전상 뱅커들이 직접 국제무역을 수행하는 무역상이 되기도 하였다.

예컨대 BC 8세기경 최초의 뱅커로 기록에 남겨진 고대 바빌로니아의 에기비 ^(Egibi) 가문은 메소포타미아 지역에서 노예와 밀을 국제적으로 사고파는 무역상이었다. 에기비 가문은 이 과정에서 환전도 하고, 예금도 받고, 대출도 하면서 뱅

---

1 환전에 때해서는 『**황금, 설탕, 이자 – 성전기사단의 비밀**(下)』編에서 상술한다.

커를 겸하였다. 즉, 무역상이면서, 환전상이었고, 동시에 뱅커였다. 12세기 유럽 역사상 최초로 지폐를 발명한 성전기사단^(Knights Templar) 또한 영국의 양모와 백인 노예를 레반트로 수출하고, 레반트의 설탕과 이집트의 향신료를 유럽으로 수입하던 무역상이었다. 13세기 유럽에서 가장 큰 은행이었던 그란 타볼라^(Gran Tavola)의 설립자인 본시뇨리 디 베르나르도^(Bonsignori di Bernardo)는 원래 소금 무역상이었고, 그란 타볼라 이전 교황의 뱅커였던 피콜로미노^(Picolomino) 가문도 의류 보따리상 출신이었다. 피렌체의 다국적 환전상인 메디치^(Medici) 가문 역시 전 유럽을 대상으로 모직물을 파는 무역상이었다.

근대적 중앙은행의 효시 잉글랜드 은행^(Bank of England, 영란은행)의 설립자 또한 런던과 에딘버러^(Edinburgh)의 무역상 40명이었다.[2] 1694년 잉글랜드 은행 설립을 주도한 스코틀랜드인 윌리엄 패터슨^(William Patterson)은 스코틀랜드 중앙은행 설립도 주도했는데, 그는 스코틀랜드가 무역을 통해 부흥하기 위해서는 스코틀랜드의 중앙은행이 반드시 필요하다고 역설하기도 했다. 인류 최초로 주식시장에서 거래된 회사 역시 네덜란드와 영국의 무역회사인 동인도회사와 서인도 회사였다. 18~19세기에 미국에서 대거 설립된 막강한 금융 리바이어던인 셀리그만 앤 코^(J. & W. Seligman & Co.), 쿤 뢰브^(Kuhn Loeb & Co.), 리먼 브라더스^(Lehman Brothers), 라자드^(Lazard) 등의 뱅커들 또한 출발은 모두 무역상이었다.

(2) 중국, 인도, 이슬람은? - 뱅킹의 태동과 고도화

하지만 무역을 한다고 뱅킹이 반드시 고도화되는 것은 절대 아니다. 역사적

---

2   에딘버러는 1437년 이후부터 스코틀랜드의 수도이다. 에딘버러 출신의 위인들은 위대한 경제학자 애덤 스미스, 철학자 데이비드 흄, 증기기관의 성능을 개량한 제임스 와트, 비타민 C의 효용을 처음 증명한 내과의사 제임스 린드, 마취제로서 클로로포름의 효과를 발견한 제임스 심프슨(James Simpson, 1811~1870) 등이 있다. 특히 18세기 스코틀랜드 계몽기 시절 에딘버러 시의 대학생 중 약 40%가 의대생이라고 할 정도로 에딘버러 시는 의학교육의 메카였다. 셜록 홈즈가 주인공인 탐정 소설의 작가 코난 도일도 에딘버러 출신의 의사였다. 한편 에딘버러는 경제학, 철학, 의학뿐 아니라 금융의 메카이기도 하였다. 예컨대 오늘날에도 영국 5대 은행인 로이드 그룹과 왕립스코틀랜드은행(Royal Bank of Scotland, RBS)의 본사가 에딘버러에 위치해 있다. 본문에 언급한 대로 잉글랜드 은행 설립을 주도한 최초의 설립자들 또한 에딘버러의 무역상들이었다.

사실을 바탕으로 추정해 보았을 때, 필자는 상업이 발달하면 뱅킹의 기초적인 형태는 특별한 계기가 없어도 "자연스럽게" 발생한다고 생각한다. 기원전 30세기 전후의 수메르·아카드·아시리아·바빌로니아와 BC 25세기 전후 인더스 문명에서도 그랬고, BC 6세기 무렵의 페르시아와 BC 5세기 무렵의 고대 그리스에서도 그랬으며, 10세기 무렵 중세 온난화 시기의 중국과 유럽이 그랬다. 비단길을 통해 활발한 중개 무역을 담당했던 중앙아시아의 소그드인들 또한 BC 2세기경부터 10세기까지 사마르칸트를 중심으로 체계적인 외상 거래를 통해 초보적인 형태의 뱅킹 활동을 전개하기도 하였다. 11세기 송나라와 대규모 무역 거래를 하였던 고려의 개성 상인 또한 초보적인 형태의 뱅킹 활동을 전개했다고 필자는 확신한다. 17세기 일본 전역의 평화와 생산력의 급증으로 상업 활동이 활발했던에도 막부 시대에 등장한 거상인 조닌(打人)도 바빌로니아의 에기비와 그 성격이 유사한 머천트 뱅커였다고 필자는 생각한다.[3]

그러나 뱅킹이 발생하는 "태동"과 고도화하는 "발전"은 전혀 다른 문제이다. 뱅킹 산업이 태동한 후 뱅킹 산업이 발전하여 고도화되려면, 질적으로 다른 핵심적인 요인이 있어야 한다. 필자는 그 핵심 요인이 세 가지라고 생각한다. 첫째가 우량 화폐이다. 황금이든, 은이든, 구리이든, 지폐이든, 뱅킹이 고도화되려면 뱅킹 산업이 창출한 부의 크기를 정확히, 그리고 객관적으로 측정할 수 있는 기준이 있어야 한다. 그 기준이 바로 우량 화폐이다. 우량 화폐가 없으면, 뱅킹의 수단과 목적이 모두 없는 것이나 마찬가지다. 생각해 보라. 수도 테노치틀란에만 50만 명이 거주하면서 포치테카(pochtecha)라는 상인 계급까지 존재하던 15~16세기 아즈텍 문명의 화폐는 카카오 열매였다. 아즈텍 문명에서 뱅킹이 고도화되는 게 가능이나 한 일이었을까? 반대로 BC 7~6세기 무렵, 바빌론에서는 실물 상품을 보관했다는 점토판을 신전이 발행하고, 이 점토판 영수증을 화폐로도 사용하였다. 지폐와 근본적인 개념이 완전히 동일한 이런 우량 화폐의 사용이 바

---

3 조닌은 사무라이와 연합하여 나중에 막부 정권을 타도하는 1868년 메이지 유신의 주역이 된다.

빌론의 바벨탑과 공중정원 건설을 가능하게 한 뱅킹 고도화의 중요한 원동력이 된다. 둘째가 뱅커이다. 즉 우량 화폐가 있다고 해서 그 때문에 자동적으로 뱅킹 산업이 고도화되는 것이 아니다. 뱅킹 산업이 고도화되려면, 우량 화폐를 활용하여 뱅킹 활동을 활발히 전개하는 유력한 전문 뱅커들이 있어야 한다. 후술하겠지만 포르투갈과 스페인은 신대륙에서 막대한 황금과 은을 채굴하여 우량 화폐를 만들었지만, 금융 지식을 가지고 있던 유대인들을 모두 축출하면서 유력 뱅커들이 없었다. 그 두 나라의 뱅킹 산업이 고도화될 수가 없었던 이유이다.

마지막 셋째가 바로 탐욕이다. 탐욕을 허용하지 않으면 뱅킹은 절대 고도화될 수 없다. 대표적으로 이슬람 문명은 7~10세기 황금 시대 때, 활발한 상업 활동, 디나르나 디르함과 같은 우량 화폐, 그리고 거대 뱅커는 물론 거대 금융기관까지 소유하고 있었다. 예컨대 압바스 왕조 시대^(750~945) 금융 행정관은 자바드^(Al-jahbadh)라고 불렀는데, 자바드는 여유 자금이 있는 거상이면서 뱅커였던 타지르^(Tajir) 중에서 임명하는 것이 관례였다. 자바드가 소속된 금융부 혹은 금융기관은 디완 자바드^(Diwan al-jahbadah), 즉 자바드 국^(Diwan al-Jahbadhah)이라고 불렀는데, 여유 자금을 예탁하고 필요할 경우 칼리프에 대한 대출도 실행하는 사실상의 은행이었다.[4] 그러나 이슬람 사회는 이자를 아예 금지하는 등 탐욕을 용인하는 사회가 아니었다. 실제로 630년대 전리품을 분배하는 정부 기관으로 "돈의 집"이라는 뜻의 바이트 알-말^(Bayt al-Mal)은 전리품과 이슬람인들의 세금을 징수한 후 이윤 추구보다 빈자와 노인, 고아와 과부에게 소득을 분배하는 역할에 집중했다. 이에 따라 이슬람의 뱅킹 산업은 고도화 단계로 진입할 수가 없었다.

베네치아와 제노바는 반대 방향에 있었다. 우선 베네치아와 제노바는 정치 지도자가 상인이면서 뱅커였다. 따라서 탐욕을 억제하는 사회가 아니었다. 오히려 그들은 탐욕 그 자체였다. 예컨대 기독교 정신과 탐욕을 결합한 "경건과 탐욕"을 국가 목표로 내걸었던 베네치아는 1157년, 베네치아 은행이라는 중앙은행

---

4 자바드 국과 바이트 알-말에 대해서는 『*황금, 설탕, 이자 - 성전기사단의 비밀(上)*』編에서 상술한다.

을 인류 최초로 설립했다. 제노바 또한 로마인들이 제노바인이면 누구나 상인이라고 할 만큼 상업을 숭상했고, 1252년부터는 유럽 최초로 제노인이라는 순금 동전을 만들 만큼 우량 화폐도 보유하고 있었다. 우량 화폐, 뱅커, 탐욕이 결합하면서 제노바는 12세기부터 이미 공채 발행을 통해 정부 운영 자금을 조달하는 뱅킹의 고도화 단계에 진입해 있었다. 특히 제노아는 발행된 공채가 증가하자 이를 구조조정하는 작업을 1408년에 수행하였는데, 이는 20세기에 수행된 남미의 국채 구조조정 작업과 크게 다르지 않았다. 19세기 아편 전쟁이라는 탐욕의 최고봉을 완성한 영국의 영란은행에서도 『로빈슨 크루소』의 작가 다니엘 디포(Daniel Defoe, 1660~1731)에 따르면 "모든 영업은 한치의 오차도 없이, 매우 신속하게 이루어졌다. 어느 누구도 현금 지급이 거절된 적이 없으며, 황금을 예치한 상인은 언제나 현금을 인출할 수 있었다. 이 세상 어느 곳에도 이렇게 쉽고, 정확하게 은행 영업이 이루어진 곳은 없었다."

이를 고려해 보았을 때, BC 28세기 무렵 고대 수메르가 20% 이자율를 발명한 만큼 뱅킹 산업이 발전했다는 것은 첫째, 그들의 상업 활동이 매우 활발했고, 둘째, 우량 화폐와 유력 뱅커가 있었으며, 셋째, 고대 수메르 사회는 탐욕을 억제하는 사회가 아니었다는 뜻으로 필자는 해석한다. BC 12세기 무렵부터 페니키아가 PEF와 유사한 금융 기법을 통해 지중해 유역을 장장 1,000년 동안 지배했던 인류 최초의 탈라소크라시였던 이유도 첫째, 페니키아인들은 선박에 아기자기한 물건을 싣고 다니며 쉴새 없이 물건을 파는 상인 종족이었으며, 둘째, 황금을 우량 화폐로 사용했고, 셋째, 플라톤이 페니키아인들을 묘사했듯이 이들은 "돈에 환장하여" 그리스 시인 호머 말 대로라면 "이익을 좇아 쉴 새 없이 움직이는 이들"이었기 때문이다. BC 6세기, 대형 뱅커인 에기비 가문이 바빌로니아에 등장했던 이유 또한 바빌로니아가 국가적으로 상업을 장려하여 상업이 매우 융성했고, 다릭(Daric)이라는 황금 동전 등 우량 화폐도 있었으며, 이를 활용한 뱅커들 또한 많았던 동시에 탐욕을 짓누르는 사회 규범이나 종교가 없었기 때문이라고 필자는 생각한다.

독일 드레스덴에 있는 군주의 행렬. 이 작품은 벽화가 아니라 도자기 타일로 붙인 세계 최대의 도자기 작품이다. 이 도자기는 아우구스투스 2세가 그토록 미쳐 있었던 청나라 자기를 독일식으로 개발한 마이센 자기이다. 2차 대전 때 드레스덴은 완전히 폐허가 되었지만, 이 군주의 행렬만큼은 파괴되지 않았다. 독일 드레스덴 소재

이를 중국, 이슬람, 인도 사례로 적용하면 어떻게 될까? 4세기 무렵 전 지구적 기온 급강하로 인해 로마 변방은 만신창이가 되었다. 로마의 생산력은 나락으로 떨어졌고, 그 결과 로마의 상업 활동은 정지되거나 퇴보하였다. 따라서 중세 시대 유럽은 온난화가 도래하기 전까지 뱅킹 산업이 발전할 수가 없었다. 반면 중국 대륙에서는 한족이 남쪽으로 이동하여 양쯔강 유역이 개발되면서 중국의 생산력이 급증하기 시작한다. 생산력이 급증한 중국은 주변국인 인도, 이슬람의 무역도 크게 촉진했다. 즉 대략 4세기 이후부터 중국, 인도, 이슬람은 생산 대국, 무역 대국이 되었다. 이때부터 그들은 팔아야 할 물건이 넘쳤다. 중국은 도자기, 비단과 차, 인도는 향신료, 면직물과 다이아몬드를 서양에 팔았고, 이슬람은 이들 상품을 중계하면서 막대한 양의 황금과 은을 축적했다. 특히 송나라는 런던 인구가 2만 5천 명이던 11세기에 수도 카이펑의 인구가 100만을 넘었던 지상 최대의 부국이었다. 아울러 17~18세기 청나라의 도자기는 유럽 지도층들이 환장할 정도로 매료되어 있었다. 예컨대 독일 작센의 선제후인 아우구스투스 2세^(Augustus the Strong, 1670~1733)는 청나라 도자기 151점을 얻기 위해 600명의 기마병을 청나

아우구스투스 2세. 드레스덴 출생의 독일 선제후이자 폴란드 국왕. 사치스러운 생활을 즐겼고, 이 때문에 그는 청나라 자기에 완전히 미쳐 있었다. 프랑스 화가인 루이 드 실베스테르(Louis de Silvestre, 1675~1760)의 18세기경 작품. 스웨덴 국립 초상화 박물관 소장. Public Domain

청나라 건륭제 시대(1736~1795) 도자기. 청나라 도자기는 사진처럼 작센 선제후 아우구스투스 2세가 완전히 미쳐버릴 만큼 당시 세계 최고의 품질과 화려함을 자랑했다. 사진의 도자기는 분채(粉彩)로 불리는 중국 도자기 일종으로 에나멜 색상이 매우 뛰어나 화려함의 극치로 불리는 도자기이다. 대만 국립 고궁박물관 소장

라에 갖다 바치기도 하였다.[5]

이에 따라 7~10세기 이슬람과 인도, 11세기 중국에서는 기원전 30세기 전후의 수메르나 10세기 중세 온난화 무렵의 유럽과 마찬가지로 뱅킹 산업이 태동하기 위한 상업 활동의 융성이라는 전제 조건이 갖추어져 가기 시작했다. 인도의 경우는 많은 기록을 찾지는 못했지만, 중국, 이슬람과 마찬가지로 인도에서도 상업 활동이 활발했던 시기에 뱅킹 산업이 태동했을 가능성이 높다. 예컨대 이슬람 지역의 상업이 전 세계를 주름잡아 이슬람의 황금시대라고 불렸던 7~10세기 무렵에는 인도에서도 상업이 발달했을 가능성이 높고, 이에 따라 비록 기록은 적다 하더라도 초보적인 형태의 뱅킹이 태동했을 것이라 필자는 확신한다.

다만 필자가 보기에 고대 중국인, 고대 인도인, 중세 이슬람인들은 초보적인 형태의 뱅킹 산업을 영위는 하였지만, 그 결과 고도화된 뱅킹 산업으로 발전할 수 있는 기반을 마련하지는 못했다. 단지 청동으로 만든 칼처럼 생긴 도전(刀錢), 로마의 황금 동전이나 덩어리 모양의 은, 혹은 로마의 금화와 은화를 흉내 낸 동전을 받고 물건을 팔았을 뿐이었다. 즉 중국과 인도, 이슬람은 서유럽과 달리 황금과 은이 뱅킹과 결합한 시스템이 없었다. 이유는?

우선 중국과 인도는 황허강, 양쯔강, 인더스강, 갠지스강 유역 덕분에 자급자족이 가능한 농업 생산력을 갖추고 있어, 국제교역의 필요성이 절대적으로 낮

5 중국과 인도는 전통적으로 말이 부족했다. 특히 인도는 말이 단 한 마리도 나지 않았다. 이 때문에 인도는 페르시아와 아라비아에서 막대한 돈을 지급하고 말을 수입해야 했다.

앉다. 특히 해상보다 육상의 면적이 훨씬 넓어서, 해상교역보다 규모 자체가 작은 육상교역에 치중했다. 이 때문에 중국과 인도의 국제교역 활동은 티그리스·유프라테스 강과 아라비아해와 지중해로 둘러싸인 바빌로니아 지역과 비교할 때 상대적으로 그 규모가 작았다. 나아가 중국은 유교 사상, 인도와 이슬람은 힌두교와 이슬람교라는 막강한 통치 이데올로기가 있었기 때문에, 바빌로니아나 이 문명이 전파된 서유럽처럼 상업활동이나 뱅킹이 우대받을 수 있는 사회적 환경이 구비되어 있지 않았다.

벤 유세프 마드라사(Ben Youssef Madrassa). 모로코의 마라케쉬에 있는 이슬람 대학으로, 전성기 시절에 이슬람 문명권에서 가장 큰 대학이었다. 12세기 알모라비드의 알리 이븐 유수프(Ali ibn Yusuf, 1084~1143) 술탄이 설립했다. 이 대학의 초석에는 "과학과 신앙"을 위해서 이 대학을 설립했다고 새겨져 있다. 이처럼 이슬람의 대학은 뱅킹과는 완전히 거리가 멀었다. 벤 유세프라는 이름은 주변에 있던 모스크 이름을 딴 것이다. 마드라사는 이슬람의 교육기관을 통칭하는 단어이다. 모로코 마라케쉬 소재.

특히 바빌로니아 지역에서는 신의 지위와 동급인 황금과 은이 뱅킹의 기본요소인 이자와 결합되어 있었다. 예컨대 BC 18세기 무렵의 함무라비 법전은 빌린 돈을 은으로 갚을 때 최고이자율을 연 20%로 설정하였다. 나아가 바빌로니아 지역 최초의 왕조인 수메르는 건국 신화의 중심에 황금을 가지고 있었다. 즉, 황금이 곧 신이었다. 이 때문에 바빌로니아 지역에서는 활발한 국제교역 활동, 신의 지위를 부여받은 황금, 그리고 이자율 부과와 같은 뱅킹 활동이 결합하면서, 뱅킹이 고도화된 산업으로 발전할 수 있는 기반이 마련되어 있었다.

하지만, 전술한 대로 동양에서는 육상 중심의 상업활동을 전개했으므로 국제교역 규모가 상대적으로 적었다. 따라서 대규모 물품의 거래를 위해 필요한 결제 수단으로서의 황금의 역할이 거의 필요 없었다. 즉 **서양에서 황금은 신의 지위와 동급으로 국제교역 활동의 결제 수단이었지만, 동양에서 황금은 국제교역 활동과**

66

는 아무 상관이 없는, 그저 비싼 장식품일 뿐이었다. 나아가 고대 중국은 상업활동을 천대시하는 풍조가 있었다. 예컨대 중국 최초의 왕조였던 상(商) 나라는 상업활동을 매우 활발히 전개했는데, 그 뒤에 등장한 중국 전통 왕조인 하, 은, 주는 상나라의 상업활동을 멸시하며 상인들을 "쌍(商)놈"이라고 비하해서 불렀다. 춘추전국시대 백성을 일컫던 말인 사농공상(士農工商)은 나중에는 아예 신분제를 의미하는 말로 바뀌게 되는데, 이 말에서도 역시 상인은 최하층에 속해 있었다. 이처럼 국제교역 활동 규모도 작고, 이 때문에 황금이 국제교역 결제 수단도 아니었으며, 상업활동까지 천시하면서, 고대 중국은 뱅킹이 고도화될 수 있는 기반이 마련되어 있지 않았다.

고대 인도의 경우도 고대 중국과 유사했다. 즉, 고대 인도도 고대 중국과 마찬가지로 생산력이 바빌로니아 지역과 못지않게 높았다. 예컨대 BC 2500년경 인더스강 중하류 지역에 건설된 모헨조-다로(Mohenjo-daro) 유적은 당시 세계에서 가장 많은 4만 명의 인구가 거주하고 있었다. 이는 상업활동은 물론 바빌로니아 유역과 국제교역 활동 또한 매우 활발했음을 의미한다. 이 때문에 고대 인도에서도 이자를 붙인 뱅킹 활동이 존재했었다.

불행히도 힌두교의 모태인 브라만교 경전으로 BC 1200년경 제작된 베다(Veda)는 이자를 부과하는 뱅커를 '쿠쉬딘(kusidin)'이라고 하여 천박한 직업으로 간주했고, 상위 계급인 브라흐만(Brahmin)과 크샤트리아(Kshatriya)의 참여를 금지했다. BC 200년 전후에 인도의 관습법을 정리한 마누 법전인 다르마샤스트라(Dharma stra)에도 일종의 부채 증서로 화폐 역할을 했던 르나파트라(rnapatra), 르나파나(rnapanna), 혹은 르날레카야(rnalekhaya)라는 교환증서의 사용이 활발했다는 기록이 나오지만, 정책 금융 및 산업 금융으로 발전하여 고도화했다는 증거는 없다.

다만 농업 생산력이 고대 중국이나 고대 인도보다 상대적으로 낮았던 중세 이슬람인들은 주변의 바다를 적극 이용하여 활발한 국제무역 활동을 전개했고, 이 과정에서 인도에서 수입된 교환증서를 적극 활용함으로써 뱅킹 서비스의 발전 가능성이 중국이나 인도보다는 훨씬 높았다. 더구나 이슬람 문명의 생산력

은 중국이나 인도에 비해서 낮았을 뿐, 유럽보다는 비교할 수 없을 정도로 생산력이 높았다. 예컨대 페르시아 철학자 알 가잘리$^{(Al-Ghazali, 1058~1111)}$는 그가 저술한 12세기 초의 저서 『종교 철학의 부흥$^{(Ihyā 'Uĺim al-Dīn, The Revival of the Religious Sciences)}$』이라는 책에서 이슬람 국가에는 25개의 분업 체제로 구성된 바늘 공장이 있었다고 기술했다.[6] 이 믿을 수 없는 묘사가 만약 사실이라면, 이슬람 국가는 애덤 스미스가 국부론에서 기술했던 서유럽의 노동 분업 체계보다 무려 600여 년이나 앞서 대량 생산체제를 구현한 셈이다. 이에 따라 이슬람에는 국가의 여유 자금을 관리하는 일종의 뱅커인 타지르$^{(Tajir)}$가 있었고, 타지르 중에는 11~13세기 무렵 10만~1,000만 디나르까지 자본을 축적한 거대 뱅커인 "카리미스$^{(Kārimîs)}$"가 대략 50여 명이나 등장했다. 이렇게만 보면 이슬람의 뱅킹 산업은 초보 단계를 넘어 고도화단계까지 진입한 것으로 보인다.

불행히도 이슬람 경전 코란은 이자를 아예 금지했다. 아울러 대출이나 투자를 할 때마다 코란의 가르침에 위배되는지 여부도 반드시 거쳐야 하는 절차였다. 요컨대 이슬람 금융은 탐욕을 금지했다! 따라서 이슬람 뱅커들은 원천적으로 유력한 대형 뱅커가 "지속적으로" 탄생할 수 있는 사회적 경로가 마련되어 있지 않았다. 특히 부의 분배와 관련한 이슬람 세계의 사회 구조는 서유럽과 근본적으로 매우 달랐다. 예컨대 이슬람은 코란에 유산 분배에 대해 상세하게 규정하여, 특정 개인에게 부가 집중되지 못하게 구조화되어 있었다. 코란은 무함마드 이전의 자힐리야$^{(Jahiliyah, 無知)}$ 시대 여성의 상속 권한도 개선하여, 여성의 재산 상속권도 명문으로 보장하였다. 즉, 코란 4장 7절에는 "남자에게는 부모와 가까운 친척이 남기는 몫이 있고, 여자에게도 부모와 가까운 친척이 남기는 몫이 있다. 유산은 많든 적든 여성의 몫은 의무적 몫이다."라고 규정한다. 이는 사회적 불안 요소를 억제한다는 긍정적인 측면도 있지만, 대규모 부가 축적되면서 성장을 가속하거나 이를 효율적으로 관리하는 뱅킹의 발달 측면에서는 상당한 장애 요소

---

6   David Graeber, *Ibid*, p. 279

였다.

국제교역 활동을 활발히 전개했던 송나라 이후 중국도 이슬람과 상황이 비슷했다. 우선 중국 역사에서 청나라 다음으로 상업 활동이 최고조에 이르렀던 송나라에서는 이미 11세기에 13~14세기 유럽과 마찬가지로 상인 간 대출 시장이 존재할 만큼 초보적인 뱅킹 산업이 태동했다. 이 때문에 송나라에서는 오늘날 쓰촨성 지방에서 교자(交子, jiaozi)라는 지폐까지 발명되고 유통되었다. 특히 귀방(櫃坊, 궤방)이라는 곳은 일반인으로부터 철전을 보관하고, 16개 상인 조합이 발행한 교자를 보관증서로 발행하는 일종의 예치 기능까지도 수행하였다. 이후 교자의 편리성이 알려지면서 지폐 역할을 하는 종이 영수증의 발행이 쓰촨성을 벗어나 중국 전역에서 급증한다.

송나라 황실은 이에 대응하여 1160년에 일반인들의 종이 영수증 발행을 금지하고, 종이 영수증을 대체하는 일종의 지폐인 휘지(會子, huizi)를 중앙의 호부에서만 독점적으로 발행할 수 있도록 제도를 새로 만들었다. 나아가 송나라는 지폐의 유통량을 조절하는 휘지무라는 관청까지 신설하였다. 여기까지만 보면 송나라의 뱅킹 산업은 통화량 조정을 수행하는 중앙은행이 처음 등장하는 17~18세기 유럽의 뱅킹 산업에 버금가는 놀라운 발전 단계에 진입했을 가능성이 높은 것처럼 보인다. 문제는 그 이후다.

송나라는 금 본위제나 은 본위제가 아니라 구리를 동전으로 만들어서 화폐 경제를 구축했다. 따라서 순도가 높은 리디아나 콘스탄티노플의 황금 동전처럼 구리 함유량이 높은 질 좋은 구리 동전이 필수적이었다. 불행히도 송나라는 1138년에 북쪽의 영토를 여진족에게 내주면서 구리 광산을 상실했다. 이 때문에 구리 동전의 구리 함유량이 계속 떨어질 수밖에 없었다. 주변국에서도 송나라의 동전을 자국의 법정 통화로 삼으면서, 질 좋은 구리 동전의 해외 유출까지 가속화되었다. 설상가상으로 송나라 정부는 휘지의 발행량을 적절히 통제하지 못했고, 거의 모든 지폐의 운명과 마찬가지로 결국에는 남발되었다. 그 결과 구리 함유량이 높은 우량 동전이 송나라 경제에서 점진적으로 사라졌다.

그렇다고 송나라에서 유럽의 바르디 은행이나 리카르디 은행과 같은 유력 뱅커들이 있었나? 당연히 없었다. 사농공상을 신주단지 모시듯 한 폐쇄적 사회에서 사회 최하층 계급인 상인이 도대체 이름이라도 남길 수 있었겠나? 아울러 송나라가 통일 제국이었고 황금이나 은이 화폐도 아니었으므로, 이를 구리로 환전하는 환전상도 필요 없었다. 유럽과 달리 전국 단위로 발달한 통일된 물류 인프라로 인해 상인이 직접 이동하는 데 큰 불편함 또한 없었으므로, 유럽처럼 이동에 특화된 뱅커가 발달할 이유도 없었다. 특히 송나라는 탐욕을 금기시한 주자학이 통치 이데올로기였다. 이에 따라 송나라는 11세기경 초보적인 형태의 뱅킹 산업이 태동하기는 하였지만, 13세기가 되면 뱅킹 산업의 고도화 자체가 완전히 멈추어 버렸다.[7]

그 결과 황금을 전문적으로 다루고, 포함된 황금의 비율이 서로 다른 동전을 환전하는 환전상 혹은 이 과정에서 대출을 하거나 투자하는 탐욕스러운 전문 뱅커들이 중국, 인도, 이슬람 등의 바빌로니아 동쪽 문명권에서는 발달하지 못했다. 따라서 중국, 인도, 이슬람 문명권은 풍부한 물자와 활발한 교역을 통해 쌓인 황금과 은을 전문적으로 다루는 환전상들인 뱅커들의 발전이 없거나, 설사 있었다고 해도 전당포와 같은 소비자 금융 외에는 실질적인 발전이 거의 없었다. 그 결과 중국, 인도, 이슬람은 황금과 은을 예탁받아 한 곳에 집중하여 대출함으로써, 실제 축적된 황금과 은보다 훨씬 많은 자본을 창출하는 "금융의 연금술"을 발명하지 못했다.[8]

---

7   송나라의 뱅킹 산업 발전에 대해서는 『황금, 설탕, 이자 - 성전기사단의 비밀(上)』 編에서 상술한다.
8   경제학에서는 이를 화폐의 승수효과라고 부른다. 즉 1차 예금을 바탕으로 대출을 하고 대출받은 이가 대출금을 사용하게 되면, 이 대출금이 어떻게든 다른 은행으로 흘러 들어간다. 다른 은행은 이 예금을 바탕으로 다시 대출을 일으킨다. 이 과정이 반복되면서 뱅킹 시스템을 통해 최초 대출로 공급된 화폐 양보다 훨씬 많은 양의 총 화폐가 최종적으로 창출되는 것이다. 2008년 금융위기 이전에는 이 수치가 대략 10 내외였으나, 금융위기 이후에는 5~6 수준으로 떨어졌다. 반면 대출을 통한 화폐의 승수효과는 너무 많은 부채를 일으키기 때문에, 향후 불황을 잉태하는 근본 원인이 된다. 단기적으로는 화폐량이 늘어 경기가 활황이 되지만, 빌려간 돈이 그보다 더 많은 수익을 낳는 자산에 투자되지 않으면 해당 부채를 상환하는 것이 불가능하므로 필연적으로 연쇄 도산으로 이어지고 그 규모가 경제 전체로 확산되면 불황이 생기는 것이다.

(3) 페니키아, 그리스, 로마는?

반면 바빌로니아 서쪽 문명권의 경우에는 황금이 숭배의 대상이자 강력한 통치 수단이었다. 수메르, 이집트, 바빌로니아에서 황금은 신의 표상, 절대 권력의 상징이었다. 따라서 황금은 전지전능한 화폐였다. 나아가 이들 지역은 중국과 달리 자급자족이 가능할 정도의 농업 생산력이 가능한 문명권이 이집트를 제외하고는 거의 없었다. 결국 국제무역은 문명의 생존을 위해 반드시 필요한 활동이었다. 특히 바빌로니아 서쪽은 극도로 분열된 문명권으로, 국제무역이 발달할수록 엄청난 환전 수요가 발생했다. 따라서 국제 교역의 기본 결제 통화가 된 우량 화폐인 황금을 다루면서 환전을 전문적으로 담당하던 뱅커들이 페니키아, 리디아, 그리스, 로마를 거쳐 서유럽에서 명맥이 계속 유지되면서 발전하였다. 이 때문에 동양이 아닌 서쪽 지역에서 이자율 개념은 존속되고, 계승되었으며, 발전하였다.

수메르, 아카드, 아시리아, 바빌로니아인 이후 이들로부터 이자율 개념을 도입하여 적극 활용한 이들은 BC 1500년경 이전부터 가나안 지방에 거주하였던 페니키아인들이 유일하였다. 페니키아가 지중해 해상무역을 그토록 오랫동안 제패했던 가장 결정적인 이유도 해상무역과 뱅킹 시스템을 결합하였기 때문이었다. 우선 페니키아인들은 상업에

페니키아인들은 활발한 국제무역 활동을 전개했는데, 이때 이들은 교역 대상 물품이 자신들의 물건임을 증명하기 위해 일종의 도장인 인장(印章, seal)을 사용했다. 페니키아인들이 즐겨 사용한 인장은 이집트 문화의 영향을 받아 풍뎅이 모양이 많았다. 영국박물관 소장

완전히 미쳐 있었다. 호메로스는 그의 책 『오디세이』에서 상업 활동에 특화된 페니키아인들을 "다른 사람의 물건에 기생하는 쥐(gnawers at other men's goods)"와 같으며, "다른 사람을 속이는 데 너무나 숙련된(well-skilled in beguilements) 사람"이라고 묘사했다. 둘째 요소는 우량 화폐인데, 이 당시 지중해 유역의 화폐는 황금 숭배

문화의 영향을 받아 당연히 금과 은이었다. 즉 우량 화폐도 페니키아는 당연히 보유하고 있었다. 셋째, 최고의 사기꾼이라는 호메로스의 평가를 보더라도 페니키아 사회가 탐욕을 억제하는 사회 분위기는 결코 아니었던 것이 확실하다. 뱅커가 있었는지 여부는 기록에 없지만, "다른 사람의 물건에 기생하는 쥐"가 머천트 뱅커들을 지칭하는 말이 아니면 무엇인가?

이처럼 페니키아는 뱅킹이 고도화되기 위한 모든 요소를 갖추고 있었다. 페니키아인들은 이를 바탕으로, 무역선 한 척에 여유 자금이 있는 이들이 자금을 투자하고 수익의 20%를 나눠 가졌다. 20% 기준 수익률은 수메르와 바빌로니아 문명권에서 사용하던 이자율 기준이었다. 자금을 빌려줄 때 적용하는 이자율 개념을 투자에 도입한 페니키아인들의 혁신적인 뱅킹 서비스로 인해, 성공하면 대박, 실패하면 쪽박이라는 모험적 투자 프로젝트가 페니키아에서 유행했다. 한 번의 성공에 엄청난 이득을 볼 수 있었기 때문에 막대한 규모의 자금이 페니키아의 무역선과 해상무역에 집중되었다. 오늘날 금융 용어로 이야기하면 PEF나 프로젝트 파이낸싱(PF) 기법에 해당하는 이와 같은 뱅킹 시스템이 지중해 무역을 페니키아 상인들이 장장 1,000년 동안 장악한 이유였다.[9]

특히 BC 7세기경 황금 동전을 처음 만든 리디아나 이를 확산시킨 페르시아보다는 유독 그리스 도시 국가들에서 황금과 은으로 만든 동전의 급격한 확산과 화폐화가 진행되었다.[10] 예컨대 BC 7세기 아테네 정치가 솔론

리디아 일렉트럼, BC 650~600년경. 리디아의 왕인 기게스(Gyges of Lydia, BC ?~c.652, 재위 BC 687~c.652)는 금과 은의 합금인 일렉트럼에 요철이나 펀치 무늬 대신 리디아 최고신 아스타르테(Astarte)의 상징인 황소나 사자를 새겨 넣었다. 왜 이런 조치를 시행했는지는 『황금, 설탕, 이자 - 바빌로니아의 수수께끼(下)』編에서 상술한다. 영국박물관 소장

---

9 오늘날 프로젝트 파이낸싱 시장 또한 서양의 대형 상업은행과 투자은행이 장악하고 있다. PEF에 대한 상세한 내용은 『대체투자 파헤치기(중)-타이타노마키의 서막』 참조.

10 Richard Seaford, *Ibid*, p. 113

아테네 은화 테트라-드라큼(Tetra-drachm) 동전. 상세 내용은 『황금, 설탕, 이자 - 바빌로니아의 수수께끼(下)』編에서 상술한다. 영국박물관 소장

(Solon, BC c.630~c.560)은 황금과 은이 부를 상징하는 척도라고 단언했고, BC 6세기 에페수스(Ephesus)의 철학자 헤라클리투스(Heraclitus, BC 535~475) 또한 "모든 물건은 황금과 교환할 수 있었다."라고 평가했다.[11] 헤로도토스(Herodotus, BC 484~425)에 따르면 BC 5세기, 그리스 전역에서는 황금과 은, 혹은 그것으로 만든 동전만 있으면 온갖 물건을 살 수 있었고, 거대한 신전을 짓기 위한 노동력도 동원할 수 있었으며, 의사에게 치료 대가를 지급하거나 군사 작전에 참여할 용병을 고용할 수도 있었다. 심지어는 성적 욕구와 은화 동전을 상호 교환하는 매춘도 본격적으로 성행하기 시작했다.

이는 그리스 도시 국가가 주로 국제무역을 활발히 전개하였던 민주주의 국가였으므로, 황금과 은으로 만든 동전의 사용이 일반 민중을 상대로 급격히 확산하였기 때문이다. 황금과 은 동전의 사용이 확산하면서 아테네의 페이시스트라토스(Peisistratos, BC c.600~527)처럼 그리스 도시 국가의 정치 지도자들 중 어떤 이는 황금과 은으로 만든 동전으로 대규모 용병을 구매한 후, 이를 정치적 권력을 쟁취하는 데 사용하기도 하였다.

BC 5세기경에는 살라미스 해전을 통해 페르시아를 격파한 아테네가 지중해 무역을 독점하면서 각국의 동전과 황금이 아테네로 엄청나게 유입되었다. 그 결과 BC 5세기를 전후한 시기부터 페니키아의 숙명적인 라이벌이었던 아테네에서 국제교역 과정에서 필요한 동전의 환전(money changes)을 전문적으로 담당하는 독

---

11 Richard Seaford, *Ibid*, p. 94. 고대 그리스에서는 재물을 통칭해서 크레마타(chrmata) 혹은 플로우토스(ploutos), 화폐를 노미스마(nomisma), 황금을 크루소스(chrusos), 은을 아르구로스(arguros)라고 불렀다. Richard Seaford, *Ibid*, p. 148

자적인 계층이 마침내 등장하였다. 동전의 환전이 필요했던 이유는 메소포타미아, 이집트, 페니키아, 키프로스, 그리스 도시 국가들에서 유통되던 동전의 단위와 무게가 서로 달랐기 때문이다. 이들 아테네 환전상들은 공개된 시장에서 주로 테이블에 앉아서 환전하는 업무를 처리했기 때문에 그리스에서는 이들의 직업을 「트라페지테(trapezite)」라 불렀다. 이 트라페지테가 유럽 역사에서 기록으로 등장하는 최초의 독자적 뱅커 계층이다.

페니키아와 그리스를 제압한 로마는 다수로부터 자금을 위탁받고 이중 활용이 가능한 자금을 특정 프로젝트에 투자하거나 대출하는 뱅킹의 원리를 "법과 제도"로 확립하였다. 아테네와 마찬가지로 유럽과 중동 각지로부터 유입된 100만의 인구가 거주하던 세계 최대의 국제도시 로마 또한 엄청난 환전 수요가 발생하면서, 그리스의 트라페지테와 같은 환전상인 「방카리(bancarii)」가 등장하였다.[12] 이 방카리가 바로 오늘날 뱅커의 원형이다. 특히 로마와 페니키아는 철천지 원수였지만, 로마는 법률 제정을 통해 페니키아의 뱅킹 기법과 방카리의 뱅킹 서비스를 지속 가능한 형태로 원형 보존하였다. 로마가 소국에서 제국으로 발전한 가장 큰 이유 중의 하나도 바로 뱅킹 산업의 제도화였다. 다만 로마의 뱅킹은 페니키아와 달리 소규모였다. 로마 귀족들은 일정 규모 이상의 무역선에 투자하는 것조차 금지되었다.[13]

(4) 로마의 멸망과 중세 암흑시대

그러나 로마가 멸망하고 초기 중세로 접어들면서 유럽 전체는 암흑 상태에 빠졌다. 교역이 정체되면 뱅킹 산업도 정체되거나 소멸해야 한다. 동양인의 관점

---

12 트라페지테라는 용어는 그리스어로 테이블을 의미하는 트라페자(trapeza)에서 유래한 것이고, 방카리라는 용어 또한 벤치를 의미하는 방카(banca)에서 유래한 것이다.

13 이처럼 로마는 탐욕을 억제하는 사회였다. 이 때문에 로마 시대에는 뱅킹 산업이 제도화되기는 했어도, 도약하는 시대는 아니었다고 본다.

에서는 매우 불행하게도 유럽의 암흑시대에도 뱅킹 활동은 유지되고 보존되었다. 바로 유대인 때문이다. 유대인이 뱅킹에 특화된 이유는 고대부터 뱅킹 활동에 전문성이 있었고, 디아스포라와 고리대 금지라는 독특한 역사적 배경으로 인해 중세 때도 유대인들만 유일하게 뱅킹 활동을 지속해 왔기 때문이다.

다시 말해 필자는 유대인들이 페니키아인들의 거주 지역과 거의 유사한 가나안 땅에 거주하고 있었고, 뱅킹이 발달했던 바빌론에도 유폐된 적이 있었으며, 기록 문화가 매우 발달한 만큼 고대 바빌로니아의 금융기법을 보존하고 발전시키는 데 엄청난 기여를 했을 것이라고 추정한다. 예컨대 1492년 카톨릭 세력이 이베리아 반도 통일 후 이곳에서 쫓겨난 유대인들은 이탈리아로 이주하여 중세 이탈리아 뱅킹의 발전을 주도했다. 그런데, 이 이베리아 반도 출신 유대인들의 조상은 바빌론에 거주하던 유대인 지도자인 엑실아크, 이른바 바빌로니안 엑실아크(Babylonian Exilarch) 출신이 대부분이었다. 나아가 유대인은 기독교 공인 이후 예수를 죽였다는 이유로 종교적·정치적 박해의 대상이 되면서, 뱅킹과 유사한 전당포 영업 이외의 다른 직업을 영위할 수도 없었다. 요컨대 뱅킹의 비법이 담긴 『바빌로니아의 수수께끼』를 간직하고 이를 유럽에 전파한 핵심 계층이 바로 유대인이다.

한편 십자군 원정을 계기로 결성된 기독교인 성전기사단은 중세 유럽에서 유대인들이 장악했던 소규모 소비자 뱅킹 활동을 대규모 다국적 뱅킹 산업으로 키웠다. 특히 성전기사단은 이슬람 문명 내에 위치한 예루살렘에서 이슬람 문명으로부터 뱅킹과 관련된 다양한 기법을 습득했다. 예컨대 성전기사단은 서양 역사상 처음으로 은행권까지 만들었고, 비밀 코드 기법을 사용하여 12세기에 이미 직선거리로 4,000㎞가 넘는 런던에서 예루살렘

성전기사단의 유럽 본부가 위치한 파리 템플. 이곳은 13~14세기 당시 유럽에서 가장 화려한 곳으로, 이 때문에 프랑스 왕 필리프 4세가 성전기사단을 와해시킬 결심을 하게 된다. 상세한 내용은 『황금, 설탕, 이자 - 성전기사단의 비밀(下)』編에서 상술한다. 프랑스 파리의 템플 가든 소재

까지 자금을 이체하였다! 나아가 교황은 십자군 원정으로 인해 급격히 증가한 위탁자금을 처리하기 위해 외부 뱅커였던 성전기사단 외에도 추가로 이탈리아의 상인들을 활용했다. 성전기사단은 이탈리아 외부 뱅커와 협력하는 과정에서 자신의 뱅킹 기법을 이탈리아 뱅커들에게 전수해 주었다. 그 결과 생산과 상업·무역 활동을 하면서 뱅킹 활동을 동시에 수행하는 머천트 뱅커^(merchant banker)가 이탈리아에서 탄생했다.

(5) 이슬람의 황금시대와 머천트 뱅커의 등장

서유럽에서 머천트 뱅커의 출현을 가속화한 요인 중 하나는 국제무역을 좀 더 편리하게 수행하기 위해 당시 가장 발달한 선진 문명인 이슬람 문명으로부터 수입한 교환증서였다. 현재 관점에서 보면 이상하게 들릴지 모르겠지만, 중세 이

슬람 문명은 암흑시대 유럽인들에게 그리스 문명을 보존하여 전달하고, 발달한 상업 기술을 전파한 문명의 보고였다.

예컨대 11세기 무렵 서유럽 문명권에서 인구가 가장 많았던 곳은 콘스탄티노플을 제외하고 4만 5천 명이 거주하던 베네치아였다. 같은 시기 후기 우마이야 왕조의 수도였던 스페인의 코르도

코르도바 알카사르(궁전)의 내부. 이곳은 8세기부터 후기 우마이야 왕조 칼리프가 살던 궁전이다. 당시 코르도바는 유럽에서 인구가 40만을 넘는 최대 도시였다. 기독교 정복 이후 일부 교회 건물로 개조되었지만, 내부는 여전히 이슬람 양식을 그대로 간직하고 있다.

바에는 그 10배인 45만 명이 살고 있었다. 아리스토텔레스가 사용한 명징한 논

리로 신학도 철학에 종속되어야 한다고 주장하여 중세 거의 모든 수도사를 매료시키면서, 로마 카톨릭이 절대로 읽어서는 안 되는 금서 "0"순위에 올려 괴물같은 이단아로 매도된 철학자 아베로에스(Averroes, 일명 Ibn Rushd, 1126~1198)도 코르도바 출신이었다. 고차원 지식에 가뜩이나 목말라했던 중세 유럽의 수도사들이 아리스토텔레스 주석서라도 읽으려면 아랍어는 무조건 배워야 했을 정도니까. 서유럽에 환상적인 단맛을 제공하여 대항해 이후 산업혁명기의 공장 시스템을 촉발한 설탕을 전래한 곳도 이베리아 반도에 머물고 있던 후기 우마이야 왕조를 통해서였다. 따라서 이슬람 문명이 없었다면 유럽의 상업혁명, 산업혁명은 없었을 것이라고 필자는 자신 있게 단언할 수 있다.[14]

하여튼 당시 세계 최고로 발달한 상업적 인프라를 보유하고 있던 이슬람 문명이 대략 8세기부터 사용하던 어음인 "키라드(qird)", 수표의 일종인 "사크(saak)"나 "수프타자(suftaja)" 등과 같은 교환증서가 유럽으로 12세기 무렵부터 유입되면서 서유럽의 뱅킹 산업은 퀀텀 점프를 하게 된다. 우선 교환증서의 활용으로 인해 뱅커들이 더 이상 고리대금업이라는 죄의식에 사로잡히지 않고 뱅킹 활동을 활발히 할 수 있게 되었다. 왜냐하면 최소한 표면적으로는 교환증서가 이자를 부과하는 것으로 보이지는 않았기 때문이다.[15] 요컨대 교환증서가 당시 엄청난 도덕적 비난을 받았던 고리대금업을 합법화하는 마술같은 수단으로 전환된 것이다. 이에 따라 축적된 자본을 모두 교회에 환원할 필요가 없어지면서 뱅커들이 대형화되는 경제적인 여건이 마련되었다.

나아가, 교환증서의 확산으로 생산자와 소비자가 직접 얼굴을 마주 보고 거래하는 인격적 관계가 비인격적 관계로 바뀌게 된다. 즉 유럽의 생산자 및 상인들이 직접 이동할 필요가 없어진 것이다. 이에 따라 유럽의 "이동 상인(caravan merchants)"들은 점진적으로 "정착 상인(sedentary merchants)"으로 진화하였고, 이들 사

---

14 이슬람의 황금기에 대한 상세한 내용은 『**황금, 설탕, 이자 - 성전기사단의 비밀(上)**』編에서 상술한다.

15 교환증서에 이자를 붙이는 마술같은 메커니즘에 대해서는 『**황금, 설탕, 이자 - 성전기사단의 비밀(下)**』編 참조

이에서 상품을 사고파는 이들을 중개하거나 자금 결제를 대행하는 유럽의 뱅커들은 "세계 상인(cosmopolitan merchants)"으로 발전하였다.[16] 마침내 해당 지역의 특산물을 제조하는 이들, 이들로부터 물건을 매입하여 파는 정착 상인들, 정착 상인들에 대한 대금 결제는 국제적인 도시 시에나, 루카, 제노바, 피렌체, 베네치아 등 롬바르드의 머천트 뱅커들이 분담하는 "제조-상업-금융, 산업-무역-뱅킹의 3단계 분업 체계"가 유럽을 중심으로 13세기에 확립되었다.

특히 중세 유럽 중 로마의 잔재가 남아 있던 이탈리아 도시 국가는 대체로 상인이나 뱅커가 정치 지도자였다. 사농공상을 우주 불변의 진리라고 믿었던 송나라 황제가 들으면 아마 기절초풍했을지 모르겠지만, 1097년에 탄생한 제노바 자치 정부인 꼬뮨의 구성원은 모두 상인, 해적, 뱅커들이었다! 예컨대 현재 모나코를 통치하는 그리말디(Grimaldi) 가문은 12세기 제노바의 市 행정관이면서, 선박 제조업자였고, 동시에 뱅커인 제노바 최대의 유력 가문이었다. 에이 설마? 2024년 기준 모나코의 지배자인 알버트 2세(1958~)는 미국 영화배우 그레이스 켈리(Grace Kelly, 1929~1982)의 아들인데, 그의 정식 이름은 알베르트 알렉산드르 루이 피에르 그리말디(Albert Alexnadre Loius Pierre Grimaldi)이고, 그의 공식 명칭은 모나코의 왕자이면서 동시에 제노바의 콘솔(consul)이다.

따라서 이들은 탐욕을 죄악시하지 않았다. 아니 오히려 그들 자체가 탐욕의 화신이었다. 13세기 유럽 패권국가로 부상한 베네치아를 주변 국가 사람들은 "경건과 탐욕"의 결정체라고 부르기도 했다. 그 결과 정치와 뱅킹이 결합하였다. 대표적으로 제노바는 자치 정부 운영에 필요한 자금을 "콤페라(compera)" 혹은 "콤페레(compere)"라는 공채 발행을 통해 조달했다.

특히 콤페라를 인수한 사람이 여러 명일 경우에는 채권자들은 참여 비율에 따라 지분을 소유하였는데, 이 지분을 루오고(Luogo)라고 불렀다.[17] 이때는 송나라

16　오늘날 수표는 영어로 체크(check)라고 하는데, 어원이 이슬람의 사크(saake)이다.

17　콤페라와 루오고에 대한 내용은 『황금, 설탕, 이자 - 성전기사단의 비밀(下)』編에서 상술한다.

 78

에서 상업 활동이 절정에 이르렀던 12세기였다. 이처럼 12세기에 이미 제노바에서는 콤페라를 통해 사적인 여유 자금이 공적인 자금으로 집중되는 매우 효율적인 뱅킹 메카니즘이 확립되어 있었다. 여기서 더 나아가 제노바 정부는 1407년에 발행된 콤페라를 영구채인 마그나 살리스^(magna salis)로 통합^(consolidation)하거나 일시에 콤페라 원리금을 상환하는 구조조정^(recap)을 시도하고, 이 과정에서 聖조지 은행까지 만들었다. 이것이 바로 뱅킹의 고도화이다. 아울러 유럽은 1298년 이탈리아의 그란 타볼라^(Gran Tavola)라는 은행의 파산으로 전 유럽에 금융공황이 발생하고, 1342년 바르디 은행이라는 1개 대형 은행의 파산으로 인해 1340년대 대침체^(Great Depression of 1340's)를 겪을 만큼 13세기 말부터 금융 산업이 고도로 성숙해 있었다.[18]

나아가 뱅커들이 대형화되면서 15~16세기부터 이들 이탈리아의 세계 상인들은 중간 단계의 대금 결제만 수행하는 단순한 뱅킹 브로커 역할에서 벗어나, 상품이나 원재료를 제조하거나 이를 사고파는 상업 및 무역 활동에도 직접 종사하는 방향으로 진화하기 시작했다. 즉, 뱅커가 자신의 자금을 투입하여 생산 활동을 하고, 생산 활동에 따라 산출된 상품을 국제적으로 사고파는 무역 활동을 자신들이 직접 수행하기 시작한 것이다. 이 당시 뱅커들이 자신들의 자금을 투입하여 생산 활동에 종사한 영역은 주로 황금이나 은, 다이아몬드와 같은 보석 광산과 향신료 원료나 모직물 염색에 필수적인 명반^(alum)처럼 최종 상품을 생산하기 위해 반드시 투입해야 하는 필수 원자재 시장이었다. 바로 2세대 머천트 뱅커의 등장이다.

---

18 그란 타볼라 은행과 유럽 최초의 금융공황, 그리고 바르디 은행과 1340년대 대침체는 『황금, 설탕, 이자 - 성전기사단의 비밀(下)』編에서 상술한다.

(6) 2세대 머천트 뱅커와 지리상 발견[19]

서유럽에서 2세대 머천트 뱅커의 등장은 서양 역사, 아니 인류 역사에서 엄청 난 변화를 가져온 획기적인 동력이 된다. 즉, 서유럽 2세대 머천트 뱅커의 등장 은 로마 멸망 이후 동양의 서양 우위 추세를 단번에 뒤집은 지리상 발견의 가장 근본적인 동력이 된다. 왜냐하면 2 세대 머천트 뱅커 가 등장하는 시기 인 14~15세기 무 렵, 서유럽 뱅커 들은 자신들의 사 업 확장에 반드시 필요한 자금인 황 금을 찾아야 했는

리스본의 발견 기념비, 가장 앞에 배를 들고 서 있는 이가 성전기사단의 조직을 계승한 포르투갈의 그랜드 마스터 엔리케 왕자이다.

데, 유럽에는 황금이 거의 없었기 때문이다. 이에 따라 뱅커들은 황금을 찾아 전 세계를 샅샅이 뒤져야 했다. 이것이 바로 신대륙 발견이 시작된 결정적인 동기이 다. 예컨대 유럽인으로서 마데이라섬 남쪽으로 처음 항해한 포르투갈의 항해왕

---

19   역사적 우연인지 몰라도 지리상 발견은 인류 역사에서 매우 비슷한 시기에 집중해서 발생한다. 가장 먼저 지리 상 발견을 시작한 시기와 장소는 14세기 아프리카이다. 지리상 발견의 주인공은 팀북투를 중심으로 한 말리 제국의 황제이면서 만사 무사(Mansa Musa, 재위 c.1312~1337)의 형인 아부바카리 2세(Mansa Abubakari II, 재위 1300~1312)였다. 그는 미지의 대서양을 개척하기 위해 1311년에 2천여 척의 보트를 만들어 자신이 직접 대서양 항해에 나섰다. 하지만 이 항해에서 아부바카리 2세는 끝내 돌아오지 않았다. 두 번째는 15세기 초 중국 명나라의 정 화(鄭和:, 1371~c.1435)이다. 그는 1405년 1차 항해를 시작으로 1433년 마지막 7차 항해까지 남중국해, 인도양, 아프리카까지 대항해를 수행하였다. 1차 원정대는 승무원과 승조원을 합쳐 약 3만 명과 최대 3백 척에 이르는 함선으 로 구성되었다. 세 번째 대항해의 주인공은 1480년 무렵의 잉카 제국 황제 투팍 유팡키(Topa Inca Yupanqui, ?~1493)이다. 그는 1480년 무렵에 2만여 명의 장병과 함대를 이끌고 아바쿰바와 니나쿰바라는 섬에 있다는 황금 을 찾기 위해 태평양으로 나아가 대략 1년 동안 대모험을 떠났다. 그는 항해를 떠난 후 돌아오지 못했다. 마지막 네 번 째가 1492년 콜럼버스(Christopher Columbus, 1450~1506)의 항해이다. 콜럼버스의 항해는 아부바카리 2세, 정화, 투팍 유팡키 함대와 비교할 수 없을 정도로 초라했지만, 그 영향력은 그 어느 항해보다도 장대했다. 본문의 지리 상 발견은 콜럼버스의 지리상 발견을 의미한다.

엔리케는 중세 최초의 뱅커인 성전기사단의 수장인 "그랜드 마스터(Grand Master)"였다.

나아가 미주 대륙을 처음 발견한 제노바 상인 콜럼버스는 제노바 뱅커인 스피놀라(Spinola) 가문의 견습사원 출신이었고, 캐나다를 발견한 베네치아 상인 존 캐벗은 이탈리아의 바르디 은행, 최초로 지구를 일주한 것으로 알려진 마젤란은 독일 뱅커인 푸거 가문으로부터 자금지원을 받은 것이다.[20] 필자는 뱅커들의 확장과 이에 따른 황금을 향한 끊임없는 욕망 및 황금을 찾아 나선 탐험가들에 대한 자금지원이 없었다면 서유럽은 결코 신대륙을 발견하지 못했을 것이라고 확신한다! 특히 뱅커들이 세계 상인으로 진화하면서 유럽에서는 뱅커들 스스로가 수송 서비스를 전담하고 있었다. 대표적으로 미국 3대 은행인 웰스 파고는 출발이

리스본 제로니모 수도원의 화려한 외관. 포르투갈은 가장 먼저 지리상 발견을 시작하였고, 이후 황금이 쏟아져 들어오자 그 돈으로 수도원의 외관을 유럽에서 가장 화려하게 장식하게 된다. 포르투갈 리스본 소재

뱅커가 아니라 마차 회사였다. 따라서 다른 누구보다도 유럽의 뱅커들은 세계 지리 정보에 대해 관심이 높았다. 어떤 이는 유럽의 신대륙 발견이 우연이라고 하는데, 천만의 말씀!! 유럽의 신대륙 발견은 서유럽에서 등장한 2세대 머천트 뱅커들과 이들의 황금을 향한 욕망 및 끊임없는 도전 정신에 따른 역사적 결과물이다!!!

하여튼 뱅커들의 후원을 통해 발견한 신대륙에서 엄청난 규모의 황금과 은이 서유럽으로 유입되었다. 필자는 마태복음서에 쓰인 "찾으라, 그러면 구할 것이

---

20   콜럼버스의 본명은 크리스토포로 콜롬보(Cristoforo Colombo)이다. 스페인식 이름은 크리스토발 콜론(Cristóbal Colón)이었다. 콜럼버스는 이탈리아식 이름보다 스페인식 이름인 콜론으로 불리기를 더 좋아했다고 한다. 콜럼버스는 그가 생전에 단 한 번도 불린 적이 없는 이름이다. 케네스 포메란츠, 스티븐 토픽, 『설탕, 커피, 그리고 폭력』, 심산출판사, 2009, p. 114

다!!!"라는 명언이 서유럽 뱅커들의 신대륙 발견보다 더 들어맞는 역사적 사건을 본 적이 없다. 에스파냐에 미주 대륙의 황금이 쏟아져 들어온 것이야말로 하나 님의 전능한 계획의 일부라는 카톨릭 국가들의 찬사가 그렇게 허무맹랑하게 들 리지도 않는다.

그러나 신대륙을 통해 가장 많은 황금과 은을 도입한 스페인은 종교적 이유 로 멍청하게도 자국의 뱅커들을 모두 나라 밖으로 내쫓아 버렸다. 이베리아 반 도에서 뱅킹을 담당하던 유대인들은 당시 유럽에서 유일하게 종교의 자유가 허 용되던 네덜란드로 대거 몰려들었다.[21] 그 결과 네덜란드로 집중된 유대인들은 당시로서는 최첨단 금융기법인 주식, 국채 등을 활용하여 영국에 이어 1602년에 세계 최초의 주 식회사인 동인도회사를 만들었다. 동인도회사는 주주, 회사 로고, 이사회 등을 갖추고 있었고, 소유와 경영의 분리 및 투자의 익명성이 보장되었는데 이는 오늘날 주식회사와 크게 다르지 않았다.[22]

네덜란드가 주식회사를 만든 이유는 다름 아닌 영 국인들이 대서양에서 시작한 해적질 때문이었다. 즉 스페인이 남미의 포토시(Potosí) 은광 등에서 막대한 은 을 실어 나르자, 지리상 발견에 실패한 영국은 해적들 에게 얼마 되지는 않지만, 자신들이 가진 모든 자금을 투자하며 이 선박을 공격하게 했다. 그 결과 스페인 상 선을 비롯하여 대서양을 오고 가는 상선들은 선원들 무장은 물론, 선박에 함포를 설치하거나 점령지역에

프란스 할스 자화상. 그는 네덜란드 전성기인 17세기 네덜란드 풍속화와 초상화의 대가이다. 그의 대표작은 1624년에 완성된 초상화 「미소짓는 기사(Laughing Cavalier)」로, 바로크 시대 초상화 중 가장 뛰어난 초상화 중의 하나라는 평가를 받는다. 1648~1650년경 작품. 인디애나폴리스 미술관. 출처: Wikipedia. Public Domain

---

21 네덜란드 독립에 대한 내용은 『황금, 설탕, 이자 - 성전기사단의 비밀(上)』編에서 상술한다.

22 다만 오늘날 주식회사는 존속기간이 없는데, 네덜란드의 동인도회사는 영속 기간이 21년으로 한정되어 있었 다. 이는 근대 초기 유럽에서는 주식회사 발명 이전 무한책임 사원으로만 구성된 합명회사(Partnership)와 무한책임 및 유한책임 사원으로 구성된 합자회사(Limited Partnership)가 대세였는데, 이들은 모두 처음부터 해산 날짜를 정 하고 시작했기에 주식회사 초기에는 이 영향을 받아 존속기간이 정해져 있었기 때문이다.

요새까지 구축해야 했다. 이는 원거리 항해를 통해 교역하는 상
선의 운영 비용을 급격히 올렸고, 이 막대한 운영 비용을 조달
하기 위해 자본이 충분치 않았던 후발 주자인 네덜란드의 유
대인들이 고안한 것이 바로 주식회사였던 것이다! 요컨대
엄청난 규모의 고정자본을 확보하기 위해서는 서로 알고
지내던 사이끼리 사업을 시작하고 운영하던 중세 및 근
대 초기의 합명회사나 합자회사 형태로는 견적이 아예
나오지 않았다. 그 결과 서로 얼굴을 모르더라도 가급적
많은 사람들로부터 투자금을 끌어모아야 했던 것이다.

네덜란드는 주식회사 설립에서 더 나아가 주식회사에 투자
한 투자자들이 언제든지 자신의 지분을 현금화할 수 있도록
1602년에 전 세계 최초로 주식시장도 개설하
였다. 그 결과 네덜란드 전역에서 오늘날 암호
화폐 투자 열풍과 똑같이 뿌리 1개에 7만 5
천 불에 달했던 튤립 투자를 비롯한 투자 광
풍이 일었다. 네덜란드는 이처럼 뱅킹의 힘을
통해 전 세계 무역 상선의 80%를 사실상 장
악하였고, 유럽의 새로운 강국으로 부상했다.
암스테르담 은행이 발행한 네덜란드 길더화
또한 유럽 전역에서 실질적인 기축통화 역할

헤라르트 테르 보르흐 자화상.
그는 네덜란드 상류층의 생활화와
초상화를 주로 그렸는데, 빛과
그림자, 그리고 질감 표현은 타의
추종을 불허할 정도로 섬세했다.
그의 화풍은 얀 페르메이르에게도 큰
영향을 끼치게 된다. 대표작으로는
「레모네이드 한 잔(Glass of
Lemonade)」과 「훈계」가
있다. 1668년경 작품. 헤이그
마우리츠하위스 미술관(Koninklijk
Kabinet van Schilderijen
Mauritshuis) 소장. 출처: Wikipedia.
Public Domain

을 담당했다. 발트해와 러시아 상인들조차도 길더화와 암스테르담 은행이 발행
한 환어음을 통화로 사용할 정도였으니까.[23] 예컨대 1650년대는 런던 상인이 모
스크바에서 수입한 상품 대금을 암스테르담에 개설된 계좌에서 인출된 자금으
로 결제하는 일이 다반사였다.

---

23   레이 달리오, 앞의 책, p. 307

나아가 17세기 중반 네덜란드는 금액 기준으로 영국의 세 배에 달하는 물동량을 운송하고 있었다.[24] 우리에게 익숙한 네덜란드 화가들인 프란스 할스(Frans Hals, 1580~1666), 렘브란트(Rembrandt Harmenszoon, 1606~1669), 헤라르트 테르 보르흐(Gerard ter Borch, 1617~1681), 얀 스텐(Jan Steen, 1625~1679), 가브리엘 메취(Gabriél Metsu, 1629~1667)와 요하네스 페르메이르(Johannes Vermeer, 1632~1675)는 모두 네덜란드 전성기인 17세기에 활약한 화가들이다. 어떤

그의 부인과 함께 그린 가브리엘 메취의 자화상. 그는 주로 네덜란드인들의 생활상을 그린 풍속화를 그렸으며, 특정 화풍에 얽매이지 않고 자유분방한 스타일의 그림이 특징이다. 대표작은 1662~1665년 사이에 그린 「편지를 쓰는 남자」와 「편지를 읽는 여자」가 있다. 1661년 작품. 드레스덴 주립 미술관(Staatliche Kunstsammlungen Dresden) 소장. 출처: Wikipedia. Public Domain

얀 스텐 자화상. 그는 주로 네덜란드 농민이나 서민층의 일상 생활상을 그렸다. 그의 화풍은 주로 즐거움과 유쾌함을 표현하는데, 어떻게 보면 약간 우스꽝스럽기도 하다. 대표작으로는 1663년에 그린 「사치를 조심하라(Beware of Luxury)」이다. 1663~1665년경 작품. 마드리드의 티센보르네미사(Thyssen-Bornemisza) 미술관 소장. 출처: Wikipedia. Public Domain

사람들은 17세기에 네덜란드에서 무려 300만 점의 그림이 그려졌다고 주장할 정도이니까.[25]

네덜란드가 강국으로 부상하는 가운데 유럽의 소국인 영국 또한 무역을 통해 새로운 강자로 부상 중이었다. 특히 영국은 네덜란드와 달리 4면 모두가 바다였다. 1700년 무렵 육지가 넓어 방어해야 할 경계면이 넓었던 프랑스는 군 병력이 영국보다 3배에 달함으로써 엄청난 군비 지출과 인력 운용의 부담이 있었지

24　피터 프랭코판, *앞의 책*, p. 438

25　피터 프랭코판, *앞의 책*, p. 421. Johannes Vermeer는 영어식 발음으로는 조한 베르미어이지만, 네덜란드어 발음으로는 요하네스 페르메이르이다. 17세기 네덜란드 화가들의 그림 일부는 이 책의 가장 뒷면인 307~309페이지에 수록해 두었다.

만, 섬나라였던 영국은 군대 유지비용과 군인력 운용 면에서 프랑스보다 월등한 여유를 보였다. 나아가 영국은 섬나라라는 지리적 잇점에서 비롯된 재정적, 인적 여유를 상업에 쏟아부었고, 필요한 군비 지출을 해군에 집중시킴으로써 상업 활동과 군사 활동의 시너지 효과를 극대화했다. 예컨대 영국은 17세기 후반에 국가 예산의 20%를 해군 사업에 쏟아부었다.[26] 그 결과 영국의 국력이 극적으로 치솟기 시작했다.

결국 암스테르담 은행을 통해 경제적으로 상호 협력하면서도 동시에 경쟁하던 영국과 네덜란드는 1700년 이전 3차례나 물리적으로 충돌했다.[27] 양측이 뚜렷한 승자 없이 대립 관계를 지속하던 중 1688년 명예혁명으로 네덜란드의 오라녜 공작 빌럼이 영국 왕이 되면서, 네덜란드의 뱅커들이 대거 영국으로 건너갔다. 마침 루이 14세와 9년 전쟁을 치르고 있었던 오라녜 공작 빌럼은 재정이 바닥나자 뱅커들로부터 돈을 빌리는 대신, 1694년 런던에 오늘날 중앙은행의 실질적인 시조인 잉글랜드 은행(Bank of England) 설립을 허가했다.

제임스 와트. 그는 증기기관을 발명한 것이 아니라 개량한 사람이다. 즉, 제임스 와트 이전에는 수증기를 직접 실린더에 주입하여 실린더를 움직였다. 하지만 이 방식은 수증기를 압축하기 위해 실린더를 다시 식혀야 했으므로, 열 손실이 많았다. 이에 따라 제임스 와트는 수증기를 응축하는 별도의 응축기를 만들어 그곳에서 수증기를 압축시켰다. 이 개량으로 실린더의 열은 보존되고 석탄 소비량이 기존 증기기관의 25% 이하로 줄어 들었다고 한다. 스웨덴 화가 칼 폰 브레다(Carl Frederik von Breda, 1759~1818)의 1792년 작품. 초상화 박물관 소장. Public Domain

(7) 2세대 머천트 뱅커와 산업혁명

이후 영국에서 농업, 산업, 기술이 뱅킹과 극적으로 결합되기 시작했다. 1712년 토마스 뉴코먼(Thomas

---

26 피터 프랭코판, *앞의 책*, p. 440

27   1차 영국-네덜란드 전쟁: 1652~1654, 2차 영국-네덜란드 전쟁: 1665~1667, 3차 영국-네덜란드 전쟁: 1672~1674, 4차 영국-네덜란드 전쟁: 1780~1784

Newcomen, 1664~1729)의 증기기관 발명을 필두로, 1719년 실크 공장 설립, 1733년 나는 북 발명, 1764년 제니 방적기 발명, 1765년 분리형 응축기를 부착시킨 제임스 와트의 증기기관 개량, 1769년 수력 방적기 발명 등 산업과 기술혁신이 연달아 이어졌다. 나아가 18세기 중엽 네덜란드와 달리 장기 항해의 경우 무조건 발병하여 치사율이 80%에 이르는 괴혈병도 통제했다. 뱅킹과 산업 및 기술이 결합하면서 해상무역을 통한 영국의 생산력은 급격히 올라갔는데, 제니 방적기만 해도 실을 뽑는 산업의 생산력을 무려 66배나 증가시켰다. 급격한 생산력 향상에 따른 국력을 바탕으로 영국은 1780~1784년 4차 네덜란드 전쟁을 통해 네덜란드를 완전히 궤멸시켰으며, 유럽 대륙의 패자 나폴레옹과의 전쟁에서도 승리를 거두었다.

영국이 황금, 설탕, 이자를 결합하여 네덜란드와 프랑스를 제압하면서 전 지구적 영역으로 사업 범위가 확장된 서유럽의 뱅커들은 신대륙의 황금으로 아프리카의 노예를 데려다가 설탕을 재배한 후, 이를 전 세계에 되팖으로써 전 지구적 차원에서 막대한 규모의 자본을 긁어모았다. 뱅커들은 설탕 교역으로 인해 축적된 자금을 예금을 통해 자기 은행에 대규모로 쌓아 두고, 돈이 될 만한 곳에 대출과 투자 활동

18~19세기 영국의 브리스톨 은행(Bristol Bank)이 발행한 5파운드 은행권. 브리스톨은 중세에 런던과 함께 잉글랜드의 양대 도시였다. 신대륙 발견 이후 서쪽 해안에 위치한 지리적 이점을 활용하여 조선 산업과 노예 교역 산업으로 엄청난 호황을 누렸다. 1867년. 영국박물관 소장

을 집중했다. 즉, 이들 뱅커들이 댐 역할을 하면서 전 유럽의 여유 자금이 뱅크라는 특정 지점에 저장됨으로써 역사상 가장 거대한 규모의 "자금 저수지(Capital Reservoir)"가 만들어진 것이다. 뱅커들은 초거대 자금 저수지에 대규모 자금을 모아 두고 자금이 필요한 곳에 자유자재로, 그리고 가장 신속하게 자금을 인출하여 대출하였다. 축적된 자본이 이윤이 생기는 곳으로 집중적으로 흘러가면서, 자본이 최대한 효율적으로 사용되기 시작했다.

이 때문에 서양 무역과 산업의 규모는 뱅킹의 힘을 바탕으로 이전과 비교조

차 할 수 없을 정도로 커졌다. 이것이 바로 산업혁명과 기술혁명의 본질이다. 즉 네덜란드, 영국, 프랑스, 독일 공국 등 서유럽 국가들은 송나라나 청나라와 달리, 황금과 설탕·면화·노예를 자신들의 뱅킹 기법과 결합한 것이다. 1870년대부터는 황금을 국제무역의 결제 수단으로 단일화하는 금본위제도 또한 확립하였다. 이후 런던 시장에서 뱅킹을 통해 조달된 황금으로 전 세계를 생산 및 소비 기지로 삼아, 마치 중수소와 삼중수소가 핵 융합한 수소폭탄처럼 서양의 생산 능력은 폭발적으로 늘어났다.

그 결과 영국을 비롯한 서유럽 국가는 중국, 인도, 이슬람 시장을 군함을 앞세워 순식간에 장악했다. 예컨대 1898년 영국 한 개 국가가 건설한 전 세계 해군 기지는 오스트레일리아의 웰링턴·피지·시드니·애들레이드·올버니·케이프요크, 동북아시아의 싱가포르·홍콩·웨이하이에이, 인도의 캘커타·봄베이, 스리랑카의 트링코말리·콜롬보, 아프리카의 세이셸·모리셔스·잔지바르·몸바사·아덴·케이프타운·세인트헬레나·어센션, 지중해의 몰타·지브롤터·알렉산드리아·헬리팩스, 대서양의 버뮤다·자메이카·안티구아·세인트루시아·트리니다드·포클랜드 제도·이스콰이몰트 등이었다.[28] 영국이 나폴레옹을 물리친 1815년부터 1914년까지의 기간을 '유럽 백년 평화(One Hundred Years' Peace)'의 시대라고 부르는데, 이는 영국의 유럽 패권을 부르는 별도의 다른 이름이었다.

영국 출신 작곡가 엘가(Edward Elga, 1857~1934)의 「위풍당당 행진곡」에 나오는 "희망과 영광의 나라," "파도를 지배하는(rules the wave)," "해가 지지 않는" 나라, 대영 제국은 이때 만들어진 것이다.[29] 나아가 대영 제국은 자신이 직접 지배하지도 않으면서, 이란을 제외하고는 중동 지역 아랍 국가들의 국경선을 자기 마음대로 그어 놓고 결정하는 세계 패권국가가 되었다. 예컨대 사우디 2 왕국 멸망 후 영

---

28 제러미 블랙, 『거의 모든 전쟁의 역사』, 서해문집, 2022, p. 295

29 엘가(Edward Elgar, 1857~1934)는 영국의 작곡가로, 대표적인 그의 교향곡이 「위풍당당 행진곡(Pomp and Circumstance Marches)」이다. 1악장에 나오는 '희망과 영광의 나라(Land of Hope and Glory)'는 영국인들이 제2의 국가로 여길 정도로 애창된다. 미국 대학의 입학식과 졸업식에도 사용되고, 영화 「킹스맨」에도 영화 음악으로 사용되었다.

국의 물심양면 지원이 없었으면, 사우드 가문이 아라비아 반도 서쪽의 핵심 도시인 메카와 메디나를 장악하고 아라비아 반도를 통일하는 일은 꿈에도 생각 못했을 것이다.

(8) 무역=달러, 라마수의 탄생

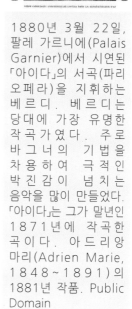

1880년 3월 22일, 팔레 가르니에(Palais Garnier)에서 시연된 「아이다」의 서곡(파리 오페라)을 지휘하는 베르디. 베르디는 당대에 가장 유명한 작곡가였다. 주로 바그너의 기법을 차용하여 극적인 박진감이 넘치는 음악을 많이 만들었다. 「아이다」는 그가 말년인 1871년에 작곡한 곡이다. 아드리앙 마리(Adrien Marie, 1848~1891)의 1881년 작품. Public Domain

이때부터는 뱅킹이 무역을 지배했다. 뱅킹이 없으면 무역전쟁에서 승리할 수 없었다. 세계 무역의 새로운 장을 개막한 대영 제국의 경동맥인 수에즈 운하도, 미국 패권의 상징이 된 파나마 운하도 그 배후에는 모두 뱅커들이 있었다. 예컨대 수에즈 운하 건설 때보다 무려 3배나 더 많은 흙더미를 옮겨야 했던 파나마 운하 소요 비용은 당초 1억 1,400만 불로 추산되었지만, 뱅커들이 주식을 발행하여 자금을 일반인으로부터 모집하면서 그 5배인 6억 불을 끌어모았다.[30] 아마 뱅커가 없었다면 수에즈 운하 개통을 기념하여 카르낙과 아부 심벨을 주 배경으로 하는 대작 오페라인 베르디(Giuseppe Verdi, 1813~1901)의 「아이다(Aida)」는 아예 태어나지도 않았을 것이다.[31] 하여튼 해가 지지 않는 나라 영국은 확보된 경제 식민지를 토대로 뱅커들의 역량을 결집하여 가장 먼저 금본위제를 통해 파운드를 국제무역 결제의 기본 수단으로 정착시켰다. 이로 인해 파운드가 곧 금이 되었다. 영국은 황금과 동일한 파운드화를 앞세워 전

---

30 쑹훙빙, 『화폐전쟁 2』, 랜덤하우스, 2010, p. 237. 하지만 프랑스의 파나마 운하 건설 시도는 실패로 끝나고 미국이 10년간 3.3억 불을 쏟아부어 파나마 운하를 완공한다.

31 베르디는 아이다를 에티오피아 공주로 묘사했다. 하지만 아이다는 누비아 출신 공주로 오늘날 수단에 해당한다. 베르디가 살았던 당시 수단은 이집트에 편입된 나라였기 때문에, 고대 이집트와 국경을 맞대고 싸운 나라인 누비아를 수단 더 남쪽의 에티오피아로 착각한 것이다.

세계 영토의 ¼을 장악했다. 심지어 영국 제국주의 선봉에 있던 다이아몬드 황제 세실 로즈^(Cecil Rhodes, 1853~1902)는 "할 수만 있다면 행성들도 합병하겠다."라고 말하기도 했다.[32] 이처럼 해가 지지 않는 대영 제국은 영국이 무역 대국이면서 동시에 뱅킹 대국이었기 때문에 가능한 일이었다.

하지만 파운드는 해가 지지 않는 대영 제국에서만 통용되는 통화였다. 전성기 시절 대영 제국은 전 세계 인구의 23%, 면적의 24%를 차지하였다. 그럼에도 불구하고 프랑스 식민지에서는 여전히 프랑을, 독일 식민지에서는 마르크가 국제무역의 결제 수단이었다.[33] 영국과 철천지원수인 프랑스와 독일이 왜 영국 통화인 파운드를 쓰나? 불행히도 국제무역 결제 수단의 차이로 인해 세계 무역이 급감했고, 이 때문에 인류 역사 최대의 비극인 2차 세계대전이 일어났다.

세실 로즈. 다이아몬드로 막대한 돈을 번 그는 영국의 아프리카 종단 정책의 사실상 행동대장이었다. 그는 대영 제국의 확대 목표가 다른 행성도 될 수 있다고 선언할 만큼 철저한 제국주의자였다. 1900년경 사진. Public Domain

무역과 결제 수단이 분리되었던 이 패러다임은 2차 대전이 끝나자 완전히 바뀌었다. 미국은 전후 승전국으로서 자국의 통화 달러를 글로벌 기축통화로 확립하였다.[34] 이제 미국의 달러로만 자본주의 세계 시장에서 무역 결제를 할 수 있었고, 그 결과 달러는 이전의 파운드화와는 비교가 안 될 정도로 넓은 지역적 범위에서 기축통화가 되었다. 즉 국제 결제 수단으로서의 달러 패권은 전 지구적 차원에서 뱅킹과 무역이 화학적으로 결합한 결과 탄생한 돌연변이 현상인 것이다. 달리 말해 달러는 사람의 머리인 뱅킹과 날개 달린 황소의 몸인 무역이 결

32 대니얼 임머바르, 앞의 책, p. 388

33 1913년 당시, 대영 제국에 속한 국가들의 총인구는 4억 1,200만 명으로 당시 세계 인구의 23%였다. 대영 제국의 면적은 3,550만 ㎢로 전 지구 육상 면적의 24%를 차지했다. 출처: wikipedia.com

34 1947년 8월에는 영국의 파운드화에 대한 금 태환이 중단되었고, 1949년에는 파운드화에 대한 평가 절하가 단행되었다. 1967년 다시 평가절하된 파운드화는 사실상 기축통화라는 지위에서 완전히 퇴출되었다. 1968년에는 파운드화를 달러 가치의 90%까지 보장하는 파운드화 합의가 체결되면서, 파운드화는 달러화에 완전히 종속되었다.

합한, 일종의 돌연변이인 라마수(Lamassu)인 셈이다.[35] 달러가 국제무역 결제 수단이 되면서, 미국의 뉴욕은 통화와 금융의 글로벌 중심지로 부상했다. 세계 금융의 중심지가 BC 8~7세기경 바빌론(Babylon)이 위치한 유프라테스강 유역에서 17세기 암스테르담의 운하와 18세기 런던의 템즈강으로 이동하는 데는 2,000년이 넘게 걸렸지만, 암스테르담 운하와 템즈강에서 뉴욕의 허드슨강으로 이동하는 데는 불과 200년도 걸리지 않았던 셈이다.[36]

아시리아의 아슈르나시르팔(Ashurnasirpal II, BC ?~859) 왕 궁전 정문 양쪽에 위치한 라마수(Lamassu) 중 하나. 라마수의 얼굴은 사람 혹은 왕의 모습을 하고 있고, 몸은 날개 달린 황소 모양이다. BC 883~859년 경, 님루드(Nimrud) 북서쪽 궁 출토. 영국박물관 소장

금융 중심지가 미국으로 이동하면서 달러는 자본주의 국가 전체에서 국제무역의 결제 수단이 되었다. IMF와 세계은행이 미국 주도로 설립되었고, 제도를 변경할 때 오직 미국만 거부권이 있었다. 예컨대 세계은행에 기여금이 더 늘었으니 투표권을 더 갖겠다고 아무리 주장해도 미국이 거부하면 반영되지 않는다.[37] 바로 IMF-GATT 체제의 기본 프레임이었다.

사회주의 국가도 미국에서 생산되는 밀을 사기 위해서는 달러가 필요했다. 나아가 미국은 자국이 보유한 막대한 황금을 바탕으로, 달러를 황금과 교환해

---

35 라마수(Lamassu)는 아시리아 시대 궁전을 지키는 수호신이었다. 얼굴은 사람이고, 몸은 날개가 달린 사자 혹은 황소 몸을 하고 있다.

36 바빌론은 그리스어로, 아카드어의 "bab-ilu(밥-일루)"에서 유래한다. 밥은 문이라는 뜻이고, 일루는 신들이라는 뜻이다. 즉 바빌론은 '신들의 문'(gate of gods)이란 의미이다.

37 세계은행 중 IBRD 투표권 비중 현황(%): ① 2011년 기준: 미국 16.05, 일본 9.6, 독일 4.40, 프랑스·영국 4.21, 이탈리아·캐나다·사우디·중국·러시아 2.73, 호주 1.50, 한국 0.97. ② 2022년 기준: 미국 15.79, 일본 7.44, 중국 5.77, 독일 4.26, 프랑스·영국 3.92. 세계은행 총재가 되려면 투표권의 85% 이상의 지지를 받아야 하고, 미국이 반드시 동의해야 한다. 미국 주도의 운영에 불만을 가진 중국은 2013년에 아시아개발은행(AIIB) 설립을 독자적으로 제안했고, 미국의 반대를 뚫고 2016년에 공식 출범했다.

주었다. 미국이 전 세계 GDP의 ⅓을 생산하고 있었고[38] 전 세계 황금의 60%를 가지고 있었으니, 달러와 황금의 태환에 아무런 문제가 없었다. 따라서 국제무역 결제 수단으로서의 달러는 곧 황금이었다. 그것도 전 세계 모든 국가가 인정하는. 이제 기원전 6세기 고대 리디아 금융제국의 금화 "크로에세이드 (croeseid)"와 13세기 세계 제국을 건설한 원나라 쿠빌라이 칸의 법정 지폐인 "교초 (交鈔)"가 결합한, 인류 역사상 가장 완벽한 통화인 "달러"가 마침내 20세기에 탄생한 것이다!

이제부터 전 세계는 1달러 지폐에 그려진 "섭리의 눈 (Eye of Providence)"이 보유한 신성불가침한 절대 권력이 지배하게 될 것이다. 따라서 달러를 파운드와 비교하는 것 자체가 어불성설이었다. 이는 2차 세계 대전으로 인해 미국이 세계 최강의 제조업 강국, 무역 및 황금 대국, 그리고 뱅킹 대국으로 부상했기 때문에 가능했다. 요컨대 필자 용어로 말하면 **인류 역사상 최초로 황금과 설탕과 이자를 거의 완벽하게 결합한 세계 패권국가, 미국이 태어난 것이다!!!**

1달러 지폐에 그려진 섭리의 눈과 피라미드

기술·산업·무역 및 뱅킹 대국이면서 달러를 황금으로 지정한 미국은 세계 무역과 통화 질서를 장악했다. 달러가 없으면 아예 국제무역을 할 수 없었으니까. 이제 달러는 원하는 것이면 다 가져다주는 알라딘의 요정, 지니 (Ginie)가 되었다. 브레튼 우즈 협정을 주도했던 미국 재무장관 해리 덱스터 화이트 (Harry Dexter White, 1892~1948)는 미국의 무역 패권과 달러 패권을 확립한 일등 공신인 셈이다. 이후 세계 원자재 시장의 가격은 모두 달러로 표시되었다. 기원전 5세기의 소피스트인 프로타고라스 (Protagoras, BC c.490~c.410)는 "인간이 만물의 척도"라고 주장했지만,

---

38   마틴 자크, 앞의 책, p. 473

2,500여 년 후인 20세기에는 단언컨대 "달러가 만물의 척도"였다.

이에 따라 전 세계 모든 은행은 국제무역을 위해 달러로 결제하고 환전하는 시스템을 갖추어야 했고, 달러로 무역금융을 제공했다. 자본주의 세계의 모든 은행은 물론이고, 달러를 기축통화로 인정하지 않았던 소비에트 연방과 사회주의 국가의 은행들조차도 미국의 라디오를 사기 위해 달러 자금을 확보해야 했다. 마치 DNA의 이중나사처럼 세계 무역과 달러는 사실상 하나의 몸체가 되었다.

브레튼 우즈 회의 개회식장에서 인사를 나누는 해리 덱스터 화이트(좌)와 존 메이나드 케인즈(우). Public Domain

이처럼 황금과 설탕^(기술·산업·무역)을 결합한 바빌로니아 및 페니키아 뱅커들, 그리스의 트라페지테 및 로마의 방카리, 유대인 뱅킹의 존속과 성전기사단의 활약, 도시 국가 제노바의 금융 혁신, 지리상 발견과 바르디·메디치·푸거 가문 등 탐욕스러운 유럽 뱅커들의 끊임없는 시행착오와 도전을 거쳐, 1차 대전으로 미국의 금융 패권 확립을 주도한 J.P. 모건의 노력에 따라 달러화는 역사상 가장 완벽한 통화로서 국제무역 결제 수단이 되었다. 소요된 기간도 기원전 8세기 바빌로니아의 에기비^(Egibi) 가문부터로 계산하면 무려 3천 년 가까이 되는 셈이다. 위안화가 전 세계 수출의 17.3%를 차지하는 무역 대국 중국의 통화임에도 불구하고 국제 결제 수단이 되지 못한 이유도 황금과 설탕을 결합할 수 있는 탐욕스럽고 유능한 뱅커들이 그들의 역사상 없었기 때문이다.

필자가 보기에 중국 역사에서 무역과 황금을 결합할 수 있는, 하늘이 준 기회가 여러 번 있었다. 바로 당나라, 송나라, 원나라, 청나라 때였다. 불행히도 당, 송, 원, 청 모두 유럽의 리카르디^(Riccardi), 바르디^(Bardi)나 메디치^(Medici) 가문과 같은 유력 뱅커들이 없었고, 베네치아 은행이나 聖 조지 은행과 같은 뱅킹 산업도 존

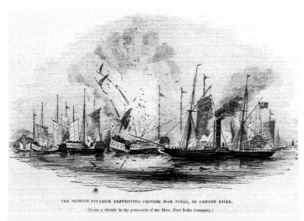

아편 전쟁 당시 철갑 무장상선 네메시스호가 청나라 목재 해군을 갈기갈기 찢어서 침몰시키는 장면. 1842년 11월 12일, 「런던 삽화 뉴스(The Illustrated London News)」에 실린 삽화. 작자 미상. Public Domain

재하지 않았다. 특히 당나라에서는 상인들이 세계 최초 지폐인 비전(飛錢)을 만들어 놓고도, 이를 금융으로 연계시켜 산업과 무역 전체에 핵융합과 같은 폭발적인 시너지를 창출하는 역할을 수행할 수 있던 탐욕스러운 유력 뱅커들이 없었다.[39]

오히려 당나라의 비전(飛錢)을 계승한 송나라의 교자(交子, jiaozi)나 회자(會子, huizi) 발행을 역사상 가장 관료적인 송나라 지방정부와 중앙정부가 담당하면서 세계 최대의 송나라 산업과 무역은 지폐 남발로 인해 스스로 몰락하고 말았다. 왜? 송나라 관료는 공맹 사상이나 주자학에는 전 세계에서 가장 정통했을지는 몰라도, 그린스펀이나 버냉키처럼 경제에 필요한 적정 화폐량이 얼마인지 계산하는 개념 자체가 없었기 때문이다. 결국 뱅커는 없고 물자만 풍부했던 미완의 대국 청나라는 서유럽 뱅커들이 엄청난 자금력으로 황금과 설탕을 결합한 후 제작한 무장 철갑상선 "네메시스(Nemesis)호" 앞에서 갈갈이 찢겨 졌다.[40] 오늘날 서양의 지배라는 세계 정치, 경제, 외교의 기본 구도는 이처럼 아주 멀게는 그리스의 트라페지테와 로마의 방카리, 혹은 13세기 이탈리아의 머천트 뱅커에서 잉태되었고, 가깝게는 19세기 영국의 뱅킹 산업과 미국의 J.P. 모건에서 이미 결판난 것이다!!!

---

39 당나라는 특히 세계 최초로 기계식 시계도 만들었다. 즉 725년 중국 승려와 양영찬(梁令瓚, 690~?)이 물을 사용한 유압식 톱니바퀴 기계를 이용해 시계를 만들었다. 겨울에는 물이 얼어 수은을 사용했다. 시계를 의미하는 영어 클락(clock)은 라틴어에서 종을 의미하는 클로카(clocca)에서 유래했다.

40 네메시스호는 아편전쟁 당시 영국이 청나라로 보낸 철갑 무장상선의 이름이다.

05

달러 패권 = 세계 패권

콘스탄티누스 황제의 승리, 바티칸 성당 소장

이집트의 장례식 석비(Stela). 가장 위쪽에 위치한 호루스의 눈(우제트, Udjet)은 고대 이집트 파라오의 절대 권력을 상징하는 신성한 표상이다. 오른쪽 눈은 라(Ra)의 눈으로 태양을 상징하고, 왼쪽 눈은 토트(Thot)의 눈으로 달을 상징한다. 호루스는 부활의 신 오시리스와 여성 신인 이시스 사이에 태어난 아들이다. 상트 페테르부르크 박물관 소장

(1) 1달러 지폐와 호루스의 눈

한편 뱅커들이 황금과 설탕을 DNA의 이중 나사선처럼 결합하면서 놀랄만한 결과가 나타났다. 즉, 1달러 지폐 표면에 그려진 호루스의 눈처럼 달러가 세상을 지배하는 절대 권력을 가지기 시작한 것이다. 기원전 7세기 리디아의 기게스가 잉곳 모양의 일렉트럼 동전에 새긴 리디아 최고의 여신인 아스타르테^(Astarte)의 상징처럼, 기원전 5세기 페르시아의 다리우스 1세가 자신이 만든 동전 화폐에 새긴 조로아스터교의 절대 신 아후라 마즈다^(Ahura Mazda)처럼, 달러라는 통화 그 자체가 바로 절대 권력을 보유한 유일신인 "기축통화"로 변신한 것이다.[41] 과연 유럽과 미국의 뱅커들은

---

41   아후라 마즈다는 조로아스터교에서 밝은 빛을 비추는 지혜의 신이고, 그 반대 어둠의 신은 앙라 마이뉴(Angra Mainyu)라고 부른다. 조로아스터교는 이처럼 이분법적으로 모든 것을 정의했다. 한편 조로아스터교는 아후라 마즈다에서 나오는 밝은 빛을 숭상했으며, 그 빛에서 나오는 절대 선의 권력을 야자타(Yazata)라고 불렀다. 이에 따라 조로아스터교는 불을 통한 정화를 강조했다.

황금과 설탕과 이자를 전 지구적으로 결합한 국가가 황금과 같은 절대 권력을 가진 기축통화를 보유한다라는 이 기괴한 결과를 미리 알고 있었을까?

하여튼 미국은 달러에 그려진 호루스 눈이 보유한 절대 권력을 매개로 자신의 금융과 뱅킹 시스템을 전 세계 지배의 도구로 활용하기 시작했다. 마치 로마가 포에니 전쟁에서 페니키아를 제압한 후 공화국에서 세계 제국으로 부상한 것처럼 말이다. 이에 따라 미국은 2차 세계 대전이 끝나자 일개 공화국에서 패권 국가인 제국으로 변모했다. 미 국무부는 이제 "트란실바니아의 인종 분포 때문에 헝가리나, 루마니아의 실지 회복 운동을 유발하지 않을 경계선을 긋는 것은 불가능하다."라는 패권국가 식의 판단을 내리기 시작했다. 전시 지도 최고 권위자인 리처드 해리슨(Richard Edes Harrison, 1901~1994)이 완성한, 미국이 한가운데 위치한 세계 지도의 기본 구도는 1945년 제작된 유엔의 공식 로고에도 들어가 버렸다. 미국은 더 나아가 남미, 유럽과 아시아는 물론이고 중동, 외몽골, 북부 부코비나, 중국령 투르키스탄, 영국령 보르네오섬, 프랑스령 소말리아, 남부 소말리아, 카르파소 남부 루테니아 등을 미국 대외 정책의 주요 의제로 올려놓고 고심하기 시작했다.[42]

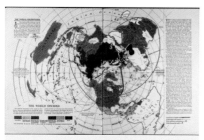

리처드 해리슨이 2차 대전 중인 1941년에 그린 세계 지도. 이 지도는 미국과 경제적 교류의 정도를 붉은색 선으로 표시했는데, 영국이 가장 굵고, 그다음이 아랍, 그리고 필리핀을 포함한 아시아 순이다. 붉은색으로 표시한 연합국의 적은 짙은 남색의 추축국(Axis)으로 표시하였는데, 러시아 전체를 추축국으로 표시한 것이 특이하다. 이 지도의 기본 구도는 나중에 UN의 공식 로고에 들어가게 된다. Licensed under th Creative Commons Attribution 4.0 International. https://creativecommons.org/licenses/by/4.0/

가장 대표적으로 미국은 2차 대전으로 파괴된 유럽에 1948년부터 130억 불, 오늘날 가치로 1,000억 불이 넘는 달러를 융단폭격식으로 투하함으로써 독일과 유럽 경제를 부활시켰다. 그 결과 미국은 독일과 유럽을 자신의 정치·외교적 영향력 밑에 둘 수 있었다. 마샬

42　대니얼 임머바르, *앞의 책*, p. 326

플랜의 핵심은 달러를 활용해서 독일을 비롯한 유럽의 산업을 부흥시키되 이들을 미국의 정치적 영향력 밑에 둔다는 것이었다.[43]

하지만 진주만 폭격 직전 일본을 자극하지 않기 위해 일본에 대한 석유 수출 금지를 반대한 프랭클린 루스벨트 대통령의 논거는 "우리는 세계 도처에 해군을 파견할 여력이 없다"라는 것이었다.[44] 이때가 1941년 6월이었다.[45] 나아가 1941년 12월 7일, 일본이 진주만을 폭격한 직후 루스벨트 대통령은 "미합중국은 일본 제국의 해군과 공군으로부터 고의적인 기습 공격을 당했습니다."라고 연설했다.[46] 눈치챈 독자들도 있겠지만, 루스벨트 대통령은 자국을 "미합중국"이라 부르고 일본을 "제국"이라고 불렀다. 즉, 이때만 해도 미국은 세계를 경영한다는 패권 개념 자체가 없었다. 하지만 루스벨트 대통령의 푸념 이후 불과 7년도 안 되어 미국은 2차 세계 대전을 통하여 전 세계의 황금, 설탕, 이자를 장악하면서 "세계 도처"를 지배하기 위한 패권 전략을 실천하는 제국으로 부상했다. 필자는 1948년 마샬 플랜이야말로 황금, 설탕, 이자가 결합한 무한 권력의 상징인 달러 패권을 바탕으로 미국이 일개 공화국에서 세계 제국으로 변질되기 시작한 사실상 최초의 본격적인 조치라고 생각한다![47]

---

43   마샬 플랜 직전 미국의 對 유럽 계획은 재무장관이던 모겐소(Henry Morgenthau Jr, 1891~1967)가 1944년 1~9월 사이에 입안한 "전후 독일 계획안(Suggested Post-Surrender Program for Germany, 일명 모겐소 플랜)"이었다. 모겐소 계획은 마샬 플랜과 달리 독일이 다시는 전쟁을 하지 못하도록 독일의 산업시설을 완전히 해체하여 독일을 아예 농업국가로 만든다는 것이었다. 이 계획은 독일 경제의 부흥이 유럽 경제의 핵심이라고 주장한 영국과 프랑스의 격렬한 반대에 부딪혔다. 나치는 이 계획을 입수하여 연합국에 대한 결사 항전의 도구로 삼기도 했다.

44   대니얼 예긴, *앞의 책*, 고려원, 1993, p. 31. 당시 루스벨트 대통령은 대서양을 사이에 두고 히틀러의 독일과 교전 중이었으므로, 일본과의 전쟁으로 태평양으로까지 전선이 확대되는 것을 두려워했다. 미국은 이처럼 태평양 전쟁 직전까지만 해도 외교적 철학이 "명예로운 고립(Splendid Isolation)"이었다.

45   하지만 루스벨트 대통령은 1941년 7월과 8월에는 결국 일본의 미국 내 자산을 동결시키고, 파나마 운하의 일본 선박 통관을 불허하였으며, 원유와 천연가스의 일본 수출을 금지했다. 그 결과 일본은 원유 수입의 80%가 허공으로 날아갔다. 마침내 일본은 미국과 전쟁을 치르기로 결정한다.

46   대니얼 임머바르, *앞의 책*, p. 14

47   마샬 플랜 직전, 러시아의 공산화 전략에 맞서 미국은 튀르키예와 그리스에 무조건적인 지원을 승인했다. 이때가 1947년 3월이었다. 마샬 플랜은 패권 전략의 발현이었지만, 표면적으로는 소련의 공산화 전략을 막기 위한 조치의 성격도 가지고 있었다. 1952년에는 튀르키예와 그리스 모두 소련의 군사력에 대응하기 위한 나토 회원국이 된다. 예컨대 터기 해군은 흑해에서 소련을 견제하고 튀르키예 육군은 불가리아 국경 지대에서 소련 지상군을 억제하는 역할이 주어졌다.

(2) 이집트의 파루크 1세와 이란의 모사데그

이후 미국은 달러 패권이 창조한 세계 제국의 힘을 바탕으로 1950년대부터는 튀르키예, 그리스, 시리아, 한국, 이집트, 이란, 과테말라, 하이티 등의 국내 문제에 적극 개입했다. 우선 2차 대전이 끝나자 미국 CIA는 이집트의 파루크 1세 (Fraouk I, 1920~1965) 국왕을 걱정스럽게 지켜 보고 있었다. 그는 여자관계가 너무 복잡하고, 정치인으로서 당시 가장 돈이 많은 부자로 세상에 알려질 만큼 부정 축재의 대명사로 통하는 인물이었다. 이에 따라 공산주의 세력의 확장과 소련의 중동 진출을 두려워했던 미국의 CIA는 파루크 1세에게 정치 개혁을 통해 정세 안정을 도모한다는 이른바 "프로젝트 FF (Fat Fucker)" 계획을 수립했다.

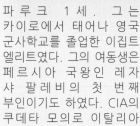

파루크 1세. 그는 카이로에서 태어나 영국 군사학교를 졸업한 이집트 엘리트였다. 그의 여동생은 페르시아 국왕인 레자 샤 팔레비의 첫 번째 부인이기도 하였다. CIA의 쿠데타 모의로 이탈리아 로마로 망명하여 그곳에서 사망했다. Public Domain

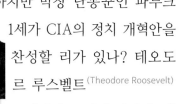

하지만 막장 난봉꾼인 파루크 1세가 CIA의 정치 개혁안을 찬성할 리가 있나? 테오도르 루스벨트 (Theodore Roosevelt) 대통령의 두 손자로 CIA 요원이기도 했던 아치볼드 (Archibald Roosevelt, 1894~1979) 와 커밋 (Kermit Roosevelt Jr., 1916~2000) 은 파루크 1세가 저항하자 대담하게도 파루크 1세를 권좌에서 축출한다는 계획을 수립했다. CIA는 이집트 군주제를 타파하기 위해 결집한 군대 내 민족주의 혁명가 그룹인 "자유 장교 운동 (Free Officers Movement)"을 주도하던 인물인 나기브 (Mohamed Naguib, 1901~1984) 와 나세르 (Gamal Abdel Nasser, 1918~1970) 등

아치볼드 루즈벨트. 그는 CIA 요원으로서 이집트 쿠데타를 지원했다는 의혹을 받는다. Public Domain

과 접촉했다.[48] 그들은 아무리 거칠고 성급하더라도 필드의 판단을 존중한다는 CIA 내부 지침을 믿고, 1952년 군부 쿠데타로 파루크 1세 국왕을 축출한다는 계획을 결국 밀어붙였다. 커밋의 기본 아이디어는 "이집트의 부패한 정권을 축출하고 미국의 통제에 거부감이 없는 국왕으로 교체하는 평화적인 혁명"이었다. 이 기조에 따라 1952년 7월 22일 밤, CIA의 지원을 받은 군부 쿠데타가 일어나고 파루크 1세 국왕은 이탈리아로 도망갔다. 이집트는 군주제에서 공화제로 이행했다. 그 결과 세속주의 결사반대와 샤리아법에 따른 통치를 주장하면서 1928년에 설립된 수니 강경파 단체인 무슬림 형제단[(Muslim Brotherhood)]은 불법 정당이 되었고, 이에 반발하여 1953년 6월부터 이집트 거리는 시위, 방화, 소요가 끊이지 않았다.

재집권 시기인 1968년 나세르 대통령 사진. 그는 혁명 동지였던 나기브를 내쫓고 1956년 대통령이 되어 1970년 사망할 때까지 이집트 대통령이었다. 나세르 재단 소장. Public Domain

다음으로 미국 CIA는 "자국 이익을 위해서는 무슨 짓이라도 저지를 것이 분명한"[49] 영국의 MI6와 공동으로 민주적으로 선출된 후 석유기업, 특히 앵글로 이란 석유 회사[(Anglo-Iran Oil Company)]의 국유화를 단행한 이란의 모사데그[(Mohammad Mosaddegh, 1882~1967)] 총리를 1953년 아약스 작전[(Operation Ajax)]을 통해 권좌에서 끌어내렸다.[50] "마차 끄는 말처럼 생긴 데다가 약간의 아편 냄새도 풍기

---

48   이집트의 자유 장교 운동은 후일 이라크 군인들이 그대로 모방한다. 즉, 이라크 자유 장교들은 카심(Abd al-Karim Qasim, 1914~1963)을 중심으로 1958년 7월 14일, 쿠데타를 일으켜 이라크의 파이잘 2세 국왕(Faisal II, 1935~1958)을 살해한 후 정권을 탈취한다.

49   피터 프랭코판, 앞의 책, p. 668

50   앵글로-이란의 원래 명칭은 앵글로-페르시안 석유 회사(Anglo-Persian Oil Company)이다. 시아파 이슬람 국가를 선포한 샤파비 왕조(Safavid Era, 1502~1736) 멸망 후 영국, 프랑스, 러시아 등이 페르시아로 진출했는데, 이 중 영국이 단연 우위를 점하고 있었다. 영국은 페르시아 진출 후 1901년 윌리엄 녹스 다시(William Knox D'Acy, 1849~1917)가 60년간 페르시아 전역에 대한 유정 탐사권을 확보한 후 1908년에 석유를 발견하는 행운을 잡게 되고, 1909년 페르시아와 합작회사인 앵글로-페르시안 석유 회사(Anglo-Persian Oil Company, APOC)를 설립한다. 이후 1차 대전의 전운이 감돌던 1914년 여름에는 영국 정부가 APOC 지분 51%를 취득한다. 한편 페르시아 군인이었던 레자 칸(Reza Khan, 1878~1944)은 1921년 1,200명의 군인으로 테헤란으로 진격하여, 영국과 러시아 등 외세에 휘둘리던 카자르 정권을 전복시키고 권력을 잡았다. 1925년 이란 의회는 당시 국왕으로 해외에 머물던 아흐마드 샤(Ahmad Shah Kazar, 1898~1930)를 폐위시키고 레자 칸을 새로운 국왕인 레자 샤 팔레비(Reza

면서 인사와 악수를 남발하던"[51] 모사데그는 라디오를 사용하여 민중을 선동한 후 정권을 잡은 히틀러처럼, 라디오를 통해 일본 민중을 사로잡은 쇼와 시대[1926.12.25.~1989.1.7] 총리 도조 히데요키[東條英機, 1884~1948]처럼, 중동에서 라디오를 사용하여 민중의 마음을 장악한 최초의 정치 지도자였다.[52] 그래서인지 그는 민중에게 폭발적인 인기를 얻고 있었다. 특히 그는 왜 이란의 석유가 영국 정부의 배만 불리는 데 사용되는지, 왜 이란이 현대판 인도로 전락하여 영국 정부의 이익에 봉사해야 하는지 심각한 의문을 제기하면서 대중을 선동했다. 당시 분위기는 "앵글로-이란 석유 회사가 민족과 나라를 통째로 먹게 놔두느니, 차

이란 총리 시절 모사데그. 그는 중동 민족주의를 확산시킨 인기 절정의 정치인이었다. Public Domain

라리 이란의 석유 산업을 몽땅 원자폭탄으로 날려 버리는 것이 나을 것"이라는 분위기였다.[53] 따라서 모사데그의 목표는 단순히 영국의 영향력을 '약화'시키려고 하는 것이 아니었다. 그의 목표는 영국을 비롯한 서방의 영향력을 아예 '제거'

Shah Palevi)로 임명함으로써, 팔레비 왕조가 개막되었다. 일설에 따르면 레자 칸은 공화국을 선호했지만, 의회가 왕정을 더 선호한다고 하여 이를 수락하였다고 한다. 그러나 어찌된 일인지 팔레비 왕조는 민족주의를 부르짖으면서도 앵글로-페르시안 회사를 국유화하지 않고, 그대로 두게 된다. 영국은 이 기간에 샤트 알 아랍(Shatt al-Arab) 강 유역인 아바단(Abadan)에 당시로서 세계 최대 정유시설을 짓고, 이란의 석유를 영국으로 실어 나르기 바빴다. 1935년 레자 샤는 국호를 이란으로 바꾸고, 회사 이름도 앵글로-이란이 된다. 레자 샤는 영국과 소련의 외세에 대항해 나치에 협력적이었는데, 이를 보던 영국과 소련이 1941년 이란을 점령한 후, 레자 샤는 "프랑스 범죄소설이나 빠른 차보다 더 빨리 사귈 수 있는 여자를 좋아했던 한량인(피터 프랭코판, 앞의 책, p. 638)" 그의 아들 모하마드 레자(Mohammad Reza, 1919~1980)로 교체된다. 모하마드 레자 통치 시절, 국유화에 대한 이란 국내의 국부 유출 논란이 결국 폭발한 사건이 본문에서 언급한 바로 모사데그 총리의 앵글로-이란 국유화 조치이다. 모사데그 총리의 자원 국유화와 反 서방주의는 이후 나세르, 호메이니, 사담 후세인, 빈 라덴, 탈레반의 국유화 조치나 정치적 야망에 지대한 영향을 미치게 된다.

51   피터 프랭코판, 앞의 책, p. 664
52   원래 히틀러는 화가가 꿈이었다. 하지만 1차 대전 때 참전하여 겨자 가스 노출로 생긴 결막염으로 인해 시력이 저하되면서 화가 꿈을 접고, 선동가의 길을 걷게 된다. 하지만 히틀러는 기회만 있으면 자신의 미술적 재능을 발휘했다. 예컨대 붉은색 바탕의 갈고리 모양 하이켄 크로이츠를 그린 나치의 깃발은 자신이 직접 디자인한 것이다. 나아가 단일 모델로 세계 최다 판매를 기록한 1세대 폭스바겐 비틀의 디자인도 히틀러가 국민차 제작을 부탁한 페르디난트 포르셰(Ferdinand Porsche, 1875~1951)에게 식당에서 냅킨에 자신이 직접 그려준 것이다.

53   피터 프랭코판, 앞의 책, p. 682

하는 것이었다. 1950년 6월, 모사데그는 이란에서 산출되는 모든 석유의 국유화를 제안했다.

그러던 와중인 1951년 3월, 당시 이란 총리이던 하지 알리 라즈마라(Haj Ali Razmara, 1901~1951)가 反英주의 물결 속에 암살되었다. 1951년 4월 29일, 모사데그는 의회의 투표를 거쳐 정식 총리가 되었다.[54] 사흘 뒤인 1951년 5월 2일, 모사데그는 앵글로-이란 석유 회사를 국유화한다는 법안을 통과시켰다. 법안은 즉시 발효되었다! 1951년 9월, 모사데그는 앵글로-이란 석유 회사 영국 직원에게 일주일 말미를 줄테니, 짐을 싸서 이란을 떠나라고 명했다. 1952년 타임 紙는 그를 올해의 인물로 뽑았다.

영국은 이란산 석유 수입금지를 통해 이란을 압박했다. 하지만 소용없는 짓이었다. 모사데그는 이란 국민에게 단합을 호소했다. 더 나아가 모사데그는 反英주의에서 親소련 행보를 보이기 시작했다.[55] 한국 전쟁으로 원유확보가 중요한 국가 이익이었던 미국 패권에도 위협이 된 것이다. 그것이 아약스 작전이 개시된 이유였다. 1952년 말, 영국은 1947년에 창설된 CIA에게 "모사데그 총리 제거를 위한 합동 정치 행위"에 관한 지원을 요청했

하지 알라 라즈마라 총리. 그는 앵글로이란 석유회사에게 좀 더 유리한 조건을 내걸며 협상을 타결하려다, 급진 이슬람 단체인 '파 다 이 얀 - 에 이슬람(Fada'iyan-e Islam)' 조직원인 17세 청년에게 1951년 암살당하였다. Public Domain

---

54 피터 프랭코판, *앞의 책*, p. 689
55 당시 이란의 공산당은 투데(Tudeh) 당으로 모사데그와의 관계가 때로는 우호적이었다가, 때로는 적대적으로 일관되지 않았다. 따라서 모사데그를 끌어 내리지 않으면 투데 당이 집권할 것이라는 아이젠하워 대통령 주장의 신뢰성은 거의 없어 보인다. 한편 2차 대전 후 소련은 이란을 포함한 중동 지역에 엄청난 공을 들이고 있었다. 2차 대전 후 공산주의를 표방한 중동의 정치 정당은 거의 모두가 소련의 지원이 있었다고 보면 된다. 미국은 소련의 중동 진출을 억제한다는 기조를 가지면서도, 가끔 엉뚱한 실수도 저질렀다. 대표적인 사례가 아프가니스탄이다. 아프가니스탄 지도부는 1954년 미국에 원조와 무기 지원을 요청했는데, 미국 국무부는 이를 묵살했다. 소련은 이 틈을 타 아프가니스탄에 1억 불이 넘는 자금을 지원하여 도로, 교량, 통신망을 건설해 주었다. 아프가니스탄 북부와 소련의 중앙아시아를 연결하는 2.6km에 이르는 살랑 터널(Salang Tunnel), 동부의 칸다하르(Kandahar)와 서부의 헤라트(Herat)를 동서로 잇는 557km에 이르는 고속도로 모두 소련의 자금과 기술로 건설된 것이다. 1961년 소련 공산당 서기장인 흐루쇼프는 정상회담에서 케네디 대통령에게 이란이 썩은 과일이 떨어지듯이 곧 소련의 수중에 들어올 것이라고 말하기도 했다. 특히 이란 인접국인 이라크의 공산화를 막기 위해 미국 CIA가 의도적으로 키운 인물이 그 유명한 사담 후세인이다.

다.[56] 1953년 3월, 국무장관 존 덜레스 (John Foster Dulles, 1888~1959)는 그의 친동생 앨런 (Allen Dulles, 1893~1969)이 이끄는 CIA에게 모사데그 전복 계획 초안 작성을 지시했다. 1953년 4월 4일, 존 덜레스는 모사데그를 끌어 내리기 위해 어떤 방식을 사용해도 좋으니, 100만 불 내에서 필요한 돈은 그 사용처가 어디든 마음대로 써도 좋다고 승인했다.

이에 따라 이집트의 파루크 1세를 축출한 프로젝트 Fat Fucker의 주역인 커밋은 이란의 주요 국회 인사들을 접촉해 달러 현금을 마구마구 뿌렸다. 커밋은 그 목적이 "모사데그에 대한 지지를 철회하도록 설득하는 것이었다"라고 썼다.[57] 정치인뿐만 아니라 아야톨라 카사니 (Ayatollah Abol-Ghasem Kashani, 1882~1962) 같은 저명한 이슬람 율법 학자들도 달러 현금 살포의 대상이었다. 심지어는 시위대에 게조차도 달러가 지급되었다는 소문이 돌았다. 커밋을 비롯한 CIA 현장 요원이 테헤란에 얼마나 많은 달러를 뿌려 댔는지, 1953년 여름 동안에 리알화에 대한 달러 가치가 무려 40%나 떨어졌다.[58]

마침내 그해 6월, 미국 CIA와 영국 MI6가 베이루트에 같이 모여 합동으로 아약스 작전 최종 계획을 마련했다. 처칠 영국 총리가 7월 초에 이 무지

아이젠하워 대통령 시절인 1953~1959년에 국무장관을 지낸 존 덜레스. Public Domain

존 덜레스의 친동생인 앨런 덜레스. 미국 정보기관의 아버지라 불리는 윌리엄 도노반(William Joseph Donovan, 1883~1959)은 1941년에 정보조정관(Coordinator of Information, COI)을 만드는데, 초대 책임자가 바로 앨런 덜레스였다. COI는 이후 합참의장 산하의 전략사무국(Office of Strategic Services, OSS)으로 개편되고, 1947년에는 OSS를 트루먼 대통령이 대통령 산하 CIA로 바꾼다. 덜레스는 1951년에 CIA 부국장이 되고, 아약스 작전 직전인 1953년 2월부터 1961년 11월까지 CIA 국장을 지내 최장수 CIA 국장이라는 기록을 가지고 있다. 세간에서는 그를 CIA의 아버지라고 부른다. Public Domain

---

56   피터 프랭코판, *앞의 책*, p. 674

57   피터 프랭코판, *앞의 책*, p. 686

58   피터 프랭코판, *앞의 책*, p. 687

막지한 계획을 승인했고, 아이젠하워 대통령은 군부 쿠데타를 미국 대통령이 지원했다는 기록을 남기지 않기 위해 나중에 "구두로" 승인했다.

아약스 작전은 민주적으로 수립된 정부 수반을 제거한 CIA 최초의 해외 작전이었다.[59] 미국 내에서는 트루먼 대통령과 아이젠하워 대통령의 권력 이양기라는 특수한 여건도 있었다. 일설에 따르면 CIA의 권한 확대를 우려한 트루먼 대통령은 아약스 작전을 반대했다고 한다. 하지만 그는 퇴임하는 대통령이었다. 그의 의견은 당연히 묵살되었다. 특히 미국은 이란에 1950년 1,180만 달러, 1953년에는 그 다섯 배 가까운 5,250만 달러의 돈을 쏟아부은 상태였다.[60] 소련까지 이란, 이라크를 군사적으로 침공하여 점령하는 사태는 무조건 막아야 했다. 더구나 CIA는 1년 전에 이미 프로젝트 FF를 통해 이집트의 파루크 1세 국왕까지 내쫓은 경험도 있었다. 미국은 아약스 작전으로 시작된 쿠데타 결과 단 4일 만에 이란 정부를 전복시켰고, 모사데그를 쫓아냈으며, 영국의 BP와 함께 이란의 원유 시설까지 장악할 수 있었다.

아야톨라 카사니. 그는 반시장주의자, 반제국주의자로 이란에서는 명망있는 정치가였다. 초기에는 모사데그의 앵글로-이란 석유회사 국유화에 적극 찬성하였으나, 나중에는 모사데그의 정치적 반대편에 서게 된다. 필요하면 폭력적 수단도 서슴지 않은 과격한 면도 있었다. Public Domain

반면 아약스 작전 이후 모사데그와 대립하다 이탈리아로 망명했다가 재집권한 이란의 팔레비 왕조는 1979년 1월, 아야톨라 호메이니(Ayatollah Ruhoollah Khomeini, 1902~1989)가 혁명을 일으키기까지 20년이 넘는 기간 동안 독재 체제를 유지했다.[61]

59 　1949년 3월, 시리아에서 쿠데타가 발생한다. 이 군부 쿠데타는 시리아 역사상 최초의 군부 쿠데타였다. 이 쿠데타로 민주적으로 선출된 시리아 정부가 전복되었다. 이 시리아 쿠데타에도 CIA가 개입되었다는 의심을 받고 있다. 하지만 명확한 증거가 없으므로, 필자는 미국 정부가 2013년 8월, 기밀문서 해제를 통해 인정한 모사데그 축출 작전을 CIA 최초의 민주적 정부 전복을 목표로 한 쿠데타 지원으로 간주했다.

60 피터 프랭코판, 앞의 책, p. 676

61 　이슬람 고위 성직자를 호칭하는 말이 아야톨라이다. 호메이니는 아야톨라로서 종교와 정치를 통합해야 한다고 주장했는데, 이런 그의 사상을 "벨라야테 파키(Velayat-e faqih)"라고 한다.

미국은 독재를 일삼는 팔레비 왕조의 유지를 위해 "페르시아만과 카스피해를 연결하는 2,400㎞의 고속도로를 건설해 주고, 이란 남부의 항구 도시 반다르아바스^(Bandarabbas)에 대규모 심해 항구를 건설하는 일을 지원했으며, 전력망 개선, 국영 항공사 설립에 필요한 달러도 지원해 주었다."[62] 심지어 미국 정부는 세계 석유 생산 3~4위로 에너지 걱정을 "전혀" 할 필요가 없는 이란에게 1974년에 2기의 원자로와 농축 우라늄 판매에 동의해 주었고, 1975년에는 이를 더 확대하여 8기의 원자로를 고정 가격 64억 달러에 제공해 주는 협정에도 서명했다.[63] 그 결과 1974년부터 페르시아만 해안가에 위치한 이란의 부셰르^(Bushehr) 지역에 독일의 지멘스 주도로 원자력 발전소 건설이 시작되었다.[64] 이란의 팔레비 국왕이 원하는 것을 모두 제공하는 것에 경고하는 미국 내 회의론들이 있긴 했지만, 소련의 확장을 막으려면 어쩔 수 없다고 동의한 대표적 인물이 바로 헨리 키신저였다.[65]

팔레비 왕조에 대한 미국의 달러 지원이 계속되는 가운데, 미국 CIA와 이스라엘 모사드의 지원을 받아 설립한 팔레비 왕조의 비밀경찰이자 국가정보 안보 기구인 사바크^(SAVAK)는 불법 고문과 암살의 대명사가 되었다. 대중의 관심을 많이 받았던 호메이니

호메이니. 그는 이슬람 종교와 정치를 융합해야 한다는 발레야티 파키 철학을 만들어 현대 이란의 국가 정체를 확립한 사실상의 건국자이다. 팔레비 왕조의 개혁 조치에 반대하다가 국외로 추방되어 14년 동안 해외에서 떠돌았다. 프랑스 정보기관이 팔레비 국왕에게 호메이니 암살 제안을 한 적이 있는데, 팔레비 국왕은 그를 순교자로 만들 우려가 있어 반대하였다고 한다. Public Domainn

---

62   피터 프랭코판, 앞의 책, p. 717

63   피터 프랭코판, 앞의 책, p. 743

64   부셰르 원전은 이란 혁명 이후 공사가 중단되었다가, 1994년부터 러시아 기술을 도입해 원전 건설을 재개했다. 2009년 완공되고 2012년부터 700MW급 전력을 생산, 공급했다. 미국은 2009년 이란이 핵무기를 개발한다는 의혹이 있다면서 부셰르 원전을 공중 폭격한다는 계획에 대해서도 논의한 적이 있다. 그 때문인지 현재 부셰르 원전 주변은 러시아제 토르 지대공 미사일이 배치되어 있다. 2017년부터는 각 1,050MW급 2, 3호기 건설을 시작했고, 2026년에 마무리한다는 계획이다.

65   피터 프랭코판, 앞의 책, p. 741. 물론 키신저는 나중에는 이란에 원자로 건설을 해 주는 정책에 대해 "피곤해졌다"라면서 심각한 의문을 제기하는 등 개인적으로는 매우 후회했다고 한다. 피터 프랭코판, 앞의 책, p. 747.

같은 인사는 운 좋게도 재판 없는 투옥과 처형의 대상이 아니라, 4대 칼리프 알리의 영묘가 있는 시아파 성지인 이라크의 나자프^(Najaf)로 쫓겨나 10년이 넘는 기간에 이란으로 들어오지도 못하게 했다. 하지만 미국은 샤의 심기를 건드리지 않기 위해, 키신저의 표현에 따르면 팔레비 "국왕의 근대화 프로그램이 강요한 혼란과 반대파를 통제하기 위해 시도한 가혹하고 독단적인 책략" 행위에 대해 모르쇠로 일관했다.[66]

이란의 샤가 정치 개혁 없이 전제 정치를 계속하면 폭력 사태나 심지어 혁명이 일어날 것이라는 하버드 역사 교수이자 외교 자문가였던 윌리엄 포크^(William R. Polk, 1929~2020)의 경고는 완전히 무시되었다. 사우디 석유광물 장관 아흐메드 자키 야마니^(Ahmed Zaki Yamani, 1930~2021)까지 나서서 팔레비 국왕이 "과대망상증 환자에다 매우 변덕스러운데, 미국이 이를 이해하지 못한다면 미국의 관찰력에 뭔가 문제가 있음이 틀림없다"라고 비아냥거렸지만, 미국은 경쟁국의 근거 없는 인신공격 정도로 치부해 버렸다.[67] 심지어 1977년 12월 31일, 카터 대통령은 테헤란으로 날아가 다음과 같이 연설했다. "이란은 국제적으로 소란스러운 이 지역에서 섬처럼 홀로 안정된 곳입니다. 샤의 위대한 지도력 덕분입니다. 이것은 폐하와 폐하의 지도력, 그리고 폐하의 신민들이 당신께 바치는 존중과 존경에 대한 크나큰 선물입니다."[68]

불행히도 팔레비 왕조의 극단적인 비판자였던 호메이니는 팔레비 왕조의 통치를 "샤^(국왕의 호칭)가 이란의 국민을 미국의 개

팔레비 2세. 레자 샤의 셋째 이자 장남으로 태어나 스위스에서 공부했다. 그는 해외에서 공부한 최초의 이란 왕족이라는 기록을 남겼다. 1941년, 영국과 러시아가 이란을 침공하여 부친이 왕위에서 물러나자 자신이 왕위에 올랐다. 미국의 전폭적 지지를 받던 그는 이스라엘을 국가로 인정하고 비밀경찰 사바크를 통한 가혹한 통치로 민심을 완전히 잃었다. 그러다가 1979년 이란 혁명으로 실각하여 마지막에는 이집트에서 사망한다. Public Domainn

---

66 헨리 키신저, 『헨리 키신저의 세계 질서』, 민음사, 2014, p. 176

67 피터 프랭코판, 앞의 책, p. 741

68 피터 프랭코판, 앞의 책, p. 748

보다 못한 수준으로 끌어내렸다."라고 맹비난했다.[69] 호메이니는 더 나아가 "샤 폐하, 지금은 폐하께서 반성하고 숙고할 때가 아닙니까? 제가 당신은 이슬람교 를 믿지 않는다고 말해야겠습니까? 그리고 폐하를 이란에서 쫓아내야 하겠습니 까?"[70] 아약스 작전 이전 팽배했던 철저한 反英 감정은 이제 극렬한 反美 감정으 로 대체되었다. 호메이니 말에 따르면 "미국 대통령은 자신이 이란 사람들의 눈 에 인류 가운데 가장 역겨운 부류로 보인다는 사실을 알아야 한다!"[71]

마침내 CIA 보고서에 따르면 "서아시아에 있는 미국의 견실한 친구로서 일 본 다음으로 번영하던 나라"이고, "유럽의 여러 나라들과 어깨를 나란히 하는 길을 착착 밟아가던 나라"라고 확신하던 이란에서[72] 1978년 8월, 400여 명이 사망한 아바단(Abadan)의 렉스 극장 화재 사건을 계기로 민중 혁명이 일어났다.[73] 1979년 1월 16일, 팔레비 2세 군주는 결국 물러났다. 1979년 2월 1일, 호메이니 는 테헤란 공항에 내려서 14년 만에 귀국해서는 "나는 내 주먹으로 이 정부의 주둥이를 갈겨버릴 것입니다. 이제부터는 바로 내가 정부를 임명할 것"이라고 공 언했다.[74]

이란 혁명 후 팔레비 2세 왕은 이란으로부터 강제 추방되었다. 이란의 강력한 경고에도 불구하고 미국은 자국의 견실한 친구였던 팔레비 2세 왕을 모른 체 할 수가 없어, 그의 입국을 허용하고 뉴욕 코넬 의료센터에 입원까지 시켜주었다. 그 결과 팔레비 군주 입원 2주 후인 1979년 11월 4일, 이란 대학생이 테헤란 주 재 대사관에 난입하여, 미국 대사관 직원을 억류했다. 궁지에 몰린 미국은 1972

---

69 팀 마샬, *앞의 책*, p. 85

70 피터 프랭코판, *앞의 책*, p. 716

71 피터 프랭코판, *앞의 책*, p. 725

72 피터 프랭코판, *앞의 책*, p. 717~718

73 아바단은 영국이 이란의 원유를 자국으로 실어 나르기 위해 정유시설을 건설한 전략 도시이다. 한편 아바단을 비롯하여 바스라와 부셰르(Bushehr) 항구에서 아라크(Arak), 코메(Komeh)를 거쳐 테헤란-캅카스 산맥-소련에 이르는 물류길을 "페르시아 회랑(Persian Corridor)"이라고 부른다. 페르시아 회랑은 2차 대전 때 영국과 미국의 물 자가 소련으로 이동하는 핵심 경로였다.

74 피터 프랭코판, *앞의 책*, p. 757

년 뮌헨 올림픽 테러를 기획했던 팔레스타인 해방기구^(PLO)까지 접촉했다가 실패하였고, USS 니미츠 항공모함에서 델타포스 정예부대를 태우고 8개의 헬기를 보내 인질을 구출한다는 "독수리 발톱^(Eagle Claw)" 작전까지도 시도했지만 모두 실패했다.[75]

한편 호메이니는 소련의 핵 공격에 대한 조기 경보 시스템과 소련의 카자흐스탄 핵미사일 기지를 감시하던 미국의 정보 시설을 모두 폐쇄했다.[76] 미국으로부

터 구매하기로 예정된 무기 판매 계약 및 원자로 판매 계약 또한 모두 무효가 되었다. 미국은 1979년 11월 12일, 처음으로 이란산 석유 금수조치를 시행했고, 이란 제재에 동참하라는 협박성 메시지를 들고 서유럽 국가들을 위협했다. 120억 달러에 이르는 이란의 미국 내 자산은 모두 동결되었다.[77]

이란과 미국의 관계는 이제 돌이킬 수 없는 관계가 되었다. 심지어 아들 부시 행정부의 실권자인 딕 체니 (Richard Bruce Cheney, 1941~) 부통령은 이란 핵 시설인 부셰르 원자력 발전소에 대한 군사 선제공격을 강하게 주장하기도 했다.[78] 이란은 이제 레바논의 급진 시아파 세력

딕 체니 부통령. 그는 아버지 부시 대통령 시절 국방부 장관이었고, 그 후 원유 채굴기업이면서 건설회사인 핼리버튼(Halliburton)의 사장을 지냈다. 아들 부시 대통령 때에는 그의 부통령으로 국정을 책임졌는데, 이란 핵 개발 의혹이 제기되자 이란 핵 시설에 대한 선제공격을 주장한 인물이다. Public Domain

75 호메이니의 혁명으로 이웃 국가 이라크의 수니파 지도자인 사담 후세인은 1980년 이란 침공을 감행한다. 시아파가 대다수인 이라크 민중이 과격 시아파가 집권한 이란의 혁명으로 동요될까 두려웠기 때문이다. 목표는 샤트 알 아랍 강 및 아바단 점령과 이란 혁명정부의 타도였다. 후세인은 속전속결로 전쟁을 끝내려고 했지만, 요새 같은 이란을 점령하기란 말처럼 쉬운 일이 아니었다. 특히 소련과 사전 교감이 전혀 없이 전쟁을 감행하면서 소련으로부터 군사물자 공급이 완전히 중단되었다. 결국 양측은 어느 쪽도 승리하지 못하고, 백만 명 이상의 사상자를 낸 후 1988년에 전쟁이 끝났다. 하지만 이 전쟁을 계기로 소련과 사이가 틀어진 후세인은 미국으로부터 군사, 경제, 금융 등 온갖 분야에서 대규모 지원을 받게 된다.

76 이란 혁명을 계기로 미국은 중앙아시아의 소련 핵미사일 활동 감시를 위해 중국과 협력을 개시한다. 한편 카자흐스탄의 소련 핵미사일 기지에서 발사된 핵미사일은 미국 본토에 대략 30분 만에 도달할 수 있다. 미 공군은 이 핵미사일을 약 15분 안에 격추해야 하는데, 격추 기지는 알래스카의 그릴리 요새(Fort Greely)와 위치가 정확히 알려지지 않은 태평양 해상 기지(SBX-1) 등 2곳이다. 이 두 미사일 방어 시스템을 인터셉터(interceptor)라고 부른다. 2022년에는 넷플릭스가 「인터셉터」라는 영화를 제작하기도 한다.

77 피터 프랭코판, *앞의 책*, p. 770. 물론 금수조치는 제3국을 우회하여 들어오는 경우를 막을 수가 없어서 효과가 거의 없었다.

78 피터 프랭코판, *앞의 책*, p. 835

헤즈볼라 지원과 사우디 테러 가격 등 자신들의 혁명 사상을 중동에 전파하는 데 열을 올리기 시작하면서, 중동에서 미국의 새로운, 그러나 심각한 골칫거리로 전락했다.[79] 아약스 작전을 아직도 잊지 못한 이란 사람들은 2018년 5월, 핵협정을 일방적으로 파기하고 2019년 4월, 이란의 정규군으로 라흐바르 호메이니가 반혁명 세력을 숙청하기 위해 창설한 이란 혁명수비대를 테러 집단으로 규정하면서 2019년 5월에는 예외 없이 이란산 원유 수입을 금지한 트럼프 행정부를 과연 어떻게 생각했을까?

(3) 이집트의 나세르

아약스 작전 이듬해인 1954년, CIA는 중남미의 과테말라 야코보 아르벤쯔 (Jacobo Árbenz, 1913~1971) 대통령도 270만 불을 들여 축출했다. 아르벤쯔 대통령도 민주적으로 선출된 최고 통치자였다. 하지만 그는 친 소련파였다. 당연히 미국 패권의 이해에 반했다. 그의 운명은 이 순간 결정되었다. 이 과정에서 크리스토퍼 콜럼버스가 처음 발견한 온두라스령의 스완섬(Swan Islands)에 위치한 5만 와트 출력의 CIA 무선국 기지는 축출과정을 돕는 가짜 뉴스를 퍼뜨리는 핵심 역할을 하였다.[80]

79　라흐바르는 이란 국가원수의 칭호로 지도자라는 뜻이다. 초대 라흐바르는 호메이니(Ruhollah Khomeini, 1902~1989)였고, 2대는 알리 하메네이(Ali Hamenei, 1939~)로 3대 이란 대통령(재위 1981~1989)을 겸임하였다. 이란의 대통령은 라흐바르 아래 직위로, 헬기 사고로 사망한 2024년 5월까지는 에브라힘 라이시(Ebrahim Raisi, 1960~)가 8대 대통령으로 재직 중이었다. 한편 미국의 이란 제재는 달러 패권에 대한 이란의 반기에 대한 처벌이라는 성격과 함께, 이란의 제압이라는 사우디아라비아의 정치적 이해관계와도 일치한다. 왜냐하면 사우디아라비아와 이란 양국은 아랍의 패권을 둘러싸고 오래전부터 대립하고 격돌했기 때문이다. 이 점에서 이란은 중동에서 자신의 국경을 넘어 영향력을 행사하려고 시도하는 지정학적 플레이어이다. 키신저는 이란이 중동 국가 중에서 "국가 의식이 가장 일관되고 국익 중심의 국정 운영 기술 전통이 가장 정교한 국가"로서, 세계 질서의 특징을 놓고 서방 세계와 경합을 벌이는 국가로 정의한다. 헨리 키신저, 앞의 책, pp. 172~182. 한편 오일 쇼크 이전인 1970년 이란과 사우디아라비아는 매일 원유 생산량이 385만 배럴로 서로 비슷했다. 하지만 오일 쇼크 이후 감산을 주장하며 강성 노선을 채택한 이란은 미국의 對 이란 제재까지 겹치면서 생산량이 300만 배럴 이하로 감소한다. 즉 2020년 7월에는 193만 배럴로 역사적 저점을 기록했고, 그 후로는 다소 회복하였지만 2023년 5월에는 268만 배럴로 여전히 300만 배럴 아랫니다. 반면 사우디아라비아는 2024년 기준 매일 1,000만 배럴 이상을 생산한다.

80　대니얼 임머바르, 앞의 책, p. 511. 스완섬은 1980년대 니카라과 반정부 세력에 대한 미국의 불법적인 무기 지원 사업(이른바, 이란-콘트라 게이트)에서도 핵심적인 역할을 하게 된다.

1956년 7월에는 모사데그의 자원 민족주의에 자극받은 이집트의 나세르(Gamal Abdel Nasser, 1918~1970) 대통령이 수에즈 운하를 국유화했다.[81] 군인 출신인 나세르는 1952년, CIA와 공모하여 이집트 파루크 1세(Farouk I, 1920~1965) 국왕을 쿠데타로 쫓아낸 인물이었다. 당시 영국 총리 앤서니 이든(Anthony Eden, 1897~1977)은 나세르를 "아랍의 나폴레옹이 되기로 단단히 결심한 인물"로 묘사하였는데,[82] 실제로도 나세르는 나폴레옹처럼 정치적 벼랑 끝 전술의 달인이었다. 이든의 말대로 나세르는 수에즈 운하 국유화 발표 후 영국과 프랑스가 무력 침공하자, 근처의 선박과 바지선, 심지어 철도 교량까지 운하에 가라앉혀 49개로 추정되는 장애물로 수에즈 운하를 봉쇄할 만큼 대담한 인물이었다.

그런데 수에즈 운하가 없으면 아시아·인도에서 유럽으로 향하는 선박들이 희망봉을 돌아 우회해야 하면서 9,000㎞나 더 항해해야 한다. 대형 유조선의 경우 연료비만 수십만 달러가 더 추가된다. 소요 시간도 수에즈 운하 통과 시간 11~16시간보다 11일 더 소요된다. 요컨대 수에즈 운하는 1956년 셀윈 로이드(Selwyn Lloyd, 1904~1978) 외무장관의 말대로 영국 서아시아 석유 복합 자산의 핵심 시설이었다.

아르벤쪼 대통령. 그는 부유한 가정에서 태어나 육사를 졸업한 과테말라의 엘리트 군인이다. 그러다가 마르크스 이론에 정통한 그의 부인 마리아 빌라노바(Maria Vilanova, 1915~2009)를 만나면서 인생이 완전히 바뀐다. 그 결과 당시 과테말라의 독재자였던 유비코(Jorge Ubico, 1878~1946)에 항거하였고 1944년 10월, 학생 그룹과 함께 유비코 정권을 전복했다. (이른 바 10월 혁명) 이후 도입된 자유선거를 통해 수립된 최초 정부에 이어, 1950년 마침내 대통령에 당선되었다. 그는 취임식 이후 외국의 도움 없이 토지를 개혁하고, 사회적 인프라를 건설하였으며, 공장과 은행 시스템을 개선했다. 그 과정에서 미국의 다국적 기업으로 중남미의 철도, 교통, 수송을 장악한 United Fruit Company(UFC)와 갈등이 깊어졌다. 결국 UFC의 적극적 로비로 인해 미국은 과테말라에 대한 무기 판매를 중단했고, 할 수 없이 아르벤쪼는 체코를 통해 소련의 무기를 도입하게 된다. 이 결단으로 결국 CIA는 아르벤쪼 대통령을 쿠데타를 통해 축출하게 된다. 아르벤쪼는 프랑스, 체코, 소련, 몬테비데오, 쿠바 등을 전전하면서 살았고, 멕시코를 방문한 직후 사망한다. 그의 정확한 사인은 현재까지도 알려져 있지 않다. 1951~1954년경 사진. Public Domain

81 나세르 대통령의 대척점에 있던 이집트 사상가는 사이트 쿠틉(Sayyid Qutb, 1906~1966)이다. 그는 과격한 폭력성을 동반한 지하드를 활용하여 이슬람 혁명사상을 전파해야 한다는 원리주의자였다. 쿠틉의 사상은 이후 이슬람 과격주의의 가장 근본적인 이론적 바탕이 된다. 쿠틉은 나세르 대통령의 암살을 기도했다는 혐의로 1966년 처형되었다.

82 피터 프랭코판, 앞의 책, p. 701

영국 재무부 장관 해럴드 맥밀런(Harold Macmillan, 1894~1986) 말에 따르면 "수에즈 운하가 폐쇄되고 레반트로 가는 송유관이 끊기며 페르시아만 지역이 반기를 들어 석유 생산이 중단된다면, 영국과 서유럽은 「끝장」이다.!"[83] 이런 핵심 전략 시설을 국유화한다고?

뒤로 나자빠질 정도로 경악한 영국과 프랑스는 1956년 10월, 이스라엘 군대와 연합해서 이집트에 자국 군대를 파견했다. 즉, 이스라엘이 먼저 수에즈 운하를 공격하고, 평화 유지를 명분으로 영국과 프랑스가 자국 군대를 파견한다는 것이다. 하지만 이 군사 행동에는 미국과 사전 교감이 "전혀" 없었다. 1956년 10월 때마침 헝가리의 시민 혁명을 탱크로 무자비하게 진압했던 소련과 함께, 이집트에 군대를 보낸 영국, 프랑스, 이스라엘이 전 세계 언론의 헤드라인을 모두 장식하면서 민주주의와 공산주의의 체제 경쟁에 찬물을 끼얹었다고 판단한 미국의 아이젠하워 대통령은 영국과 프랑스에게 군대를 "당장" 철수하라고 압박했다. 특히 이 사태로 아랍인들 전체가 미국에게 화가 나면, 서아시아로부터의 석유 공급이 끊기는 위험을 감수해야 한다. 영국과 프랑스는 미국의 패권에 굴복해 결국 작전 개시 두 달도 안 된 11월에 군대를 철수했다.

결과적으로 2차 중동 전쟁이라고도 불리는 이 비싼 전쟁을 치르고서도 영국과 프랑스는 단 한 푼 제대로 건진 것이 없었다. 수에즈 위기 당시 영국 총리인 이든(Anthony Eden, 1897~1977)이 사망한 1977년 부고 기사를 실은 타임 紙는 그를 "영국이 강대국이라고 믿었던 마지막 총리이면서, 수에즈 위기로 영국이 강대국이 아니라는 사실을 깨달은 첫 총리"라고 평가했다.[84] 타임 紙의 평

앤서니 이든. 영국 45대 총리로, 외무장관 시절 챔벌린의 히틀러 유화 정책에 반발해 외무장관을 사임한 적도 있다. 1955년 처칠 다음의 수상이 되어 영국을 이끌었으나, 1956년 수에즈 운하 사퇴로 인해 강대국으로서 영국 최후의 수상이 된다. 영국 사진작가 월터 스톤맨(Walter Stoneman, 1876~1958)의 1941년 혹은 1942년 작품. 제국 전쟁 박물관 소장, Public Domain

---

83 피터 프랭코판, 앞의 책, p. 702

84 Eden was the last Prime Minister to believe Britain was a great power and the first to confront a crisis which proved she was not.

가처럼 1956년 수에즈 운하 사건은 영국과 프랑스는 이제는 장기판의 졸이나 체스의 폰(pawn)에 불과하며, 세계 패권국가는 미국이라는 사실을 중동을 포함한 전 세계에 공표한 기념비적인 사건이었다.[85] 이 사건이 영국인에게 얼마나 충격적이었는지 제임스 본드 시리즈 원작자로서 영국의 기자이자 작가인 플레밍(Ian Fleming, 1908~1964)이 수에즈 운하 사건을 "현대 역사를 통틀어 이에 비견될 만한 혼란 상태는 떠올릴 수가 없다."라고 회상할 정도였다.[86]

85 ██████ 이 시기 미국의 패권 행사가 반드시 성공한 사례만 있었던 것은 아니었다. 대표적인 사례가 쿠바의 피그스만 침공 사건이다. 이 사건은 혁명으로 1959년 1월, 정권을 잡은 쿠바 실권자인 카스트로와 체 게바라 정부가 1960년 8월에 쿠바 내 미국 자산을 동결하고 1961년 1월에 미국과 단교한 것이 발단이었다. 1898년 미서 전쟁을 통해 쿠바를 사실상 해외 식민지로 만들어 사탕수수, 담배, 은행, 광산 등의 분야에 엄청난 자산을 투자한 미국은 카스트로의 이 조치에 뒤로 나자빠질 뻔했다. 원래 미서 전쟁 당시 미국 의회는 스페인과 전쟁은 할 수 있지만, 쿠바는 합병할 수 없다는 단서를 달았다. 이 때문에 쿠바는 필리핀처럼 미국의 해외 식민지가 될 수 없었다. 다만 쿠바 헌법에는 미국의 쿠바 침공 권한을 부여한다는 조항이 30년 넘게 담겨 있었다. 그리고 1903년, 쿠바 동쪽 끝의 관타나모만은 해군 기지를 건설할 수 있도록 미국이 쿠바 공화국으로부터 영구 조차하여 현재까지도 미국의 사실상 해외 영토가 된다. 한편 카스트로의 국유화 조치를 계기로 카스트로 정부를 붕괴시키기 위해 1960년경에 아이젠하워 정부, 정확히 말하면 CIA는 反 카스트로 인사를 쿠바에 침투하여 카스트로 정권을 무너뜨린다는 안을 처음 기획했다. 놀랍게도 1961년 케네디는 대통령에 새로이 당선된 이후 이 작전을 폐기하지 않고 실행하라고 명하였다. 즉, 케네디 대통령은 1961년 4월 쿠바 남부의 피그스만에 쿠바 망명자들로 구성된 민병대 1,400여 명이 쿠바를 침공하도록 승인했다. 피델 카스트로 정권을 붕괴시키고 쿠바에 민주주의를 도입하기 위한 목적에서 기획된 이 작전을 주도한 이는 미국 CIA였다. CIA는 이 작전에 필요한 모든 비용을 부담했다. 미국은 이 작전으로 인해 쿠바 내 反 카스트로 세력이 결집하면서 카스트로 정권이 붕괴할 것이라고 예상했다. 하지만 카스트로가 10만여 명에 이르는 反 카스트로 인사들을 신속하게 구금하고, 상륙 지역에 10배가 넘는 병력을 대기시켜 민병대를 궤멸시키면서 작전은 완전히 실패로 끝났다. 이 실패로 최초의 민간인 CIA 국장으로 8년 재직(1953~1961)이라는 최장수 기록을 보유하면서 CIA의 아버지라고 불리었던 앨런 덜레스(Allen Dulles, 1893~1969)는 사임한다. (CIA 국장은 정해진 임기가 없다.) 뒷날 케네디 대통령은 이 작전을 승인한 자신을 향해 내가 그토록 어리석었단 말인가라는 말로 엄청나게 후회했다고 한다. 이 피그스만 침공 사건으로 쿠바는 소련과 급속도로 가까워졌고, 후일 쿠바 미사일 위기라는 대형 사건으로 진화하게 된다.

86 대니얼 임머바르, 앞의 책, p. 499. ████ 플레밍이 제임스 본드 시리즈의 모델로 삼았던 이는 스웨덴 갑부 악셀 벤네르-그렌(Axel Wenner-Gren, 1881~1961)이었다. 그는 가정용 진공청소기를 보급하면서 엄청난 돈을 벌었고, 그 돈으로 카리브해의 섬들을 매입하여 항구를 건설하기도 한 기인 중의 기인이었다. 2차 대전 중에는 그의 카리브해 항만이 나찌의 U보트 기항지라는 소문이 돌기도 했다. 이 때문에 벤네르-그렌은 미국 FBI의 감시 1순위였다. 한편 벤네르-그렌의 연인이었던 덴마크 여인 잉가 아르바드(Inga Arvad, 1913~1973)는 히틀러조차도 "북유럽 미녀의 가장 완벽한 예"라고 극찬한 미녀였는데, 존 F. 케네디 소위와 사랑에 빠지기도 했다. FBI는 벤네르-그렌을 감시하면서 이 사실을 알게 되었고, 후일 존 F. 케네디가 대통령이 되자 에드거 후버 FBI 국장이 녹음테이프 등으로 케네디 대통령을 협박하여 재임에 성공하기도 했다. 대니얼 임머바르, 앞의 책, pp. 496~498 이런 식으로 후버 FBI 국장은 48년 동안 그 자리에 재임하게 된다.

(4) 이탈리아의 마테이와 독일, 일본의 부상

한편 이즈음 이탈리아의 국영 석유회사인 ENI의 초대 회장인 엔리코 마테이(Enrico Mattei, 1906~1962)는 당시 원유가격을 담합하던 미국 주도의 "일곱 자매(Seven Sisters)"에 반기를 들고, 소련의 원유를 공시 가격 이하로 도입했다.[87] ENI는 스탈린의 석유 산업 대규모 투자에 따라 생산된 소련산 원유를 가장 많이 구매하는 해외 기업이기도 했다.[88] 나아가 그는 미국 정유회사들의 격렬한 반대를 무릅쓰고, 당시 불문율이던 산유국과 미국 정유회사의 이익 반분 원칙(50:50)을 이란과의 단독 협상을 거쳐 75:25로 바꾸었다. 이처럼 미국의 패권에 반기를 들면서 "바티칸의 교황이나 로마의 수상보다 유명해진" 그는 1962년 10월, 비행기 사고로 갑자기 사망했다.[89] 사고 원인은 아직도 밝혀지지 않았다. 이후 미국은 인도네시아, 쿠바, 베트남 문제에 적극 개입하면서 전 세계 질서를 규정하는 새로운 패권국가로 부상하였다. 이 세계 패권의 바탕에는 달러 패권이 자리매김하고 있었다.

하지만 1960년대 독일과 일본이 미국의 기술·산업·무역 패권을 위협했다. 미국이 이들 국가에 대해 대규모 무역수지 적자를 기록하자, 미국은 비상 상황에 직면했다. 영국도 마찬가지였

엔리코 마테이. 이탈리아 에너지 대기업인 ENI의 초대 사장으로, 당시 만연했던 7자매의 글로벌 과점 시장 구조를 타파하기 위해 무진장 노력했다. 이 때문에 그는 로마 교황보다 더 유명해졌는데, 한창 유명세를 타던 시점에 원인을 알 수 없는 비행기 사고로 사망한다. Public Domain

---

87 일곱 자매라는 용어도 마테이가 처음으로 사용한 것이다. 일곱 자매는 걸프 오일(Gulf Oil), 로열 더치 쉘(Royal Dutch Shell), 스탠다드 오일 뉴 저지(Standard Oil New Jersey), 스탠다드 오일 뉴욕(Standard Oil New York), 스탠다드 오일 캘리포니아(Standard Oil California), 텍사코(Texaco), BP를 지칭한다. 1950~60년대는 원유 시장 가격이 오늘날과 같은 금융시장에서 결정된 것이 아니라 위 7개의 회사가 공시한 가격이었다. 산유국들이 이 공시 가격 제도에 반기를 들면서 만든 기구가 바로 1960년에 탄생한 오펙(OPEC)이다. 한편 일곱 자매의 가격 담합은 미국의 반독점법에 명백히 위배되는 것이었지만, NSC의 요청에 따라 법무부는 "서아시아에서 사업을 하고 있는 서방 석유 회사들에 미국의 독점금지법을 적용하는 것은 국가 안보상의 이익에 부차적인 것으로 간주한다." (피터 프랭코판, *앞의 책*, p. 697) 라면서 이들의 담합에 공식 면제부를 주었다.

88 대니엘 예긴, *앞의 책*, p. 374

89 대니엘 예긴, *앞의 책*, p. 392

다. 인도는 일찌감치 나가떨어졌고, 이란의 원유 시설도 더 이상 자국 소유가 아닌 상태에서 수에즈 운하 국유화 저지 실패와 독일과 일본의 부흥으로 영국의 국제 수지가 급속하게 악화된 것이다. 마침내 해롤드 윌슨(Harold Wilson, 1916~1995) 영국 총리는 1968년 1월부터 영국이 수에즈 운하 동쪽의 모든 방위 책무를 포기할 것이라고 발표한 후, 중동에 파견된 영국군의 철군을 결정했다.

당시 페르시아만에 거주하던 영국군은 고작 6천 명으로 유지비용도 연간 1,200만 파운드에 불과했지만, 급속히 악화되는 무역수지 적자 때문에 해외군대를 유지하는 것이 말 그대로 불가능에 가까웠기 때문이었다.[90] 바그다드 조약(Baghdad Pact)을 통해 1955년부터 튀르키예, 이라크, 파키스탄과 함께 군사 동맹까지 맺고 영국의 중동에 대한 전략적 이해 유지에 몰두하던 영국은 급증하는 해외 군사 동맹 유지비용을 더 이상 감당할 수가 없었다. 다급한 나머지 영국은 미국에게 금 태환까지 요구하려고 하였다. 야속하게도 닉슨은 아예 금 태환 자체를 중단했다. 1971년, 영국은 중동에서 완전히 철수했다. 중동에서 대영 제국의 마지막 패권 잔재는 해적 해안(Pirates Coast)이라고 불리던 곳에 위치했던 부족 국가들을 연합해서 독립시켜 준 게 전부였다.[91] 1972년 보수

해롤드 윌슨. 1964년 총선 승리로 노동당 당수에서 총리가 된 그는 이후 파운드화 평가 절하라는 국가 위기 상황에 직면하게 된다. 하지만 수입 가격 통제, 임금 인상 억제 등의 각종 조치에도 불구하고 무역수지는 적자이고 물가는 치솟는 최악의 경제 상황에 직면하자, 1968년 중동에 파견된 영국군의 철수를 결정한다. 작자 미상. 1962년 작. Public Domain

---

90   대니얼 예긴, 『황금의 샘 Ⅲ』, 고려원, 1993, p. 16

91   ■■■ 이 국가가 바로 오늘날의 UAE이다. UAE는 7개의 세습군주(에미르)가 다스리는 토후국 연합국이다. 18~19세기 해적 활동으로 연명하다가 이를 소탕하려는 영국과 휴전하면서, 8개의 토후국이 1820년 영국 보호령인 휴전 오만국(Trucial Oman)으로 통합된다. 그러다가 1971년 영국이 중동에서 철수하면서 독립국(UAE)이 되었다. UAE에서는 자신들의 군주를 에미라고 하지 않고 부족장이라는 뜻의 셰이크(sheikh)라고 부른다. 7개 토후국은 아부다비(Abu Dhabi), 두바이(Dubai), 샤르자(Sharjah), 아지만(Ajman), 푸자이라(Fujairah), 움알콰이와인(Umm al Qaywayn), 라스알카이마(Ras al-Khaimah) 등이다. 휴전 오만의 8번째 토후국인 칼바(Kalbâ)는 1951년 샤르자 토후국에 통합된다. 국토 면적의 80%가 아부다비이고, 10%가 두바이, 나머지 10%가 5개 토후국이 차지한다. 7개의 토후국이 대통령과 부통령을 상호 선출하는데 보통 아부다비의 군주가 UAE의 대통령이 되고, 두바이 군주가 부통령 겸 수상이다. 모든 에미리트는 수도가 곧 국가명이다. 예컨대 두바이는 국가명이기도 하고, 수도 이름이기도 하다. UAE의 수도는 아부다비이나 가장 큰 도시는 두바이이다. 두바이는 원래 진주를 팔아 국부를 키우던 어촌 마을이었으나, 유전 발견 이후 근대화에 앞장선 막툼(Maktoum) 가문의 노력으로 서양식 현대화에 성공한다. 라시드 항, 제벨알리 항, 두바이 워터프런트(초승달 모양의 섬), 팜 주메이라(야자수 모양의 섬), 더 월드(세계 지도 모양의 섬), 버즈 칼리파 등이 대표적인 서양식 건축물이다. 버즈 칼리파는 828미터에 이르는 세계 최고층 빌딩인데,

당이 재집권하기 위해 막대한 재정지출을 단행한 영국은 1976년 파운드화가 폭락하는 위기까지 겪고는 IMF로부터 자금을 빌려야 하는 국가 파산 직전의 처지로까지 전락했다. 이후 영국은 과연 이 나라가 100년 전에는 세계를 호령하던 패권국가가 맞는지조차도 의심스러울 정도로, 아니 장기판의 졸이라고 부르기조차도 부끄러운 국가로 전락했다.

하지만 미국은 달랐다. 미국은 신생 패권국가였다. 미국은 우선 자국 내 보관된 황금의 해외 유출을 방어하기 위해 달러의 금 태환을 "일시적으로" 정지했다. 황금이 달러보다 더 중요했기 때문이다! 황금이 그렇게 중요한 것이었나? 물론이다. 황금은 1941년 진주만 공습과 동시에 일본이 35대의 미국 B-17기 중 18대와 90대의 비행기를 단번에 파괴하면서 필리핀을 침공했을 때 맥아더 장군의 지시로 필리핀에 보관된 5.5톤의 황금을 잠수함을 동원해 미국 샌프란시스코로 이송했듯이,[92] 2차 대전 종전 직전 나치가 유럽 전역에서 약탈한 황금을 모두 "어디론가" 빼돌렸듯이,[93] 2차 대전 종전 후 연합국이 나치가 황금을 약탈한 10개 국가들에게 100톤의 황금을 돌려주었듯이,[94] 1949년 중국의 장개석이 마

원래 명칭은 버즈 두바이(버즈는 아랍어로 탑이라는 뜻)였다. 하지만 2008년 금융위기로 자금조달이 어려워지자, 아부다비의 세이크인 칼리파 빈 자이드 알 나흐얀(Khalifa bin Zayed bin Al Nahyan, 1948~2022)이 자금지원을 하였고, 이 때문에 탑 이름도 버즈 칼리파로 바뀌었다. 두바이는 이후 디지털 경제 선도국으로 올라서기 위해 부단히 노력 중이다. 2017년에는 다른 도시보다 10년을 앞서겠다는 '10X 이니셔티브'를 발표하여, 실험적이고 특별하고 미래지향적이며, 급격한 사고를 수용한다는 전략을 채택하기도 하였다. 두바이는 나아가 2020년까지 모든 정부 문서에 블록체인 기술을 도입하고 2030년까지 25%의 차량을 무인자동화 하겠다는 계획도 세웠다. 한편 UAE는 중동에서 사우디아라비아와 함께 미국과 군사 동맹(1994년)을 맺은 몇 안 되는 친미 국가이기도 하다.

92 대니얼 임머바르, 앞의 책, p. 277. ████ 당시 필리핀에 보관된 150톤의 은화는 너무 무거웠고, 일본의 침공 속도가 너무 빨라서 미국으로 빼가지 못했다. 맥아더 장군은 마닐라 만의 바다 어딘가에 수장시키라고 명했다. 2023년 기준 은의 가치가 1kg당 대략 700불이므로, 현재가치로 대략 1억 불 수준이다.

93 ████ 나치가 2차 대전 중 유럽 전역에서 약탈한 황금은 현재 스위스 비밀 계좌에 숨겨져 있다고 한다. 실제로 1996년 10월, 홀로코스트 생존자들은 100개의 스위스 은행들을 피고로 하여 200억 불에 이르는 집단 소송을 미국의 브루클린 연방법원에 제기한 적이 있다. 이들은 소장에서 스위스 은행들이 나치가 유대인으로부터 약탈한 황금을 예치하였고 이 중 일부를 나치 간부들에게 이체하였다고 주장했다. 1997년에는 이 자금 중 일부가 나치 간부들이 남아메리카로 도피하는 데 사용되었으며, 이 과정에서 로마 교황청이 나치의 도피를 돕고 그 대가로 이 황금 중 일부를 받았다는 주장도 제기되었다. 실제로 나치 간부 중 일부는 도피 과정에서 바티칸 여권을 사용했다. 교황청이 나치의 황금 약탈에 동조한 이유는 교황청과 나치 모두 유대인과 공산주의에 대한 공통된 적개심이 있었기 때문이라고 한다. Gerald Posner, 『God's Bankers: A History of Money and Power at the Vatican』, Simon & Schuster Paperbacks, 2015, pp. 384~385

94 Gerald Posner, Ibid, p. 386

오쩌둥을 피해 대만으로 도피할 때도 중국 내 황금을 몽땅 가져갔듯이, 2024년 기준 황금 보유국 Top 5 국가 중 독일, 이탈리아, 프랑스 3개국 모두 외환보유고의 대략 ⅔를 황금으로 보유하고 있듯이, 엄청나게 중요한 전략적 상품이다.

어쨌든 1971년 8월 15일, 일요일부터 달러는 금 태환이 정지되면서 하찮은 종잇조각으로 바뀌었다. 이에 따라 1971년 금 태환이 정지된 이후, 미국은 달러의 위상 하락이라는 절체절명의 위기에 직면했다. 금 태환 정지로 전 세계에서 달러를 사용하지 않으면, 미국의 글로벌 패권은 심각한 위협에 직면할 것이다. 왜냐하면 달러가 미국의 금융 패권, 세계 패권의 기본 전제이기 때문이다. 즉, 미국의 달러 위상이 위협받으면 금융 패권의 지위도 불안하게 되고 세계 패권도 가능하지 않게 된다.

(5) 미국의 헨리 키신저와 사우디아라비아의 파이잘 사우드 국왕

우리한테 불행인지 다행인지는 모르겠지만, 이때에도 미국에는 해리 화이트와 같은 걸출한 인물이 있었다. 바로 2023년, 100세까지 생존했던 헨리 키신저 (Henry Kissinger, 1923~2023)였다. 헨리 키신저는 이 시기 미국 대외 정책의 기조를 결정하는 직위인 국가안보 담당 특별보좌관 자리에 있었다. 이 자리는 쉽게 말하면 촉나라의 제갈공명이나 위나라의 사마의가 임무를 수행했던 직위로, 주군이나 대통령을 가장 가까운 거리에서 보좌하는 자리이다.[95]

---

95 헨리 키신저 이후 미국의 국가안보 특별보좌관(National Security Advisor) 중 주요 인물은 다음과 같다. 즈비그뉴 브레진스키(Zbigniew Brzezinski, 1928~2017, 카터 행정부), 로버트 맥팔레인(Robert McFarlane, 1937~, 레이건 행정부), 브렌트 스코우크로프트(Brent Scowcroft, 1925~2020, 조지 H 행정부), 콘돌리자 라이스(Condoleezza Rice, 1954~, 클린턴 행정부), 토마스 도닐런(Thomas E. Donilon, 1955~, 오바마 행정부), 존 볼튼(John Bolton, 1948~, 트럼프 행정부). 현재 바이든 행정부의 국가안보 특별보좌관은 제이크 설리반(Jake Sullivan, 1976~)이다. 제이크 설리반은 46세에 국가안보 보좌관이 된 헨리 키신저보다 2살 더 젊은 나이에 기용되었다. 40대의 천재 보좌관으로 중국을 달래면서도 압박하는 양온 전략을 막후에서 구상하고 실행하는 핵심 실력자이다. 중국은 제이크 설리반의 對中 정책을 신 트럼프주의라고 부르고, 미국 언론은 그의 對中 정책을 바이든의 날카로운 팔꿈치(Sharp-Elbows) 정책이라고 부른다. 설리반의 4대 對中 정책은 ① 인종, 경제 등 미국 내 불평등 우선 해소, ② 중국 대항의 국제적 동맹 구축, ③ AI, 반도체 등 중국의 첨단 산업 견제, ④ 중국에 대한 일관된 행동 등 4가지이다. 미국의 외교전문지 포린팔러시(Foreign Policy)는 설리반을 "한 세대에 나올만한 최고의 천재 책사"라고 평가했

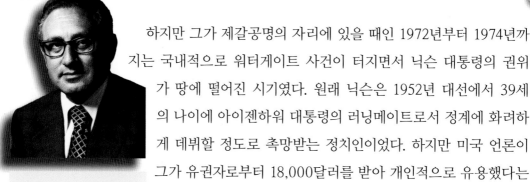

헨리 키신저의 1973년 공식 사진. 이 당시 그는 무소불위의 권력을 휘두른 사실상의 미국 최고 권력자였다. 20세기를 자신의 손아귀에 쥐고 흔들던 그는 100세가 되던 2023년에 사망하였다. Public Domain

하지만 그가 제갈공명의 자리에 있을 때인 1972년부터 1974년까지는 국내적으로 워터게이트 사건이 터지면서 닉슨 대통령의 권위가 땅에 떨어진 시기였다. 원래 닉슨은 1952년 대선에서 39세의 나이에 아이젠하워 대통령의 러닝메이트로서 정계에 화려하게 데뷔할 정도로 촉망받는 정치인이었다. 하지만 미국 언론이 그가 유권자로부터 18,000달러를 받아 개인적으로 유용했다는 의혹을 제기하고 더 나아가 후보 사퇴까지 요구하면서, 언론과의 숙명적인 악연이 시작되었다. 닉슨은 개인적 용도로 유용한 돈은 단 한 푼도 없으며, 선물을 개인적 용도로 쓴 건 그의 애완견 "체커스(Checkers)" 밖에 없다는 그 유명한 "체커스 연설"로 겨우 위기를 모면했다. 하지만 1960년 대선에서 토론 자체보다는 잘 생기고 세련된 이미지로 사상 처음 도입된 TV 토론에 나선

케네디 대통령에게 근소한 차이로 패배하면서 언론과의 악연이 끊이지 않았다.

그럼에도 불구하고 닉슨은 1972년 재선에서는 매사추세츠를 제외한 49개 주에서 승리함으로써, 역사상 최대 표차로 승리한 미국 대통령이 되었다. 이 정도면 정국을 주도할 자신감을 가져도 되었지만, 닉슨은 오히려 선거 압승을 자신의 정적 제거와 적대적인 언론 정책에 활용하는 이해할 수 없는 어리석음을 범했다. 이 정책 중에는 워싱턴 DC에 소재한 워터게이트 호텔에 있는 민주당 전국위원회(Democratic National Committee Headquarters) 사무실에 침입하여 도청기를 설치한다는 계획도 포함되어 있었다.

1972년 6월에 발생한 호텔에 대한 침입 사건이 단순한 절도 사건이 아니라고 직감한 워싱턴 포스트 기자인 칼 번스타인(Carl Bernstein, 1944~)과 밥 우드워드(Bob

___

고, 바이든 대통령도 그를 "한 세대를 대표하는 지성(once-in-a-generation intellect)"이라고 극찬했다. 그는 바이든이 상원 외교위원장이던 2002~2008에 그와 같이 일하였고, 힐러리 클린턴 국무장관의 외교 연설문을 책임진 그녀의 오른팔이었다. 예일대를 졸업한 후 옥스퍼드 대학에서 수학했고, 2000년 세계 대학생 토론에서 준우승할 만큼 토론 실력이 뛰어나다. 졸업 후 초봉 100만 달러의 로펌 근무 제의를 거절하고 공직에 뛰어들 만큼 미국에 대한 충성심과 미국 자유민주주의에 대한 자부심이 대단한 인물로 알려져 있다.

Woodward, 1943~)는 끈질긴 탐사보도를 이어갔다. 그 결과 호텔 침입자 중 한 사람이 옛 CIA 직원이었고 닉슨 대통령 재선위원회에서 근무했다는 사실 등이 보도를 통해 일반인들에게도 알려졌다. 미국 전체가 워터게이트 사건으로 최악의 난장판으로 치달았고, 닉슨 대통령은 언론의 폭로와 연방 의회의 압박에 은폐 시도로 대응하다가 1974년 3월에는 그의 측근 7명이 조사 방해를 이유로 기소까지 되는 최악의 사태를 맞이했다. 1974년 8월 8일, 상원의 탄핵 결정

백악관을 떠나는 닉슨 대통령. 미국 사진작가 올리버 앳킨스(Oliver F. Atkins, 1917~1977)의 1974년 8월 9일 사진. Public Domain

직전 그는 그가 가장 싫어하는 TV 중계를 통해 다음 날 대통령직을 스스로 사임한다고 밝혔다.

　다시 말하면 키신저 관점에서는 1972년 6월부터 1974년 내도록 키신저가 보좌해야 할 대통령이 실제로 없는 것이나 마찬가지였다. 더 나아가 키신저는 1973년부터 1975년까지 국가안보 담당 특별보좌관이면서 국무장관까지 겸직하는 등 무소불위의 권력을 소유하고 있었다. 다시 말해 1972~1975년, 아니 더 나아가 카터 대통령이 등장하는 1977년 전까지 미국의 실질적인 대내외 권력은 사실상 키신저가 자신의 손안에 장악하고 있었다. 이 무시무시한 권력자 헨리 키신저는 달러 패권을 수호하기 위해 1973년부터 사우디아라비아 왕국에 미국의 첨단무기를 제공하는 대신, 원유를 반드시 달러로 결제하도록 설득했다.[*Fun Fun 상식*] 나아가 원유 판매로 축적된 달러의 일정 부분은 미국 국채를 사도록 요청했다.

황금, 설탕, 이자(金糖利: **Gold**, Sukkar, Máš)

바빌로니아의 **수수께끼** (上)編 - 이원희 著

Fun Fun 상식: 사우드 왕가의 우여곡절 독립

사우디아라비아는 아라비아 반도 중앙의 네지드 지역을 사우드(Saud) 가문의 토호가 통일하면서 붙여진 국명이다. 사우디아라비아의 시조는 무함마드 이븐 사우드(Muhammad ibn Saud, 1687~1765)이고, 1740년에 아라비아 반도의 정중앙에 위치한 다리야(Dariyya)라는 조그만 마을에 토후국을 건설한 것이 시초다. 1744년에는 종교학자인 와하브(Muhammad ibn Abd al-Wahhab, 1703~1792)가 사우드 가문에 충성 맹세(바야, bayah)를 하면서, 정치를 담당한 사우드 가문과 종교 이론을 제공한 와하브 가문과의 전략적 유대관계가 형성되었다.

와하비즘은 극단적 수니파로 사우디 건국의 이념적 기초를 제공했고, 빈라덴과 탈레반 정권이 이 이념을 맹목적으로 신봉할 만큼 오늘날까지도 사우디의 지배적인 종교 이념으로 유지된다. 한편 사우드가 메카와 메디나까지 영토를 확장하자 오스만 튀르크가 1811년 이를 제압했고, 이렇게 1차 사우드 독립왕국은 실패로 돌아갔다. 그러다가 오스만 튀르크가 약해지면서 사우드 왕가는 다시 독립을 추진하여 네지드 토후국(1818~1891, 2차 사우디 왕국)을 건국한다.

사우디아라비아 왕국의 건국 시조 이븐 사우드. 그는 단 20명의 별동대를 거느리고 리야드의 라시드 총독을 살해한 용사였다. Public Domain

하지만, 사우드 가문의 경쟁 가문인 라시드(Rashid) 가문이 아라비아 반도 중앙을 지배(하일 토후국)하면서 사우드 가문은 쿠웨이트로 축출되었다. 이에 1902년, 쿠웨이트로 쫓겨나 있던 사우드 가문의 후예 알둘아지즈 알 사우드(Abdulaziz bin Abdul Rhaman Al Saud, 이하 이븐 사우드, 1875~1953)는 단 20명의 전사를 이끌고 리야드에 있던 라시드의 총독을 살해함으로써, 리야드를 거점으로 다시 독립한다.

이븐 사우드는 라시드 가문의 배후에 있던 오스만 튀르크를 피해 영국과

117

외교 관계를 맺었고, 영국은 그에게 돈과 무기를 제공했다. 이븐 사우드는 이를 바탕으로 10만여 명에 이르는 최정예 특수부대 이크완^(Ikhwan)을 구성하여, 라시드 가문을 비롯한 주변 토호국을 제압하기 시작했다. 1927년에는 메카와 메디나를 포함한 헤자즈 지역을 다스리던 하심^(Hashim) 왕조까지 제압했다. 헤자즈 지역은 아라비아 반도 서쪽 지역으로, 예부터 교역이 활발한 경제 중심지이고 이슬람의 성지인 메카와 메디나가 포함된 아라비아 반도의 핵심 지역이다. 이 지역을 제압하면서 사우드 가문은 이제 사실상 아라비아 반도의 실질적인 지배자가 되었다.

결국 1927년 이 해에 이븐 사우드는 영국과 협정을 체결하여 북부와 서부 일부를 요르단에게 양보하는 대신, 네지드와 헤자즈의 왕으로 인정받았다. 1932년에는 국가 명에 자신의 성을 넣어 사우디아라비아라 짓고, 초대 왕이 되었다. 아마 근대 국가로서 국가 이름에 자신의 성이 포함된 나라는 사우디아라비아가 거의 유일할 것이다.

이븐 사우드는 키가 2m가 넘는 장신으로 부인이 20명이 넘었다. 원래 이슬람 율법에는 4명까지만 부인으로 둘 수 있는데, 왕은 그 규정을 적용받지 않나 보다. 하여튼 사우드의 부인이 20여 명이 되면서 1세대 왕족이 100명이 넘었고, 2024년 기준으로는 왕족이 15,000~20,000명에 이른다는 설이 있다. 이들 왕족이 현재 사우디아라비아의 정치, 경제, 문화, 사회 전반을 지도하는 왕족 카르텔의 국가가 바로 사우디아라비아라는 왕국이다. 한편 헤자즈 지역을 통치하던 하심 왕족은 이라크와 요르단으로 도주하였는데, 이 때문에 오늘날까지도 이라크·요르단 및 사우디아라비아는 서로 앙숙 관계이다.

이때는 금 태환 정지로 인해 달러 가치가 지속적으로 하락하고 있던 혼란스러운 시기였다. 달러 가치 하락이 얼마나 심각했는지, 쿠웨이트 석유상은 "자신들의 양식인 석유를 생산해도 내년이면 가치가 더 떨어지게 될 화폐와 바꿀 이유가 무엇이냐?"라고 한탄하면서 생산량을 감축할 정도였다.[96] 이처럼 1971년 전후는 금 태환 정지 이후 중동 지역의 산유국들이 너도나도 원유 수출대금을 달러로 결제해야 할지에 대해 심각한 의문을 품고 있던 상황이었다.

그런데 오직 수출할 것이라고는 원유밖에 없는 중동 국가들에게 황금으로 교환도 되지 않고, 더구나 가치가 지속적으로 떨어지는 통화인 달러로 원유 수출대금을 결제하라고? 달러 패권 유지라는 엄청난 음모가 숨어 있었지만, 미국의 첨단무기 구매와 미국 정부의 군사적 보호 조치에 현혹된 사우디아라비아 왕가는 키신저의 제안을 대담하게 수락했다. 우연히도 1971년 영국이 중동에서 철수하고 나자, 이즈음 중동에는 패권 공백이 발생한 상황이었다. 사우디아라비아는 미국의 제안을 수용하면서, 미국이 공급을 약속한 첨단무기를 통해 중동 패권을 노리던 이란을 견제하고 중동 지역의 패권국가 지위를 미국으로부터 암묵적으로 승인받았다. 그 결과 사우디아라비아는 오일 달러를 활용하여 미국 무기의 최대 구매국가로 부상했다.[97]

특히 1973년 사우디아라비아의 파이잘 사우드 (Faisal bin Abdulaziz Al Saud, 1906~1975) 국왕은 "석유 황제"라 불리는 석유장관 세이크 야마니 (Sheikh Ahmed Zaki Yamani, 1930~)와 함께 당시 미국 기업이 100% 소유한 아람코 (Aramco) 석유 회사의 지분 25%를 인수했다.[98] 미국과 사우디아라비아 간 달러 협상이 한창 진행 중이던 1974년에는

---

96 대니얼 예긴, 앞의 책(황금의 샘 III), p. 68

97 예컨대 2008~2018년 동안 사우디아라비아는 전체 무기 수입의 59.6%인 137.2억 불을 미국으로부터 수입했다. USA Today, 2019, Mar. 10. 2022년 기준으로도 사우디아라비아는 미국 전체 무기 수출의 47.5%를 차지하여 2위 일본(21.5%)의 두 배를 넘는다. 『SIPRI Fact Sheet』, Mar 2023

98 아람코는 스탠다드 오일 캘리포니아(Standard of Oil California, 일명 쏘칼, Socal)가 1933년 5월, 사우디아라비아에 설립한 원유 회사가 그 기원이다. 이 당시 회사명은-캘리포니아 아라비안 스탠다드 오일(California-Arabian Standard Oil)이다. 1933년 이전 이란, 이라크, 바레인 등에서 석유가 발견되자 사우드 왕가도 석유 시추를 시도한 것인데, 전통적인 우방국인 영국이 지나치게 식민주의식으로 접근하자 영국 대신 미국에게 탐사 업무를 맡

사우디아라비아의 지분율이 60%로 늘었다. 마침내 1976년에 지분율을 100%까지 늘림으로써, 사우디아라비아 왕국은 평생의 숙원이던 자신들만의 국영 석유회사 "사우디 아람코" 설립을 완료했다. 이 정도면 원유를 달러로 결제하는 대가로 충분한 것 아닌가?

하여튼 세계 최대의 산유국인 사우디아라비아가 달러로 원유를 결제하면서, 달러는 이제 페트로 달러(petro-dollar)가 되었다.[99] 키신저가 알았는지 몰랐는지는 확실치 않지만, 원유는 세계 1위 교역 품목이기도 했다. 특히 사우디아라비아는 전 세계에서 차지하는 원유 수출 비중이 1960년 13%에서 1973년에는 21%로 급증하면서,[100] 최대 원유 수출 국가이기도 했다. 따라서 사우디아라비아 원유가 달러로 결제되면, 다른 모든 상품의 국제무역도 달러로 결제될 가능성이 매우 높았다. 그리고 실제로 그렇게 되었다. 닉슨의 금 태환 정지 이후 달러는 황금으로 교환되지도 않는, 아니 정확히 말해 "나중에 언젠가는 황금으로 교환해 준다고 미국 대통령이 TV 방송을 통해 말로만 선언한," 쓸모없는 1그램짜리 종이 쪼가리로 전락했지만, 키신저로 인해 달러로 여전히 전 세계 어디서나 "옷과 빵과 집"을 살 수 있었던 것이다!

정녕 헨리 키신저는 수렁에 빠지기 직전 달러의 가치 하락을 예측하고 이를 방어할 묘안을 강구한 영화 「매트릭스」의 예언자 "오라클(Oracle)"이면서, 동시에 달러 구원책을 몸소 직접 실천한 진정한 미국의 구원자(The One), "니오(Neo)"였

겼다. 이 당시 이란도 영국의 독점을 깨고자 스탠다드 오일에게 50년간의 석유 채굴권을 부여했다. 하여튼 3년 동안 탐사에 실패하자, 1936년에 텍사스 오일 컴퍼니(Texas Oil Company, 일명 텍사코, Texaco)에게 지분 50%를 매각했다. 하지만 그 후 불과 2년만인 1938년에 드디어 꿈에 그리던 석유가 나왔다. 1944년에는 회사명을 아라비안 아메리칸 오일 회사(Arabian American Oil Company, 일명 Aramco)로 바꾸었다. 1948년에는 스탠다드 오일 뉴저지(Standard of Oil New Jersey, 후일 Exxon)와 소코니 베큠(Socony Vacuum, 후일 Mobil)이 지분 각 30%와 10%를 매입한다. 그 결과 쏘칼(Socal), 텍사코(Texaco), 스탠다드 오일 뉴 저지가 각 지분 30%를, 소코니(Socony)가 10%를 소유하는 구조가 된다.

99 ▆▆▆ 사우디아라비아와 미국의 관계는 매우 각별하다. 2차 대전 직후 윈스턴 처칠이 임명한 워싱턴 주재 영국인 에드워드 우드(Edward Wood, 1881~1959) 대사와 미국의 프랭클린 루스벨트 대통령은 다음과 같이 합의한 적이 있는데, 이는 사우디아라비아의 석유가 미국에게 얼마나 중요한지 보여 주는 대목이다. "이란의 석유는 영국의 몫이고, 이라크와 쿠웨이트에서는 우리 양국이 모두 몫을 가지며, 바레인과 사우디아라비아 석유는 미국의 몫입니다." 피터 프랭코판, *앞의 책*, p. 678

100 대니얼 예긴, 『*황금의 샘 III*』, 고려원, 1993, p. 67

다.[101] 미국은 이제 괴테(Johann Wolfgang von Goethe, 1794~1832)의 대작 『파우스트』에 나오는 연금술사 파우스트 박사와 악마 메피스토펠레스(Mephistopheles)가 태양이 빛나는 날 아침에 황실 정원에서 독일 황제에게 진언했던 다음과 같은 조언을, 소설이 아니라 현실 속에서 실제로 실천하는 국가가 되었다.

"폐하 영토의 지하에는 채굴되지 않은 수많은 황금이 있습니다.
물론 얼마나 많은 황금이 있는지 아무도 모르고,
그 황금을 다 캘 수도 없습니다.
하지만 그것만으로도 나중에 황금을 지급한다는 약속만 하면
지폐에 대한 무한대의 신뢰를 만들어 낼 수 있습니다.[102]"

미국은 파우스트 박사가 소설 속에서 조언하고 헨리 키신저가 현실에서 실천한 달러의 이와 같은 마법을 다시 한번 활용했다. 특히 1973년 민주적으로 선출된 칠레의 아옌데(Salvador Allende, 1908~1973) 정부가 CIA의 묵시적 동의를 등에 업은 피노체트(Augusto Pinochet, 1931~1998)의 쿠데타로 무너졌다. 아옌데 대통령은 권총으로 자살했다고 전한다. 1976년, 후안 페론(Juan Pron, 1895~1974)의 세 번째 부인으로 세계 최초의 여성 대통령이 되었

카터 대통령과 칠레의 피노체트 대통령. 피노체트는 칠레 발파라이소 출신의 군인이다. 아옌데 정부 초기에는 反 아옌데 시위를 진압하는 등 매우 협조적이었다. 그는 이 공로로 1972년 육군 참모총장, 1973년 8월에는 합참의장이 된다. 하지만 합참의장이 된 지 한 달도 안 된 1973년 9월 11일, 그는 육해공과 경찰이 연합한 쿠데타군을 지휘하여 대통령궁을 폭격하고 민주 선거로 등장한 세계 최초의 사회주의 정부인 아옌데 정부를 뒤엎었다. 이 과정에서 아옌데 대통령이 사망한다. 그의 사망이 자살이라는 설과 암살이라는 설이 난무하지만, 진실은 아무도 모른다. CIA가 피노체트의 쿠데타를 도왔는지 여부에 대해서는 아직 확실한 증거는 없다. 1977년 9월 6일 사진. 백악관 사진사. Public Domain

---

101   니오(Neo)는 영화 「매트릭스(Matrix)」에서 인간을 기계로부터 구원한 인간의 이름이다.

102   Johann Wolfgang von Goethe, 『Faust』, Book II, Act IV, 6111~6130

던 이자벨 페론^(Isabel Pron, 1931~)도 우익 군부 쿠데타로 인해 축출되었다.[103] 이 당시 미국의 외교 실권은 헨리 키신저에게 있었다. 그는 과연 칠레와 아르헨티나 군부 쿠데타와 아무런 관련이 없었을까? 1979년 대통령에 당선된 에콰도르의 롤도스^(Jaime Rolds Aguilera, 1940~1981) 대통령 또한 자국민의 인권을 보호하지 않으면 텍사코와 같은 미국계 석유 회사를 축출할 수 있도록 하는 법안 제출 후 1981년, 비행기 사고로 사망했다. 그가 사망한 두 달 후에는, 파나마 운하를 미국으로부터 돌려받은 토리호스^(Omar Torrijos, 1929~1981) 대통령도 비행기 사고로 사망했다.[104]

(6) 로널드 레이건과 이부카 마사루

레이건 행정부^(1981~1989)가 등장한 1980년대 이후에는 미국은 자신들의 세계 패권을 강화하기 위해 달러를 미친 듯이 찍었다. 레이건 행정부는 미국 역사상 재정적자 순

아르헨티나 대통령인 이자벨 페론. 그는 무용수 출신이다. 후안 페론의 세 번째 부인으로 남편의 러닝메이트로 나중에 부통령이 된다. 78세라는 고령으로 대통령직을 거의 수행하지 못하던 후안을 대신한 실질적 통치자였고, 1974년 7월 남편이 사망한 후에는 대통령이 된다. 극도의 인플레이션과 사회 혼란을 통제하지 못하고, 1976년 3월 군부 쿠데타로 스페인으로 망명한다. 1974년 7월 10일 사진. Public Domain

---

103 후안 페론의 첫 번째 부인이 그 유명한 에바 페론(Eva Pron, 1919~1952)이다. 그녀는 여성 운동가 출신으로, 뛰어난 미모로서 남편의 대선 운동에 참여하여 폭발적인 인기를 얻었다. 그녀의 별칭인 에비타(Evita)도 이때 생긴 것이다. 1946년 후안 페론이 대통령에 당선되면서 빈민 구제, 저소득 지원, 자선사업 등의 각종 시책을 실시한다. 이 때문에 경제 성장에 크게 도움이 되지 않는 파퓰리즘 정책을 페로니즘이라 부르기도 한다. 1952년 33세의 젊은 나이에 사망할 때까지, 그녀는 아르헨티나 권력의 2인자였다. 그녀의 파란만장한 인생은 1978년 영국인 앤드류 웨버가 곡을 쓴 뮤지컬 "에비타"로 런던에서 재탄생한다. 1946년 대통령에 당선된 그날 아르헨티나 국민을 상대로 부르는 노래 "Don't Cry for Me Argentina"는 지금도 애창되는 명곡으로 남아 있다. 에비타는 1996년 마돈나가 주연한 영화로도 제작된다.

104  "해양력"이라는 개념을 최초로 정립한 미국 해군 제독인 알프레드 머헨(Alfred Thayer Mahan, 1840~1914)은 대서양과 태평양을 잇는 운하 건설을 처음 제안했다. 시어도어 루스벨트 대통령은 이 아이디어를 실제로 구현하기 위해 콜롬비아로부터 운하 근처의 땅을 구매하려고 했지만, 실패했다. 할 수 없이 루스벨트는 콜롬비아에 독립을 선언한 파나마 반군을 지원하여 독립시킨 후, 파나마 운하를 건설하게 된다. 미국은 파나마 운하 근처에 134개의 군사기지를 건설하고, 해양 패권 확립에 최대한 활용했다. 예컨대 2차 대전 중 미국은 일본에 대한 경제 제재 중의 하나로 일본 선박의 파나마 운하를 금지했다. 하지만 2차 대전이 끝나고 미국이 항공 및 통신 기술, 과학기술과 표준화, 영어를 통해 전 세계를 제패하면서 파나마 운하를 패권 행사에 활용할 필요성이 줄어들게 되자, 파나마 운하를 파나마 정부에 넘기게 된다.

증 규모가 1조 달러를 처음으로 넘어서고, 전시가 아닌 평시 기준으로 GDP 대비 재정적자 증가율이 최고라는 전무후무한 기록을 가지고 있다.[105] 미국의 국가 채무인 재정적자도 1982년 사상 처음으로 1,000억 불을 넘어선 1,280억 불을 기록했다.[106] 이렇게 막무가내로 찍은 달러로 전 세계 상품을 마구 사들이면서 천문학적인 규모의 군사력을 구비했다. 영화에서나 나오는 스타워즈(star wars)의 우주 방위체계가 정말로 현실화되는 듯했다.[107] 우주 방위 체계를 구축하기 위해 막대한 규모의 상품을 수입하면서 미국의 상품수지 적자규모도 1983년에는 671억 불로 전년보다 84%나 증가했고,

레이건 행정부가 만든 전략방위구상 기구(SDI)의 로고. 대륙간 탄도 미사일을 우주에서 방어한다는 개념으로, 우주에 그려진 방패가 인상적이다. 출처: Wikipedia. Public Domain

1984년에는 사상 처음으로 경상수지 적자 규모가 1천억 불을 넘어섰다.

이처럼 군비확대로 인한 재정적자로 미국 정부의 빚은 눈덩이처럼 불어났고 대규모 상품 구매로 무역수지 적자도 동시에 확대되는 "쌍둥이 적자 시대"가 도래했다. 무역수지가 적자라는 뜻은 다른 나라가 자국 화폐의 사용량을 줄였다

---

105   2차 대전 이후 미국 재정적자 순증 규모(괄호 안은 재정적자/GDP 비율 증가 수치): 해리 트루먼(Harry Truman, 1946~1953) - 70억 불(+3%), 드와이트 아이젠하워(Dwight Eisenhower, 1954~1961) - 230억 불(+9%), 존 에프 케네디(John F. Kennedy, 1962~1964) - 230억 불(+8%), 린든 존슨(Lyndon B. Johnson, 1965~1969) - 420억 불(+13%), 리처드 닉슨(Richard Nixon, 1970~1974) - 1,210억 불(+34%), 제럴드 포드(Gerald Ford, 1975~1977) - 2,240억 불(+47%), 지미 카터 - 2,990억 불(+43%), 로널드 레이건(Ronald Reagan, 1982~1989) - 1조 8,600억 불(+186%), 조지 H.W. 부시(George H.W. Bush, 1990~1993) - 1조 5,540억 불(+54%), 빌 클린턴(Bill Clinton, 1994~2001) - 1조 3,960억 불(+32%), 조지 W. 부시(George W. Bush, 2002~2009) - 5조 8,490억 불(+101%, 금융위기 극복법안인 Economic Stimulus Act는 오바마 행정부로 계산), 버락 오바마(Barack Obama, 2009~2017) - 8조 5,880억 불(+74%), 도널드 트럼프(Donald Trump, 2017~) - 8조 2,820억 불(추정, +41%). 출처: https://www.thebalance.com/us-debt-by-president-by-dollar-and-percent-3306296

106   미국 부채는 2차 대전 중인 프랭클린 루스벨트 대통령 때 1,048% 늘어 가장 증가율이 높고, 그다음이 1차 대전 중인 우드로 윌슨 대통령 때 727% 늘었다. 3위가 바로 로널드 레이건 대통령 때로 186% 늘었다. https://www.thebalance.com/us-debt-by-president-by-dollar-and-percent-3306296

107   공식 명칭은 전략방위구상(戰略防衛構想, Strategic Defense Initiative; SDI)으로, 1983년에 처음 제시되었다. 한편 미국은 2019년에 우주군을 창설하면서 본격적으로 우주를 전장의 개념으로 전환했다. 이제 스타워즈는 더 이상 영화에 등장하는 허구의 세계가 아니라, 엄연한 현실이다.

는 뜻이므로, 통화가치는 당연히 하락해야 한다. 마치 1997년 외환위기 당시 한국을 비롯한 아시아 국가들처럼 말이다. 재정적자 또한 정부가 시장에 자국 화폐량을 증가시켰다는 뜻이므로 당연히 통화가치는 하락해야 한다. 1970년대 남미 정부의 재정 남발로 인해 시작된 1982년 멕시코를 필두로 한 중남미 외채 위기와 2011년 그리스의 무지막지한 재정지출 증가로 인해 그리스 국채 가격이 폭락한 것처럼 말이다.[108] 하지만 미국은 엄청난 군비 지출로 인한 재정적자 때문에 오히려 달러 가치가 상승하는, 논리적으로는 결코 설명이 불가능한 「**바빌로니아의 수수께끼**(Babylonian Enigma)」 같은 현상이 일어났다. 이에 따라 1980년대 전 세계 대부분의 부채 자산은 모두 달러로 표시되었다.[109] 레이건 행정부는 강한 달러가 상징하는 달러의 금융 패권과 미국의 세계 패권이 동전의 양면이라는 점을 4K UHD TV 화질처럼 선명하게 보여 주었다.

동시에 달러가 가진 힘을 지킬 목적으로 독일과 일본 등으로 유출되는 달러 양을 줄이기 위해 1985년 9월, 마르크화와 엔화 등의 가치를 의도적으로 절상시켜 독일과 일본 등이 무역 대국으로 부상하는 것을 저지했다. 원래 미국은 일본이 지역 강국일지는 몰라도, "일본 제품이 미국에서 잘 팔리는" 자신의 적수가 절대로 될 수는 없다고 생각했다.[110] 실제로 미국은 한국의 3년보다 2배나 긴 7년의 군정을 통해 일본을 사실상 식민지로 통치했다. 일본의 평화 헌법도 맥아더 장군이 9일 만에 직접 초안을 작성한 것이다. 일본을 미국의 또 다른 주로 편입해야 한다는 논의까지 미국 내에서 있었으니까.

그러나 미국의 판단은 완전한 착각이었다. 1946년 전쟁이 끝나자 일본 해군

108 　　　전설적인 헤지펀드 매니저 레이 달리오는 멕시코 외환위기로 인해 전 세계적 부채위기를 예상해 시장 하락에 베팅했다고 한다. 하지만 결과는 정반대였고, 미국 경제는 달러의 기축성을 바탕으로 호황을 누렸다. 이 때문에 레이 달리오는 회사 모두의 직원을 내보내고 자신의 부친으로부터 4,000달러까지 빌려서 생활비를 감당했다고 한다. 레이 달리오, 앞의 책, p. 393. 레이 달리오의 사례는 바로 **바빌로니아의 수수께끼**를 이해하지 못해 생긴 해프닝이다. 한편 그리스의 경우는 유로화라는 단일통화를 사용했으므로, 유로화가 아니라 그 대리 변수인 그리스 국채 가격이 폭락했다. 만약 유로화가 없었으면 그리스는 1970년대 남미 국가들처럼 100% 국가 부도였다. 유럽 재정위기에 대한 상세한 내용은 『**대체투자 파헤치기(상)-세계경제 동향 및 헤지펀드**』編 참조

109 　레이 달리오, *앞의 책*, p. 395

110 　대니얼 임머바르, *앞의 책*, p. 536

에서 기술 장교로 복무하던 이부카 마사루(井深大, 1908~1997)는 도쿄의 다 타버린 백화점 3층에 가게를 냈다. 사명은 '도쿄통신공업' 주식회사였다. 이부카는 능력이 부족하여 제품을 만들어서 판 것이 아니라, 고철로 제품을 조립해서 팔았다. 이부카가 주목한 것은 "소리"였다. 일본인들이 미국의 소리를 듣고 싶어 한다고 판단한 이부카는 1950년 테이프 녹음기를 만들었다. 1952년 미국을 방문하여 트랜지스터를 처음 본 이부카는 이후 이를 활용하여 포켓 크기의 휴대용 라디오도 생산했다. 이 휴대용 라디오가 미국에서 공전의 히트를 치게 된다.

이에 고무된 이부카는 회사 이름을 "소니(Sony)"로 바꾸었다. 소니는 1960년대에는 휴대용 TV, 고품질 컬러 TV, 진공관이 필요 없는 탁상용 계산기를, 1970년대에는 VCR과 워크맨을 세상에 내놓으면서 미국을 완전히 제압했다. 그 결과 1965년 미국과 일본의 무역수지가 드디어 역전되고 말았다. 미국이 일본에 무역수지 적자를 기록한 것이다.

소니만 그런 것이 아니었다. 토요타를 필두로 한 일본의 자동차 회사는 정밀한 기계 부품을 활용하여 값싸고 연비가 좋은 자동차를 만들어 미국에 "융단폭격식으로" 팔았다. 때마침 레이건 행정부가 강달러를 유지한 덕분에 환율 효과까지 더해졌다. 이 때문에 1980년 한 해 동안 미국에서 수십만 명의 자동차 노동자가 일자리를 잃었다. 이 한 해에만 자동차 조립 공장 40개와 1,500여 개의 대리점이 문을 닫았으니까, 미국인들이 얼마나 큰 충격을 받았는지 어렵지 않게 상상할 수 있을 것이다.[111]

일본의 부상에 따른 미국인들의 충격은 대중문화에까지 영향을 미쳤다. 대표적으로 1984년 발표된 팝송 「Born in the USA」에는 썰렁한 마을에서 툭 태어나(Born down in a dead man's town) 청춘의 절반을 바쳐 참전한 베트남 전쟁을 마치고 돌아온 재향 군인이 일자리를 알아보러 정유 공장을 찾아갔는데, 고용 담당 직원이 그에게 이렇게 말했다는 가사가 나온다. "이봐, 만약 내가 당신이라면 (일자리가 아

---

111 대니얼 임머바르, 앞의 책, p. 544

(예 없으니) 보훈처 담당 직원을 찾아가겠어. 이제 상황 파악이 되나?"라고.[112] 브루스 스프링스틴(Bruce Springsteen, 1949~)의 「Born in the USA」에는 청춘의 절반을 바쳐 조국에 충성한 젊은 재향 군인에게조차도, 일본의 경제 파상 공세에 밀려 일자리 하나 제공하지 못하는 미국 정부에 대한 처절한 원망과 절규가 담겨 있다.[113]

그러나 이에 아랑곳하지 않고 일본의 침략(Japan Invasion)은 여기서 그치지 않았다.[114] 소니는 1948년에 세계 최초로 LP 레코드(Long Playing "microgroove" LP record)를 상업화하였고, 일본의 경제적 침략을 비아냥거린 「Born in the USA」를 발매한 미국 100년 전통 음반사인 콜롬비아 레코드(Columbia Records)를 포함한 CBS 레코드를 1988년에 인수했다. 소니는 음악에서 더 나아가 1989년에는 컬럼비아 픽처스를 인수하여 미국의 영화 산업에까지 진출했다. 미국의 부동산도 예외가 아니었다. 일본 중공업 회사 미쓰비시는 1989년에 뉴욕의 상징인 라커펠러 센터(Rockefeller Center)까지 매입했다.

위기의식을 느낀 미국의 경영진들은 앞다투어 일본의 경영 기술을 모방해야 한다고 목소리를 높였다. NBS는 「일본도 하는데 우리라고 못 할까?」라는 다큐멘터리까지 방송했다. 어떤 이는 참을 수 없는 분노를 표출하기도 했다. 오프라 윈프리 쇼에 출연한 한 부동산 재벌은 "다른 나라가 미국을 벗겨 먹는(rip-off) 현실에 신물이 난다."라는 정치적 발언을 쏟아 내었다.[115] 오프라 윈프리가 이 재벌을 향해 혹시라도 대선에 출마할 의향이 있냐고 물었는데, 이 재벌은 "아마도 아닐 것"이라고 대답했다. 하지만 이 부동산 재벌은 2016년 화려한 정치 경력의 여성 외교관 출신 클린턴을 제압하고 45대 미국 대통령이 된다.

---

112   Come back home to the refinery, Hiring man says "son if it was up to me, Went down to see my V.A. man," He said "son don't you understand now"

113   역설적이게도 이 팝송은 레이건, 트럼프 등 미국의 애국주의를 강조하는 선거 진영에서 가장 선호하는 대선 캠페인 노래이기도 하다.

114   █████ 1960년대 비틀스를 비롯한 롤링스톤스, 에릭 클랩튼, 핑크 플로이드, 레드 제플린 등의 영국 출신 대중 가수들이 미국의 문화를 장악하자, 미국인들은 이를 영국의 침략(British Invasion)이라고 불렀다. 소니, 닛산, 토요타, 마쓰시다 등의 일본 기업의 미국 경제 잠식을 이에 빗대어 일본의 침략(Japan Invasion)이라고 부르기도 한다.

115   대니얼 임머바르, 앞의 책, pp. 545~546

요컨대 품질이 뛰어난 각종 소재, 전기·전자 및 기계 제품 등을 생산하는 일본인들의 탁월한 능력과 레이건 행정부의 의도적인 달러 가치 상승으로 인해 자연스럽게 대미 흑자가 늘어난 것뿐이었는데, 그 불똥이 환율로 튀면서 일본은 1985년에 화폐 전쟁의 직접 희생양이 된 것이다. 사람들은 이를 플라자 "합의"라고 불렀다. 하지만, 그 누구도 이를 독일과 일본 등이 자발적으로 합의한 것이라고 생각하지 않았다.

플라자 합의 후 1985년 9월 달러당 250엔이던 엔달러 환율은 1987년 말에 달러당 120엔 대로 50% 이상 절상되었다. 엔화 가치 상승으로 수출가격 경쟁력이 하락하자 이를 상쇄하기 위해, 일본 정부는 플라자 합의 이전 5%였던 기준금리를 86년 1월부터 급격히 인하하여 1987년 2월부터 1989년 5월까지 2.5%로 유지했다. 이에 따라 통화량이 급격히 팽창하면서, 산업 생산에 필수적인 자금보다 훨씬 많은 자금이 시중으로 흘러 들어갔다. 일본은 이 여유 자금을 신기술 개발이나 신산업 창출에 사용하지도 않았다.

결과는 일본 주식시장과 동경을 비롯한 대도시 부동산 시장의 가격 거품이었다. 실질적인 부가가치 창출 없이 통화 팽창으로 주식과 주택 가격만 오른 것이었다. 마치 16세기 신대륙의 황금과 은의 대량 유입으로 가격만 오른 신성 로마 제국과 1973년 오일 가격 급등 이후 대량의 달러가 유입되어 인플레이션을 겪은 이란처럼. 1992년, 결국 거품은 붕괴되었다. 이후 2002년까지 10년, 아니 2012년까지 20년 동안 일본은 저성장이라는 잃어버린 20년의 암흑시대를 겪어야 했다. 그 결과 일본이 미국을 누르고 세계 패권을 장악할지도 모른다는 팍스 니포니카(Pax Nipponica)의 예측은 3류 연애 소설에나 나오는 잡담거리로 전락했다.

(7) 브래디 계획과 후쿠야마의 자유주의 종언

1989년 3월에는 남미 국가의 외채 위기를 극복한다는 명분으로 글로벌 은행들의 개별 대출금을 시장에서 거래될 수 있는 채권으로 전환해 주는 이른바 브래디 계획^(Brady Plan)이 발표되었다. 이 계획에 따라 남미 국가 중 멕시코가 1990년 3월에 처음으로 이자가 없는 제로 쿠폰의 미국채를 담보로 하여 원금 상환을 보장하는 브래디 본드^(Brady Bond)를 발행했다.[116] 담보로 제공되는 미국채는 당연히 멕시코가 자신의 달러로 혹은 IMF로부터 달러를 빌려서 구매했다.

즉, 미국 정부는 1센트도 기여한 바가 없다. 오히려 뉴욕 연준은 담보로 제공된 미국채를 보관해 주는 대가로 수수료까지 챙겼다. 하지만 미국 정부는 그 대가로 IMF를 통해서 멕시코의 주요 국영기업에 대한 민영화를 요구했다. 멕시코에 이어 아르헨티나, 볼리비아, 브라질, 칠레, 콜롬비아, 멕시코, 페루, 베네수엘라 등 남미 국가들은 브래디 본드를 발행한 후 원유와 광물자원 등 에너지 부분을 중심으로 1990~1996년 사이에 826억 4,100만 달러어치의 국영기업을 민영화했다.[117] 1989년 12월에는 파나마의 최고 권력자 노리에가^(Manuel Noriega, 1934~2017)가 300여 대의 최첨단 헬기와 항공기가 동원된 24,000여 명에 이르는 미군의 파나마 침공으로 체포되었다. 명목은 미국 국내법인 플로리다 법이 금

노리에가 머그샷. 파나마의 가난한 집안에서 태어나 파나마 장교가 된 후, 당시 방위사령관으로서 독재 권력을 휘두르던 오마르 토리호스(Omar Torrijos, 1929~1981)에 온갖 극단적인 방법을 통해 충성하면서 권력 기반을 다졌다. 1983년부터는 파나마 대통령이 있음에도 불구하고, 정보기관을 사실상 통제함으로써 국가 권력 전체를 장악한 독재자가 된다. 한편 1950년대부터는 미국의 CIA와 협력하면서, 라틴 아메리카의 친미 세력에 자금을 전달하는 역할을 했다는 의심도 받았다. 하지만 1985년, 자신의 정치적 반대파인 휴고 프랑코(Hugo Spadafor Franco, 1940~1985)를 살해했다는 의혹을 받으면서, CIA와 척을 지게 된다. 특히 노리에가는 CIA와의 관계가 껄끄러워지자, 카스트로가 통치하는 쿠바의 정보기관과 협력하였다는 의심을 받았다. 이 때문에 미국은 그를 권좌에서 물러나라고 줄기차게 요구했고, 노리에가는 미국의 요구를 거절하다가 1989년 미국 군대의 파나마 침략으로 체포된다. 이후 그는 미국, 파나마, 프랑스에서 마약 밀매 및 자금 세탁 혐의로 기소되었고, 마지막에는 파나마 교도소에서 뇌출혈로 사망한다. 출처: Wikipedia. Public Domain

116 Ross P. Buckley, 『The Facilitation of the Brady Plan: Emerging Markets Debt Trading From 1989 to 1993』, Fordham International Law Journal, 1997, p. 1805

117 Russell R. Miller, 『Doing Business in Newly Privatized Markets: Global Opportunities and Challenges』, Greenwood Publishing Group, 2000, p. 121

지한 마약 밀매 혐의였다.

　이와 같은 미국의 거칠 것 없는 패권 앞에서, 브레튼 우즈 체제 하에서 유일하게 달러를 사용하지 않고 러시아의 루블화가 국제무역의 결제 수단이었던 소비에트 연방과 사회주의 국가들도 1991년 12월 크리스마스 날 밤, 결국 힘없이 무너졌다. 소비에트 연방 몰락의 원인은 크게 두 가지였다. 하나는 레이건 행정부의 과격한 체제 경쟁 공세였다. 키신저의 말에 따르면 레이건 대통령은 "덜레스 이래로 그 어떤 미국 고위 관리보다도 더 심하게 공산주의를 공격했다."[118] 특히 레이건 대통령이 제안한 전략방위구상[SDI]과 경쟁하기 위해 소련 경제는 무리한 출혈을 계속했다. 그 결과 소련의 군사비 지출은 GDP 비율로 보았을 때 1980년대 이미 미국의 3배를 넘어섰다.[119] 불행히도 소련은 미국이 보유한 가장 핵심적인 전략자산인 달러와 같은 통화 패권이 없었다. 통화 패권도 없는 국가가 재정지출을 무리하게 확장하는 것은 과거 로마 제국처럼 그야말로 "멍청한 자살 행위"이다!!!

　군비 경쟁과 더불어 소련 경제의 핵심인 원유가의 하락도 소련 붕괴의 중요한 원인이었다. 국제 원유는 1981년 10월 공시 유가 인상을 마지막으로 무려 10년간 가격이 하락했다. 물론 그 중심에는 달러 패권 유지의 양대 축인 사우디아라비아가 있었다. 특히 1985년부터 시작된 사우디아라비아의 "무지막지한" 증산 정책으로 1986년부터 유가가 폭락하기 시작했다. 심지어 1986년 4월, 텍사스 오스틴의 빌리 잭 메이슨 정유소는 판촉 행사 중에 휘발유를 공짜로 팔기까지 했다.[120] 이와 같은 사우디아라비아의 약탈적 증산 정책으로 유가가 한 때 10불 밑으로 하락하면서 도래한 초저유가 시대는 석유와 가스 관련 산업이 GDP의 최소 ⅓에 달하는 소비에트 연방 경제, 달러 재정수입의 ⅔에 달하는 소련 경

---

118 헨리 키신저, 『헨리 키신저의 중국 이야기』, 민음사, 2012, p. 461

119 헨리 키신저, 앞의 책(중국 이야기), p. 471

120 대니얼 예긴, 앞의 책(황금의 샘 III), p. 344

제를 만신창이로 만들기에 충분했다.[121] 결국 로마 제국이 뚜렷한 자국 산업 기반 없이 무리한 군사비 지출을 계속하다가 멸망한 것처럼, 소련도 그렇게 붕괴되었다. 프란시스 후쿠야마는 소련의 붕괴를 목도하고서는 이제부터 전 세계의 정치체제가 미국식 자유민주주의로 수렴할 것이라면서, 이는 역사의 종언이라고 선언했다.

1995년에는 보호무역주의를 반대하고 상호 합의된 명문 규범의 틀 내에서 각 국가의 시장 개방을 약속하는 WTO가 출범했다. 보복관세 조치는 오직 WTO가 정한 분쟁해결절차를 거쳐야만 가능했다. WTO는 세계 무역의 확대를 통해 이전보다 달러 사용량을 늘릴 것이므로, 미국 관점에서 바빌로니아 최고신 마르둑(Marduk) 신과 같은 절대 권력을 가진 달러의 사용량을 늘리는 WTO가 결코 나쁘지 않았다. 하지만, 미국은 자국 국내법을 WTO에 일치시키는 하찮은 일 따위는 하지 않았다.[122] 패권국가가 왜 국제 합의를 했다고 패권국가의 국내

121 　 사우디아라비아의 증산 정책은 러시아가 우크라이나를 강제로 점령한 2014년 2월 이후 다시 시작된다. 러시아에 대한 경제 제재가 효과가 없자, 사우디의 무지막지한 물량 공세로 유가가 2016년 한 때 20불대로 급락한 것이다. 이 때문에 러시아의 경제적 권력은 상당한 타격을 받았다. 2022년 우크라이나 전쟁 시에도 사우디아라비아의 역할이 매우 중요했다. 이 때문에 미국의 바이든은 자국의 물가를 안정시키고, 러시아를 견제하기 위해 사우디아라비아의 증산을 강력히 요청했다. 하지만 바이든은 사우디아라비아의 실질적인 권력자로 2022년 9월 27일 사우디 정부의 공식 수반인 총리에 임명된 무함마드 빈 살만의 언론인 암살을 강력히 규탄한 전력이 있었다. 이 때문에 사우디아라비아는 증산에 매우 소극적이었고, 전쟁이 한창이던 2022년 10월에는 오히려 감산을 선언하여 미국을 곤혹스럽게 만들기도 했다. 러시아의 푸틴은 이런 사정을 계기로 사우디아라비아의 우크라이나 포로 교환의 중재를 허용하는 등 사우디아라비아와 전략적 관계를 강화하는 역설적인 상황이 벌어지기도 했다. 한편 시장에서는 사우디의 증산 정책이 러시아 이외에도 미국의 셰일 오일 사업자들을 궤멸시키기 위한 전략적 선택이라고도 평가한다. 하지만 사우디의 증산 정책 이후 미국의 셰일 오일은 오히려 생산성과 생산량이 더욱 증가했다. 유가가 급락하자 우선 미국의 셰일 오일 사업자들은 시추 방법을 기존의 작업대 시추(pad drilling)에서 2016년부터 한 개의 시추공에 수십 개의 유정을 동시에 뚫는 다각수평 시추 방식(multilateral drilling)으로 전환했다. 나아가 암석 파쇄에 사용되는 물을 재활용했으며, 지하의 셰일 오일을 탐색하는 방법도 빅 데이터를 활용한 맥동 기술(Micro-seismic)을 적용하여 정확도를 높였다. 아울러 시추 정을 뚫은 후에 유가 추이를 보아 가며 유가가 낮으면 파쇄를 중단하는 파쇄 지연 방법도 구사했다. 사우디의 무자비한 증산 정책으로 채산성이 떨어진 업체들은 당연히 인수합병 대상이 되었다. 이로 인해 미국 셰일 오일 생산업자의 총생산비용(All-in-cost)은 2012년 90불, 2014년 11월의 75불에서 2015년 50불, 2017년 40불로 급격히 하락했다. 혹자는 미국 셰일 오일의 생산 단가가 사우디아라비아와 유사한 25불대로 하락할 수도 있을 것이라고 추정하기도 했다. 요컨대 사우디의 유가하락 정책은 최소한 미국의 셰일 오일 공세 목적 달성에는 실패한 셈이다. 피터 자이한, 『셰일 혁명과 미국 없는 세계』, 김앤김북스, 2019, pp. 44~78

122 　 미국 헌법 규정(Article I, §8, Clause 3)에 따르면 미국은 통상협상 권한이 의회에 부여되어 있다. 오늘날에는 미국이 대통령제의 대표적인 나라로 일반인에게 알려져 있는데, 역사적으로는 완전히 틀렸다. 미국이 달러 패권을 행사하기 시작한 1960년대 이전에는 미국 정치체제의 중심은 행정부가 아니라 의회였고, 오늘날도 여전히 정치의 중심은 의회다. (미국 헌법도 1조 입법부, 2조 행정부, 3조 사법부로 구성되어, 입법부 규정이 가장 먼저 나온다.) 다만 1960년대 미국의 세계 패권이 확립되고 통상 환경이 급변하자, 미국 의회는 신속협상권(fast track)을 행정부에 부

법을 바꾸나? 2년이 넘게 걸리는 WTO 분쟁해결절차를 패권국가인 미국이 왜 준수해야 하나? 그런 일은 패권국가가 할 일이 아니다. 달러의 가치를 지키기 위한 보복관세는 미국의 뜻에 따라 언제든지 일방적으로 취할 수 있어야 한다. 다만 WTO 체제를 지지한다는 립 서비스는 잊지 않았다.

(8) 조지 소로스와 아시아 금융위기

1997년에는 대규모 무역수지 적자를 기록하던 아시아 신흥 국가들의 외환시장을 1년도 안 되는 기간에 달러가 간단히 초토화시켰다. 시작은 태국이었다. 1990년대 태국은 제조업보다는 주로 관광과 오락 산업에 대해 집중 투자하고 있었다. 필요한 자금은 당연히 해외로부터 빌린 단기 달러 자금이었다. 당시 태국은 시장 개입을 통해 1달러 당 27바트 내외로 연동시키는 "페그(peg)" 제를 운영하고 있었다. 하지만 관광과 오락으로 벌어들일 수 있는 달러보다 더 많은 달러를 차입한 것이 문제였다.

태국의 경상수지 적자 상황을 지켜보던 헤지펀드는 오랫동안 바트화를 매집하다가 1997년 6월, 일순간에 바트화를 시장에 융단폭격식으로 대량 투매하기 시작했다. 조지 소로스(George Soros, 1930~) 한 개인이 동원한 자금이 1,000억 불이었고, 나머지 헤지펀드들이 동원한 자금까지 합치면 수천억 불은 족히 되었을 것이다. 바트화 가치하락의 압력이 증가하자 태국 금융당국은 외환보유액 300억 불로 바트화를 사들여 환율 방어에 나섰다. 그런데 고작 300억 불의 푼돈으로 수천억 불을 보유한 헤지펀드들을 이기겠다고? 태국 외환보유액 300억 불은 불과 보름 만에 바닥났다. 1997년 7월 2일, 홍콩이 중국에 반환되던 그다음 날, 태국은 헤지펀드에 백기 투항했다. 그날 바트화 환율은 1달러당 54바트로 100%

여하여 통상협상 권한을 행정부에 위임하기 시작하였다. 미국 통상협상의 중심인 USTR도 1963년 케네디의 행정명령으로 설립되었다. (USTR의 최초 명칭은 Office of the Special Trade Representative이다.) 이후 미국 행정부와 의회는 통상권한에 대한 상호 긴장관계를 유지하게 된다. 그러나 본질적으로 통상권한과 입법 제정권이 의회에 있으므로 웬만해서 미국 의회는 행정부의 대외 통상결과에 따라 국내법을 고치려고 하지 않는다.

평가 절하되었다.

　태국 외환시장이 초토화되자 달러를 무기로 삼은 헤지펀드는 말레이시아, 싱가포르, 필리핀, 한국 등의 외환시장으로 공격 목표를 확대했다. 말레이시아의 총리 마하티르 모하마드(Mahathir Mohamad, 1925~)는 조지 소로스를 "아시아 금융위기의 최초 방화범"으로 부르면서 헤지펀드를 맹비난했다. 하지만 조지 소로스와 같은 헤지펀드 매니저들은 시장이 항상 효율적이라는 경제학자의 이론을 비웃으면서, 엄연히 존재하는 시장의 왜곡에 베팅한다. 당시 아시아 외환시장은 달러를 대량으로 차입했음에도 불구하고, 태국의 페그제나 한국의 고정환율제와 같이 외환의 수급과 무관한 환율 제도를 운영하고 있었다. 누가 봐도 불합리한 이 시장 왜곡을 헤지펀드

1984년 1월, 미국을 방문한 마하티르 총리. 가난한 집안에서 태어났지만, 머리가 좋아 싱가포르 의대에 진학한 후 의사가 된다. 하지만 2차 대전 후 독립을 둘러싼 영국과의 갈등이 말레이시아 전역을 휩쓸면서 정계에 입문하였다. 1981년 56세의 나이로 첫 총리가 된 후, 강력한 경제 발전 정책으로 5회 연속 총선 승리라는 전무후무한 기록을 세우기도 하였다. 미국과는 매우 친밀한 관계를 유지했으나, 1997년 금융위기를 초래한 미국의 헤지펀드에 대해서는 공개석상에서 적대적인 감정을 여과 없이 드러내기도 하였다. 쿠알라룸푸르의 페트로나스 트윈타워는 그가 총리 시절에 세워진 말레이시아의 상징 건물이다. 사진작가: Sergant Michael W. Tyler, 출처: Wikipedia. Public Domain

가 그냥 두고만 본다고? 당연히 헤지펀드의 공격은 멈추지 않았다. 그 결과 한국을 포함한 아시아 국가들 대부분의 자본시장과 외환시장이 완전 개방되었다.[123]

(9) 이라크의 사담 후세인과 미국의 마크 저커버그

　2003년에는 대량살상무기를 해체한다는 명분으로 미국이 다국적군을 구성

123　　　이 당시 헤지펀드는 홍콩도 공격했다. 홍콩 금융당국은 헤지펀드가 단기로 자금을 빌려 투자(레버리지 투자)하는 행태를 막기 위해 1997년 10월 23일, 홍콩 은행 간 기준 금리(HIBOR)를 6%대에서 300%대로 50배가량 올렸다. 홍콩 증시는 반토막이 났지만, 홍콩 외환시장은 헤지펀드의 공격을 버텨내었고 지금도 홍콩 달러는 변동환율제도가 아니라 달러 페그제로 운영된다.

하여 당시 원유 생산 세계 3위였던 이라크를 침공했다.[124] 하지만 이라크 침공의 진짜 이유는 대량살상무기가 아니었다. 콜린 파월(Collin Powell, 1927~2021) 국무장관이 "커다란 야자나무 숲에 숨어서 탐지를 피하려고 1~4주마다 한 번씩 이동하는 이동식 생물 무기 설비"라고 평가한 장비는 기상 관측 기구로 판명되었다. IAEA의 한 보고서 또한 "우리는 현재까지 이라크가 1990년대에 핵무기 프로그램을 폐기한 뒤에 이를 복구했다는 증거를 발견하지 못했다"라고 평가했다. 유엔 감시검증 사찰위원회(UNMOVIC) 위원장이었던 스웨덴 외교관 출신 한스 블릭스(Hans Blix, 1928~)도 2003년 1월, "이라크는 사찰에 전체적으로 상당히 협조적인 상태"라고 기록하였다.[125]

특히 사담 후세인의 2001년 911테러와 관련성은 그야말로 일도 없었다.

사담 후세인. 이라크 중북부의 티크리트(Tikrit) 근방의 작은 마을에서 나시르(Nasir) 부족 출신으로 태어나, 어려서 형제와 부친이 암으로 사망하면서 불운한 어린 시절을 보냈다. 이후 삼촌이 그를 길렀으며, 삼촌은 그를 바그다드의 민족주의 고등학교에 입학시켰다. 이후 이라크 법과대학에서 공부한 후, 범아랍 바트당에 입당하면서 정계에 입문한다. 이 당시 이라크 통치자인 카심(Abdul-Karim Quasim, 1914~1963)은 범아랍주의에 반대하는 이라크 우선주의자였는데, 카심은 이 과정에서 공산당과 협력하기도 한다. 극단적 범아랍 민족주의자였던 사담은 카심 암살 시도에 가담하게 되는데, 이때 공산주의 확산을 저지하려는 미국의 CIA와 접촉했다는 의혹을 받는다. 암살은 실패했지만 후세인은 이 일을 계기로 전국적인 유명세를 타게 되고, 1963년 마침내 바트당과 연계된 군사 쿠데타를 통해 사담은 카심을 축출한다. 이 쿠데타가 CIA의 지원을 받은 것인지 여부는 현재까지도 논란거리이다. 이후 계속되는 정정 불안 속에서 1968년 사담은 이라크 부통령이 되었고, 1969년에는 실질적인 바트당의 당수가 된 후, 1976년에는 이라크 장성이 되어 마침내 권력을 장악하게 된다. 1980년에는 이란과, 1990년에는 쿠웨이트와 전쟁을 벌여 지역의 골칫거리로 떠올랐다. 마침내 자신이 극구 보유하고 있지 않다고 부인하는 대량살상무기를 명분으로 2003년 이라크를 침공한 미군에게 체포되어 결국 사형에 처해진다. 1998년 8월 8일, 이란-이라크 전쟁 10주년 기념식에서 찍은 사진. 출처: Wikipedia. Public Domain

---

124 이라크 침공 후 수니파였던 사담 후세인이 제거되고 이라크는 시아파 정부로 바뀐다. 미국은 이라크에서 다수를 차지하는 시아파가 지도자로 되면 이라크가 민주주의 국가가 될 것이라고 순진하게 믿었다. 이라크 민주화 전략은 이라크 망명자인 버나드 루이스(Bernard Lewis, 1916~2018) 교수와 소련 반체제 인사인 나탄 샤란스키(Natan Sharansky, 1948~)가 제공한 것으로 알려져 있다. 하지만 미국의 희망과는 정반대로 소수 수니파였지만 강력한 지도자였던 후세인을 제거함으로써 이라크 시아파는 이웃의 과격 시아파 국가인 이란의 지원을 받아, 미국을 비롯한 외세에 극렬히 저항하는 시아파 민병대 활동만 강화시키는 결과를 초래했다.

125 피터 프랑코판, 앞의 책, p. 829

오히려 사담 후세인은 PLO 지도자를 억제하는 데 상당한 노력을 기울였으며, 어떤 상황에서도 미국의 목표를 공격한 적이 없는 인물이었다. 미국과 영국이 서둘러 이라크를 공격한 일을 조사한 연구들은 이미 밀실에서 내려진 결정을 뒷받침하기 위해 증거가 부정확하게 설명되고 조작되었으며, 만들어졌음을 발견했다.[126] 전쟁이 끝나고 미국이 파견한 조사단 또한 이라크에는 대량살상무기가 존재하지 않는다고 공식 결론 내렸다.

미국이 이라크를 침공한 진짜 이유는 후세인이 이라크 원유를 2002년에 새로 발행된 유로화로 결제하려고 시도했기 때문이었다.[127] 즉, 후세인이 달러 패권에 정면으로 도전했기 때문이었다. 철저한 반미 이슬람 원리주의였던 이란 혁명 정부를 상대로 1980년에 전쟁을 선포함으로써 "소련과 이란의 전진을 막기 위해, 테러 지원국에서 삭제된 뒤" "이라크의 운명에 중대한 이상이라도 생긴다면 서방의 전략적 패배로 간주할 것"[128]이라는 미국으로부터 전폭적인 경제 지원과 군사적 지원을 받았던 사담 후세인은 달러 패권에 멋모르고 도전했다가 전쟁 결과 전범 재판에서 사형을 선고받고 처형당하였다.[129]

---

126 피터 프랭코판, 앞의 책, p. 833

127 █████ 아들 부시 행정부가 이라크를 침공한 이유에 대해서는 설이 난무한다. 어떤 이는 아버지 부시 대통령을 사담 후세인이 암살하려고 시도했기 때문에, 그 복수 차원에서 이라크를 침공했다고 주장한다. 실제로 부시 행정부는 대통령에 당선되자마자 사담 후세인 제거 계획에 몰두했다. 이를 위해 쿠르드족 탄압, 대량살상무기, 사찰 방해 등의 여러 가지 명분이 검토되었다고 한다. 한편 아버지 부시 대통령은 2차 대전 때 태평양 전쟁에 참여하였는데, 전투 중 당시 20세였던 그가 탄 비행기가 오가사와라 제도의 지치섬 상공에서 격추되었다. 그는 생존한 유일한 조종사였는데, 잠수함이 그를 구조했다. 필자는 아버지 부시 대통령보다 운이 좋은 사람을 본 적이 없다.

128 피터 프랭코판, 앞의 책, pp. 782~783. █████ 하지만 親 이라크 행보를 이어가던 미국은 소련이 아프가니스탄을 침공하자 태도를 미묘하게 변경한다. 즉 아프가니스탄 난민이 이란 국경으로 200만 명 이상 몰려오고, 소련의 침공 위험을 인지한 이란이 미국과의 관계 개선을 희망한 것이다. 미국은 이를 수락하고 다른 나라들은 이란 무기 수출을 금지하라고 공언하면서, 미국 정부는 이란에 무기를 수출했다. 예컨대 1985~1986년 사이, 2,000기 이상의 토우 미사일, 18기의 호크 대공 미사일 등이 이스라엘을 통해 이란으로 수출되었다. 더 대담해진 미국 정부는 자신이 스스로 이란에 무기를 직접 팔았고, 그 무기 매각 대금으로 니카라 반군(콘트라)을 지원하는데 사용하였다. 이 사건은 나중에 이란-콘트라 게이트로 비화한다. 국가안보 보좌관, 국무부 차관보, CIA 요원 등이 기소되어 일부는 유죄 판결을 받았다. 아들 부시 대통령은 이들에 대해서 후일 사면권을 행사한다. 하여튼 이 때문에 사담 후세인은 미국을 "등 뒤에서 칼을 꽂는" 믿을 수 없는 나라라고 생각하고, 미국이 자신을 제거할 것이라는 생각까지 하게 된다. 1990년 7월, 미국이 약속한 대출 보증이 갑자기 취소되자 후세인의 불신은 커져만 갔고, 미국의 양다리 걸치기에 넌더리가 난 후세인은 1990년 8월, 30만 대군을 동원하여 쿠웨이트 공격을 감행하게 된다. 단 6주 만에 패퇴한 후세인에 대해 미국은 실제로 1991년 5월부터 1억 달러를 배정하여, 후세인 제거 계획에 착수하게 된다. 피터 프랭코판, 앞의 책, pp. 789~808.

129 █████ 역설적으로 미군의 이라크 침공으로 이라크 내 소수파였던 수니파 정부가 몰락하고, 親 이란 성향의 시아파

"세계 생산량 3위 규모의 원유를 달러가 아니라 유로화로 결제하겠다고? 휴
~~~ 하마터면 큰일 날 뻔했어." 2019년 6월 스위스에 본사를 둔 리브라 협회
(Libra Association)를 중심으로 전 세계에서 통용이 가능한 가상 암호 화폐 리브라
(libra) 발행을 발표한 페이스북의 마크 저커버그(Mark Zuckerberg, 1984~) 회장이나 데이
비드 마커스(David Marcus, 1973~) 사장은 왜 후세인이 이처럼 처참하게 처형되었는지,
나아가 왜 비트코인 창시자 이름이 익명인지 등등을 심사숙고한 후에 사업을 추
진하는 것이 신상에 이로울 것이다.[130] 즉, 페이스북 경영진들은 리브라 발행을
위한 SNS 프로토콜이나 블록체인과 같은 암호 화폐의 안정성 연구보다는 달러
패권의 의미가 무엇인지부터 공부하는 것이 자신의 신상에 훨씬 좋을 것이다.[131]
그래야만 그들의 목숨이 그나마 붙어 있을 테니까.

　필자 예상대로 페이스북은 2020년 초 결국 리브라를 새로운 글로벌 공용 화
폐로 통용시키는 정책은 폐기하고, 각국의 법정 통화와 1:1로 연계하는 형태인,
이른바 스테이블 코인(Single currency stablecoins)으로 암호 화폐 발행 정책을 수정한다.
화폐 명칭도 리브라에서 디엠(Diem)으로 바꾸었다. 목숨보다 더 중요한 게 뭐가 있
나? 하여튼 미국은 이라크 전쟁 결과 덤으로 이라크의 유전까지 차지하였고, 원

정권이 등장하면서 미국으로서도 속내가 복잡해졌다.

130　비트코인(Bitcoin, BTC)은 그 기술이 2008년 처음 소개되었고, 2009년부터 거래가 개시된 세계 최초의 암
호 화폐다. 처음 제안자는 사토시 나카모토(Satoshi Nakamoto)라는 사람이다. 하지만 정확히 누군지 알려져 있지
않다. 2019년 5월, 미국은 비트코인 백서에 대한 저작권 등록자명을 사토시 나카모토와 함께 크레이그 라이트(Craig
Steven Wright)라는 호주의 컴퓨터 과학자라고 기재했다. 하지만 자신이 사토시라고 주장하는 이는 크레이그 외에
도 여럿이다. 즉, 비트코인 창시자는 여전히 알려져 있지 않다. 한편 비트코인 채굴에는 엄청난 에너지가 소모된다.
2021년 기준으로 비트코인을 1년간 채굴하는 데 소모되는 전력량은 인구 2억 1,700만 명의 파키스탄이 1년 동안 사
용하는 전력량과 거의 맞먹는다고 한다. 마리온 라부·니콜라스 데프렌스, 『부를 재편하는 금융 대혁명』, 미디어숲, 2022,
p. 345

131　디엠은 비트코인처럼 분산된 원장(dispersed ledger)을 사용하여 누구나 암호 화폐의 기록 검증에 참여할 수
있는 개방형 암호 화폐가 아니라, 중앙 네트워크에서 일률적으로 발행과 검증을 통제하는 폐쇄형 암호 화폐이다.
나아가 디엠은 일정 규모의 달러나 유로화를 비축(이른바 디엠 준비금, Diem Reserve)한 후 발행량을 결정하여 디
엠의 가치하락을 방어하는 스테이블 코인이다. 페이스북은 디엠 외에도 노비(Novi, 이전 이름 캘리브라, Calibra)라
는 디지털 지갑(digital wallet)도 개발하여 2021년에 미국과 과테말라에 출시했다. 노비는 디엠과 연계하여 송금,
예탁 등의 서비스를 제공하며, 궁극에는 대출 기능도 포함할 것으로 예상한다. 이렇게 되면 중국의 알리바바나 위챗과
마찬가지로 페이스북은 채팅 프로그램이 아니라 금융 기능을 수행하는 결제 플랫폼 기업으로 진화할 전망이다.

유의 달러 결제 시스템 또한 쥐도 새도 모르게 유지할 수 있었다.[132] 물론 대량살상무기는 공식적으로 발견되지 않았다!!![133]

(10) 미국의 역린과 이란 제재

한편 후세인이 창안한 원유의 유로화 결제 아이디어는 실행도 못하고 비참한 종말을 맞이하였지만, 미국을 "범죄자처럼 추한 얼굴을 한, 이슬람 혁명의 적으로 정의했던"[134] 강성 반미 국가 이란은 이 "참신한" 아이디어를 포기하지 않았다. 즉, 1979년 이란 대사관 점령을 주도했던 대학생 중의 한 사람으로 철저한 반미주의자였던 마무드 아마디네자드(Mahmoud Ahmadinejad, 1956~)가 2005년 모두의 예상을 깨고 대통령에 당선된 후, 이란은 미국 패권에 반기를 들기 위해 2006년 3월부터 자국 원유를 달러가 아니라 유로화로 결제하겠다고 "순진하게" 선언했다. 이란은 2006년 당시 원유 생산량이 하루 412만 배럴로 사우디아라비아(1,072만 배럴), 러시아(967만 배럴), 미국(837만 배럴)에 이은 세계 4위 원유 생산 대국이었다. 수출

---

132 미국은 원유를 단순한 지하자원으로 간주하지 않는다. 미국은 최소 2016년 이전까지는 원유를 자신의 세계 패권에 중대한 위협을 가하는 유일한 아킬레스건으로, 동시에 사우디아라비아를 통해 자국의 이해관계를 관철시키는 핵심적인 전략 무기로 파악한다. 예컨대 미 국무부의 관리로 사우디아라비아 원유 생산 이익의 반분(50:50) 협상을 주도했던 조지 맥기(Geroge C. McGhee, 1912~2005)는 1974년 상원 청문회에서 "석유 이권의 확보는 미국 자산의 확보와 같다."라고 평가했다. 대니엘 예긴, 앞의 책, p. 256. 거의 모든 경제적 자산을 국가가 관리하는 중국인 같은 이 발언은 미국에게 석유는 기업의 문제가 아니라, 국가 이익의 문제라는 인식을 보여 주는 증언이다. 따라서 미국의 대외 외교, 통상 정책은 원유 확보와 원유의 가격이 곧 미국의 국가 이익과 직결된다는 이해를 바탕으로 이루어진다. 대표적인 사례가 본문에서 언급한 사우디아라비아 친화 정책과 이라크 침공, 이란 제재이다. 나아가 미국은 1차 오일 쇼크 이후인 1975년부터 2015년까지 알래스카 산 원유를 제외하고 40년 동안 원유를 수출금지 품목으로도 지정했다. 미국의 원유 매장량 또한 정확히 알려져 있지 않다. 최대 원유매장국가인 사우디아라비아보다도 많다는 의견도 있다. 미국이 원유 수출 금지를 2016년부터 해제한 이유는 2008년부터 생산이 본격화된 자국의 세일 오일 때문이다. 세일 오일이 활발히 생산되면서 원유가 미국의 국내 소비수요보다 충분히 남는다고 판단하여 이의 수출을 허용한 것이다. 하지만 아무 국가에게나 수출하지도 않는다. 오직 미국과 FTA를 체결하는 등 미국의 전략적 이해관계에 부합하는 국가에게만 세일 가스와 오일을 수출한다. FTA를 체결하지도 않았는데 미국으로부터 세일 가스와 오일을 수입하는 국가도 있다. 바로 일본이다.

133 이라크 전쟁 후 대량살상무기가 발견되지 않았던 이 "영화 같은" 황당한 사실은 실제로 2010년 영화 「그린 존(Green Zone)」으로 만들어진다. 감독은 본 얼티메이텀과 제이슨 본을 만든 폴 그린그래스(Paul Greengrass)로, 맷 데이먼과 이 영화에서 다시 호흡을 맞추었다. 그린 존은 바그다드에서 미국 대사관 등 외교공관, 이라크 정부 기관, 사담 후세인 궁전 등이 밀집하여 안전한 지역으로 알려진 구역을 말한다. 그린 존 바깥은 레드 존이라고 불렀다.

134 헨리 키신저, *앞의 책(세계 질서)*, p. 182

량 또한 하루 252만 배럴로 사우디아라비아[865만 배럴], 러시아[657만 배럴], 노르웨이[254만 배럴]에 이어 세계 4위 원유 수출 대국이기도 했다.

미국의 "역린(逆鱗)"을 다시 건드린 원유 대국 이란의 대담성에 미국은 당황했다. 하지만 미국이 이라크처럼 대규모 지상전을 주도하는 것은 국내 정치상 사실상 불가능한 옵션이었다. 특히 이란은 산악 지대가 많아, 대규모 지상군 작전은 그야말로 대재앙이 될 것이 뻔했다. 이에 따라 미국은 2006년 이전부터 진행되던 이란의 핵농축 프로그램을 문제 삼아 UN 결의안[UN Resolution 1696]을 통해 이란의 핵 농축 활동 중단을 요구했다.[135] 이란은 당연히 이를 거부했고, 미국은 2006년 12월 달러 패권에 도전한 대가로 이란 제재 결의안[UN Resolution 1737]을 결국 통과시켰다.

2006년 12월 UN의 對 이란 제재 결의안은 이란과의 무역 거래 금지, 선적 금지 등의 경제 제재안이 주요 내용이었다. 즉, 이란의 원유 수출을 원천적으로 차단하겠다는 것이다. 특히 이란 제재안 중 이란과의 간접 금융 거래 시 미국 금융기관과의 접촉을 아예 차단시키겠다는 이른바, 세컨더리 보이콧[Secondary Boycott]은 이란 제재가 왜 시작되었는지 확실하게 보여 주는 핵심 조항이었다. 세컨더리 보이콧은 간단히 말해서 이란산 원유를 혹시라도 달러나 유로화로 직·간접 결제하는 금융기관이 있다면, 그 기관을 미국 금융기관이 구축한 글로벌 달러 금융 네트워크에서 완전히 축출하겠다는 것이다. 예컨대 프랑스의 BNP 파리바[BNP Paribas]가 이란의 원유 대금을 어떤 방식으로든지 유로화로 결제했다가는 미국 재무부의 제재는 물론, 이후 전 세계에 산재한 미국 금융기관과의 은행 간 대출,

---

135 실제로 이란이 핵무기를 개발하고 있는지는 여전히 논란거리이다. 이란이 핵무기를 개발하는 것이 확실하다는 주장은 이스라엘 측 주장이다. 실제로 네타냐후 이스라엘 총리는 2018년 4월, 테헤란에서 모사드가 입수한 핵무기 관련 문서 55,000여 장, CD 183장을 증거물로 제시했다. 네타냐후에 따르면 이란의 핵무기 개발 프로젝트의 이름은 "아마드 프로젝트(Amad Project)"인데, 이는 10킬로톤의 TNT 폭발력을 가진 5개의 핵탄두를 설계, 생산 및 테스트하는 프로젝트라고 한다. 이란은 이에 대해 오래된 주장의 재탕이라며 펄쩍 뛰었다. 한편 모사드는 2020년 11월 27일, 이란 핵무기 개발의 핵심 인물로 이란의 오펜하이머로 불리던 과학자 파크리자데(Mohsen Fakhrizadeh, 1958~2020)를 테헤란 근교의 아브사르드(Absard)에서 암살했다. 그는 방탄처리된 닛산 자동차를 타고 앞뒤로 무장 호위 차량 2대까지 경호했지만, 안면인식과 AI 기술을 활용한 무인 자동차의 정교하면서도 무차별적인 기관총 세례를 피하지는 못했다. 암살 당시 파흐리자데 바로 옆 28cm 떨어진 그녀의 아내는 전혀 총상을 입지 않았다고 한다. 이 암살의 배후에 모사드가 있다는 주장은 비밀이 아닌 정설로 알려져 있다.

은행 간 결제, 은행 간 환전 시스템을 사용할 수 없게 되면서 국제 금융시장에서 완전히 왕따가 되는 것이다.

이란 경제 제재안으로 이란은 사실상 달러와 유로로 결제되는 국제무역 시스템에서 완전히 배제되었다. 국제무역에서 달러 결제 비중은 대략 50%, 유로 결제 비중은 20~30%이므로, 대략 최소 70~80%에 이르는 국제무역 결제 시스템에서 이란의 교역이 배제된 것이다. 그 결과 이란 경제는 참혹한 타격을 입었다. 우선 이란의 가장 핵심 교역 상품인 원유 생산량이 급감하였다. 제재 이전 하루 400만 배럴을 넘던 생산량은 2012년에는 300만 배럴 아래로 떨어졌다. 트럼프 대통령이 이란 원유 수출을 제로로 만들겠다고 공언한 가운데, 로이터에 따르면 2019년 초 이란의 하루 원유 수출량은 1백만 배럴을 겨우 넘었고, 2020년에는 10만 배럴에 불과했다.[136] 원유 생산과 수출이 급감하면서 2008년 이란의 GDP 증가율은 △7.9%, 2009년에는 0.76%, 미국이 제재를 추가로 강화한 2012년에는 △10.09%, 2017년에는 △9.64%로 경제 전체가 만신창이가 되었다.

특히 달러 결제 불가로 생필품에 대한 무역마저 차단되면서 제재 당시 10% 근방에 머물던 생필품 물가는 2010년에 20%를 넘었고, 2015년에는 30%를 넘나들었다. 이로 인해 이란 국민들은 엄청난 고통을 겪어야 했다. 이란 통화인 리알(rial)은 로마 제국 말기 데나리우스 은화보다 더 무가치한 통화로 전락했다. 예컨대 1달러에 1만 리알 아래에 있던 리알/달러 환율은 2008년에 처음 1만 리알을 돌파했고, 2011년에는 1만 5천 리알, 2012년에는 3만 리알을 넘었다. 트럼프 대통령이 이란 2차 제재안을 부활시킨 2018년에는 1달러에 무려 19만 리알, 하마스 공격이라는 악재가 덮친 이후인 2024년 4월에는 70만 리알까지 폭락한 적도 있다. 더 나아가 이란은 2010년 6월에는 스턱스넷(Stuxnet)이라는 정체 미상의 사이버 공격체로부터 이란의 우라늄 농축 시설이 집중 공격을 당하는 수치스러

---

136 https://www.al-monitor.com/originals/2023/08/irans-oil-exports-china-hit-10-year-high. 하지만 이란의 원유 수출은 중국이 구원투수로 등장하면서 극적으로 상환이 반전된다. 즉, 중국이 이란 원유 수입량을 늘리면서 이란 원유 수출은 2021년부터 극적으로 증가하게 된다. 예컨대 2023년 8월에는 중국으로 수출된 원유량이 하루 150만 배럴이었고, 그 결과 이란의 일 원유 수출량은 총 2백만 배럴을 넘게 된다.

운 대가를 치르기도 했다.[137] 달러 패권에 멋모르고 반기를 든 이란 정부 관계자들은 과연 이렇게 상상도 못할 엄청난 대가를 치러야 한다는 사실 자체를 예상이나 하였을까? 2040년까지 이스라엘을 몰락시키기 위해 웬만큼 사소한 불편은 참는다는 이란의 전략적 인내 정책은 이 무지막지한 달러 패권 앞에서 과연 성공할 수 있을 것인가?

(11) 『황금, 설탕, 이자』와 키신저의 세계 질서

이처럼 인쇄 원가 12~17센트의 1그램짜리 종잇조각 하나로 미국은 유럽 경제를 살리고, 중동과 남미 정부를 좌지우지하고, 남미의 국영기업을 민영화시키고, 사회주의를 무너뜨리고, 자국은 준수할 필요가 없는 국제무역규범 WTO 체제를 출범시키고, 아시아 국가의 자본시장을 장악하고, 이라크 유전을 차지하고, 이란 경제를 고사시킨 것이다! 이처럼 황금과 설탕과 이자를 모두 장악한 미국의 자국 통화 달러는 전 세계 무역 질서를 규율하는 것은 물론이고, 전 세계 정치와 외교까지 지배하는 "오즈의 마법사(Wizard of Oz)"가 되었다. 이것이 바로 지구상의 모든 이가 결제 수단으로 인정하는 달러의 확고한 신뢰에서 비롯된, 거의 무한대에 가까운 실체적 권력이다. 미국이 가진 세계 패권은 핵무기가 가진 물리적 힘보다는, 달러가 가진 아후라 마즈다와 같은 무시무시하면서도 보이

영화 오즈의 마법사 1939년 포스터. 도로시 오른쪽이 땅딸보인 오즈의 마법사. 출처: Wikipedia. Public Domain

---

137 　스턱스넷은 웜 바이러스의 일종으로, MS Windows를 통해 감염되는 것으로 알려졌다. 아울러 이 바이러스는 지멘스의 기계장비에 사용되는 소프트웨어인 SCADA만 감염시켜, 지멘스 기계 장비 제어에 문제를 일으킨다. 컴퓨터 바이러스 보안업체인 시만텍은 이 바이러스에 감염된 컴퓨터의 60%가 이란에 존재한다고 발표하였다. 일부 음모론에 따르면 스턱스넷의 배후에는 미국과 이스라엘 정부가 있다고 한다.

지 않는 절대 권력에 바탕을 둔 것이다.

2차 대전 후 달러의 절대 권력에 바탕을 둔 미국의 이와 같은 패권 행보에 대해 헨리 키신저는 다음과 같이 평가했다. "개발도상국들은 인정하기는커녕 가끔은 알아채지도 못하는 위협으로부터 보호받았다. 미국으로부터 자금조달과 시장, 다수의 혁신을 도움받은 세계 경제는 발전했다. 아주 짧지만 1948년 무렵부터 세기가 바뀔 때까지 인류 역사상 미국의 이상주의와 전통적인 세력 균형 개념이 혼합된, 초기 단계의 전 세계적인 세계 질서(World Oder)가 형성되었다고 말할 수 있는 순간이 등장했다."[138]

다만 헨리 키신저는 1948년 무렵에 "왜" 세계 질서가 등장했는지는 평가하지 않았다. 하지만 필자는 미국이 1948년 이후부터 형성한 세계 질서는 미국이 황금, 설탕, 이자를 모두 장악하여 자국의 통화인 달러가 기축통화 역할을 했기 때문에 가능한 것이었다고 감히 주장하고자 한다. 따라서 필자 용어로 헨리 키신저의 세계 질서(World Oder) 개념을 다시 풀어서 쓰면 바로 필자가 이 책을 통해 주장하고자 하는 핵심 주제가 된다. 즉, 「**미국이 황금과 설탕과 이자를 전 지구적 수준에서 모두 장악하면서 1948년 이후 자국 통화인 달러가 기축통화가 되었고, 그 결과 인류 역사상 처음으로 세계 질서[World Order]를 주도적으로 형성할 수 있는 진정한 의미의 세계 패권국가가 되었다.**」 달리 말하면 미국은 인류 역사상 처음으로 전 세계의 황금과 기술·산업·무역 패권, 그리고 금융 패권을 동시에 장악하면서 달러를 기축통화로 만들었고, 이를 통해 세계 질서를 주도적으로 형성할 수 있는 인류 역사 최초의 세계 패권국가가 되었다. 즉, 「**달러 패권=세계 패권**」이라는 공식이 마침내 완성되었다. "물론 미국이 안정성과 보편성의 원칙에 대한 균형을 잡는 과정에서," 미국의 패권이 "다른 나라의 역사적 경험이나 주권 불간섭의 원칙들과 늘 조화를 이루었던 것은 아니었다."[139] 필자가 역사적 사실을 통

---

138   헨리 키신저, *앞의 책(세계 질서)*, p. 405

139   헨리 키신저, *앞의 책(세계 질서)*, p. 413

해 황금, 설탕, 이자를 장악한 국가가 세계를 지배한다는 이 일반적 원리가 타당한 결론인지 여부와, 달러 패권을 기반으로 한 미국의 패권 행사에 대한 키신저의 평가에 동의하는지 여부는 지금 이 글을 읽고 있는 독자의 몫이다.

중국의 전략적 선택 - 자본시장과 외환시장의 통제

당 삼채, 폴로 게임을 하고 있는 당나라 관리와 여인 (唐三彩馬球仕女俑), 대만 고궁박물관 소장

(1) 위안화 절하 위기?

2008년 금융위기 이후 새롭게 G2로 등장한 중국은 미국이 가진 이와 같은 무시무시한 달러의 힘을 잘 알고 있었다. 그래서 그들은 자본시장과 외환시장을 완벽히 개방하지 않았다. 앞으로도 그렇게 하지 않을 것이다. 위안화가 달러에 맞설 만큼 힘이 커질 때까지. 그리하여 중국은 지금처럼 외환시장을 필요한 마지막 순간까지 국가의 통제 하에 두려고 할 것이다. 현재 위안화 환율 제도의 공식 명칭은 "관리변동환율" 제도이다. 용어로만 보면 변동환율처럼 보이지만, "관리"란 말은 정부가 환율을 정한다는 뜻이다. 즉 위안화의 고시 환율[CNY]은 중국 정부가 결정한다. 다만 중국 정부는 위안화 환율[CNH]을 시장이 결정하는 메커니즘을 홍콩에 마련은 해 두었다. 하지만 공식 환율은 CNY 환율이다.

실제로 중국은 이 권한을 이용해서 1990년대 중반 막대한 수출 증가 효과를 거둔 적이 있다. 정말? 등소평의 후계자로 지명된 장쩌민[江澤民, 1926~2022]은 주석이 되기 전에 비누 공장 공장장 등을 역임하는 등 정치적 영향력이 거의 없는 인물이었다. 이처럼 당내 기반이 거의 없는 인물이 주석이 된 이유는 1989년 천안문 사태 때문이었다. 즉 이 시기 중국 내 공산당 독재에 항거하는 운동이 확산하자 당에서는 강경론이 득세했지만, 장쩌민은 상하이시의 민주화 운동을 강경책이 아니라 온건 노선으로 진화한다. 등소평은 이를 눈여겨보다가 1989년 주석으로

그를 발탁했다.

주석으로 발탁된 장쩌민은 당내 권력 기반이 약했기 때문에 어떻게든 자신의 능력을 대내외에 "확실히" 과시할 필요가 있었다. 장쩌민의 카드는 수출 확대였는데, 그는 이를 위해 1994년 1월 위안화 환율을 하루 만에 무려 49.8%를 올려 고시했다. 즉 1993년 12월 20일, 1달러당 5.82위안이던 환율을 한 달만인 1994년 1월 10일, 8.62위안으로 고시한 것이다. 안 그래도 싼 임금 노동력으로 생산한 중국산 저가 제품은 이 살인적인 조치로 인해 50%가 추가로 더 저렴하게 되었다. 그 결과 1994년 중국 수출은 1,046억 불을 기록하여 사상 처음으로 1,000억 불을 넘었는데, 이 수치는 1993년 수출 534억 불보다 무려 95.9%가 증가한 수치였다. 중국의 이와 같은 환율 상승 조치는 수출로 달러를 확보하던 동남아 국가와 한국에 대규모 무역 적자라는 엄청난 영향을 미쳤고, 결국 1997년 아시아 외환위기로 확산하기도 한다.

하여튼 중국의 이와 같은 환율통제는 오시리스$^{(Osiris)}$나 호루스$^{(Horus)}$의 눈과 같은 무시무시한 힘을 갖춘 달러의 공격으로부터 위안화를 절하 위기에서 구제한 적이 있다. 외환보유고가 3조 달러가 넘는 중국이 위안화 절하와 같은 외환위기라고? 말도 안 되는 소리! 하지만 이는 소설이 아니다. 실제로 있었던 일이다. 즉 2016년 초의 "위안화 절하 위기"가 바로 그것이다. 2016년 위안화 위기는 2014년 2/4분기에 시작된다. 미국 FED의 양적 완화가 종료되면서 미국 금리 인상을 예상한 자본이 중국을 빠져나가기 시작한 것이다. 이에 따라 중국의 자본 수지는 2014년 2분기부터 마이너스로 돌아섰다. 마이너스 속도는 갈수록 가속화되어 2015년 3분기에만 1,500억 불의 자금이 중국 밖으로 빠져나갔다. $^{(아래 왼}$ $^{쪽 그래프)}$ 이로써 2014년 2분기부터 2015년 3분기까지 총 6,570억 불의 자금이 중국 밖으로 유출되었다.[1]

---

1 중국 순자본유출 규모('14.2Q ~ '15.3Q): 6,570억 불 - 중국내 거주자 환전(3,530억 불), 통계 오류(3,270억 불), 비거주자 환전(2,480억 불)

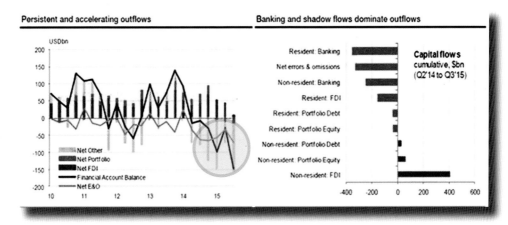

출처: SAFE, SG

(2) 중국 당국과 헤지펀드의 엔드 게임

자본유출로 인한 외환보유고 감소로 위안화 절하 압력이 높아졌다. 하지만 중국 외환시장은 중국 정부가 통제하고 있었다. 위안화와 달러의 공식 환율은 크게 움직이지 않았다. 그럼에도 불구하고 자본유출이 시작되자 시장에서는 위안화 약세를 예상하면서, 외국인들이 중국 주식과 채권을 팔아치우기 시작했다. 2015년 3분기에만 채권 114억 불, 주식 57억 불이 순매도 되었다. 중국은 2015년 이전 과거 10년간 주식, 채권 순매도가 동시에 진행된 시기가 총 3번 있었는데, 2015년 3분기 매도세가 가장 규모가 컸다.

이때부터 외환시장에서 헤지펀드 등의 투기 세력과 중국 외환 당국 간 보이지 않는 "엔드 게임[End Game]"이 벌어졌다. 즉 헤지펀드는 위안화 가치 하락에 베팅하는 대규모 숏 포지션을 구축하였고, 중국 외환 당국은 4조 달러에 육박하는 외환보유고를 활용하여 위안화를 마구 사들였다. 실제 자본유출이 본격화되기 시작하는 2014년 6월경 중국의 외환보유고는 약 3.9조 달러였는데, 2016년 1월에는 중국의 외환보유고가 3.2조 달러였다. 3.2조 달러는 자본유출이 시작된 2014년 중반 이후 6,630억 불이 감소한 규모이다. 이는 같은 기간에 순 유출자본 규모인 6,570억 불과 거의 일치한다. 이는 중국외환 당국이 환율 방어를 위해 외환보유고를 사용하여 현물 외환시장에 개입하였음을 보여 주는 강력한 증거이다. ^(아래 왼쪽 그래프)

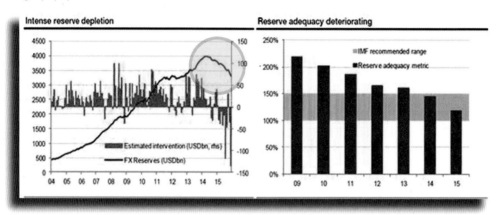

출처: SAFE, PBOC, SG

상식적으로만 보면 외환보유고가 3조 달러가 넘으니 위안화 가치 하락 방어는 문제가 없는 것처럼 보였다. 우리나라는 IMF 외환위기 직전인 1997년 외환보유고가 태국 외환보유고 300억 불의 10%인 30억 불이 채 되지 않았다. 중국이 1997년의 우리보다 약 1,000배 이상 많은 것이다. 이런 나라에 외환위기라고? 하지만 헤지펀드의 계산법은 달랐다. 우선 IMF의 외환보유고 권고 기준으로 적정 하한치는 중국의 경우 2.8조 달러였다.[2] 다시 말해 2.8조 달러가 붕괴되면, 중국 경제 규모를 고려한 외환보유고 적정선을 이탈하는 것이 된다. 나아가 헤지펀드는 2016년 1월 기준, 중국 외환보유고 3.2조 달러 중 단기 해외채무 1.8조 달러는 외환 당국이 자유롭게 사용하는 것이 불가능하다고 판단했다. 즉, 중국 주식 및 채권시장에 투자한 외국인 투자자금, 1년 이내 단기부채, 그리고 외국인들의 예금은 언제든지 상환에 응해야 하므로, 외환 당국이 최소한의 외환

---

2 2015년 말 기준 중국의 외환보유고 3.2조 불은 IMF 권고 기준 대비 118%였다. 2015년 11월 기준으로, 중국 외환보유 포트폴리오의 추정치는 다음과 같다. 미국 국채 1.26조 달러, 일본 및 유럽 국채: 5,000~7,000억 달러, 기타 1.2조~1.4조 달러

보유고로 확보하고 있어야 한다.[3]

따라서 중국 외환 당국이 재량껏 사용할 수 있는 총 가용 외환은 3.2조 달러가 아니라, 1.8조 달러를 제외한 1.4조 달러이다. IMF 권고 수준인 2.8조 달러를 한참 이탈한 수준이기도 하다. 특히 2015년 말에는 자본수지가 월 1,500억 불 적자를 기록하면서, 자본유출 속도에 가속도가 붙었다. 만약 2016년에도 이 속도가 유지된다면 중국은 위안화 환율을 유지하기 위해 외환시장에 개입할 수 있는 여력이 불과 9개월분밖에 안 된다는 뜻이 된다!!!![4]

이에 따라 헤지펀드들은 2016년 중에는 중국 금융당국이 위안화 절하나 자본 통제 두 가지 옵션 중 하나는 반드시 시행할 수밖에 없을 것으로 예상하였다. 하지만 위안화 가치하락은 위안화 국제화를 추구하는 중국 금융당국이 선택 가능한 옵션이 아니었다. 그렇다고 자본 통제를 실시하는 것도 만만치 않았다. 왜냐하면 중국 위안화는 2016년 말에 SDR 편입을 앞두고 있어, 외국인에 대한 자본 통제를 실시하는 것이 사실상 불가능했기 때문이다. 중국 정부는 진퇴양난에 빠졌다.

이 상황에서 헤지펀드들은 위안화에 대한 대규모 숏 포지션을 구축했다. 1990년대 아시아 금융위기에서 조지 소로스가 예측한 것처럼 중국 정부는 원하지 않겠지만, 시장 압력에 못 이겨 결국에는 위안화를 평가 절하할 것이라는 기대 때문이었다. 마치 1992년에 파운드화 가치를 지키려고 했던 잉글랜드 은행이 시장의 압력에 못 이겨 결국 파운드화를 평가 절하한 것처럼 말이다. 다만 헤지펀드의 숏 포지션 규모는 알려져 있지 않았다. 아니 개인 간 선물, 옵션 거래이므로 전체 규모를 파악하는 것은 불가능했다. 하지만 중국 외환 당국이 직접 개입

---

3 중국 단기 대외 채무 (2015년 기준) 추정: 외국인 주식·채권 투자 - 7,880억 불, 외국인 단기부채 - 6,700억 불, 외국인 보유 예금 - 3,830억 불 등 총 1.8조 달러. 이 중 외국인 단기부채는 이후에도 급격히 증가하여 2018년 3월에는 9,000억 불을 넘기도 하였다.

4 ▓▓▓▓ 1.4조 달러/0.15조 달러=9.3개월. 더 나아가 외환보유고 중 달러가 아닌 자산 비중이 대략 30~40%에 이르므로, 실제 달러 보유고는 기껏해야 1조 달러 내외이다. 특히 1조 달러도 중국 중앙은행인 인민은행이 모두 보유하고 있는 것이 아니라, 중국 내 수출기업들 모두의 외환보유고를 합한 수치이다. 이는 중국 중앙은행이 외환을 방어하기 위한 실제 달러가 1조 달러에 못 미친다는 뜻이다.

할 만큼 엄청나게 위협적인 규모였던 것은 확실하다.

위안화 위기가 시작된 2014년 6월 즈음에 공식적인 환율은 CNY 기준으로 1달러에 6.2 위안이었는데, 헤지펀드는 적정 환율을 6.8 위안으로 계산하고 숏 포지션을 구축했다. 다시 말해 10% 정도 위안화가 절하되는 것이 적절하다는 것이다. 어떤 헤지펀드는 적정 환율이 약 17% 절하된 7.5 위안이라는 도박성 숏 포지션으로 대응했다. 시장은 중국 외환보유고 3조 달러가 붕괴할 것이라 예상했다. 주식시장, 채권시장의 폭락세가 진정되지 않았기 때문이다. 헤지펀드의 공격에 2016년 1월부터는 달러당 6.5 위안으로 위안화 가치가 약 5% 절하되었다. 하지만 중국 정부의 대응도 만만치 않았다.

우선 중국 정부는 외국인이 아니라 내국인에 대한 자본 통제를 실시했다. 가장 먼저 중국 인민이 외화로 환전할 수 있는 자금을 연간 5만 달러로 제한했다. 해외 관광에서 개인이 1,000위안 이상 사용하면 카드회사가 금융당국에 신고하도록 했고, 개인 외화 예금도 입출금 상황을 신고하도록 강제했다. 100억 달러가 넘는 기업들의 대형 해외 M&A, 10억 달러 이상의 해외 부동산 투자, 모기업의 주력 산업과 무관한 10억 달러 이상의 해외 M&A에 대해서는 정부가 사전 심사를 강화하면서 사실상 금지하였다. 적극적인 환율 방어 정책도 시행했다. 즉 현물 시장에서 외환보유고를 활용하여 환율을 방어하는 한편, 2015년 2사분기부터는 선물 시장에도 개입해서 위안화 환율을 방어했다. 추정컨대 현물 시장보다 선물 시장에 더 많이 개입했을 것이다.

전쟁터는 홍콩 CNH 시장이었다. 홍콩에서는 중국 외환 당국과 달러를 동원한 헤지펀드 양 진영 간 격렬한 전투가 벌어지고 있었지만, 공식 환율인 CNY는 2015년 5~8월까지 여전히 6.3 위안 내외였다. CNH 시장도 공방이 벌어지고는 있었지만 6.3 위안 내외로 유지되었다. 2015년 12월경에도 CNY, CNH 모두 약 3% 하락한 6.5 위안 근방에서 거의 움직이지 않으면서 헤지펀드의 공격이 별로 효과가 없는 것으로 드러났다. 예상치 못한 상황에 헤지펀드는 엉뚱하게도 위안화의 대리 변수인 한국의 원화를 공격했다. 이 때문에 2016년 1~2월 사이 원/

달러 환율이 하루에 10원 이상 폭등하는 이상 현상을 보였다. 그 결과 2010년 5월 이후 거의 6년 만인 2016년 1월 8일부터 2016년 3월 11일까지 약 두 달 동안 원-달러 환율은 1,200원을 넘나들었다.

2016년 9월경까지 지속된 이 전쟁에서 중국 정부는 일시적으로 승리했다. 추정컨대 헤지펀드의 절하 압박에 대응할 때, 최소한 이 기간만큼은 중국 외환 당국이 외환보유고를 대량으로 사용하여 직접 현물시장에 개입하지는 않은

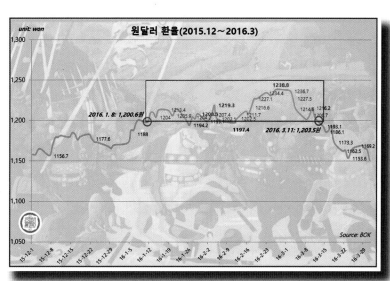

것으로 보인다. 왜냐하면 2016년 1월부터 2016년 12월까지는 중국의 외환보유고가 3조 달러 이상을 유지하고 있었기 때문이다. 이는 외환보유고를 활용하여 현물시장에 개입한 것이 아니라, 다른 방식으로 대응했을 가능성이 높다는 뜻이다.

추정컨대 중국 정부는 2015년 4/4분기부터는 현물시장이 아니라, 주로 선물시장에서 위안화를 방어했던 것으로 보인다. 선물 시장 방어는 현물시장 방어만큼 많은 외환보유고가 필요하지 않고, 레버리지를 사용하면 막대한 규모의 방어벽을 쌓을 수도 있기 때문이다. 나아가 롤오버[^(roll-over)] 시점에 결제해야 할 차액은 중국 정부가 위안화 환율을 통제하고 있으므로, 그 시점에 자신들에게 유리한 환율을 고시함으로써 손실을 피했을 가능성이 높다.

결과적으로 이 전투에서 헤지펀드는 승리하지 못했다. 헤지펀드의 가장 중대

한 약점은 시가 평가로 손실이 확대되면 헤지펀드 하나 혹은 둘이 기존 포지션을 신속히 청산하게 되고 이를 지켜보던 다른 헤지펀드도 어느 순간 갑자기 무더기로 포지션을 청산한다는 것인데, 이 경우 강철처럼 단단한 헤지펀드의 단일 대오가 급속히 붕괴된다. 아마도 2016년 초에 이런 일이 벌어진 것으로 보이고, 그 결과 여러 헤지펀드가 큰 손실을 입은 것으로 추정된다. 필자가 보기에 헤지펀드의 가장 큰 패인은 중국 정부의 강력한 자본 통제 수단을 예측하지 못했기 때문이다. **아마 헤지펀드가 이렇게 크게 패배한 전투는 헤지펀드가 등장한 2차 대전 이후 2003년 일은포**(日銀砲) **사건을 제외하면 거의 유일할 것이다.[5] 쉽게 말하면 1982년 남미의 거의 모든 정부, 1992년 파운드 절하 위기 때 영란은행, 그리고 1997~1998년 아시아 금융위기 때 태국, 말레이시아, 필리핀, 한국 정부를 KO 패시켰던 헤지펀드를 상대로 중국 정부가 승리한 것이다![6] 필자는 2016년 위안화 절하 위기가 중국 금융당국의 역량이 결코 만만치 않음을 전 세계에 과시한 획기적인 사건이라고 평가한다.**

하여튼 외환보유고가 3조 달러 이상으로 안정되기 시작하자, 자본유출도 진정되었다. 이에 중국 국내 경기도 살아나기 시작했다. 과잉설비 정리, 의법치국(依法治國)을 앞세운 부패척결, 신창타이 등 시진핑이 추진한 강력한 구조조정 효과도

---

5   일은포 사건은 2003년 1월부터 2004년 3월까지 15개월 동안 일본 중앙은행인 일본은행의 외환 시장 개입 사건을 일컫는다. 문제의 시작은 이라크 전쟁이었다. 2003년 초부터 미국이 이라크 침공을 기정사실화하자, 헤지펀드들이 안전자산인 엔화 가치가 오를 것이라 예상하고 대규모 엔화 매수 포지션을 취하였다. 일본은행은 엔화 가치의 급등을 막기 위해 15개월 동안 대략 35조 엔의 엔화를 외환시장에 융단폭격식으로 대량 매도하였다. 헤지펀드가 2016년 중국에 대해서는 달러 강세에 베팅한 것과 달리, 이 사건은 헤지펀드가 일본 자국 통화인 엔화 강세에 베팅한 것이다. 일본은행은 헤지펀드의 공세를 막기 위해 자국 통화를 찍어서 외환시장에 팔기만 하면 방어할 수 있었던 셈이다. 이런 멍청한 헤지펀드들도 있나? 결국 양측 대립 결과 일본은행이 승리한다. 그 결과 헤지펀드 수백 개가 큰 손실을 입은 것으로 추정된다. 일본은행의 외환 은행 개입이 대포 같다고 하여, 이 사건을 일본은행 대포, 즉 일은포 사건이라고 부른다.

6   아시아 금융위기 때 헤지펀드가 모두 승리한 것은 아니다. 예외가 바로 홍콩이다. 헤지펀드는 당시 1달러당 7.7 홍콩 달러 비율을 유지하던 홍콩의 페그제도 공격했다. 아시아 금융위기가 전염되면서 홍콩 달러 가치가 폭락할 것이라 예상한 것이다. 이에 대해 홍콩 금융당국은 우리나라 금융당국처럼 보유한 달러로 홍콩 달러를 매수함으로써 통화가치를 방어하는 멍청한 짓은 하지 않았다. 그들은 헤지펀드의 아킬레스건인 단기 차입금(레버리지)을 맹공했다. 즉, 홍콩 금융당국은 1997년 10월 23일, 홍콩 은행 간 금리를 기존의 6%에서 300%로 50배 올렸다. 물론 홍콩 주식시장은 폭락했지만, 단기 자금을 차입하여 홍콩 외환시장을 공격하던 헤지펀드도 엄청난 이자 부담 때문에 외환시장 공격을 포기했다. 홍콩은 아시아 금융위기에서 헤지펀드의 공세에서 유일하게 살아남아, 오늘날까지도 1달러당 7.8 홍콩 달러 비율을 유지하고 있다.

빛을 발하기 시작했다.[7] 2016년 4/4분기부터는 중국내 생산도 늘고 수출 증가율도 높아졌다. 우연의 일치인지는 몰라도 한국도 2016년 11월부터 덩달아 수출이 증가세로 반전되었다.

2016년 초의 공격으로 헤지펀드의 공세가 멈춘 것일까? 대답은 단연코 "No"이다. 헤지펀드의 공격은 2016년 10월에 다시 시작되었다. 미국 연준의 2016년 12월 금리 인상을 예견하고, 시장에서 미리 움직인 것이다. 우선 홍콩의 CNH 환율은 2016년 10월 6일에 6.7위안이었다. 11월 23일에는 6.9위안까지 치솟았다. 2016년 12월은 한 달 내도록 6.9와 7위안 사이에서 아슬아슬한 줄타기를 하고 있었다. 필자가 보기에 7위안을 두고 헤지펀드와 중국 정부 간 사활을 건 치열한 공방이 있었을 것이다.

하지만 시장의 압력이 중국 정부의 정책적 의지보다 우세했다. 이 때문에 CNY 환율도 약간의 시차를 두고 조금씩 올라가기 시작했다. 중국 외환 당국은 다시 시장에 개입했다. 이 시기에는 외환 당국이 환율 안정을 위해 현물시장과 선물 시장에 동시 개입한 것으로 보인다. 더 나아가 2016년 11월 28일, 중국 금융당국은 또 다른 외환통제 조치를 도입했다. 우선 금융 당국의 승인을 받아야 하는 해외 송금 한도를 기존의 5,000만 달러에서 500만 달러로 낮추었다. 이 조치는 사실상 중국 내 외국 기업의 배당금 송금을 제한하는 극단적인 조치였다. 나아가 중국 내 非 금융기업의 역외기업 대출액도 자기자본의 30%로 제한했다. 중국 정부가 자국기업의 해외 송금을 제한한 것은 20년 만에 처음이었다. 이처럼 외환시장 개입과 추가적인 외환통제 조치를 통해 아마도 7위안을 넘기지 않기 위해 중국 외환 당국이 총력을 기울였을 것이다. 이에 따라 2017년 1월 3일, CNH 환율이 6.959에서 다음날인 1월 4일 6.866, 그다음 날인 1월 5일에는 6.789로 급전직하했다.

---

7 물론 시진핑의 부패척결은 정치적 목적도 가지고 있었다. 즉, 2013년에 주석에 오른 그는 자신의 권력 기반을 강화하기 위해 후진타오 세력인 공청단 세력 축출에 주력했는데, 이때의 명분이 바로 부패척결이었다. 이 시기를 전후한 시기에 축출된 대표적인 인물이 바로 2013년에 축출된 보시라이(薄熙來, 1949~)와 2015년에 축출된 저우융캉(周永康, 1942~)이다.

필자가 보기에 이는 외환 당국의 개입 흔적일 가능성이 매우 높다. 추정컨대 대규모 달러가 현·선물 외환시장에 융단폭격식으로 투하되었을 것이다. 그래프에서도 2017년 1월 3일과 5일 사이에 수직으로 CNH 환율이 급락하는 모습이 확연히 드러난다. 연초이기 때문에 위안화를 안정시키기 위한 시그널일 수도 있고, 아니면 위안화 절상에 베팅한 선물이나 옵션의 만기나 롤오버(roll-over) 시점일 수도 있다. 그리고 시점상 이 시기는 거의 달러당 7위안을 육박했기 때문

에, 특단의 조치가 없으면 7위안이 위협받는 자리이기도 했다. 이처럼 2017년 1월의 시장 개입으로 2017년 1월에는 중국의 외환보유고가 3조 달러가 붕괴된 2조 9,982억 불을 기록했다.

아마도 이때의 절하 압력은 2016년 초의 압력보다 훨씬 힘이 강했던 것으로 보인다. 이 때문인지 위안화 환율은 이번에는 쉽게 진정되지 않았다. 달러 융단폭격이 있은 1월 이후에도 위안화 절하는 계속되어 2017년 4~5월 사이, 위안화 환율은 6.8~6.9 수준으로 다시 복귀했다. 이 때문에 중국 외환 당국은 5월에도 다시 개입한 것으로 보인다. 필자 판단에 이 당시 중국 정부의 개입은 거의 확실하다고 본다. 실제로 중국 중앙은행인 인민은행장인 이강은 2018년 5월 파이낸셜 타임스 紙에, 인민은행이 거의 1년 동안 외환시장에 개입한 적이 없다고 발언

했다.[8] 반대로 말하면 2017년 5월까지는 인민은행이 외환시장에 개입했다는 뜻이다. 우연의 일치인지는 몰라도 개입 징후 이후인 6~7월부터는 위안화 평가 절하 추세가 다소 진정되면서 6.7 수준으로 내려왔다.

추세가 위안화 절상으로 반전되면서, 8월 중순부터 9월 초순까지 환율은 다시 급격히 내려갔다. 이 급격한 하락 역시도 중국 외환 당국의 시장 개입일 가능성이 있다.[9] 그 결과 위안화 환율은 8~11월 사이는 6.6 수준으로 안정되었다. 12월부터는 중국 외환 당국이 생각하는 적정 수준인 6.5 수준으로 다시 떨어지면서, 위안화 가치 하락은 결국 멈추었다.

(3) 위안화 절하, 용서받지 못할 자!

중국 정부는 왜 위안화 가치 하락 방어에 이처럼 병적으로 집착하는 모습을 보이는 것일까? 원인은 복합적이다. 가장 중요한 것은 바로 위안화의 국제화이다. 위안화 국제화에 숨겨진 이면은 그것이 세계 패권이든, 지역 패권이든, 중국이 패권을 향한 야망을 가지고 있다는 뜻이다. 정말? 브레진스키는 2000년에 저술한 책에서 중국이 세계적 강국이 될 것이라는 견해가 "망상"이라고 일축했다.[10] 필자가 보기에는 브레진스키가 2000년 이후 중국의 눈부신 성장을 보고도 이런 평가를 할 수 있을지 의문이다.

중국의 패권 가도가 망상이라면, 트럼프 대통령이 왜 무역전쟁을 통해 중국을 때리기 시작했나? 트럼프 대통령은 자기 순서도 아닌데 골프 샷을 치는 막무가내 악동이면서 정치적 수사에는 미숙한 정치 신인일지는 몰라도, 철저히 현실

---

8 "Renminbi strength lets China central bank loosen grip", Financial Times, June 1, 2018.

9 다만 이강의 말대로 1년 동안 외환시장에 개입하지 않았다는 말이 사실이라면 2017년 5월의 외환시장 개입이 2017년의 마지막 외환시장 개입일 가능성은 있다. 하지만 이강은 "거의" 1년(almost a year)이라고 발언했다. 이는 2017년 5월 이후 가까운 어느 시점에도 외환시장에 개입했을 수도 있었음을 시사하는 것이다. 필자 추정에는 2017년 9월 이후에는 인민은행 개입 흔적이 없어 보인다. 2018년 5월 시점에서 2017년 9월 이후 개입하지 않았다면 "거의" 1년 동안 개입하지 않았다고 충분히 말할 수 있다고 본다.

10 Z. 브레진스키, *앞의 책*, p. 239

에 기반을 둔 냉정한 승부사다. 2018년 7월부터 본격 시작된 그의 對中 무역전쟁은 중국의 패권을 저지하기 위한 전략적인 몸부림이다. 바이든 행정부도 마찬가지다. 바이든은 트럼프 대통령보다 더 치밀한 국제공조를 통해 중국을 견제할 것이고, 그 기조를 끝까지 유지할 것이다. 바이든 이후 누가 대통령이 되든 중국이 세계 패권을 추구하는 한 이 기조는 절대로 바뀌지 않을 것이다. 반대로 중국 관점에서는 자국 패권의 상징인 국제 통화로서의 위상을 지키기 위해서 위안화의 통화가치가 하락해서는 안 된다. 가치가 하락하는 통화를 다른 나라가 왜 보유하려고 하나?

두 번째가 바로 중국 국내의 사정이다. BIS에 따르면 중국 非 금융기관의 총부채는 2016년 말 기준으로 GDP의 259.3%인데, 이 중 기업 부채가 158%로 총부채의 절반이 넘는다. 만약 헤지펀드의 공격으로 위안화가 급격히 절하된다면, 달러로 부채를 일으킨 중국 국내 기업의 원리금 부담은 눈덩이처럼 불어난다. 단순 계산으로 위안화가 10% 절하되면, 가만히 앉아 있었는데도 10%만큼 원리금 부담이 늘어난다. 2017년 말에는 2016년보다 더 증가하여 중국 기업 부채는 GDP의 160.3%에 달했다. 2017년 중국 GDP가 약 12조 달러이므로 기업의 부채가 20조 달러에 육박하는 것이다. 더 나아가 2021년 기준 총부채는 285.1%, 기업 부채는 GDP의 193.6%로 2020년의 200.8%보다는 하락했으나, 증가추세는 꺾이지 않았다.[11] 2022년 기준으로는 총부채 비율이 GDP의 297.2%를 기록하여, 민간 부문의 총부채가 중국 GDP의 거의 3배 수준에 육박한다.

중국의 핵심 기업은 당과 중앙정부가 운영하는 국영기업이 대부분으로, 이 부채 수준은 중국 정부가 감당할 수 있는 수준이 아니다. 예컨대 2024년 기준 세계 1위 철강 업체인 바오우강철그룹(寶鋼集團, Baosteel)[12], 2024년 기준 세계 1위 알

---

11 IMF, 『2022 Global Debt Monitor』, Dec 2022
12 2016년 바오산철강그룹(바오강)과 우한철강그룹(우강)이 합병하여 탄생한 거대 철강기업으로, 출범 당시에는 인도·룩셈부르크 회사인 아르셀로미탈(ArcelorMittal)에 이은 세계 2위의 철강기업이었다. 하지만 출범 4년 후인 2020년부터 세계 1위 철강기업으로 부상한다.

루미늄 생산업체인 차이날코(中国铝业股份有限公司, Chinalco)[13], 중국 반도체 굴기의 핵심 기업인 칭화유니 그룹(清華紫光集团, Tsinghua Unigroup Co) [14] 세계 최대 합병 조선업체인 중국선박공업집단공사(中国船舶集团有限公司, China State Shipbuilding Corporation, CSSC)와 중국선박중공집단공사(中国船舶重工集团公司, China Shipbuilding Industry Corporation, CSIC) [15]의 합병 기업 또한 모두 당과 중앙정부가 운영하는 초거대 국영기업이다.

따라서 중국 외환 당국이 외환시장을 어떻게든 통제하는 것은 선택이 아니라 필수였다. 특히 2016~2017년 위안화 위기에 이어 2018년 7월부터 격화된 미중 무역전쟁으로 인해 중국의 달러 확보는 그 어떤 때보다 가장 중요한 국가적 핵심 과제로 떠올랐다. 예컨대 미중 무역분쟁이 극한을 향해 치달은 2019년에 중국 정부는 해외 주식이나 주택 매입을 위해서는 아예 달러 환전을 금지하고, 외화예금 인출 시 조사 대상을 기존의 5,000달러에서 3,000달러로 강화하는 등 외환통제 추가조치를 은밀히 강화하였다.[16]

중국 정부는 민간 기업을 향해서도 달러 자산을 확보하라고 무언의 압력을 가하였다. 실제로 미국 럭셔리 호텔의 대명사인 뉴욕 맨해턴의 월도프 아스토리아(Waldorf Astoria) 호텔을 2014년 19.5억 불을 지급하고 매입한 중국의 안방보험회사(Anbang Insurance Group)는 달러 확보를 위해 2019년부터 호텔 내 콘도를 매각하는 절차에 돌입했다. 왕젠린의 대련 완다 그룹(Dalian Wanda Group) 또한 2017년부터 2019년 상반기까지 25억 달러에 달하는 해외 자산을 처분했다. 홍콩의 HNA 그룹도 2017년부터 홍콩의 부동산을 도이치 뱅크와 힐튼(Hilton Grand Vacations)에 대

---

13 2001년, 중국의 6개 알루미늄 생산업체들이 합병하여 탄생한 거대 알루미늄 생산업체로, 2024년 기준 전 세계 최대 알루미늄 생산기업이다. 알루미늄 생산업체 1위는 2014년까지는 러시아의 RUSAL이었으나, 2015년부터 중국의 홍차오 그룹(China Hongqiao Group)이 1위를 차지한다. 차이날코(혹은 찰코)는 2018년부터 1위로 부상했으며, 2022년 기준 전 세계 5위 안에 중국 기업 3개가 있다. (찰코, 홍차오, 산동 신화)

14 칭화유니 그룹은 칭화홀딩스, 베이징-장군 인베스트먼트의 합작 회사이다. 2014년에는 인텔로부터 15억 불의 지분 투자를 유치하였다. 칭화유니 그룹 자회사로 펩리스 반도체 기업인 스프레드트럼(Spreadtrum, 展訊), 반도체 칩 설계 업체인 RDA 마이크로일렉트로닉스(RDA Microelectronics) 등을 거느리고 있다. 칭화유니 그룹은 2019년 6월 30일, DRAM 사업부를 신설하면서 메모리 사업 진출을 공식 선언하기도 했다.

15 양 사는 2019년 11월 합병하였으며, 합병으로 인해 세계 최대 조선업체가 되었다.

16 SCMP, "Chines banks quietly lower daily limit of foreign-currency cash withdrawals," May 3, 2019

량으로 매각하여 달러 확보에 나서기 시작했다.[17]

이처럼 눈물겨운 중국 정부의 노력에도 아랑곳하지 않고, 달러 패권에 대항한 위안화 국제화 움직임을 저지하려는 트럼프 대통령의 집요한 움직임은 멈추지 않았다. 즉 2019년 8월 1일, 트럼프는 양국 간 무역전쟁 협상 중에 중국산 수입품 3,000억 불에 대한 관세 10%를 9월 1일부터 부과한다고 전격 발표했다.[18] 시장은 충격에 휩싸였다. 중국의 대미 수출 감소로 위안화 가치가 하락할 것이라는 예상이 외환시장에 팽배하면서, 결국 2019년 8월 5일 외환시장에서 위안화는 마침내 달러당 7위안을 돌파했다. 같은 날 우리나라 환율도 2015~2016년과 마찬가지로 달러당 1,200원을 돌파했다.

필자가 보기에 7위안 붕괴는 트럼프 대통령의 막가파식 패권 행사로 자연스럽게 형성된 시장의 힘에 따른 필연적 귀결이었지만, 미국은 같은 날 중국을 환율조작국으로 전격 지정했다. 환율보고서를 통해 상대방 국가에 사전 예고하는 통상적인 절차도 없었다. 트럼프 대통령의 무역전쟁은 당연히 위안화의 가치 하락을 목표로 한 것이었음에도 불구하고, 위안화 가치가 하락하자 중국을 또다시 환율 조작국으로 지정한 것이다. 이게 무슨 말도 안 되는 소리? 하지만 미국은 패권국가이다. 자신의 힘을 과시하기 위해서는 앞뒤가 안 맞는 정책도 밀어 붙일수 있다. 이제는 7위안이 장중에 붕괴된 8월 5일 이후 중국 금융당국의 고시 환율에 시장의 관심이 집중되었다. 위안화 패권을 지킬 것인가, 아니면 시장의 힘에 굴복할 것인가?

2019년 8월 8일, 중국 정부는 마침내 달러당 7.0039를 고시하면서, 2008년 5월 금융위기 이후 11년 만에 공식적으로 7위안이 붕괴되는 "포치(破七)"를 선언했다. 포치가 중국 정부가 위안화 환율 평가 절하로 미국의 관세 조치에 맞대응하는 것이라는 평가가 많은 것 같다. 하지만 필자 생각은 다르다. 우선 중국 정

---

17 양 사는 2019년 11월 합병하였으며, 합병으로 인해 세계 최대 조선업체가 되었다.

18 SCMP, "Chines banks quietly lower daily limit of foreign-currency cash withdrawals," May 3, 2019

부는 2016~2017년 기간 중에 달러당 7위안 붕괴를 막기 위해 사활을 걸었다. 위안화 패권 수호 의지와 자본유출을 우려해서였다. 하지만 이제는 수출 감소를 막기 위해 7위안 붕괴를 용인했다고? 필자가 보기에 위안화의 7위안 붕괴는 중국 정부가 원했던 것이 아니라, 트럼프 대통령의 막무가내식 패권 전략에 중국이 패배했다는 상징이다. 다시 말해 필자는 2018년 8월 8일 중국 위안화의 포치가 트럼프 대통령의 세계 패권 행사가 헤지펀드보다 훨씬 강하고 효율적이라는 것을 보여 주는 확실한 증거라고 본다. 즉, 포치는 트럼프의 중국에 대한 무지막지한 패권 전략이 일시적으로나마 승리했으며, 위안화의 국제화 움직임에 심각한 타격을 입혔다는 명백한 징후이다.

만약 수출 증대를 위해 포치를 용인한 것이라면 위안화 가치를 급격히 떨어뜨릴수록 중국 수출기업에게는 좋은 일이 아닌가? 하지만 중국 정부가 8이나 9위안까지 환율을 막무가내식으로 올릴 수 있을까? 대답은 절대 아니다. 미국이 환율조작국으로 지정해서? 아니다. 중국 정부는 미국의 환율조작국 지정 따위는 신경 쓰지 않는다. 중국 정부가 위안화의 급격한 가치 하락을 절대 용인할 수 없는 이유는 전술한 대로 위안화 가치가 하락하면 위안화 국제화 전략은 한여름 밤의 꿈에 불과하기 때문이다. 위안화 국제화에 실패하면 중국의 세계 패권 야망 또한 사막의 신기루이다.

특히 위안화 가치하락은 달러 자본유출이라는 또 다른 심각한 위협을 초래할 수도 있다. 중국으로부터 달러가 썰물처럼 빠져나가면 중국은 남미 국가들이 1980년대, 영국이 1992년, 아시아 국가들과 우리나라가 1997~1998년 외환위기 당시 겪었던 "달러 부족의 파괴적인 힘"을 온몸으로 경험하게 될 것이다. 달러 "부족"의 파괴적인 힘은 달러 패권이 얼마나 무시무시한 것인지를 보여 주는 역설적인 현상이다.

이처럼 달러라는 막강한 통화가 전 세계를 지배하고 있는 상황에서, 달러에 대응할 힘도 없는 위안화를 가진 중국 정부가 외환시장을 개방하는 것은 2016~2017년 위안화 절하 위기나 2018~2019년 미중 무역전쟁으로 인한 달러 부족과 같은 현실적 위협 때문에 중국 정부가 선택할 수 있는 옵션이 아니다. 설사 미국의 공세에 밀려 포치를 용인했다 하더라도, 외환시장이 포치에 적응할 수 있는 시간을 벌 수 있도록 환율을 연착륙시키는 재량, 이른바 스무딩 조작(smoothing operation) 권한은 중국 정부가 반드시 가지고 있어야 한다. 즉, 중국 정부에게 외환시장 개방이란 지금 현시점에서는 필자가 보기에 자살 행위에 가깝다.

청나라 시대 금 화병, 금 향로, 금 함, 대만 국립고궁박물관 소장

(1) 위안화 패권을 향하여

중국 정부는 이처럼 서로 충돌되는 위안화 국제화와 외환시장 통제라는 정책 목표를 언제까지 유지하려고 할 것인가? 필자가 보기에 중국 정부는 1차 방어선으로 미국 연준의 금리 인상에 대응하여 어떻게든 외환시장을 통제함으로써 위안화의 변동성을 줄이려고 할 것이다. 미국 연준의 금리 인상의 상한선은 얼마일까? 필자 추정으로 전 세계적인 저성장 기조하에서 연준의 금리 상한선의 마지노 밴드는 5% 내외라고 본다. 즉, 필자가 보기에 연준은 기준 금리를 6% 밴드 수준 이상으로 올리기 어렵다.

예컨대 연준은 2008년 금융위기에 대응하기 위해 2008년 12월에 기준 금리를 제로로 내렸다. 그리고 정확히 7년 후인 2015년 12월에 제로 금리를 탈출하였고 이후 금리를 지속 인상하였다. 그러나 글로벌 단기금융시장이 2018~2019년에 이상 조짐을 보이자 2015년 12월 이후 처음인 2019년 8월에 연방 기준 금리를 0.25% 인하$^{(2.25\sim2.50 \to 2.00\sim2.25)}$하고, 그 뒤로 조금씩 기준 금리를 내렸다. 특히 코로나 바이러스로 인한 국제금융시장의 불안에 대응하기 위해 2020년 3월 16일에는 아예 제로 금리$^{(0\sim0.25\%)}$로 다시 회귀했다.

하지만 코로나 바이러스의 영향은 단기간에 그칠 가능성이 크므로, 언젠가 연준은 금리를 다시 올릴 것이다. 실제로 연준은 코로나 상황이 진정되고 인플

레이션이 가중되는 시기인 2022년 3월 17일, 기준 금리를 25bp 인상했다. 이를 시작으로 2022년 5월부터는 인플레이션을 확실히 통제하기 위해 금리를 공격적으로 인상하여 2022년 6월, 7월, 9월, 11월, 12월에 50bp~75bp씩 연속 인상했다. 인플레이션이 다소 진정되자 2023년 2월, 3월, 5월, 7월에는 각 25bp를 인상하여, 2024년 7월 기준 연방 타겟 금리는 5.25~5.50%이다. 이처럼 중국은 연준이 혹시라도 금리를 올리는 이벤트에 따라 발생하는 자본유출에 대응하여 외환시장을 안정시키면, 더 이상 자본유출에 따른 위안화 절하 압력이라는 악재에 시달리지 않게 될 것이다.

즉 중국은 2025~2030년 전후까지만 외환시장을 적절히 통제하여 위안화 가치 하락을 방어하면 된다. 외환시장 통제의 주요 수단인 외환보유고는 최소한 미중 무역전쟁의 효과가 본격화되지 않는 시점까지는 환율 방어에 심각하게 부족하지는 않을 가능성이 높다. 왜냐하면 중국의 무역수지는 2005년부터 1,000억 불을 넘더니, 2015년부터 급격히 증가하기 시작하여 매년 4,000~5,000억 불이 넘는 엄청난 무역수지 흑자를 남기고 있기 때문이다. 특히 2015년 중국의 무역수지 흑자 규모는 2위인 독일의 흑자 규모 2,754억 불을 2배 이상 상회하는 5,939억 불을 기록했다. 미중 무역분쟁이 본격화된 이후에도 이 추세는 꺾이지 않았다. 즉, 미중 무역분쟁이 촉발된 2018년 이후인 2021년에는 연간 수출액이 3조 3,600억 불로 2020년 대비 30.1%가 증가했고, 무역수지 흑자 규모도 6,752억 불을 기록했으며, 2022년과 2023년 중국의 무역수지 흑자는 무려 8,000억 불을 넘어 사상 최고치 수준을 기록했다. 필자가 보기에는 최소한 2023년까지는 미국의 중국 견제가 그렇게 효과가 있어 보이지는 않다. 다만, 미중 무역전쟁 결과 대미 수출이 급감할 수도 있어 상황이 달라질 수도 있긴 할 것이다.

<전 세계 무역수지 흑자 순위>

순위 연도	1위 중국	2위 독일	3위 러시아	한국	UAE
00년	241	546	602	118	148

01년	225	855	481	93	111
02년	304	1,255	463	103	95
03년	255	1,469	599	150	151
04년	321	1,941	858	294	189
05년	1,020	1,938	1,184	232	326
06년	1,775	2,014	1,393	161	455
07년	2,643	2,662	1,309	146	461
08년	2,981	2,611	1,797	△133	622
09년	1,957	1,937	1,116	404	420
10년	1,815	2,041	1,520	412	490
11년	1,549	2,191	1,982	308	990
12년	2,303	2,463	1,938	283	1,230
13년	2,590	2,638	1,806	440	1,400
14년	3,831	2,876	1,889	472	670
15년	5,939	2,754	1,484	903	375
16년	5,097	2,786	903	892	280
17년	4,214	2,813	1,153	952	920
18년	3,511	2,752	1,950	697	920
19년	4,213	2,547	1,643	389	480
20년	5,330	2,102	919	449	310
21년	6,752	2,118	1,898	289	776
22년	8,776	840	2,915	△478	1,740
23년	8,586	2,415	n.a.	△99.7	n.a.

단위: 억불, 출처: WTO[Trade Profiles, 2000 ~ 2022], IMF[Direction of Trade Statistics, 2023]

어쨌든 2025년 전후까지 미국과의 무역전쟁을 어느 정도 방어하고 연준의 금리 인상에 따른 달러의 공세 앞에 중국이 위안화 가치 안정에 성공한다면, 그 다음 수순은 과연 무엇이 될 것인가? 위안화 가치가 추가 하락 위험 없이 안정화 되면, 중국은 현재의 무역 패권 지위를 공고히 하고, 이를 위해 기술 및 산업 패권을 추가로 확보한 후 마지막에 위안화 국제화를 거쳐 위안화 기축통화 지위를 완성하게 될 것이다.

1단계 – 무역 패권, 2단계 – 기술 및 산업 패권, 3단계 – 금융 패권을 완성하고 후술하는 위안화 ○○○을 시행하게 되면 중국 통화인 위안화는 기축통화의 지위를 가지게 되며, 기축통화 위안화를 통해 세계 패권을 손에 쥐게 될 수 있게 된다. 현재 중국은 1단계인 무역 패권을 이미 손에 쥐었고, 위안화 가치 안정을 전제로 2단계인 기술 및 산업 패권 전략에 집중하고 있다. 무역 패권 전략을 공고히 하고 동시에 금융 패권의 전제를 다지는 중국의 기술 및 산업 패권 전략이 바로 그 유명한 「중국제조 2025」와 「신품질 생산력」이다. 「중국제조 2025」와 「신품질 생산력」에 따르면 중국의 기술 및 산업 패권이 완성되는 시점은 중국 건국 100주년을 직전에 둔 2045~2049년이다. 따라서 위안화 ○○○을 등을 통한 위안화 국제화가 완성되는 마지막 단계의 시점도 2045년 전후가 될 것이다. 시진핑은 건국 100주년인 2049년을 중국의 중요한 전환기로 공공연히 강조한다. 아마도 2045~2049년 사이에 위안화 국제화가 성공적으로 마무리된다면, 그래서 위안화가 달러와 같은 기축통화의 위치를 차지하게 된다면, 그때가서는 중국도 외환시장 통제를 완화하고 미국의 마샬 플랜과 같은 본격적인 세계 패권 행보를 밟을 수도 있을 것이다.

이처럼 「중국제조 2025」·「신품질 생산력」과 위안화 국제화 전략은 무역 패권을 소유한 중국이 기술 및 산업 패권을 기반으로 금융 패권까지 추구하고 있다는 명확한 신호로, 프랑스 드골 대통령의 사례와 마찬가지로 중국이 세계 패권을 향한 야망을 가지고 있다는 뜻이다. 문제는 현재 세계 패권을 미국이 장악하고 있다는 점이다. 따라서 「중국제조 2025」·「신품질 생산력」 추진과 위안화 국제화 과정에서 중국은 반드시 미국과 충돌하게 된다. 즉, 중국이 「중국제조 2025」·「신품질 생산력」을 통해 성공적으로 기술 및 산업 패권을 달성한다면 2045년 전후로 한 시점에서 기축통화의 지위를 가지는 위안화와 달러는 정면으로 충돌할 가능성이 매우 높다. 기술 및 산업 패권을 보유한 중국이 위안화 가치 하락이 더 이상 없는 상태에서 달러 패권에 도전하는 가장 효과적이고 충격적인 방법은 무엇일까?

(2) ○○○ 위안화, ○○○ 위안화, 위안화 ○○○, 그리고 전쟁

현재 달러는 그냥 종잇조각일 뿐이다. 달러는 IMF-GATT 체제 하의 다

STONE MONEY OF UAP, WESTERN CAROLINE ISLANDS.
(From the paper by Dr. W. H. Furness, 3rd, in Transactions, Department of Archæology, University of Pennsylvania, Vol. I., No. 1, p. 51, Fig. 3, 1904.)

태평양 야프섬의 라이 돌. 가운데 구멍이 뚫린 곳으로 기다란 나무 막대기를 꽂아 필요할 경우 이동이 가능하다. 라이 돌은 현재까지도 화폐로서 기능한다. 독자 중에 혹시 이 라이 돌과 달러의 본질적 차이점을 설명해 줄 수 있는 분이 나왔으면 좋겠다. 미국의 의사이면서 민속 학자인 윌리엄 퍼니스(William Henry Furness III, 1866~1920)의 1903년 사진. 출처: Wikipedia. Public Domain

자 협정에서는 금 태환을 통한 기축통화였다. 닉슨 대통령 이후 미국은 IMF-GATT 체제를 일탈하여 달러의 금 태환을 "일시적으로" 정지했다. 즉, 달러는 이제 황금이 아니다. 이제 달러는 태평양 한가운데 야프섬(Yap Island)의 통화인 석회암 바위 "라이 돌(Rai Stone)"과 본질적으로 하나도 다를 바가 없다.[1] 하지만 라이 돌처럼 아무짝에도 쓸모없는 이 종잇조각 달러로 식량, 광물, 에너지, 자원 등의 1차 산품을 원하는 만큼 모조리 살 수 있다. 원나라 황제 쿠빌라이 칸처럼 원의 지폐인 교초(交鈔)를 위조하거나 결제를 거부하면 사형에 처하지도 않는데, 전 세계의 모든 나라가 마치 달러를 법정 지폐인 것처럼 경배하여 사용하고 있는 것

---

1   야프섬의 통화인 라이(Rai)는 커다란 석회암(limestone) 바위이다. 바위가 클수록, 거래 횟수가 많을수록 통화가치는 더 크다. 기록상 발견된 가장 큰 바위는 넓이 4m, 두께 0.5m로 4톤에 이른다. 너무 큰 바위는 움직일 수 없으므로, 야프섬 원주민들의 증언에 따라 소유권이 증명되고 이를 바탕으로 거래한다. 움직이지 않는 바위가 통화 기능을 할 수 있었던 이유는 오직 하나, 원주민 상호 간의 변함없는 신뢰와 합의이다. 이 신뢰와 합의는 오늘날 종잇조각 달러 패권에 대한 암묵적인 신뢰 및 합의와 하나도 다를 바가 없다.

이다.[2]

이 상황에서 위안화가 달러의 아성을 공격하는 가장 치명적인 방법은 무엇일까? 첫 번째로 가능한 대안은 현재 달러가 비트코인과 같은 디지털화된 화폐가 아니기 때문에, 위안화를 디지털 화폐로 우선 만들어 달러에 대항하는 것이다. 실제로 중국 중앙은행인 인민은행은 2020년 4월에 보안성과 안정성 등을 테스트한 후 위안화를 디지털로 발행할 계획이라고 발표했다. 아마도 인민은행이 시중은행 등에 위안화를 디지털로 발행하여, 이를 본원 통화에 포함하는 방식으로 위안화의 디지털화를 공식화할 것으로 보인다.

필자 예상대로 중국은 2022년 2월, 베이징 동계올림픽 때 디지털 위안화 출범을 공식화했다. 동계올림픽에 참가한 각국의 선수들은 손목에 전자 밴드를 차고 다녔고, 환전된 위안화 정보를 입력하면 커피, 빵, 물 등을 디지털 위안화로 구매하는 진풍경이 벌어졌다. 이 기간에 하루 평균 20억 위안 정도가 디지털 위안화로 결제되었다고 한다. 전 세계에 생중계되는 동계올림픽을 디지털 위안화 출범의 공식적인 행사로 삼은 중국의 의도는 달러 아성에 공식적으로 도전하겠다는 공개 선언이나 다름없다. 이제 위안화는 전 세계에서 국가가 공식적으로 디지털 화폐를 발행한 4번째 국가 통화가 되었다.[3]

두 번째 방식이 이라크나 이란이 시도한 원유의 위안화 결재, 즉 페트로 위안화를 만드는 것이다. 정확히 말하면 이라크나 이란보다 미국이 가장 먼저 이 방식을 사용하여 금 태환 정지 이후 달러 패권을 수호했다. 필자가 이 부분을 쓰고 나서 이미 중국은 2022년부터 우크라이나 전쟁으로 인해 경제 제재를 받고 있는 러시아와의 원유와 LNG 국제 거래를 위안화로 수행하고 있다. 예컨대 2022년 9월, 러시아 에너지 기업인 가즈프롬은 시베리아의 힘을 통해 거래되는 양

---

2 ▨▨▨ 달러와 달리 유로화는 쿠빌라이 칸의 교초처럼 유럽통화연맹(EMU)에서 법률로 강제하는 법정 지폐(fiat currency)이다.

3 ▨▨▨ CBDC를 발행한 최초의 국가는 2020년 10월에 모래 달러(sand dollar)라는 명칭의 CBDC를 발행한 카리브해에 위치한 바하마이다. 두 번째 국가는 2021년 3월에 CBDC를 발행한 앙귈라, 안티구아, 그라나다 등 8개 섬나라의 중앙은행 역할을 하고 있는 동카리브해 중앙은행(Eastern Caribbean Central Bank), 세 번째 국가는 2021년 10월에 CBDC를 발행한 아프리카의 나이지리아이다.

국 간 가스 결재에 위안화와 루블화를 사용한다는 협정을 맺었다. 실제로 러시아 중앙은행 총재인 엘비라 나비울리나^(Elvira Nabiullina, 1963~)에 따르면 러시아의 해외 수출에서 위안화로 결재한 비중은 2021년 0.4%에서 2023년 34.5%로 급증하였다.[4] 러시아의 해외 수출품이 주로 원유나 가스 제품임을 감안할 때, 위안화 결재는 원유와 가스 제품에 집중되어 있을 것으로 본다.

중국은 유럽 기업과도 위안화 거래를 고집한다. 이에 따라 2023년 3월 28일, 중국 국영석유기업인 중국해양석유총공사^(China National Offshore Oil Corporation, CNOOC)는 상하이 석유천연가스 거래소^(Shanghai Petroleum and Natural Gas Exchange, SHPGX)를 통해 프랑스 원유 기업인 토탈^(TotalEnergies)이 UAE를 통해 수출한 LNG 65,000톤을 위안화로 결재했다. 중국은 더 나아가 디지털 위안화와 원유 결재를 결합하는 실험적인 시도 또한 하고 있다. 예컨대 2023년 10월 20일, 차이나 데일리^(China Daily)는 페트로차이나^(PetroChina)가 상하이 거래소^(SHPGX)에서 원유 1백만 배럴을 디지털 위안화로 결재했다고 보도했다. 거래 상대방이 누구인지, 거래액이 얼마인지는 밝히지 않았으나, **필자는 이 거래가 원유 거래와 디지털 중앙은행 통화가 결합한 국제 거래로 위안화 패권을 향한 중대한 진보로 평가한다.**

특히 중국은 중동의 사우디아라비아를 주목한다. 핵심 동인은 최근 미국과 사우디아라비아의 관계이다. 즉, 바이든 행정부 등장 이후 사우디아라비아와 미국과의 관계가 예전처럼 긴밀하지 않다. 우선 사우디아라비아는 시아파 반군인 후티가 예멘 대통령을 축출하면서, 사우디아라비아가 2015년부터 개입한 예멘 내전에 미국이 적극적이지 않아 불만이 쌓여 있는 상태이다. 거기다가 2021년 8월에 미군이 아프가니스탄에서 철수할 때도 미국은 사우디아라비아 정부와 아무런 교감을 갖지 않았다. 이 때문에 사우디아라비아 고위 정부 관계자는 미군의 아프가니스탄 철수에 "충격을 받았다."라고 고백할 정도였다.[5] 더구나 바이

---

4 SCMP, Feb 1, 2024, "China's yuan replaces US dollar, euro as Russia's 'primary' foreign currency for overseas economic activity"

5 Wall Street Journal, Mar 15, 2022

든 행정부가 2022년 말부터 이란과 핵 협상을 은밀히 재개한 것에 대해 사우디아라비아 정부는 불편한 기색이 역력하다.[6] 설상가상으로 바이든 대통령은 대선 과정에서 사우디아라비아 왕가에 비판적인 언론인 카슈끄지(Jamāl Hāsuqji, 1958~2018)의 2018년 살해에 책임이 있는 사우디아라비아 왕국을 "왕따(pariah)"로 만들어야 한다고 언급한 적이 있다. 나아가 바이든 대통령은 2022년 7월 15일, 언론에 공개적으로 카슈끄지 살해에 사우디아라비아 실권자인 무함마드 빈 살만(Mohammed bin Salman, 1985~)이 개입되었다고 그를 비난하기도 했다.[7]

중국은 이 기회를 활용하여 사우디아라비아와 우호적 관계에 온 힘을 쏟고 있는 형국이다. 중국은 우선 사우디아라비아 정부에 ICBM 기술 이전을 제안한 후 실제를 기술을 이전하고 있는 것으로 알려져 있다. 미국 CIA에 따르면 이미 사우디아라비아는 중국의 도움을 받아 2021년 12월부터 리야드 근교의 알다와디(al-Dawadi)에서 이미 고체 연료를 사용하는 ICBM을 제조하고 있는 것으로 평가했다. 중국의 원전 진출도 가시화되고 있다. 사우디아라비아는 카타르·UAE의 국경 근처에 원자력 발전소 건설을 계획하고 있는데, 바이든 행정부는 원전 기술 이전을 조건으로 NPT 참여와 이스라엘과의 국교 정상화를 내걸고 있다. 사우디아라비아는 이 거추장스러운 조건 때문에 중국의 참여를 독려했고, 중국 국영 원전회사인 중국 핵공업 집단공사(China National Nuclear Corporation, CNNC)는 2023년 8월에 정식 참여 의사를 밝혔다. 중국은 빈 살만이 야심차게 추진 중인 네옴(Neom) 시티에도 적극적인 투자의사를 밝힌 상태. 양국 간 끈끈한 협력관계는 2030년 엑스포 유치전 결과에도 고스란히 드러났다. 즉, 2023년 11월 29일, 사

---

6 바이든 행정부가 이란 핵 협상을 재개하는 과정에서 이란의 동결된 자금이 일시에 해제된 적이 있었는데, 이 돈이 2023년 10월, 하마스의 이스라엘 기습 공격에 사용되었다는 주장이 있다.

7 카슈끄지는 워싱턴 포스트의 칼럼니스트로 사우디아라비아 반체제 언론인이다. 2018년에 튀르키예 주재 사우디아라비아 총영사관을 방문했다가 살해된 것으로 추정되는데, 시체가 발견되지 않을 정도로 잔인하게 살해되었다고 한다. 이에 카슈끄지의 약혼자와 가족은 2020년 미국 법원에 빈 살만을 피고로 한 민사소송을 제기했다. 워싱턴 연방지방법원은 미국 정부의 공식 입장을 요청했고, 이에 미국 정부는 외국 지도자로서 면책 특권을 지닌다는 의견을 법원에 제출했다. 2022년 12월, 워싱턴 연방지방법원은 빈 살만이 카슈끄지를 살해했다는 주장에 신빙성은 있지만, 미국 정부의 공식 견해를 존중한다면서 소송을 각하했다.

우디아라비아는 중국의 전폭적인 지지를 바탕으로 아프리카와 남미의 몰표를 받아 119표를 획득, 29표를 획득한 2위 부산을 압도했다.

사우디아라비아의 원유 수출량도 중국에게 유리하다. 미국은 세일 오일이 생산되기 이전인 1990년대에 사우디아라비아 원유를 하루에 2백만 배럴을 수입했으나, 2021년에는 하루 수입량이 그 20%도 안 되는 3십 5만 배럴, 2024년 1월부터는 3십만 배럴도 안 된다. 반면 사우디아라비아는 2022년 중국에 하루 평균 176만 배럴을 수출하여, 현재 중국이 사우디아라비아 원유 제1위 수출국이다. 이런 사정 때문에 2022년 3월 중국 정부는 사우디아라비아에 사우디아라비아 원유의 위안화 결재 방안을 정식 의제로 올려놓고 논의하기도 하였다.

사우디아라비아는 과연 중국과의 원유 거래를 위안화로 결재할까? 필자가 보기엔 단기적으로는 쉽지 않다. 일단 사우디아라비아 환율은 달러에 고정(peg)되어 있다. 원유의 위안화 결재로 달러 가치가 떨어지면, 자국 통화인 리야드 가치도 떨어진다. 둘째, 사우디아라비아의 외환보유고는 2024년 2월 기준으로 4,069억 불이고, 이 중 금 0.1%, IMF 포지션 0.9%, SDR 4.7%를 제외한 나머지 94.4%가 외환으로 보유 중이다,[8] 사우디아라비아 중앙은행은 외환 구성을 밝히지는 않지만, 대다수가 달러 표시 자산으로 추정된다. 나아가 사우디아라비아는 2024년 2월 기준으로 미국 국채를 1,275억 불 어치를 보유하고 있다. 싱가포르에 이은 세계 16위 수준이다. 만약 사우디아라비아가 원유를 달러가 아니라 위안화로 결재하려면 외환 보유고 포트폴리오부터 먼저 바꾸어야 한다. 셋째, 사우디아라비아는 미국 무기의 최대 구매국이다. 2022년에 미국은 13.2억 불의 무기를 사우디아라비아에 팔았는데, 사우디아라비아는 카타르 20억 불에 이은 2위를 기록했다. 하지만 누적 규모로 사우디아라비아는 단연 미국의 무기 1위 구매국이다. 예컨대 2017~2021년 기간 중 사우디아라비아는 미국 전체 무

---

8   Saudi Central Bank, Reserve Assets Sep 2023

기 수출의 23%를 차지하여 1위를 차지했다.[9] 그런데 미국은 첨단무기를 아무 국가에나 절대로 팔지 않는다. 미국이 사우디아라비아에 자국산 무기를 가장 많이 파는 이유는 바로 사우디아라비아가 원유를 달러로 결제하기 때문이다.

다만 장기적으로는 사우디 정부도 고민에 고민을 거듭할 것이다. 우선 환율 제도는 바꾸면 된다. 필자 제안은 환율의 고정 대상을 달러가 아니라, 달러, 위안화, 유로화로 바스켓을 만드는 것이다. 이렇게 하면 달러 가치 하락에 리야드 가치가 그다지 큰 영향을 받지 않는다. 미국 국채도 조금씩 정리하여 줄여 나가면 큰 문제 없다. 지금 수준에서도 사우디 정부의 미국 국채 보유는 과도한 상태가 아니므로, 시장에 조금씩 매각해도 큰 문제가 없다. 외국환 보유 구성도 달러, 위안화, 유로화로 다양화하면 된다.

가장 큰 문제는 미국으로부터 구매한 대량의 무기이다. 미국으로부터 무기를 가장 많이 사들인 사우디아라비아의 무기 체계는 이미 미국식으로 완전히 고착되어 있다. 중국이 아무리 천문학적인 무기를 사우디아라비아에 제공해도 이미 운용 중인 미국식 무기 체계를 대체하는 것은 불가능하다. 특히 사우디아라비아가 미국으로부터 가장 많이 구매한 무기는 전투기이다. 전투기는 일단 구매한 뒤에도 부품 조달과 서비스를 지속적으로 제공받아야 운용이 가능하다. 단순히 완성품만 사고파는 일회성 거래로 끝나는 문제가 아니다.

나아가 사우디아라비아와 같은 아랍 국가는 군부 쿠데타가 두려워, 군을 현대화기 위한 정책에 진정성이 거의 없다. 따라서 사우디아라비아는 전 세계에서 미국으로부터 가장 많은 무기를 구입하고 있지만, 실제 군 전력은 정말로 형편없는 수준이다. 대표적으로 사우디아라비아는 2015년부터 예맨의 후티를 상대로 전쟁을 무려 10년 가까이 수행하고 있지만, 아직도 이 반군 하나를 제압하지 못하고 있다. 아울러 사우디아라비아 해군은 고작 5만여 명에 불과하여, 사우디아라비아 주변의 해상 방어는 사실상 모두 미국 해군의 몫이다. 이는 사우디아라

---

9 SIPRI 2022, Defense News, Aug 3, 2022

비아가 미국과의 정치, 외교, 군사적 관계를 절대로 무시할 수도 없고, 무시해서도 안 된다는 뜻이다. 과연 사우디아라비아는 이런 약점을 극복하고 원유를 달러가 아니라 위안화로 결재할 것인가?

결론적으로 필자는 사우디아라비아 원유의 위안화 결재는 쉽지 않다고 본다. 사우디아라비아에게는 왕가의 안전을 보장하는 국가의 방위 체계를 포기하면서까지 원유를 위안화로 결재해야 할 결정적인 동기가 없다. 즉 페트로 위안화 방식은 위안화의 국제화를 획기적으로 진전시키는 방법이 될지는 몰라도, 달러의 아성을 무너뜨리기에는 실현가능성이 낮아 여전히 부족한 방법이다. 달러를 공격하면서 위안화의 국제화를 진전시키는 방법은 반드시 달러 통화의 본질적인 약점을 공격해야 하는 과감한 혁신을 동반해야 한다.

현재 달러의 아킬레스건은 금 태환이 안 되는 종잇조각일 뿐이라는 점이다. 즉, 달러의 아성을 무너뜨리려면 1960년대 프랑스의 드골 대통령처럼 달러의 아킬레스건을 공격하면 된다. 필자가 보기에 달러 아성을 붕괴시키는 가장 치명적인 핵 공격 수단인 세 번째 방식이 위안화의 디지털화나 페트로 위안화가 아니라 바로 「**위안화의 금 태환**」이다!!! 다시 말해 위안화를 금으로 바꾸어 주면 달러의 아성을 효과적으로 공격할 수 있다. 달러 역시 금 태환을 통해 기축통화의 지위를 획득했다. 위안화가 달러의 지위를 붕괴시키려면 가장 단순하고 효과적인 방법이 바로 위안화를 금으로 바꿔 주면 되는 것이다.

이 방식은 디지털 위안화처럼 어려우면서도 새로운 기술을 접목해야 하는 번거로움이 없다. 페트로 위안화처럼 미국의 살인적인 방해 공작이 있을 수도 없다. 그냥 위안화를 금으로 바꿔 준다고 선언만 하면 된다. 물론 그 전에 다음 장에서 상술한 전제 조건은 있다. 만약 중국 정부가 위안화를 보유한 다른 나라의 중앙은행에게 위안화를 황금으로 바꿔 준다고 선언하면 과연 무슨 일이 벌어지게 될까? 가장 먼저 달러가 종잇조각에 불과한 상태에서, 위안화는 금 교환증서로 바뀌게 된다. 즉, 위안화가 금이 되는 것, 즉 딱딱한 화폐인 경화^(硬貨, hard currency)가 되는 것이다. 만약 중국 정부가 위안화의 가치를 안정적으로 유지하고 무조

황금, 설탕, 이자(金 糖利; Gold, Sukkar. Más)

바빌로니아의 수수께끼 編 (上-1) 券 - 이원희 著

건 위안화를 금으로 교환해 준다고 가정하면, 다른 나라들이 달러나 위안화 중 어느 통화를 외환으로 보유하게 될까?

대답은 필자도 모른다. 미국 연준이 마음대로 그냥 인쇄기로 찍어 버리는 종잇조각 달러와 금으로 교환이 되는 위안화의 대립! 역사적으로 단 한 번도 일어나지 않았던 세계의 두 제국 충돌이 통화를 통해 대리전으로 실현되는데, 그 결과를 어떻게 예단할 수 있단 말인가? 역사적으로 유사한 사례가 있긴 했었다. 바로 피렌체의 금화 플로린(florin)과 베네치아의 금화 듀캇(ducat) 사이의 화폐 전쟁이다. 피렌체는 무역을 통해 황금을 축적한 뒤 1252년 금화 플로린을 만들었고, 베네치아는 뱅킹을 통해 황금을 축적한 뒤 1284년 금화 듀캇을 찍었다.

두 금화는 지중해 무역 결제의 기본 통화로 치열하게 경쟁하다가 「10인 위원회(Consiglio dei Dieci, Council of Ten)」를 중심으로 결집한 베네치아의 집요한 방해 공작 때문에 피렌체의 플로린은 300여 년 이후에는 발행이 중단되었다.[10] 반면 베네치아의 듀캇은 1797년까지 무려 500년이 넘는 기간 동안 발행되었다. 즉, 뱅킹을 장악한 베네치아의 듀캇이 승리했다.

불행히도 달러와 금 태환이 되는 위안화 사이의 화폐 전쟁은 듀캇과 플로린의 화폐 전쟁과는 성격이 다르다. 위안화 금 태환을 전제로 하면 플로린과 듀캇은 모두 금화였지만, 달러는 금화가 아니고 위안화만 금화이기 때문이다. 나아가 금화가 아닌 달러를 보유한 미국은 뱅킹 역량을 소유하고 있고, 금으로 태환되는 위안화를 보유하게 될 중국은 뱅킹 역량에서 미국과 비교가 안 될 정도로 초라하다. 요컨대 위안화 금 태환 이후 미국은 황금은 없이 뱅킹 역량만 있고, 중국은 황금은 있지만 뱅킹 역량이 없는 상태가 된다. 필자 용어대로 하면 미국은 가짜 황금, 설탕, 이자를 소유하게 되고, 중국은 이자는 없고 진짜 황금과 설탕만을 소유하게 된다. 따라서 역사적 사례만으로 결론을 예측하는 것은 가능하지 않다.

---

10 이에 대해서는 『황금, 설탕, 이자 - 성전기사단의 비밀(下)』 編의 「4차 십자군 전쟁과 베네치아의 부상」에서 상술한다.

(3) 최후의, 그러나 가장 확실한 수단, 전쟁

위안화 패권을 위한 마지막 수단이 군사적 충돌을 동반한 전쟁이다. 역사적으로 마케도니아 제국, 로마 제국, 베네치아, 영국, 프로이센, 미국 등이 전쟁을 통해 통화 패권을 확립했다. 즉 마케도니아 제국은 BC 338년 8월, 필리포스 2세가 아들 알렉산더와 함께 보이오티아 외곽의 카이로네이아^(Chaironeia)에서 당시 패권국가였던 테베와 아테네 연합군을 궤멸시켜 코린토스 동맹을 결성한 후, 페르시아 제국을 정벌함으로써 마케도니아 통화 패권을 확립하였다. 로마는 BC 218~202년까지 2차 포에니 전쟁, 이른바 한니발 전쟁에서 승리한 후 자국 은화 데나리우스를 유럽과 서아시아 전역의 기축통화로 확립했다.

베네치아 또한 1204년 무엇을 상상하든 그 이상의 잔악함으로 콘스탄티노플을 약탈하여 황금을 확보한 후, 금화 듀캇을 지중해 전역의 기축통화로 만들었다. 영국도 1652년부터 1784년까지 3~4차례에 걸친 네덜란드와의 전쟁에서 승리한 후 파운드화를 기축통화로 만들었고, 프로이센 역시 1871년 프랑스를 전쟁에서 제압한 후 받은 배상금으로 금 본위제를 도입하여 영국 파운드화를 위협했다. 미국은 2차 대전 후 확보한 막대한 황금을 바탕으로 달러를 전 세계 기축통화로 만들었다. 다시 말해 이 방법은 역사적으로 증명된 가장 확실한 방법이다!!!

그렇다면 중국은 위안화 패권을 위해서 미국과 전쟁을 치를 것인가? 이에 대해서는 「제국의 충돌」 부분에서 상술하기로 한다.

08 위안화 ○○○의 전제 조건

명나라 5대 황제 선덕제가 사용하던 황금용 그릇, 대만 국립고궁박물관 소장

(1) 「중국제조 2025」와 「신품질 생산력」

다만 위안화의 금 태환은 전제 조건이 있다. 우선 중국의 무역 대국 지위가 유지되어야 한다. 지금 중국은 상품 무역을 통해 2015년부터 5,000억 불 내외, 2022년과 2023년에는 8,000억 불이 넘는 외환을 흑자로 남기는 전 세계 유일한 국가이다.[1] 중국이 위안화 금 태환을 하기 위해서는 이와 같은 무역 초강대국의 지위를 계속 유지해야 한다. 즉, 상품수지 흑자를 통해 국제 결제 수단이 다시 중국 내로 환류해야 한다. 금 태환 제도하에서 무역수지 적자가 나게 되면 금이 유출되고, 이 경우 중국은 위안화의 금 태환을 할 수 없다. 미국은 무역수지 흑자 메커니즘이 1960년대 말에 붕괴되었다. 이 때문에 달러의 금 태환이 일시적으로 정지되었다. 따라서 위안화 금 태환을 유지하기 위해서 중국은 전 세계로부터 대규모의 무역수지 흑자를 유지하는 무역 초강대국의 지위를 지금처럼 지속적으로 유지해야 한다.

그러나 무역 초강대국의 지위를 유지하기 위해서는 중국 제조업의 경쟁력이

---

1   중국 경상수지의 GDP 대비 비율(출처: IMF)

연도	00	01	02	03	04	05	06	07	08	09	10	11
경상수지/GDP (%)	1.7	1.3	2.4	2.6	3.5	5.8	8.4	9.9	9.2	4.8	3.9	1.8
연도	12	13	14	15	16	17	18	19	20	21	22	23
경상수지/GDP (%)	2.5	1.5	2.2	2.6	1.7	1.5	0.2	0.7	1.7	1.8	2.3	1.4

세계 최고 수준으로 올라야 한다. 중국 정부는 이를 잘 알고 있다. 2014년 12월에 개념이 처음 정립되고, 2015년 3월 5일 전국양회^(전국인민대표대회와 중국인민정치협상회의)에서 시장주의자로서 경제전문가였던 리커창 국무원 총리가 주도하여 발표한 「중국제조 2025」에 따르면, 중국은 건국 100주년인 2049년에 독일을 능가한다는 목표를 가지고 있다. 이를 위해 최초 1단계인 2025년에는 제조 강국 진입, 2035년에는 제조 강국의 중간 단계 도약, 건국 100주년인 2049년 전후에는 제조 강국 최상위권에 진입한다는 3단계 전략을 추진하고 있다.[2] 중국이 자국 제조업의 최종 목표를 독일로 설정한 것은 결코 우연이 아니다. 중국의 목표는 독일이 가진 세계 최고의 제조업 경쟁력을 바탕으로 전 세계 상품시장을 장악하는 것이다.

시진핑은 여기서 더 나아가 2023년 9월에 처음으로 그 개념을 소개한 후, 2024년 7월 18일 3중전회 마지막 날에 인공 지능^(AI+), 바이오, 양자 정보 등 전략적 신흥산업과 미래산업을 육성하자는 「신품질 생산력」이라는 개념을 공식화하기도 하였다. 이 전략에 따르면 중국 정부는 "신업종, 신기술, 신플랫폼, 신메카니즘" 이른바 쓰신^(四新) 분야에서 선도 국유 기업을 선정하여 집중적으로 지원·육성한다. 특히 「신품질 생산력」은 중국이 더 이상 독일이나 미국을 추격하고 모방하는 것이 아니라, 스스로 과학기술 강국이 되어 제조업 경쟁력을 세계 최고 수준으로 끌어올리자는 기술 굴기 정책이다. 이를 통해 중국은 무역 초강대국의 지위를 확고히 유지하기 위한 글로벌 기술 및 산업 패권 지위를 달성하려고 할 것이다. 즉, 무역 패권과 기술 및 산업 패권 모두를 장악하려고 시도할 것이다.

불행히도 미국은 중국이 글로벌 기술 및 산업 패권을 손에 쥐는 것을 가만히 앉아서 지켜보지는 않을 것이다. 미국의 트럼프나 바이든 대통령이 중국의 지재권 위반을 문제 삼아 관세를 올리겠다고 한 분야가 바로 「중국제조 2025」나

---

2   진베이, 『중국제조 2025』, MCN, 2017, p. 27

「신품질 생산력」이 목표로 하는 인공 지능, IT, 전기차, 바이오·제약, 의료기기, 로봇, 항공, 해양, 신소재 등의 업종에 집중되어 있는데, 이는 절대 우연이 아니다. 이 조치는 겉으로는 무역과 관련된 분쟁인 것처럼 보이지만, 본질은 중국의 기술 패권, 산업 패권을 저지하기 위한 사활을 건 미국의 전략적 행위들이다. 미국이 중국을 상대로 시작한 무역전쟁의 이면에 숨겨진 가장 핵심적인 목표가 바로 중국의 글로벌 기술 및 산업 패권을 저지하여, 달러 패권을 지키고 위안화의 부상을 저지하는 것이다.

(2) 현대전의 맥락

둘째, 중국이 무역 초강대국, 산업 강국의 지위를 획득하기 전까지는 대만을 제외한 주변국에서 중국이 개입하는 물리적 전쟁이 발생해서는 절대 안 된다. 예컨대 한반도에서 북한의 핵 위협으로 인해 미국과 북한이 군사적으로 충돌하는 시나리오는 중국 관점에서는 최악의 시나리오이다. 왜냐하면 현대의 전쟁은 과거의 전쟁과는 본질적으로 그 맥락이 매우 다르기 때문이다.

즉, 과거 진시황이나 한 무제, 명나라의 영락제나 청나라의 건륭제가 영토 확보를 위해 전쟁을 벌인 이유는 황제 소유의 영토와 그 영토 내의 물자를 확보하면서 중국 황실에 커다란 이익이 되었기 때문이다. 예컨대 BC 316년 진나라가 파와 촉을 점령한 것도, BC 139년 한나라 무제가 서역 경략을 시도한 것도, 논란이 있긴 하지만 1410~1424년까지 몽골을 향해 5번을 출정하고 3번 본거지를 침략한 명나라 영락제의 삼려오출(三黎五出)도, 1759년 청나라 건륭제가 위구르족을 정복하고 그 땅을 신쟝(新疆)이라고 이름 붙였던 것도 모두 황실의 경제적 이익을 위해서였다. 카이사르가 BC 48년 이집트를 정복한 것 또한 이집트가 당시 전 세계에서 가장 식량 재고가 많은 국가였고, 알렉산드리아를 중심으로 전 세계의 지식과 문화가 집중된 곳이었기 때문이었다. 이처럼 로마는 이집트 정복 이전에는 결코 제국이라는 용어를 쓸 수 없을 정도의 미천한 국가에 불과했지만, 이집트 정복 이후에야 비로소 진정한 제국으로 부상한다.

19세기부터 20세기 중반까지 서구 열강이 영토 확보를 위해 몰두한 식민지 쟁탈전 또한 상품의 원료와 판로 확보라는 서구 열강들의 중대한 경제적 이익이 있었다. 예컨대 1830년 프랑스가 알제리를 침략한 것도, 1846년 미국의 포크 대통령이 전쟁을 통해 2년 후 멕시코 영토인 캘리포니아를 빼앗은 것도,[3] 1853년 오스만 튀르크가 러시아의 크림반도를 되찾으려고 시도한 것도, 1857년 영국이 인도 직접 통치를 선언한 것도, 1882년 영국이 이집트를 군사적으로 침략한 것도, 1898년 미국이 스페인에 선전포고한 이후 쿠바, 푸에르토리코, 괌, 필리핀을 확보한 것도, 1910년 일본이 한국을 병합한 것도,[4] 1931년 일본이 만주를 점령한 것도,[5] 1967년 이스라엘이 이집트, 요르단, 시리아를 향해 기습적으로 전쟁을 개시하고 6일 만에 정전 협정을 체결한 것도, 2003년 미국이 이라크를 침공한 것도 해당 전쟁이 자신들의 국익에 엄청난 이득이 되었기 때문이다.

하지만, 현대에 와서는 영토 확보를 위한 전쟁이든 자국의 외교적 패권을 과시하기 위한 전쟁이든, 대규모 전쟁은 국익에 실질적인 도움이 거의 안 된다. 가

3   1836년 텍사스가 독립국을 선포한 후 미국이 개입하여 텍사스 공화국이 수립되자, 멕시코는 독립국은 인정하되 미국과의 합병만은 절대 안 된다고 반발하였다. 하지만 텍사스 공화국은 1845년 당시 미국 대통령인 포크 대통령과 협의하여 미국과 합병을 단행하였다. 국경 지역의 긴장감이 고조되면서 미국이 먼저 멕시코를 상대로 1846년 4월 선전포고를 하였고, 이후 양측은 약 2년간 전투 후에 1848년 평화협정을 체결한다. 과달루페 이달고(Guadalupe Hidalgo) 조약이라 불리는 이 평화협정 체결은 1848년 2월 2일이었는데, 이보다 열흘 전인 1848년 1월 24일에 멕시코가 미국에 매각하기로 한 캘리포니아에서 대량의 금광이 발견된다. 미국은 실력만 좋은 것이 아니라 억세게 운도 좋은 나라다. 멕시코 영토 합병을 주도한 미국 대통령은 제임스 포크(James K. Polk, 1795~1849)이다. 그는 합병과 멕시코와의 전쟁을 통해 캘리포니아뿐만 아니라 텍사스, 애리조나, 뉴멕시코, 네바다 등을 미국 영토로 편입하여, 미국 대통령 중 가장 영토를 넓힌 대통령으로 알려져 있다. 하지만 대중에는 잘 알려져 있지 않아, "가장 덜 알려진 가장 중요한 대통령"이라는 별명이 있다. 포크 대통령은 대통령 임기 후 남부를 여행하다가 당시 전 세계적으로 유행하던 콜레라에 걸려 사망한다. 콜레라는 인간의 소장에 기생한다. 소장은 물을 흡수하는 기능을 하기 때문에 콜레라에 걸리면 소장기능이 저하되어 설사와 탈수 현상이 나타난다. 감염경로는 주로 물이다. 즉, 콜레라균에 감염된 배설물이 강물이나 하수구, 상수원을 오염시키고 그 물을 다시 마시게 되면 콜레라에 걸리게 되는 것이다. 물론 물을 끓여서 먹으면 콜레라에 걸리지 않는다. 콜레라가 물을 통해 감염된다는 감염경로를 처음 밝힌 이는 영국의 의사 존 스노(John Snow, 1813~1858)이다. 그는 런던 브로드윅 거리(Broadwick St)에서 콜레라로 감염되어 사망한 이들의 지도를 그렸고, 브로드 스트리트에 있는 펌프 지역에 사망자가 몰려 있다는 사실을 통해 콜레라의 감염경로를 밝히게 된다. 콜레라로 사망한 유명인은 포크 대통령 외에도 러시아의 차이코프스키, 독일 철학자 헤겔과 군인 카를 폰 클라우제비츠, 프랑스 사교계를 주름잡았던 여성 줄리에트 레카미에(Juliette Récamier, 1777~1849) 등이 있다.

4   한일 합방이 일본의 국익을 위해 최선이었는지에 대해서는 그 당시 일본인들 사이에서도 논란거리였다.

5   일본이 만주 사변을 일으킨 이유는 국내에 부족한 농업 생산력을 보충하기 위해서였다. 즉, 만주를 주요 식량 생산기지로 사용하기 위해 만주를 점령하였다. 앤터니 비버, 『제2차 세계대전』, 글항아리, 2013, p. 21

장 대표적으로 미국은 2차 세계대전이 끝난 후에 자신들이 점령한 국가들을 대부분 해방해 주었다. 즉, 영토 확장의 기회를 포기한 것이다. 이유는 바로 영토가 이미 넓었기 때문이기도 하고, 영토 확장의 실익이 거의 없었기 때문이다. 2차 대전 직후 소련도 주변국을 점령하지 않고 통제하는 방식으로 철의 장막을 세웠다. 이스라엘도 마찬가지이다. 오늘날 이스라엘은 시리아의 수도인 다마스쿠스를 점령할 군사적 능력이 넘침에도 불구하고 그렇게 하지 않는다. 유럽으로의 대규모 난민 사태를 촉발한 시리아 내전에도 개입할 수 있었지만, 이스라엘은 그렇게 하지 않았다.[6] 왜? 전쟁의 원인에 대해서는 거의 천재적인 혜안을 가진 유발 하라리(Yuval Harari, 1976~)의 말대로 이스라엘은 1967년 "6일 전쟁"이라고 불리는 아랍과의 전쟁 이후에는 2023년 10월, 선제공격을 당한 팔레스타인 하마스와의 보복 전쟁을 빼고는 국익에 도움이 되지 않는 어떠한 군사적 모험도 감행하지 않았기 때문이다.[7] 그 결과 이스라엘은 현재 전무후무한 경제적 번영을 누

---

6   시리아 내전은 2011년부터 시작된 이슬람 분파 간의 전쟁이 그 원인이다. 즉, 시리아 정부군을 구성하는 변형된 시아파인 알라위(Alawites) 파, 알라위 파를 이단으로 매도하는 극단 수니파인 이슬람 국가(Islamic State) 파, 그리고 시아파 등 세 가지 파벌 사이의 종교 전쟁이다. 이란은 알라위 파를 신봉하는 아사드(Assad) 가문이 장악한 정부군을 지원하고, IS가 사우디아라비아의 지원으로 탄생한 점을 감안하면, 시리아 내전은 사실상 이란과 사우디아라비아의 대리전이다. 나아가 2015년부터는 러시아가 아사드 가문을 지원하면서 전선이 더욱 확대되었다. 특히 사우디는 이란이 지원하는 아사드 정권을 무너뜨려, 이란의 레바논 헤즈볼라(시아파 무장세력) 지원의 교두보 역할을 하는 시리아를 무력화시키려고 시도한다. 이 내전으로 2023년까지 최소 80만 명이 사망했고, 500만 명에 이르는 난민이 발생했다. 그중 10만 명에 이르는 시리아 대량 난민은 튀르키예를 거쳐 유럽으로 이주하기 위해 그리스의 사모스섬으로 운집했다. 사모스섬이 아나톨리아 반도에서 불과 1.6㎞라는 매우 가까운 거리에 있기 때문이었다. 사모스섬이 가득 차면서 난민들은 유럽으로 가려고 에게해를 직접 건넜고, 그 과정에서 목숨을 잃은 난민도 수백 명이었다. 그 결과 2015년 한 해에만 대략 90만 명에 이르는 시리아 난민이 그리스로 몰려들어, EU 전체가 시리아 난민 처리 문제로 골머리를 앓기도 했다. 반면 유럽으로 가는 통로에 위치한 튀르키예는 시리아 난민의 이동을 EU 국가들에게 영향력을 행사하는 레버리지로 삼는 모습을 보이기도 하였다.

7   유발 하라리, 『21세기를 위한 21가지 제언』, 김영사, 2018, pp. 257~258.   이스라엘은 이 전쟁을 통해 요르단이 점령하고 있던 예루살렘 동쪽과 요단강 서쪽(West Bank) 지구, 시리아가 점령하고 있던 북쪽의 골란 고원, 이집트가 점령하고 있던 남쪽의 가자(Gaza) 지구와 시나이 반도를 확보했다. 이 세 가지 지역 중 가장 핵심 지역은 대규모 거주지역과 풍부한 특산품이 집중된 요단강 서쪽 지구로, 이스라엘 경제 발전의 초석이 된다. 물론 요르단은 이 지역의 상실로 경제적으로 상당한 타격을 입게 된다. 골란 고원과 가자 지구 및 시나이는 황량한 산악과 사막 지역이라 정치, 군사적으로 의미 있을지 모르지만, 경제적 의미에서는 그렇게 중요한 지역이 아니었다. 동쪽 예루살렘 지역은 원래 요르단 영토였으나, 이스라엘은 이 전쟁 후 수도 불가분의 원리를 내세워 동 예루살렘도 이스라엘 수도로 편입시켰다. 국제 연합은 이를 부당한 점령으로 간주했고, 이 때문에 대부분의 대사관이 예루살렘이 아닌 텔아비브에 위치한다. 한편 유발 하라리는 1967년 이후 이스라엘이 전쟁을 전혀 하지 않은 것처럼 기술했으나, 사실이 아니다. 대표적으로 1982년 이스라엘은 남부 레바논의 PLO를 공격하기 위해 레바논을 침공한 적도 있다. 물론 이 전쟁으로 이스라엘이 경제적인 것은 물론, 정치적으로도 얻은 것이 크지 않다. 오히려 PLO보다 더 강성인 무장 이슬람 단체 헤즈볼라가 이 전쟁으로 탄생하면서, 이스라엘에게 더 큰 부담으로 작용한다. 이 전쟁 결과 탄생한 헤즈볼라는 정당이면서도 군

리고 있다.

따라서 현재 시점에서 북미 간의 전쟁으로 어쩔 수 없이 중국이 개입하게 되면 중국이 얻는 것이라고는 기껏해야 미군이 주둔하는 영토와의 접경을 피하는 현상 유지일 뿐이다. 이는 전쟁 이전 현재의 상태와 똑같다. 왜 현상 유지를 위해 비싼 전쟁을 해야 하나? 대신 한반도에서의 전쟁은 위안화 금 태환을 위해 미래의 무역 초강대국, 기술 및 산업 패권국으로 부상하기 위한 중국의 탄탄가도는 사실상 포기해야 한다.[8] 실제로 중국은 한국 전쟁 이후 1962년 인도와의 분쟁, 1979년 베트남과의 전쟁을 빼면 대규모 전쟁을 수행한 적도 없다.

예컨대 중국이 한반도의 전쟁에 개입하게 되면 2025년까지 총 1,500억 불이상의 자금을 반도체 산업 투자에 쏟아부어야 하는 「중국제조 2025」의 핵심 계획은 글자 그대로 "도로아미타불"이다.[9] 왜냐하면 필요한 돈은 당장에 급한 전쟁에 쏟아부어야 하기 때문이다. 전쟁 중에 무슨 산업 경쟁력 강화 대책인가? 그렇게 되면 위안화 패권은커녕 1990년대 이후 약 30년 동안 중국이 이룩한 전무후무한 경제적 기적의 번영과 중국의 경제 굴기는 완전히 물거품이 되고 말 것이다. 이를 뒤집어서 이야기하면 미국 관점에서는 중국의 세계 패권 장악을 저지하기 위해서 제한적이나마 전쟁을 일으킬 강력한 유인이 있다는 뜻이기도 하다. 레이 달리오 또한 필자 생각과 마찬가지로 중국이 부상하는 5~10년 후보다 현

대까지 보유한 막강한 세력으로 성장한다. 시아파 헤즈볼라의 군대는 이란으로부터 적극적인 지원을 받아 레바논 정규군(8만)에 비할 바 없는 강력한 군대(10만)를 소유하면서, 이스라엘의 군사 공격에 맞설 수 있는 강성 테러리스트로서의 입지를 확실히 굳히게 된다.

8 　　 이 점에서 대만은 한반도와 완전히 다르다. 우선 대만을 확보하게 되면 중국은 해양으로 열린 출구를 확보하게 된다. 대만 주변의 배타적 경제수역도 중국 차지가 된다. 나아가 남중국해에 대한 영유권 주장도 훨씬 용이하게 바뀐다. 즉, 대만 확보는 중국의 경제적 이익에 결정적으로 유리한 변수를 제공하게 된다. 따라서 중국은 한반도에서의 전쟁은 최대한 억제하고, 대만으로 무력을 집중할 가능성이 매우 높다.

9 　　 반도체 산업 국가 주도 투자는 중국만 하는 것이 아니다. 미국 의회는 반도체 제조 인센티브 법안(Creating Helpful Incentive to Produce Semiconductors for America: CHIPS for America Act, 2021.6 입법) 등을 만들어, 2026년까지 520억 불을 투자하고 반도체 설계와 제조에 25% 세액 공제 혜택을 제공하는 등 총 2,800억 불을 쏟아부을 계획이다. 네덜란드 ASML과 NXP, 독일 인피니온 등 반도체 장비와 차량용 반도체 회사 위주의 EU도 2030년까지 430억 유로를 투자하여 반도체 분야의 EU 국가 점유율을 9%대에서 20%대로 끌어 올릴 계획(European Chips Act, 2022.2 발표)이다. EU의 계획에 따라 인피니온은 2023년 5월, 드레스덴에서 총 50억 유로의 공장 착공식을 열었다. EU는 반도체법에 따라 이 투자에 10억 유로를 보조금으로 지원한다.

재의 상태에서 중국을 상대로 전쟁을 하는 것이 미국에게 좀 더 유리하다고 평
가했다.[10] 레이 달리오의 평가는 언제나 그렇듯이, 냉철하면서도 섬찟하다!!!

(3) 러시아와 함께 춤을

이 점에서 중국은 동아시아에서 미국과 일본이 주도하고 있는 군사 패권과의
전략적 균형을 추구하기 위해서라도 러시아와의 군사적 협력이 반드시 필요하게
된다. 무엇보다도 중국은 미국은커녕 일본조차도 자국의 해상 군사력만으로 단
독 상대할 수 없다. 일본의 해군력은 1990년 무렵부터 영국을 제치고 세계 2위
이다.[11] 중국은 남중국해 해상을 봉쇄할 수 있는 베트남, 필리핀, 말레이시아와
도 상대해야 한다.

러시아도 자국의 영향력 확장을 위해서는 다양한 강대국들이 즐비한 유럽보
다는 중국이라는 단일 강대국을 상대하는 아시아가 좀 더 유리하다. 러시아 또
한 중국과 유사하게 지역 패권을 추구하는 국가이기 때문에, 미국의 패권에 공
동으로 대항하려는 중국과의 이해관계와 크게 다르지 않다. 특히 러시아는 지리
적으로 유럽을 향해 완전히 열려 있다. 변변한 산맥도, 가로지르는 커다란 강도
없다. 광활한 평야인 북유럽 평야뿐이다. 수도 모스크바 또한 울창한 삼림 속에
위치해 있긴 하지만 넓게 보면 광활한 평야 한가운데 있어, 사방이 완전히 트여
있는 도시다.[12] 따라서 러시아는 외부, 특히 유럽 쪽의 침략에 대해 거의 언제나
무방비 상태였다. 실제로 1605년에는 폴란드가, 1708년에는 스웨덴이, 1812년
에는 프랑스가, 1914년과 1941년에는 독일이 이 방향으로 침략해 왔다. 그 결과

---

10 레이 달리오, *앞의 책*, p. 505

11 피터 자이한, *앞의 책*, p. 287

12 원래 모스크바는 런던이나 파리처럼 기원전부터 사람이 거주하던 유서 깊은 도시가 아니다. 러시아에서 가장
오래된 도시는 노브고르드로서 9세기경 등장하는 도시이다. 모스크바라는 지명은 12세기에 처음 등장한다. 모스크
바라는 이름은 유럽에서 가장 긴 강인 볼가강의 지류인 오카강에서 흘러나오는 모스크바강이 도시를 관통하기 때문에
지어진 이름이다.

러시아는 13세기 몽골 제국의 지배를 받은 이후부터 본능적으로 안보 불안이라는 일종의 강박 관념에 시달리던 국가였다.

이와 같은 러시아인의 안보 불안은 몽골 제국의 지배로부터 독립한 모스크바 공국 때부터 본격적으로 극복되기 시작되었다. 모스크바 공국 설립의 결정적 계기는 노보고로드 공국 출신이면서 러시아의 국민적 영웅인 알렉산드르 네브스키(Alexander Yaroslavich Nevsky, 1220~1263)가 스웨덴과 튜튼 기사단의 침략을 저지하면서부터이다. 그는 국민적 영웅으로 추앙받았지만, 일찍 죽고 동생인 야로슬라프 3세(Yaroslav III Yaroslavich, 1230~1271)가 통치자로 등극하게 된다. 이 때문에 네브스크의 막내 아들인 다닐(Daniil Aleksandrovich, 혹은 Daniel of Moscow, 1261~1303)은 가장 별 볼 일 없던 소도시 모스크바로 쫓겨났고, 이후 우여곡절 끝에 탄생한 나라가 바로 모스크바 공국이다.

모스크바 공국 탄생의 결정적 계기는 다닐이 모스크바로 쫓겨난 지 얼마 후 시작된 몽골 제국의 침략이었다. 즉 칭기즈 칸 사후 즉위한 오고타이 칸이 칭기즈 칸의 손자이자 조카인 바투(Batu Khan, 1205~1255)와 명장 수부타이(Subutai Khan, 1175~1248)에게 15만 병력을 주고 유럽 정벌을 보낸 것이다. 몽골인들은 어릴 때부터 말을 타기 때문에 기마전술이 세계 최고 수준이었고, 유목민으로서 식량 보급 및 수송, 무기 조달 등 생활양식 자체가 신속한 이동에 최적화된 부대였다. 따라서 보급 문제 때문에 겨울에는 웬만해서는 전쟁을 하지 않는 유럽인들과 달리, 몽골인들에게 러시아의 살을 에는 추위 따위는 아무런 걸림돌이 되지 못했다.

특히 몽골군은 정복지마다 군사 기술자들을 살려 주는 대가로 이들의 기술을 적극 전수받았기 때문에, 정복 지역이 넓어질수록 그들의 군사 기술은 계속 발전했다. 예컨대 몽골족은 페르시아를 완전히 파괴하여 130만 명에 이르는 사망자를 기록했음에도, 기술자 400여 명은 살려주고 본국으로 이송해서 데려갔다. 대표적인 것이 바로 성을 공격하는 투석기인 트레뷰셋(Trebuchet)이다. 원래 트레뷰셋은 사람이 밧줄을 당겨 투석을 날리던 방식이었는데, 중동에서 12세기

경부터 평형추를 달아 더 멀리, 더 무거운 바위를 날릴 수 있는 기술이 개발되었다. 몽골 군대는 페르시아를 점령하면서 이 기술을 자국 군대에 도입했고, 이를 적극 활용하여 공성전의 전투력을 배가했다.[13]

그 결과 바투는 추위로 얼어붙은 동토의 땅에서 그 이전에도, 그 이후에도 단한 번도 패전한 적이 없던 루스(Rus)인들을 제압하여 1237년에 루스의 12개 도시를 단 5일 만에 함락시켰다. 루스인들을 비롯한 유럽인들은 그 이전에 단 한번도 듣지도, 보지도 못한 몽골 제국의 무시무시한 공격력에 치를 떨어야만 했다.[14] 몽골인들이 얼마나 러시아인들에게 치를 떨게 하는 공포의 존재였는지, 노브고로드의 한 수도사는 몽골 군대를 다음과 같이 묘사했다. "우리는 그들이 어디서 왔고, 어디로 사라졌는지 알 수 없었다. 오직 하느님만이 알고 계셨다. 그분께서 우리의 죄를 벌하시기 위해 그들을 보냈기 때문이다."[15] 그 결과 노브고로드 공국을 제외하고는 볼가강 주변의 루스족 공국들은 그야말로 쑥대밭이 되었다. 이때 수많은 루스족이 모스크바로 피난 오면서 모스크바 인구가 증가했고, 이것이 바로 모스크바 공국이 부상하는 결정적인 기초가 되었다.

13 대표적으로 몽골군은 평형추 트레뷰셋으로 1258년 압바스 왕조의 수도 바그다드를 8일 만에 함락시켰고, 1260년에는 십자군도 함락시키지 못했던 알레포 성의 한 곳에 트레뷰셋을 집중 포격함으로써 결국 함락시켰다. 트레뷰셋 기술은 몽골이 남송을 멸망시킬 때도 사용되었다. 즉, 일한국의 아바카 칸(Abaqa Khan, 1234~1282)은 트레뷰셋 기술자 2명을 삼촌인 쿠빌라이 칸에게 보내었고, 쿠빌라이 칸은 이 2명의 도움으로 7대의 트레뷰셋을 만들었다. 쿠빌라이는 송나라 기술자들에게 습득한 화약 기술과 트레뷰셋을 결합하여 엄청난 크기의 화약을 만들어 장거리에서 날려 보냈다. 그 결과 1273년 몽골과 남송의 접경 지역 최대 요새인 양양성, 번성이 함락되었고, 1274년에는 사양보, 1275년에는 상주, 1276년에는 남송 수도 임안, 1279년 마지막 항전지 애산마저 함락되었다. 애산 전투 후 남송의 황제, 황족, 태후, 신하 모두가 바다에 뛰어들어 자결했는데, 몽골군에 따르면 이때 물 위에 떠오른 시체만 10만여 구에 이르렀다고 한다.

14 1241년 바투와 수부타이가 이끄는 몽골군은 헝가리의 사요강(Sayo River) 근처의 모히(Mohi)까지 진출했다. 헝가리, 오스트리아, 크로아티아 군이 몽골군에 맞섰지만, 명장 수부타이의 활약으로 10만 명 규모의 헝가리 연합군은 7만여 명이 전사하면서 철저히 궤멸당했다. 헝가리 왕 벨라 4세(Béla IV, 1206~1270)는 달마티아로 달아났고, 성직자들은 미사를 올리며 악으로부터 헝가리 왕을 수호해달라고 무진장 기도했다고 한다. 벨라 4세가 끝까지 항복을 거부하자, 그를 추적하기로 결심한 몽골 군대는 헝가리에서 달마티아로 가는 길을 완전히 쑥대밭으로 만들었다. 너무도 완벽히 파괴당하면서 "벽에 오줌 쌀 사람 하나 남지 않았다." 다행히도 성직자의 기도가 통했던 것일까? 1241년 12월, 오고타이 대칸이 갑자기 사망했다. 이 때문에 바투와 수부타이는 말머리를 돌려 몽골로 되돌아갔고, 벨라 4세는 겨우 목숨을 건졌다. 한편 몽골의 유럽전쟁은 바투보다는 수부타이의 공이 훨씬 크다. 모히 전투에서도 바투는 수부타이의 조언을 무시하고 사요강을 건넜다가 오히려 궤멸될 뻔하기도 하였다. 수부타이가 아니었으면 바투는 전사하고 모히 전투에서도 헝가리 군이 이겼을지도 모르겠다.

15 피터 프랭코판, 앞의 책, p. 276

러시아인들은 몽골계나 투르크 이민족들을 타타르인이라고 불렀는데, 1240년부터 1480년까지 러시아가 지배받던 이 240년 동안을 "타타르의 멍에"라고 부른다. 하여튼 다닐이 모스크바 공국을 선포한 1283년 이후, 모스크바 공국은 킵차크 한국(금장 한국)의 종속국으로서 온갖 수모를 다 겪었다. 예컨대 이반 1세(Ivan I, 1288~1340)는 몽골 제국을 위해 세금을 징수하여 바치는 일에 천재적인 재능을 발휘했다. 이 과정에서 모스크바 공국이 추구한 안보 불안 극복 방식은 전리품과 공물을 대칸의 명에 따라 중앙 집권식으로 분배하던 전제주의 체제인 몽골 제국의 영향을 벗어날 수 없었다. 효율적인 세금 징수를 위해 이반 1세처럼 몽골에 고분고분한 극소수에게 권력을 집중한 몽골의 통치 전략도 결코 무시할 수 없었다. 그 결과 모스크바 공국은 내부적으로는 유럽의 역사적인 전통에서 거의 완전히 일탈한 국가주의, 군사주의, 경찰주의라는 매우 이질적인 전제 정치체제를 양산했다.

외부적으로는 몽골 제국과 마찬가지로 동쪽으로 시베리아, 북쪽으로는 북극해, 남쪽으로는 흑해와 카스피해를 끝까지 전진하는 무제한 영토 팽창을 추구했다. 즉, 러시아인에게는 "공격이 최선의 방어이다!" 이 전략을 본격적으로 최초로 실행한 왕은 러시아의 이반 4세(Ivan IV Vasilyevich, 1530~1584) 왕이

이반 4세. 그는 모스크바 대공국의 대공으로 차르라는 말을 처음으로 사용한 러시아 통치자이다. 강력한 중앙집권적 통치 스타일로 중앙의 귀족들을 잔인하게 숙청하고 영토를 넓혀 모스크바를 강국으로 키웠다. 반면, 사람을 잘 믿지 못하는 편집증적 성격으로 말년에는 공포 정치를 시행한다. 예컨대 이반 4세의 9번 혼인을 도덕적이지 못하다고 비난한 성직자들은 잡아다가 사형에 처하고 해당 교회의 토지는 몰수했다. 특히 자신의 아들을 몽둥이로 패서 죽여 놓고, 정신을 차리고 난 후 아들을 부둥켜안고는 울며 소생시키려 한 일화는 매우 유명하다. 그는 1584년에 갑자기 사망했는데, 사망 원인은 뇌출혈, 암살설 등 설이 난무한다. 출처: 1672년 『국가 초상화 및 문장집(Portrety, gerby i pechati Bolshoi gosudarstvennoi knigi)』, 상트페테르부르크 고고학 연구소 소장. Public Domain

다.[16] 이반 4세는 황제라는 뜻의 차르[Tsar]라는 말을 처음으로 사용했으며, 러시아 최초의 법전 마련과 강력한 중앙집권 정책으로 영토 확장에 매진했다.[17]

물론 이반 4세의 영토 확장은 국가주의, 비밀주의, 경찰주의라는 특징을 그대로 간직했다. 즉, 자신에게 충성하지 않는 이들을 대상으로 친위대를 동원하여 색출하고, 산 채로 구워버리거나 온몸을 찢어버리는 방식으로 사형에 처했다. 심지어 그는 13살 된 자신의 아들이 자신에게 대든다는 이유로 평소 들고 다니던 지팡이로 때려죽였다. 이반 4세의 별칭이 공포의 대왕[Ivan the terrible]으로 불린 이유다. 어쨌든 그 결과 킵차크 한국이 지배하던 광대한 영토가 모스크바 공국으로 통합되었으며, 북으로는 북극권 한계선, 그리고는 동쪽으로는 우랄 산맥 너머까지 영토가 확장되었다. 러시아의 무한 동진 정책의 결과 탄생한 것 중의 하나가 단일 노선으로 9,288km에 이르는 세계 최장의 시베리아 횡단철도이다.

불행히도 상대해야 할 강적이 없었던 북쪽과 동쪽 확장과 달리 러시아의 남쪽 팽창은 러시아가 유럽의 환자라고 부르던 오스만 제국에 막혔다. 따라서

표트르 3세. 부친은 스웨덴 귀족인 카를 프리드리히(Karl Friedrich, 1700~1739)이고 모친은 러시아 황태녀 안나 페트로브나(Anna Petrovna, 1708~1728)이다. 그의 모친은 그를 낳다가 출산 후유증으로 사망한다. 러시아 태생이 아니라 프로이센 공국 태생으로 러시아보다 독일에 우호적이었으며, 부인도 같은 독일 출신인 조피 프리데리케(Sophie Friederike of Anhalt-Zerbst, 후일 예카테리나 여제)라 처음에는 잘 맞았다. 하지만 나중에는 조피가 러시아식 이름인 예카테리나로 이름을 바꾸는 등 러시아식으로 완전히 변모하자, 예카테리나 앞에서 정부를 데리고 다니거나 예카테리나에게 폭력을 휘두르는 등 완전히 다른 사람으로 바뀐다. 이에 따라 제위 불과 6개월 만에 예카테리나가 황실 근위대를 동원하여 그를 내쫓고 황제의 자리에 오른다. 표트르 3세는 황제의 자리에서 쫓겨난 지 18일 만에 교수형에 처해졌다. 독일 화가 루카스 판젤트(Lucas Conrad Pfandzelt, 1716~1786)의 1762년경 그림. 에르미타쥬 박물관 소장. Public Domain

---

16 그의 조부인 이반 대제(Ivan the Great, 혹은 Ivan III Vasilyevich, 1440~1505) 또한 영토를 확장하기 위한 행보를 보이긴 했었지만, 공격적이지 않았고 매우 조심스러운 태도였다.
17 로마 멸망 이후부터 나폴레옹 황제 등장 사이에 유럽에서 황제라는 칭호를 사용한 나라는 신성 로마 제국과 러시아뿐이었다.

러시아의 남쪽 확장은 오스만 제국의 쇠퇴 정도에 따라 진척되었는데, 그 과정에서 오스만 제국뿐 아니라 러시아 남하를 경계하는 유럽 다른 나라들과의 마찰이 필수적으로 동반되었다. 예컨대 러시아는 1556년 볼가강 하구와 카스피해 연안에 위치한 아스트라한 칸국을 무력으로 정복했고, 1607년에는 페르시아 일부를 점령했다. 러시아는 1774~1784년 사이에는 크리미아 반도까지 점령했고, 1801년에는 그루지야 왕국도 점령했다. 1800년대 후반에는 체첸인을 포함한 코카서스 산맥 부근의 부족들을 점령했지만, 1853년에는 크림 반도를 기점으로 흑해를 제압하려다 영국, 프랑스, 오스만 연합군이 저지하는 크림 전쟁 (1853~1856)에서 패하고 말았다.[18] 하지만 러시아는 포기하지 않고 방향을 중앙아시아로 바꾸어 남하를 계속해 1865년에는 타슈켄트를, 1868년에는 부하라와 사마르칸트를, 1873년에는 현재 우즈베키스탄의 히바(Xiva)를,

예카테리나 여제. 표트르 3세의 부인으로 원래 독일 슈테틴(Stettin) 출생의 독일인이다. 표트르 3세의 폭정을 빌미로 쿠데타를 일으켜 황제에 올랐다. 황제에 오른 후에는 유럽 계몽주의를 러시아로 확산하기 위해 유럽 문학, 예술, 학문 등을 적극적으로 수용했다. 하지만 남성 편력이 심해 사생활은 매우 문란했다. 예컨대 그의 사실상 남편이었던 포템킨(Grigory Potemkin, 1739~1791)과의 관계 청산 이후 애인이 최소 20명이었다고 한다. 한편 1789년 프랑스 혁명 이후에는 러시아에 자유주의의 확산을 막기 위해 전제 정치로 회귀하기도 하였다. 그녀의 손자는 그녀의 계몽주의 영향으로 매우 현명한 군주가 되는데, 이 군주는 후일 나폴레옹의 러시아 침략을 물리치는 차르인 알렉산드르 1세(Alexander I of Russia, 1777~1825)가 된다. 스웨덴 화가 알렉산더 로슬린(Alexander Roslin, 1718~1793)의 1780년대 작품. 빈 미술사 박물관 소장. Public Domain

1878년에는 아르메니아인들을, 1884년에는 아프가니스탄 최북단에 위치한 현재의 투르크메니스탄 도시 메르브(Merv)마저도 정복했다.[19] 그 결과 러시아는 흑

---

18   코카서스는 캅가스 지역으로도 불린다. 이 지역은 흑해와 카스피해 사이에 있는 지역으로 인도-유럽 어족의 공통 조상이 살았던 곳이다. 지금부터 5천 년 전후에 인도족과 유럽족이 나뉘면서, 인도족은 동쪽으로, 유럽족은 서쪽으로 이동하여 민족이 분화되었다. 하지만 언어의 조상은 인도족과 유럽족이 코카서스 지역으로 동일하다.

19   메르브는 이슬람의 황금시대인 8세기경부터 모피 교역을 통해 성장한 도시이다. 당대의 어떤 사람은 메르브

해에 대한 제해권 확보에는 실패했지만 결국 카스피해는 러시아의 내해로 바뀌었고, 19세기 말 중앙아시아 대부분은 러시아의 지배하에 들어가게 된다.[20]

영토 팽창을 추구하면서 제국을 효율적으로 통치하기 위해 내부의 전제 정치는 오히려 강화되었다. 예컨대 황제였던 표트르 3세(Peter III, 1728~1762)를 교살하고 황제의 자리에 오른 예카테리나 2세 여제(Catherine II, 1729~1796)는 몽테스키외(Montesquieu, 1689~1755)의 「법의 정신」에 나오는 구절인 "영토가 큰 나라는 전제 정치가 적합하다."라는 내용에 감명받아 전제 정치를 더욱 강화하기도 하였다.[21] 군대 규모도 1820년에 러시아 군대는 프랑스 군대 규모의 2배를 넘었고, 1853년에는 영국과 프랑스를 합친 것보다 더 많은 군대를 보유하였다.[22] 처칠의 말대로 "강인한만큼 러시아인들이 경외하는 것은 없으며, 나약함보다 경시하는 것은 없다."[23] 역사적으로도 제국의 팽창이 전제 정치를 강화했던 건 비단 러시아뿐만 아니었다. 실제로 고대 로마, 과거의 중국, 오스만 튀르크 제국, 무굴제국, 일본 제국주의가 그랬고, 현재의 중국도 그렇다.[24]

물론 내부 경찰주의와 외부 팽창주의를 결합한 모스크바 공국의 이 독특한 통치 공식은 비슷한 방식을 추구했던 몽골 제국 지배 전통의 영향을 받은 것이 틀림없다. 러시아어에 몽골인의 통치와 관련된 단어가 많은 것은 결코 우연이

를 "세계의 어머니"라고 부를 정도로 도시 규모가 커졌다. 한 작가의 말을 빌리면 메르브는 "유쾌하고 멋지고 우아하고 화려하고 넓고 쾌적한 도시"였다. 피터 프랭코판, 앞의 책, p. 187. 한편 중앙아시아 진출을 포함한 러시아의 남하는 특히 영국의 군사적, 외교적 저항을 받았는데, 양국 사이의 패권 경쟁을 그레이트 게임(Great Game)이라고 부른다. 빅토리아 여왕은 "세계의 패권을 러시아가 차지하느냐, 영국이 차지하느냐의 문제"로 모든 문제가 귀결된다고 평가할 정도였다.

20　러시아가 중앙아시아를 확보하면서 인도의 턱밑까지 세력권이 확대되자, 영국은 러시아의 남하를 결사적으로 막는다. 19세기 중앙아시아 지역을 둘러싼 러시아와 영국의 세력권 대결을 "Great Game"이라고 부른다.

21　정한구, 문수언, 『러시아 정치의 이해』, 나남출판, 1995, p. 50. 역설적으로 몽테스키외는 전제 정치를 방지하기 위한 삼권 분립 이론을 최초로 정립한 계몽사상가이다.

22　그레이엄 앨리슨, 『예정된 전쟁(Destined for War)』, 세종서적, 2018, p. 390

23　팀 마샬, 『지리의 힘』, 사이, 2015, pp. 317

24　다만 네덜란드와 영국은 역사적으로 이 경향을 밟지 않았다. 미국도 연방제라는 독특한 정치구조를 채택하면서, 거대 제국이면서도 전제 정치가 아니라 민주주의를 유지하는 국가이다. 제국 팽창과 함께 전제 정치를 강화한 국가와 그렇지 않은 국가 사이의 차이점은 앞으로 중요한 연구 과제가 될 것으로 본다.

아니다.[25] 이 때문에 표트르 대제^(Pyotr Alekseyevich, 1672~1725)의 과감한 서구화 조치 또한 "아시아의 몸통 위에 유럽인의 의식"을 이식하는 불완전한 개혁에 그치고 말았다.[26] 오히려 1인 황제에서 시작되어 위에서 아래로 향한 서구화 개혁 조치로 인해 러시아인들에게는 강력한 정부와 강력한 지도자가 민족적 이상을 실현하는 데 필수 요인이라는 국가주의 개념이 더 강화되었다. 비잔틴 제국으로부터 수입한 그리스 정교 역시 러시아 전제 정치를 강화한 요소였다. 그리스 정교가 교구의 모든 신도가 하나의 가족임을 설파했고, 이에 따라 상호의존성과 자기희생을 무의식적으로 강제했기 때문이다. 따라서 공동체의 가치를 우선

표트르 1세, 일명 표트르 대제. 표트르 드로즈딘(Pyotr Drozhdin, 1745~1805)의 1795년 작품. 출처: Wikipedia. Public Domain

하고 개인의 생활을 이에 종속시키는 집단주의적 의식인, 이른바 "소보르노스치^(sobornost)"라는 러시아만의 독특한 사상이 태어났다.

　하여튼 이 모스크바 공국의 국가주의 전통은 공산혁명으로 태어난 공산국가 러시아에도 그대로 이어졌다. 대표적으로 레닌은 10월 혁명으로 권력을 잡은 직후인 1917년 12월에 "반혁명 방해 공작 대처를 위한 국가특수위원회," 일명 체카^(Cheka)를 만들어 자신의 혁명정부에 반대하는 이들은 부르주아는 물론이고, 사회혁명당이든 무정부주의자든 모조리 구금, 체포하여 재판 없이 처형하거나 시베리아로 유배 보냈다.[27] 국가 우선을 내세운 무력 경찰조직을 통해 레닌은 마르크스가 인류 최후의 발전 단계로 예언한 공산주의 사회를 1인 독재 체제 사회로 철저히 왜곡, 변형시켰다. 내부적으로 체카를 통해 1인 전제주의적 방식을 유

25　피터 프랭코판, 『실크로드 세계사』, 책과함께, 2017, p. 300. ■■■ 교역과 관련된 러시아 단어도 몽골어 기원이 많다. 바리시(barysh, 이익), 뎅기(dengi, 돈), 카즈나(kazna, 국고) 등이 그것이다.

26　■■ 실제로 러시아 영토의 ¼은 유럽, ¾은 아시아에 속해 있다. 우랄 산맥 지점 한 곳에는 유럽이 끝나고 아시아가 시작되는 이정표가 서 있다. 이 이정표 동쪽은 아시아, 이 이정표 서쪽은 유럽이다. 그렇다면 러시아는 유럽 국가인가 아시아 국가인가?

27　■■■ 체카(1917~1922)는 통합국가정치국(OGPU, 1923~1934), 내무인민위원회(NKVD, 1934~1946), 국가안전부(MGB, 1946~1953), 국가보안위원회(KGB, 1954~1991)로 명칭이 바뀌게 된다. 소령 붕괴 이후 KGB는 러시아의 해외정보국(SVR, 1991~)으로 이름이 바뀐다.

지한 러시아는 대외적으로는 "만국의 노동자여, 단결하라!"라는 모토를 내세워 시베리아를 넘어 남쪽 주변국으로의 영역 팽창을 추구했고, 2차 대전 직후 "철의 장막"이라는 형태로 제국 팽창을 마침내 완성했다. 불행히도 러시아는 미국과의 체제 경쟁에서 패배하면서 제국을 유지하지 못한 채, 베를린 장벽 이후 사실상 패권국가의 지위를 거의 상실했다.

다행인지 불행인지 소비에트 연방이 붕괴된 이후에도 러시아는 패권국가의 기억을 결코 잊지 않았다. 아니 더 정확히 말해 러시아인들의 안보 불안이라는 본능적인 강박 관념과 국가주의, 군사주의, 경찰주의, 팽창주의 전통은 없어지지 않았다. 그 결과 러시아 패권은 1990년대 경제 자유화 이후 극심한 혼란기를 거쳐 국가 경제를 독식한 일종의 러시아 과두 재벌인 올리가르히(oligarch)가 KGB 요원 출신인 푸틴과 결탁하면서 완전히 새로운 형태로 등장했다.[28] 즉, 1990년대 이후의 러시아는 내부적으로는 KGB식 경찰주의를 철저히 구축하고, 이를 바탕으로 외부적으로는 올리가르히의 힘을 활용하여 인접한 유럽 국가들을 상대로 거미줄같이 건설된 원유와 천연가스 파이프라인을 통해 경제적 패권을 확대하려고 노력한 것이다. 푸틴이 직접 쓴 논문인지는 확실치 않지만, 푸틴의 박사 논문도 러시아 광물자원에 대한 전략적 계획과 이용에 관한 것이었다.[29]

예컨대 러시아를 출발해 발트해를 지나 독일로 향하는 노르드(Nord) 스트림, 러시아 내륙을 거쳐 벨라루스, 폴란드, 오스트리아, 독일로 들어가는 야말(Yamal) 스트림, 캅카스 지역에서 남쪽의 흑해를 지나 튀르키예의 앙골라까지 연결되는 블루(Blue) 스트림과 이를 확장한 투르크 스트림(TurkStream) 등은 거미줄 같은 러시아 올리가르히 가스 네트워크의 대표적인 사례이다.[30] 3개 스트림 외에도 우크라

28 　러시아는 1992년 1월, 이전에 고정되어 있었던 상품과 서비스의 가격을 자유화했다. 이 엄청난 충격 요법으로 1992년 소비자 물가 상승률은 2,500%를 넘었다. 일반 대중들의 생활이 얼마나 피폐했는지, 푸틴 자신도 생활비를 벌기 위해 자차로 택시 운전을 했다는 사실에서도 알 수 있다.

29 　피터 프랭코판, *앞의 책*, pp. 852~853

30 　투르크 스트림 이전에는 우크라이나를 지나지 않고 흑해를 지나 불가리아, 세르비아, 크로아티아 등으로 가는 사우스 스트림 건설 계획이 있었다. 그러나 불가리아가 건설 계획을 반대하면서 무산되었고, 대신 투르크 스트림으로 대체된다.

이나를 거치지 않고 동유럽으로 바로 가스를 보낼 수 있는 사우스 스트림 건설은 불가리아 등의 반대로 무산되었지만, 언젠가는 다시 시도하게 될 푸틴의 로망이다.

그 결과 EU는 연간 천연가스 소비량의 대략 ⅓ 내외를 러시아로부터 수입하고, EU 27개국 중 14개 국가는 천연가스 공급의 절반 이상을 러시아에 의존한다. 대표적으로 독일과 이탈리아는 2021년 기준으로 천연가스의 러시아 의존도가 각 49%, 38%에 이른다. 보스니아, 몰도바, 북마케도니아는 거의 100%이고, 세르비아와 오스트리아 등은 80%대, 그리스, 헝가리, 슬로베니아 등은 60%대이다.[31] 이 때문에 EU는 러시아의 가스 공급량에 따라 그해 겨울의 난방 온도가 결정된다. 예컨대 2021년 8월, 코로나 사태와 풍력 발전량 감소가 겹치면서 전력 소비가 급증하자 가스 수요가 덩달아 급등했다. 하지만 러시아는 노르드스트림 2 허가 지연 문제로 유럽 지역에 충분한 가스를 공급하지 않았고, 이 때문에 유럽 가스 비축량은 전년보다 60% 내외로 줄면서 그 가격이 2021년 11월에는 전

---

31   반면 네덜란드와 덴마크는 천연가스의 러시아 의존도가 5%가 되지 않는다. 출처: www.statista.com

년보다 무려 600%나 폭등했다.

유럽의 천연가스 의존도는 전력과 난방 등 에너지에만 국한되지 않는다. 유럽은 디젤차를 많이 사용하는데, 디젤차의 공해 배출물질을 줄이기 위해서는 요소수가 반드시 필요하다. 유럽은 석탄에서 요소수를 추출하는 아시아 지역과 달리, 대부분 천연가스에서 요소수를 만든다. 다시 말해 러시아의 천연가스가 없으면 유럽 자동차는 모두 올 스톱이다. 2021년 11월, 한국의 요소수 대란처럼 말이다.

러시아의 천연가스 확대 전략은 인접국인 독일에 대해서는 특히 공격적이다. 대표적으로 한국인과 재혼하면서 화제를 뿌린 슈레더^(Gerhard Schröder, 1944~) 총리가 시작한 노르드스트림^(Nord Stream) 1 사업은 러시아의 비보르크^(Vyborg)에서 독일의 그라이프스발트^(Greifswald)에 이르는 발트해 해저 가스관 건설 사업으로, 2005년부터 건설되어 2011년에 완공된 길이 1,224㎞에 이르는 세계에서 가장 긴 해저 천연가스관 사업이다.[32] 첫 번째 노르드스트림 사업이 성공리에 마무리되면서 러시아는 독일을 통한 유럽에 연간 550억㎥^(cubic meter)라는 엄청난 양의 천연가스를 공급하고 있다.[33]

슈레더에 이어 독일 총리가 된 메르켈^(Angela Merkel, 1954~) 총리도 자신이 추진하던 탈원전 사업으로 인한 에너지 공백을 메우기 위해 2015년부터 노르드스트림 사업과 거의 유사한 라인으로 우스트-루가^(Ust-Luga)를 출발하여 그라이프스발트^(Greifswald)에 이르는 두 번째 노르드스트림 사업을 제안해 지금은 마무리 단계이다.[34] 두 번째 노르드스트림 사업에는 독일 에너지 회사 유니퍼^(Uniper), 독일의 최

---

32 노르드스트림 1 사업을 처음 주장했던 독일의 슈레더 총리는 2021년까지 가즈프롬과 또 다른 러시아의 석유 올리가르히인 로스네프트 AG의 임원을 역임하였다.

33 550억㎥는 2021년 기준 독일 연간 가스 수요의 대략 절반에 해당한다.

34 노르드스트림 2 사업은 2019년 미국의 트럼프 대통령이 "적성 국가 제재법(Countering America's Adversaries Through Sanctions Act: CAATSA)"을 근거로 참여 기업에 제재를 시사하면서 완공 직전에 중단되는 우여곡절을 겪다가 2021년 9월 마침내 완공되었다. 완공 후에도 정상 가동이 되지 않다가 2022년 2월 22일에는 러시아의 우크라이나 침공에 따른 제재 일환으로 독일의 올라프 숄츠(Olaf Scholz, 1958~) 총리가 가스관 승인 절차를 아예 중단했다. 2022년 2월 23일에는 바이든 행정부가 노르드스트림 2 사업의 건설 주관사인 스위스 주재 노르드스트림 2-AG의 임원에 대한 제재안도 발표했다.

대 천연가스 생산업체 BASF의 자회사인 윈터셸(Wintershall), 프랑스 에너지 회사 엔지(Engie)와 OMV 등이 자금을 투자했다. 물론 러시아의 가스관을 통한 경제적 패권 뒤에는 러시아 올리가르히의 막강한 권력이 위치해 있다. 예컨대 노르드스트림 사업의 러시아 측 파트너는 러시아 최대의 천연가스 국영회사인 가즈프롬(Gazprom)이다. 가즈프롬은 유럽 가스 가격이 치솟은 2022년 상반기에는 노르드스트림 1 사업 등을 통해 무려 250억 불이 넘는 순이익을 기록하기도 했다.[35]

러시아의 천연가스 확대 전략은 북극해 장악 시도로 자연스럽게 연결된다. 2008년 미국지질조사국(U.S. Geological Survey: USGS)에 따르면 북극해에는 전 세계 원유 매장량의 대략 13%인 900억 배럴의 원유, 전 세계 가스 매장량의 대략 30%인 1,669조 세제곱 피트에 달하는 천연가스와 400억 배럴에 해당하는 액화 천연가스가 매장되어 있다. 그것도 90% 이상이 얕은 바다에 매장되어 있어 채산성이 매우 높다. 특히 기후 변화로 인해 북극해의 빙하들이 사라지면서, 2017년 8월에 쇄빙선의 도움을 받지 않고 화물선이 북극 항로를 처음으로 완주하기도 하였다. 2030년쯤 되면 북극에서 여름 3개월 동안은 얼음이 얼지 않는(Ice-free) 부동 항로가 열리게 된다고 한다.[36] 이렇게 되면 이 시기에는 수에즈 운하도, 파나마 운하도 필요가 없다. 예컨대 북극 항로를 이용하면 대한민국의 부산에서 네덜란드의 로테르담까지 항로 거리는 수에즈 운하 통과 때보다 30~40%나 줄어든다. 이제 북극해 원유와 가스 개발 가능성은 소설이 아니라 현실이다.

북극해에 존재하는 원유와 천연가스 소유권을 주장하기 위해 러시아는 북극해에 대한 통제를 강화하고 있다. 이를 위해 우선 러시아는 북극해를 아예 러시아해로 부른다. 2007년에는 북극의 로모노소프 해령(Lomonosov Ridge)의 해저 4,261미터까지 내려가 티타늄으로 만든 러시아 깃발을 해저에 꽂기도 했다. 로모노소프 해령은 북극해를 가로질러 유라시아 해저 분지와 아메리카 해저 분지의 경계

---

35 가즈프롬의 반기 순이익은 평상시 50억 불 내외이다.

36   북극의 부동 항로는 크게 3가지로 구분된다. ① 유라시아 해안에서 북태평양으로 나아가는 북동항로(Northeast Passage, NEP), ② 북미 대륙 해안에서 북태평양으로 나아가는 북서항로(Northwest Passage, NWP), ③ 북극해 중앙을 가로지르는 북극항로(Transpolar Passage" TPP)

인 1,800㎞에 이르는 해저 산맥이다. 러시아는 이 로모노소프 해령이 시베리아 대륙붕의 연장선 상에 있으므로 북극해 전체가 자기네 바다라고 우긴다. 하지만 그렇게 무식하게 우기지 않고 유엔해양법협약^(UNCLOS)에 따라 가능한 주권 또는 관할권 지역만 계산해도 러시아는 북극 원유와 천연가스 매장량의 60% 이상을 차지하게 된다.

두 번째, 북극에 대한 군사 조치의 강화다. 러시아는 2014년 이후 북극해 근방에 약 500여 개의 군사시설을 새로 설치했다. 러시아는 여기서 더 나아가 북극 작전에 특화된 새로운 전투사령부인 북부함대 통합 전략사령부도 신설하였으며, 미사일을 탑재한 잠수함의 ⅔를 북극함대에 배치해 놓고 있다. 셋째, 2024년 기준 세계 최대 규모의 쇄빙선 40대를 보유한 쇄빙선 함대도 강화하고 있다. 예컨대 러시아는 현재 운영하는 핵 쇄빙선을 4척에서 6척을 추가하여 총 10척으로 구성하는 작업을 진행 중이며, 쇄빙선에 크루즈 미사일까지 탑재한다는 구상이다. 마지막으로 북극해 자원개발권을 가스프롬과 국영석유기업인 로스네프트^(Rosneft)로만 한정한다. 외국 기업이 북극해를 개발하기 위해서는 이 두 회사와 합작하는 수밖에 없다. 하지만 이 두 회사가 외국 기업과 합작할 가능성은 거의 제로다!

이처럼 러시아가 유럽 국가에 대해서는 경제적 영향력 확대라는 소프트 파워를 추구한 반면, 러시아 내의 이민족들과 과거 소비에트 연방 국가에 속했던 주변국을 상대로 해서는 국가주의와 권위주의적 전통을 바탕으로 패권국가로서의 군사적 힘을 국제 사회에 보란 듯이 과시했다. 대표적인 사례가 바로 체첸 분쟁이다. 원래 체첸인들은

코카사스 산맥 주변에 거주하던 민족으로, 16세기에는 이 지역에 진출한 오토만 제국과도 독립 전쟁을 벌일 정도로 독립심과 전투력이 매우 강한 민족이다.

그럼에도 불구하고 1864년, 러시아의 무차별 팽창 정책으로 인해 체첸인들의 땅은 러시아로 귀속되었다. 이후 체첸인은 독립을 위해 러시아를 상대로 유혈 분쟁을 일으키고, 러시아는 체첸인들을 강제로 이주시키는 등 양측은 극도의 갈등을 반복해서 겪었다. 결국 소비에트 연방 해체로 체첸인들은 두다예프(Dzhokhar Dudayev, 1944~1996)를 대통령으로 선출하고 1991년 마침내 독립을 선언했다. 하지만 독립 당시 러시아 지도자였던 옐친 대통령이 수도 그로즈니 탈환 직후 일방적으로 휴전을 선언하고 군대를 철수한 것과 달리, 푸틴은 1999년 전쟁을 일으켜 10년 동안 체첸 분리 독립 운동을 무자비하게 탄압했다. 2008년 그루지야와의 전쟁도 마찬가지다. 즉, 2008년 8월, 그루지야 군이 자국과 분리된 親 러시아 국가인 南 오세티야를 침공하자, 러시아는 즉각 군사적으로 개입했다. 프랑스의 중재로 전쟁은 오래 끌지 않았지만, 그루지야 사태는 러시아의 패권적 군사 행동이 언제든지 가능함을 보여 준 사건이었다.

우크라이나 상황도 비슷하다. 특히 푸틴을 비롯한 일반 러시아인들은 우크라이나를 역사적으로나, 혹은 문화적으로 러시아와 하나라고 생각한다. 예컨대 우크라이나의 수도 키이우(키예프)는 러시아라는 국가의 모태가 되는 키이우(키예프) 루스(882~1240)의 수도였다. 키이우(키예프) 루스는 오늘날 러시아 일부, 벨라루스 일부, 우크라이나 일부를 통치했고 키이우(키예프) 루스 귀족들이 몽골 침략을 피해 세운 나라가 모스크바 대공국(1283~1478)이므로, 러시아 국가의 모태가 우크라이나라는 주장이 크게 틀린 것은 아니다. 실제로 레닌의 최대 정적인 트로츠키(Leon Trotsky, 1879~1940)나 흐루쇼프를 축출한 최고 권력자 브레즈네프 서기장(Leonid Ilyich Brezhnev, 1906~1982)도 모두 우크라이나 출신이다. 심지어 푸틴에 반기를 든 알렉세이 나발니(Alexei Navalny, 1976~2024)조차도 러시아와 우크라이나가 별개 민족이라는 생각에 반대한다고 천명한 적이 있다. 2014년에 푸틴이 강제로 합병한 크림 반도 또한 흐루쇼프(Nikita Khrushchev, 1894~1971)가 양국 간의 영원한 우호적 관계의 유지를 위해 흑해함대의 모항인 세바스토폴이 포함된 영토를 우크라이나에 이양한 것이다. 2014년 러시아 군의 크림 반도 점령은 푸틴 관점에서는 이전에 자신의 것이었던 영토를 되찾아 오는 당연한 조치였을지도 모르겠다.

 아울러 우크라이나의 풍부한 물적 자원 역시 러시아로서는 결코 포기할 수 없다. 우크라이나의 흑토^(chernozem, 체르노젬) 지대는 북미의 프레리^(Prairie), 남미의 팜파스^(Pampas)와 함께 세계 3대 곡창지대다. 한 NGO에 따르면 체르노젬의 인기가 워낙 많아서 한 해에 10억 달러어치의 체르노젬이 해외로 팔리고 있다고 한다.[37] 체르노젬이 풍부한 우크라이나의 옥토에는 비료가 거의 필요 없기 때문에 2022/2023년 기준 콩 생산 세계 5위, 2020년 기준 전 세계 밀 수출 세계 5위, 2017~2020년 기준으로 보리와 옥수수 수출 세계 4위, 2017년 기준 해바라기유는 세계 1위라는 엄청난 생산량을 자랑한다.[38] 따라서 우크라이나 밀 생산에 문제가 생기면, 전 세계 빵 가격은 무조건 오른다. 이처럼 우크라이나의 풍부한 식량 자원 때문에 스탈린이 1930년대 우크라이나에 식량 징발령을 내려 우크라이나 사람들은 1932~1933 사이에 330~400만 명 내외가 굶어 죽고, 6백만 명 내외는 출산 시 기형으로 사망하는 최악의 사태^(홀로도모르, Holdomor)를 겪기도 했다.

 특히 우크라이나 동부의 시베르스키 도네츠^(Seversky Donets)강 유역은 석탄 매장량 세계 7위로 오랫동안 풍부한 석탄 채굴지로 명성이 높았다. 이곳의 채탄 가능 매장량은 100억 톤에 이르며, 석탄 이외에도 14억 배럴의 원유, 680억㎥의 천연가스가 매장된 것으로 알려져 있다.[39] 철광 매장량도 2019년 기준으로 65억 톤으로 호주, 브라질, 러시아, 중국에 이은 세계 5위이다. 러시아의 주요 중공업 단지가 우크라이나 동쪽에 위치해 있는 이유도 우크라이나의 풍부한 지하자원 때

37 피터 프랭코판, 앞의 책, p. 844. 한편 "체르노"라는 말은 "검다"라는 뜻이다. 1986년 최악의 원자력 사고를 기록한 체르노빌도 검은(cherno) 잎사귀(byl)라는 뜻이다.

38 곡물 수출 순위: ① 밀(달러 기준, 2020, 출처 – Food and Agriculture Organization Corporate Statistical Database) - 러시아(79억 불), 미국(63.18억 불), 캐나다(63.17억 불), 프랑스(45.3억 불), 우크라이나(35.9억 불), 호주(27.0억 불) ② 옥수수(만톤, 2022/2023, 출처 – Statistica) - 브라질(5,300), 미국(4,250), 아르헨티나(3,350), 남아프리카 공화국(2,250), 우크라이나(550)

39 피터 프랭코판, 앞의 책, p. 843

문이다.

우크라이나가 흑해의 크림 반도로 가는 길목에 위치해 있다는 지리적 이유 또한 러시아가 우크라이나를 결코 포기할 수 없는 또 다른 이유이다. 러시아가 유럽에 수출하는 천연가스의 80%도 우크라이나를 관통해서 공급한다. 카터 행정부 국가안보 보좌관이던 브레진스키는 이 때문에 "우크라이나가 어떤 형태로든 러시아에 재통합될 것이라는 점은 러시아 정치 엘리트의 신조"로 남아 있으며, "우크라이나 없이는 독립국가연합이나 유라시아주의에 기초한 제국적 복원은 더 이상 실현가능한 옵션이 아니다."[40]라고 평가했다.[41]

그런데 이와 같은 역사적, 정치적, 지리적 상황에서 우크라이나가 미국 주도의 군사 동맹체인 나토 가입을 추진하게 된 것이다. 푸틴으로서는 우크라이나의 나토 가입을 생사가 걸린 절체절명의 상황이라고 인식할 가능성이 높다. 푸틴 관점에서 우크라이나의 나토 가입 움직임보다 더 본질적인 쟁점은 나토의 동쪽 확장 정책이다.[42] 러시아는 베를린 장벽 붕괴 이후 미국이 동유럽으로 나토를 확장하지 않겠다는 구두 약속을 어겼다고 주장한다. 즉, 1990년 9월, 독일 통일 당시 동독과 서독[2], 미국, 소련, 영국, 프랑스[4]가 주축이 된 2+4회의에서 6개국은 분단된 독일을 통일시키되, 동독 주둔 소련군은 철수하고 나토는 통일 독일 경계선 밖으로 확장하지 않는다고 합의했다. 하지만 나토는 소련 붕괴 이후 다섯 차례나 동쪽으로 진출하면서 가입국을 확대했다. 특히 전통적으로 러시아의 영향력 아래에 있던 폴란드, 헝가리 등의 동유럽 국가들은 물론이고 소련의 일부였던 에스토니아, 라트비아까지도 나토에 가입했다.

이런 상황에서 만약 우크라이나까지 가입하면 푸틴의 말대로 나토의 미사일

---

40   Z. 브레진스키, *앞의 책*, p. 141, 152

41   따라서 미국을 비롯한 서방 세계는 러시아의 우크라이나 점령을 어떤 경우에도 결코 용인해서는 안 된다.

42   나토 확장 일지: ① 1952년 - 그리스, 튀르키예 ② 1955년 - 독일 ③ 1982년 - 스페인 ④ 1999년 - 체코, 헝가리, 폴란드 ⑤ 2004년 - 불가리아, 에스토니아, 라트비아, 리투아니아, 루마니아, 슬로바키아, 슬로베니아 ⑥ 2009년 - 알바니아, 크로아티아 ⑦ 2017년 - 몬테네그로 ⑧ 2020년 - 북마케도니아 ⑨ 2023년 - 핀란드 ⑩ 2024년 - 스웨덴

이 5분 만에 모스크바로 향할 수 있게 된다. 푸틴으로서는 우크라이나의 나토 가입만큼은 절대로 용인하지 않을 가능성이 높다. 따라서 가스관 건설로 경제적 영향력을 확대했던 전통적인 對 유럽 정책을 벗어나, 우크라이나의 나토 가입에 대해서는 체첸이나 그루지야와 마찬가지로 강력한 군사적 대응을 할 가능성이 매우 높다. 러시아는 결국 2022년 2월 24일, 새벽 5시를 기해 우크라이나를 군사적으로 침공하였다. 외교가에서는 "위협이 실재하는 것으로 간주하면, 강대국은 무력을 사용한다"라는 불문율이 있는데, 이 불문율은 러시아의 우크라이나 침공으로 다시 한번 증명되었다.

이처럼 러시아는 유럽에 대해서는 강온 양면 작전을 동시에 구사하고는 있다. 불행히도 유럽은 말처럼 그렇게 쉬운 상대가 결코 아니다. 왜냐하면 유럽에는 영국, 프랑스, 독일, 덴마크·핀란드·스웨덴·노르웨이 등 스칸디나비아 4개국과 같이 러시아와 전통적으로 정치적 반대편에 서 있던 국가들이 너무 많기 때문이다. 따라서 러시아가 송유관과 가스관 건설만으로 유럽에 실질적으로 영향력을 확대하는 것은 근본적으로 한계가 있다. 대표적으로 푸틴은 체첸 분리 독립 운동 탄압과 우크라이나 침공에 대해서는 미국은 물론이고 경제적으로 긴밀한 관계에 있던 유럽 국가들을 중심으로 한 국제 사회의 전면적이고 위협적인 비난을 감수해야 했다.

이런 점에서 푸틴의 2014년 크림 반도 기습 점령이 성공한 것은 그야말로 천운이었다. 물론 크림 반도 기습 점령이 성공한 이유는 역설적으로 콘스탄티노플 함락 때처럼 유럽이 수십 개 국가로 분열되어 있어, 유럽 전체가 푸틴에 대해 통일된 강경 태도를 취할 수 없었기 때문이기도 했다. 크림 반도 점령 때와 마찬가지로 푸틴의 對 우크라이나 군사 침공에 대해서도 유럽은 전통적인 분열 모드를 보여 주었다. 예컨대 전쟁 초기 독일은 우크라이나의 전함 및 대공 방어 시스템 지원 요구를 거절한 반면, 영국은 우크라이나에 경량 대전차 방어 시스템을 지원하였다. 특히 EU는 우크라이나 지원을 위해 우크라이나 농산물에 무관세를 적용했지만, 흑해 항로가 폐쇄되면서 동유럽으로 우크라이나의 무관세 농산물이 물밀듯이 밀려들자 폴란드와 헝가리는 아예 우크라이나 농산물 수입 금지 조치를 내렸다.

이처럼 복잡한 유럽과 달리 동아시아는 중국과의 우호적 관계만 수립하면 영향력 확대가 유럽보다는 상대적으로 쉽다. 나아가서 러시아는 한국과 북한에 대해서도 자신의 영향력을 확대하고 싶어 한다. 예컨대 한일 무역 분쟁이 시작된 2019년 7월 당시 일본이 한국에 불화수소 수출규제를 발표하자 러시아는 가장 먼저 한국에 불화수소 수출을 제안한 적이 있다. 나아가 러시아는 연해주와 북한을 통과하는 파이프라인을 통해 한국에 사할린의 천연가스를 공급하겠다고 지속적으로 제안하고 있다.

특히 북한의 탄약과 포탄과 같은 재래식 무기는 우크라이나 전쟁을 수행하면서 전비가 부족한 러시아로서는 반드시 필요한 전략 물자이다. 북한은 이 전략 물자를 지원하는 대가로 로켓 기술이나 핵잠수함 기술을 러시아에 요구할 가능성이 높다. 이는 북러 관계가 최소한 우크라이나 전쟁 기간 동안에는 전략적 밀월 관계로 발전할 가능성이 높음을 암시하는 것이다. 실제로 푸틴 대통령은 2024년 6월 19일, 24년 만에 처음으로 북한을 방문하여 김정은과 정상회담을 개최하여 "유엔헌장 51조와 북한과 러시아 국내법에 근거하여 한 국가가 침공을 받아 전쟁 상태에 처하게 되는 경우 다른 국가는 지체 없이 보유 중인 모든 수단으로 군사적 및 기타 원조를 제공한다"는 내용이 포함된 무시무시한 군사 동맹 조약을 맺기도 하였다. 하여튼 한국과 북한에 대한 이와 같은 러시아의 전략적 관심은 동북아 전략 지역인 한반도에 자신의 영향력을 확대하려는 푸틴의 지역 패권 행사 전략에 따른 것이다.

역사적으로도 러시아는 중국과의 전략적 우호 관계 수립에 실패하면서, 소비에트 연방이 붕괴된 단초를 제공한 뼈아픈 경험이 있다. 즉, 스탈린^(Joseph Stalin, 1868~1953) 때까지만 해도 러시아는 중국과 사회주의 확산이라는 공동의 이해관계를 전략적으로 추구하였다. 하지만 흐루쇼프^(Nikita Khrushchev, 1894~1971)가 1953년 권좌에 오르면서 중-소 관계가 돌변했다. 예컨대 흐루쇼프는 "중국 국경을 따라 소련의 군사력을 증강했고, 나중에 후계자가 되는 브레즈네프^{(Leonid Brezhnev,} ^{1906~1982)}로 하여금 중국에 대한 선제적 군사 행동 가능성까지 타진하도록 명령했다."[43]

당시 중국 지도자였던 마오쩌둥은 "흐루쇼프의 탈 스탈린주의를 수정주의로 낙인찍으면서 소련을 이념적으로 모독"하기까지 했다. 나아가 1957년 모스크바를 방문한 마오쩌둥은 "동풍^(東風)이 서풍^(西風)을 압도한다," 즉 중국이 소련을 포함한 서양을 이긴다면서 소련을 심리적으로 자극했다. 중국은 더 나아가 1958년부터 탄도 미사일 개발에 착수하여, 1960년 사거리 2,000㎞에 이르는 미사일을 개발했다. 그 미사일 이름이 마오쩌둥의 동풍 이론을 딴 "둥펑^(東風)-1"이다.[44] 이 때문에 소련은 보란 듯이 1959년 중국에 대한 원조를 중단했다.

헤이룽강
전바오섬
우수리강

Maps Data: Google Earth

양측의 불편한 감정은 1969년 우수리^(Ussuri) 강가의 전바오섬^(Zhenbao Island, 러시아 명 다만스키, Damansky)을 둘러싼 영토 분쟁을 계기로 절정으로 치달았다. 소련은 처음에는 중국을 선제공격하려는 계획을 가지고 있었지만, 미국이 이를 좌시하지 않겠다는 경고를 주면서 공격 계획을 잠시 보류하고 있는 상태였다. 하지만 마오쩌둥은 1969년 3월 2일, 중국군에게 핵무기 수백 기를 보유한 소련군을 선제공격하라는 명령을 내렸다. 그 결과 러시아와 중국 간 전면전과 심지어 핵전쟁 위기로까지 확산한 것이다. 흐루쇼프가 중

---

43 헨리 키신저, 앞의 책(중국 이야기), p. 206

44   중국의 미사일 개발을 주도했던 이는 MIT 출신의 중국 과학자 첸쉐썬(錢學森, Qián Xuésēn, 1911~2009)이다. 첸쉐썬에 대해서는 중국의 우주기술 부분에서 후술한다. DF-1으로 시작한 중국의 미사일은 핵탄두 10발을 장착한 사거리 14,000㎞에 이르는 대륙간탄도미사일 DF-41까지 진화한다. DF-41은 미국 전역을 사정권 안에 두고 있다. 중국은 2019년 10월 1일, 건국 70주년 기념 열병식에서 DF-41을 무려 112발을 등장시켜, 미국을 포함한 주변국을 깜짝 놀라게 했다. DF-41의 정확한 보유 수치는 알려져 있지 않으나, 2024년 기준 대략 200~300기로 추정된다.

국의 핵 시설 선제 타격까지 검토했을 정도이니, 양국 관계가 얼마나 최악이었는지 알만하다.

이 사건으로 인해 중국은 결국 소련과 결별했다. 그리고 이 때문에 중국은 미국의 손을 잡았다.[45] 미국과 중국의 수교는 핑퐁 외교로 알려진 탁구가 그 원인이 아니라, 이처럼 소련과 중국의 극단적인 대립이 근본 원인이었다. 닉슨 대통령의 말에 따르면 "1972년 우리 두 나라를 묶어 준 것은 소련의 공격적 자세라는 위협에 대한 공통된 우려"였다.[46] 1980년대 러시아는 레이건 행정부의 전략방위구상에 대항하여 체제 경쟁에 몰입하고 있었지만, 마오쩌둥 이후 등장한 덩샤오핑조차도 베트남에서 소련의 확대를 견제하기 위해 군사력을 동원하는 등 마오쩌둥에 이어 對 소련 적대적인 정책을 계속 유지했다. 중국과의 전략적 협력 없이 미국과의 체제 경쟁을 혼자 떠안고 악전고투하던 소련은 결국 붕괴되었다.

이처럼 객관적으로도, 역사적으로도 중국의 미국·일본 견제와 러시아의 동아시아 확장 전략은 최소한 당분간은 양국을 자석처럼 끌어당길 가능성이 매우 높다.[47] 결국 1970년대 미국이 중국을 끌어들여 소련을 견제한다는 전략은 이제 거꾸로, 2020년대에 중국이 러시아를 끌어들여 미국과 일본을 견제한다는 전략으로 바뀌게 될 것이다. 일례로 2021년 10월 18일, 러시아 함대는 중국 함대와 함께 동해에서 일본의 쓰가루 해협을 통과하여 태평양으로 진출했고, 10월

45　중국과 미국이 손을 잡을 때인 1972년 미국 닉슨 대통령은 주은래와의 외교 성명에서 하나의 중국만이 존재하고, 대만이 중국의 일부라는 주장을 인지한다는 내용의 '상하이 코뮤니케(Shanghai Communique)'에 서명한다. 하지만 하나의 중국이 실제로 무엇을 의미하는지에 대한 해석은 미국과 중국 양측이 다르다. 대표적으로 1979년 4월, 미국이 중국과 단교하면서 미국은 타이완 관계법(Taiwan Relations Act)을 공표한다. 이 법에는 미국의 타이완 무기 수출에 기한을 정하지 않고, 미국이 타이완의 주권에 대한 일관된 태도를 변경하지 않는다는 등 6개 보장의 내용이 담겨 있다. 미국은 더 나아가 2020년 12월 23일, 대만에 대한 무기 수출을 상시화하고, 대만을 미국의 아시아 태평양 동맹국으로 규정한 타이완 보증법(Taiwan Assurance Act)까지 통과시켰다.

46　헨리 키신저, 앞의 책(중국 이야기), p. 477

47　따라서 한국은 이 4개 국가 사이에 미묘하면서도 섬세한 "전략적 균형"을 "반드시" 고수해야 한다. 이 4개 국가 사이의 전략적 균형이 무너지는 순간, 바로 전쟁이다. 중국이 한반도에서 미군 운용의 사드 배치를 결사반대했던 이유 중의 하나도 미군 운용 사드의 한반도 배치가 중국의 미국 항모 공격력을 현저히 약화시켜 한반도에서의 전략적 균형을 무너뜨린다고 판단했기 때문이다. 나아가 한국은 미국, 중국과는 FTA를 체결했지만 일본, 러시아와는 FTA가 없다. 일본과는 투자협정만 있을 뿐이다. 따라서 한국은 일본, 러시아와 반드시 FTA를 체결하여 4개 국가 사이의 세력 균형을 유지해야 한다.

21일에는 오스미 해협을 통과하여 태평양에서 동중국해로 나아가는 살기등등한 군사 훈련을 전개했다. 요컨대 중국과 러시아 해군이 공동으로 동해에서 출발하여 일본을 포위하는 방향으로 군함을 몰고 군사 훈련을 한 후 동중국해로 귀환한 것이다. 나아가 2022년 2월, 중국의 동계올림픽 개막식에 참여한 푸틴은 시진핑과 함께 나토의 확장 중단을 촉구하는 공동 성명을 채택하기도 하였다.

중국과 러시아의 가스 동맹도 눈여겨볼 대목이다. 중국과 러시아는 2014년 크림 반도 무력 점령 직후인 2014년 5월에 가스프롬과 중국석유천연가스[CNPC]를 통해 연간 380억㎥의 러시아산 천연가스를 30년간 중국에 공급하는 계약을 체결했다. 그 결과 길이 3,000km, 건설비 220억 불로 추산되는 어마어마한 "시베리아의 힘[Power of Siberia] I" 가스 송유관이 러시아 시베리아의 중동부에 위치한 차얀다[Chayanda] 가스전부터 중국·러시아 국경 근처의 블라고베셴스크[Blagoveshchensk]까지 2014년 9월부터 건설되어 2019년 12월에 완공되었다.

더 나아가 2022년 2월, 북경 동계올림픽에서 만난 시진핑과 푸틴은 러시아 극동 가스를 중국에 30년간 공급하는 1,175억 불 규모의 초대형 계약도 체결했다. 러시아의 극동 가스전 중 하나인 유즈노 키린스코에[Yuzhno-Kirinskoye] 가스전은 러시아 해역인 오호츠크 해역에 위치하여 연간 210억㎥의 천연가스가 생산될 것으로 예상되는 동북아 핵심 가스전이다. 이

미 가스프롬은 이 지역에 생산 설비와 시추 설비를 설치하는 등 생산 준비에 박차를 가하고 있다. 이 지역에서 생산된 천연가스는 대부분 중국으로 공급될 것으로 전망된다. 아마도 "시베리아의 힘(Power of Siberia) II" 건설도 조만간 시작될 것으로 보인다. 이에 따라 동서 양쪽의 러시아 가스가 장기적으로 중국에 대량 공급되는 중-러 가스 동맹이 이미 완성 단계에 들어갔다. 당연한 이야기지만 양국 간 가스 거래는 달러가 아니라, 위안화와 루블화로 결제한다.

"적이 아무리 강하더라도 정복자와 그의 동맹들 사이에서 압박을 받으면 약해지기 마련이다."[48] 이 전략은 1차 대전 때 영국의 공중전 분석에도 적용된 적이 있다. 즉, 영국 항공공학 엔지니어인 프레데릭 란체스터(Frederick W. Lanchester, 1868~1946)는 수적으로 우세인 쪽은 열세인 쪽보다 수치 차이보다 훨씬 큰 전력 차이가 존재한다는 것을 발견한 것이다. 다시 말해 수가 많으면 거의 무조건 승리한다. 본문의 내용에 "란체스터 이론"을 접목하면, 동맹이 많은 쪽은 동맹이 없는 쪽을 거의 언제나 꺾을 수 있다.[49] 레이 달리오의 평가대로 아무리 강력한 국가라 하더라도 그보다 더 약한 국가들의 동맹보다 강할 수가 없다! 따라서 중국은 무조건 러시아를 자국의 동맹으로 끌어당겨야 한다.

(4) 황금 사냥꾼

셋째, 황금을 최대한 확보해야 한다. 2024년 기준으로 중국은 전 세계에서 금을 가장 많이 생산하는 국가이다. 중국의 금 생산량은 2011~2021년 기간 매년 300~400톤 정도이다.[50] 2024년 7월 기준으로 중국 정부의 금 보유량은 미

---

48 헨리 키신저, 앞의 책(세계 질서), p. 224

49   2차 대전 이후에는 일본의 경영학자 다오카 노부오(田岡信夫, 1927~1984)가 란체스터 전략을 경영학에 접목했다. 즉, 경쟁 상대가 아무리 강하다 하더라도 좁은 전선에 자신의 모든 전력을 집중하면, 좁은 전선에서는 수적으로 열세인 경쟁 상대를 이길 수 있다고 주장했다. 다시 말해 모든 장애물은 약한 곳을 찾아 자신의 전력을 집중하는 전략을 구사하면 반드시 극복할 수 있다!

50 US Geology Survey, 2023 . https://www.ceicdata.com/en/indicator/china/gold-production

국이 보유한 8,000여 톤의 ¼ 정도인 2,264.3톤이다.

하지만 2차 대전 전후 미국이 금 태환을 시행할 수 있었던 이유는 그 당시 미국이 전 세계 황금의 60%나 보유하고 있었기 때문이다. 따라서 중국은 전 세계의 금을 가급적 빨리, 그리고 많이 외부에서 매입해야 한다. 실제로 중국 인민은행은 2016년 11월 이후 25개월 동안 금 매입 활동이 전혀 없다가 2018년 12월 이후부터 2019년 4월까지 5개월 동안 연속해서 금을 매집하였다. 파이낸셜 타임스에 따르면 이 기간 동안 인민은행이 매집한 금은 한국은행이 보유한 전체 금 보유량 104톤의 60%에 이르는 대략 60톤에 이른다고 한다.[51] 다만 2019년 11월 이후부터 2022년 말까지 중국 인민은행의 금 매집 활동은 최소한 표면적으로는 중단되었다. 그러다가 인민은행은 2023년 1월부터 다시 금 매집에 나서 100톤을 넘게 금을 사모아 2023년 6월 기준으로 중국 황금 보유량은 기존의 1,948.3톤에서 2,113.5톤으로 증가했다. 중국인민은행은 가장 최근인 2023년 9월 이후부터도 금을 공개적으로 추가 매입하여 2024년 7월 기준으로 2,264.3톤을 소유 중이다.

불행히도 이 규모는 필자가 보기에는 아직도 부족하다. 중국의 황금 보유량은 최소 미국 보유량인 8,000톤 이상은 되어야 하고, 1만 톤은 되어야 금 태환이 가능할 것이다. 따라서 중국은 황금을 시장에서 매입하는 것은 물론이고, 황금을 최대한 확보하기 위한 금광 개발에도 더욱 매진해야 한다. 이 점에서 황금이 대량 매장된 아프리카 남부 국가와 북한은 중국에게 매우 중요한 전략적 국가이다.

중국도 이런 사정을 잘 알고 있다. 특히 외환보유고를 확보하기 위한 금은 관세 당국에 신고할 필요가 없기 때문에, 대외적 공식 통계는 사실상 큰 의미가 없다. 따라서 중국이 비밀리에 금을 매집하고 있다는 것은 세상이 다 아는 비밀이다. 필자는 세상에 중국의 공식 금 보유량이 2,000여 톤에 불과하다고 믿는 바

---

51   Financial Times, *"China's central bank stocks up on gold as it seeks to diversify"*, May 8, 2019

보는 없다고 생각한다. 이에 대해서는 상세히 후술한다. 만약 어느 시점에 중국이 금 보유량을 발표했는데 미국보다 많은 경우라면, 미국은 어떤 반응을 보이게 될 것인가?

< 전 세계 주요국의 황금 보유 순위 >

순위	국가/기관	황금보유량(톤)	황금/외환(%)
1	미국	8,133.5	72.3
2	독일	3,351.5	71.8
3	IMF	2,814.0	n.a.
4	이탈리아	2,451.8	68.6
5	프랑스	2,437.0	70.0
6	러시아	2,335.9	29.4
7	중국	2,264.3	4.9

출처: World Gold Council, 2024년 7월 기준

(5) 비둘기 연준

넷째, 미국 연준이 금리 인상을 5%대를 넘어 급격한 속도로 인상하지 않아야 한다. 미국 정부와 달리 미국 연준은 독자적으로 달러의 위상을 지키기 위해 중국 정부의 위안화 기축통화 비전에 제동을 걸 수 있다. 연준이 위안화의 금 태환 조짐을 미리 알고 금리를 6%대로 추가로 급속히 올리면 어떻게 될까? 그럴 경우 중국에 투자된 달러 자금은 중국 밖으로 급격히 유출되면서 다시 위안화 위기가 올 수도 있다. 무역수지가 아니라 자본수지를 통해 위안화의 지위를 위협하는 것이다. 이는 위안화의 금 태환 전략이 사전에 유출되어서는 절대 안 된다는 뜻이다. 2016년 말 이후 중국 외환 당국이 금 매입량을 공식적으로 공개하지 않는 것은 아마도 이런 전략 때문은 아닐까?

나아가 연준의 고금리는 중국의 부동산 산업을 위협한다. 중국의 건설 산업과 부동산은 중국 GDP의 대략 30%에 이르는 핵심 산업인데, 연준의 고금리로 부동산 산업이 타격을 받게 되면 중국의 성장이 정체된다. 그렇다고 연준의 고

금리 정책으로 타격을 입게 될 부동산 산업 부양을 위해 중국이 국내 금리를 무작정 내릴 수도 없다. 만약 그랬다가는 위안화 가치하락과 자본유출이 가속화될 것이기 때문이다. 따라서 금리를 급속히 올리는 매파 연준은 중국의 패권 가도에 또 하나의 위협적인 장애물이 될 것이다.

　다만 중국의 금융산업은 중국 정부가 절반 이상을 장악하고 있고, 금융시장이 발달하지 않아 2008년 금융위기 때의 원인인 부동산 관련 파생금융상품도 중국에는 많지가 않다. 따라서 금리 인상으로 인한 중국의 부동산 위기가 중국 경제 전체의 위기로 확산할 가능성은 그렇게 높지는 않다고 본다.

(6) 일대일로: 아시아! 아프리카!! 유럽!!!

　다섯째, 중국은 위안화를 가급적 주변국에 많이 사용하도록 외교적, 경제적 압력을 가해야 한다. 이를 위한 중국의 가장 대표적인 전략이 바로 "일대일로^(一帶一路)"이다. 중국의 일대일로는 육상과 해상의 실크로드가 통과하는 국가들로 하여금 어떻게든 위안화를 사용하게 만드는 가장 핵심적인 전략적 수단이다.[52] 나아가 필자는 일대일로가 유라시아를 지배하면 세계를 지배한다는 명언을 남긴 영국 지리학자 할포드 매킨더^(Halford Mackinder, 1861~1947)의 구상을 실천하는 전략적 수단이 아닌가 추정도 해 본다. 이 점에서 필자는 일대일로 사업이 "중국판 마샬 플랜"이라고 불러도 좋다고 생각한다. OECD 추정치에 따르면 일대일로에 투입되는 사업비는 2017년부터 10년 동안 무려 1조 달러에 이를 것이라고 한다.[53] 인플레이션을 감안하더라도 일대일로 사업은 마샬 플랜 12개와 맞먹는 규모이다.[54] 중국 북경일보에 따르면 2013년 8월 시진핑 주석이 제창한 일대일로 사업

52　일대일로가 통과하는 주요 도시는 다음과 같다. (1) 육상 실크로드: 시안 - 란저우 - 우루무치 - 알마티 - 사마르칸트 - 두샨베 (Dushanbe) - 테헤란 - 이스탄불 - 모스크바-뒤스부르크 (2) 해상 실크로드: 푸젠 - 광저우 - 하노이 - 쿠알라룸푸르 - 자카르타 - 콜카타 - 콜롬보 - 나이로비 - 아테네 - 베네치아 - 로테르담

53　OECD, 『China's Belt and Road Intitiative in the Global Trade, Investment and Finance Landscape』, 2018, p. 3

54　그레이엄 앨리슨, 앞의 책, p. 57

에 직간접적으로 참여한 국가는 2023년까지 아프리카, 중앙아시아, 서아시아 국가 등 151개국이다.[55] 중국은 이들 국가에 인프라 건설 명목으로 실크로드 펀드, 중국 국영 은행 혹은 다국적 은행과의 신디케이트 등을 통해 천문학적인 자금을 빌려주고 있다.

어차피 이들 국가들은 신용도가 낮아서 달러 시장에는 접근 자체가 아예 안 되는 국가들이라, 이들 국가가 중국의 차관을 거부할 리는 없다. 더구나 이들 국가에 대한 차관을 제공하는 공식 기관인 IMF는 차관을 공여할 때 민주적 정치 원리 도입이나 국영기업 민영화, 무역자유화 등의 까다로운 조건을 붙인다. 반면 중국의 차관은 이런 거추장스러운 조건 따위는 없다. 그냥 인프라 건설에 중국 업체나 중국 노동자만 참여하면 만사 OK다. 중국은 이 틈을 이용해서 위안화를 앞세워 막대한 자금을 이들 국가에 쏟아붓고 있는 것이다.

특히 중국은 2000년부터 2022년까지 일대일로와 관련하여 아프리카 국가에 인프라 건설 명목으로 1,550억 달러로 추정되는 대규모 자금을 빌려주었다. 중국이 아프리카로 본격 진출한 시기는 후진타오 주석이 아프리카를 방문한 2006년 이후이다. 중국의 對 아프리카 원조는 IMF와 달리 특별한 조건을 붙이지도 않고, 단순한 자금 공여 외에도 공공 인프라의 건설과 기술 인력 파견까지 포함한 패키지 지원이다. 예컨대 중국이 2018년까지 아프리카에 건설한 학교와 병원은 300여 개이고, 의료 종사자는 2만 명에 이른다.[56]

중국의 아프리카 건설 프로젝트는 셀 수 없이 많다. 대표적으로 지부티에서 에티오피아로 이어지는 철도는 총연장 753km로 2016년부터 운행에 들어갔는데, 중국표준 기술이 적용되었으며 중국 은행이 자금을 대었다. 기니와 세네갈 항만 건설과 말리의 내륙 지역을 연결하는 철도 건설에도 중국이 자금을 공급했다. 케냐 제2의 도시인 몸바사(Mombasa) 항구 개발 사업 또한 중국 자본의 작품이다.

---

55 무역협회, 통상뉴스, 2023.3.3

56 Financial Times, *"Productive partnerships are never built on insults"*, Oct 23, 2019

중부 아프리카를 완전히 장악한 중국

2017년부터 운행하고 있는 케냐의 수도인 나이로비와 몸바사를 잇는 총연장 472km의 철도는 중국도로교량집단이 건설하였고, 총자금 38억 불 중 90%를 중국 정부 소유의 은행이 빌려주었다. 이 철도는 케냐가 1963년 영국으로부터 독립한 이후 건설한 최대 규모의 사회간접자본이다.

아프리카에서 물이 가장 풍부한 나라로 아프리카의 급수탑으로 불리는 에티오피아의 거대한 댐인 "그랜드 에티오피아 르네상스 댐"의 경우에도 중국 건설기업과 중국 자본이 참여했다. 이 댐은 2011년부터 건설되었는데, 청나일강의 수원을 가두어 서울시 면적의 3배에 가까운 물을 보관하게 된다. 공사비가 47억 불로 에티오피아 건국 이래 최대의 사업이고, 댐이 완공된 2020년 이후부터 이 댐은 아프리카 최대의 댐으로 등극했다[57] 이외에도 탄자니아의 바가모요(Bagamoyo) 항구 확장 사업, 니제르의 브리마(Brima) 유전 및 테네레(Tenere) 유전 개발 사업, 아프리카 최대 광물 생산국인 콩고민주공화국[58]과 잠비아 및 앙골라의 벵겔라와 로비투(Lobito) 항

---

57 하류의 수원이 고갈되고 있는 나일강 하류에 위치한 이집트는 이 댐 건설을 두고 에티오피아와 심각한 갈등 중이다. 이집트 정부의 한 장관이 이 댐을 원격으로 폭파시켜야 한다는 말까지 오고 갈 정도로 갈등이 심각하다.

58 아프리카 국가 중 가장 광물자원이 풍부한 국가가 바로 콩고민주공화국이다. (콩고민주공화국은 콩고공화국과 완전히 다른 나라이다.) 콩고민주공화국에는 코발트, 우라늄, 리튬, 금, 은, 주석, 다이아몬드, 구리, 아연, 석탄, 망

구를 연결하는 총연장 1,344km에 이르는 벵겔라^(Benguela) 철도 현대화 사업, 아프리카 최대 원유 생산국인 나이지리아[59]의 철도 현대화 사업 및 항구 건설 프로젝트, 앙골라 수도 루안다의 신규 국제공항 건설 사업 등 중국의 아프리카 개발 프로젝트는 그 수를 헤아리기도 어렵다. 미국 건설전문지 ENR^(Engineering News Records) 추정에 따르면 2019년 아프리카 건설 사업의 60%를 중국 기업이 가져간 것으로 보인다고 한다. 자금뿐만 아니라 수십만 명에 이르는 중국인 노동자들이 아프리카 건설 현장에 투입되기도 한다.

중국은 이런 점을 과거 서유럽 국가들의 식민지 경영과 차별화하여 홍보하면서 아프리카 국가와 우호적 관계 수립에 엄청난 공을 들인다. 중국은 특히 아프리카 군부를 특별히 관리한다. 예컨대 아프리카 군부의 초급·중급 장교는 전액 중국이 비용을 부담, 중국으로 초대하여 중국 사관학교나 군사학교에 입학시켜 무료로 교육 서비스를 제공한다. 미국의 대외 정책도 중국의 親 아프리카 정책에 긴장한 바이든 행정부 이전까지는 아프리카를 중요한 전략 지역으로 간주한 적이 없다. 유럽도 프랑스를 제외하고는 1960년대 아프리카 독립 이후 아프리카에 적극적으로 개입하려고 한 적이 거의 없다. 그 결과 중국은 "미국의 무관심"과 "유럽의 소심함"이 만든 외교적 틈을 효과적으로 비집고 들어가, 사하라 사막 이남의 아프리카 국가는 이미 중국이 접수했다고 보면 된다. 2023년 9월에 바이든 대통령이 선언한 인도-중동-유럽 경제 회랑에도 아프리카는 빠졌다. 그나마 2020년대 들어 미국과 유럽이 아프리카 대출과 투자를 늘리면서 중국의

간 등 다양한 광물이 풍부하게 매장되어 있다. 특히 콩고민주공화국의 남동부에 위치한 카탕가(Katanga) 지역은 다양한 광물의 보고라고 부를 정도로 광물자원이 풍부하다. 특히 콩고민주공화국이 9개 나라와 국경을 접하면서, 이 광물자원을 노리는 주변 국가들과 분쟁이 매우 잦다. 이 때문에 어떤 이는 콩고 내전을 아프리카 판 세계 대전이라고 부르기도 한다. 한편 콩고민주공화국은 1879~1960 동안 벨기에 식민지였는데, 벨기에는 당시 가장 중요한 원자재였던 고무를 콩고민주공화국을 통해서 조달했다.

59 나이지리아는 아프리카 최대 원유 생산국이다. 2023년 기준으로 인구가 2.2억 명에 달하고 천연자원이 풍부하여 서아프리카 강국의 위상을 유지한다. 다만 영국 식민지 시절 영국인이 주로 남부 해안가만 개발하여 북부와의 차이가 매우 심하다. 특히 2001년경에 결성되어 북부에 거점을 두고 있는 이슬람 극단주의 무장단체인 보코 하람(Boko Haram)은 나이지리아의 골칫거리다. ISIL과의 무장연대 투쟁까지 선언하면서 아프리카의 탈레반이라고 불리는 보코 하람은 나이지리아 북부의 완전한 독립을 목표로 현재까지도 무장투쟁을 벌이고 있다.

부채 공세는 이전보다는 덜 공격적이긴 하다.

중국으로서도 아프리카는 핵심 원자재와 광물의 조달 원천으로서 매우 중요한 지역이다. 예컨대 2023년 중국 경제는 5.7억 톤의 원유를 사용했는데, 이 중 대략 60~70% 수준을 수입했다. 이처럼 원유 수입 의존도가 너무 높아서 중국은 원유를 국가 전략자산으로 집중 관리한다.[60] 그중의 하나가 바로 아프리카산 원유의 집중 관리이다. 그 결과 아프리카 국가가 생산하는 석유의 절반 이상은 중국으로 수출하고, 이제 앙골라는 사우디아라비아, 러시아와 함께 중국의 3대 원유 공급 국가로 부상했으며,[61] 중국이 수입하는 원유의 대략 ⅓이 아프리카 원유로 추정된다. 원유뿐 아니라 아프리카의 황금, 백금, 다이아몬드, 구리, 코발트, 우라늄, 목재 등의 주요 원자재는 이미 중국의 손아귀에 들어간 것이나 다름없다.

중국이 가장 골치 아파하는 철광석 수입을 위해서도 중국은 아프리카에 엄청난 공을 들인다. 중국은 세계에서 철광석을 가장 많이 사용하는데, 중국 철광석은 호주에서 60% 이상을 수입한다. 예컨대 2022년에는 69%를 호주에서만 수입했다!!! 불행히도 요즘 호주는 중국과 사이가 좋지 않다. 원래 호주는 전통적인 친미 국가인데, 2007년 노동당 출신 총리인 케빈 러드(Kevin Rudd, 1957~)가 총리가 되면서 분위기가 일시적으로 반미 성향으로 바뀌었다. 러드 총리는 미국의 이라크 침공을 공개적으로 반대하고, 오히려 중국에 대해서는 우호적인 관계를 지속했다. 그러다가 2013년 자유당이 다시 승리하면서 토니 애벗(Tony Abbot, 1957~) 총리가 친미로 다시 방향을 선회한 후, 애벗의 후임인 스콧 모리슨(Scott Morrison, 1968~)은 아예 선명한 반중 노선을 채택한다. 예컨대 모리슨 총리는 호주의 5G 사업에 중국 화웨이 참여를 금지했고, 코로나 근원지로 중국을 지목하며 공식적인 국제

---

60 또 하나가 중국은 내연 기관 자동차보다 전기차 육성에 국가 전략을 집중한다. 예컨대 중국 정부는 2025년까지 전기차 비중을 20% 이상으로 하겠다는 목표를 가지고 있다.

61 포르투갈의 식민지였던 앙골라는 사하라 사막 이남에서 나이지리아에 이은 2번째 원유 생산국이다. 대서양에 설치된 유전 채굴 장비는 대부분 미국 것인데, 이 유전에서 나온 원유의 절반 이상이 중국으로 향하는 현실이 참 아이러니하다.

조사를 요구하기도 하였다. 발끈한 중국은 2020년에 호주의 철광석을 비롯하여 석탄, 랍스터, 와인 등에 대해 사실상 수입을 금지하는 강력한 수입 규제 조치를 실시하기도 했다. 하지만 호주 철광석은 중국 철강 산업의 생명줄이나 다름이 없다. 수입 규제를 실시했다가 자국의 피해가 너무 크자, 중국은 철광석에 대한 수입 규제를 슬그머니 없애 버리기도 했다.

이 때문에 중국은 철광석 대체 수입선으로 아프리카 기니를 오랫동안 주목했다. 특히 기니의 시만두(Simandou) 철광산은 지름 110㎞의 언덕에 철 함량 65% 이상의 고품질 철광석 약 86억t이 매장된 노천 광산이다. 즉 호주보다 철광석 품질이 훨씬 좋다. 이 광산의 구역 1, 2 채굴권은 중국이 소유하고 있다.[62] 중국은 당시 기니 대통령이던 콩데(Alpha Cond, 1938~) 대통령에 엄청난 로비를 벌였고, 2019년 11월 결국 이 광산의 채굴권을 확보하였다. 기니의 정정이 불안한 가운데, 중국이 도로나 철도망이 거의 없는 기니의 시만두 광산에서 채굴한 철광석을 중국 본토로 가져올 수 있을지 귀추가 주목된다.[63]

특히 희토류 매장 가능성이 높은 카보나타이트 암석의 절반이 아프리카에 있다. 중국은 희토류 확보를 위해서라도 아프리카에 공을 들일 수밖에 없다. 예컨대 전기차 배터리의 양극재 핵심 소재인 코발트는 콩고민주공화국에 전 세계 매장량의 60%가 묻혀 있다. 뤄양몰리브덴(CMOC-China Molybdenum), 화유코발트(Huayou Cobalt) 등과 같은 중국 기업은 콩고의 텐케 푼구루메(Tenke Fungurme) 광산과 키산푸(Kisanfu) 광산 채굴권 확보 등을 통해 콩고 코발트 채굴 산업의 대략 70%까지 점유한 것으로 알려져 있다.

---

62 이 주주의 정식 명칭은 시만두 위닝 컨소시엄(Winning Consortium Simandou, WCS)이고 주주는 지분 45%를 보유한 중국 해운기업인 위닝 인터내셔널 그룹(Winning International Group), 35% 지분의 중국 홍차오 그룹(China Hongqiao Group), 15% 지분의 기니 광산 공급체(Guinea's United Mining Suppliers) 등 3인이다.

63 중국 시만두 광산 채굴권 부여 이후 콩데 대통령은 대통령의 3연임을 금지한 헌법을 2020년 3월에 개정하였고, 2020년 대선에서 다시 대통령이 된다. 하지만 2021년 9월, 콩데가 창설한 특수부대 사령관인 마마디 둠부야(Mamadi Doumbouya, 1980~)가 쿠데타를 일으켜 콩데 대통령이 쫓겨났다. 특히 2021년 10월, 임시 대통령에 오른 마마디는 중국에 대한 석탄과 보크사이트 수출을 금지했고, 시만두 광산 채굴 허가권 또한 보류시켰다. 소문에는 마마디가 프랑스와 이스라엘에서 훈련을 받은 인물로, 이 쿠데타가 미국이 사주한 것이라는 소문이 있다.

아프리카는 원료 공급지뿐 아니라 중국 상품의 소비 시장으로도 부상했다. 일례로 세네갈의 수도 다카르에는 1㎞에 달하는 거리 전체가 중국인들이 운영하는 중국 소매점 거리이다.[64] 짐바브웨의 철도, 전기, 항공, 방송 또한 모두 중국인이 소유하고 있다. 그 결과 1980년 아프리카와 중국의 무역액은 10억 불 수준이었는데, 2023년 무역액은 무려 300배 가까이 증가한 2,820억불이었다. 2006년 실시된 잠비아 대통령 선거에서 야당 후보가 "잠비아는 이미 중국의 지방성이나 자치구가 되었다."라고 탄식할 정도였다.[65]

경제적 의미로서의 아프리카뿐 아니라, 군사적 의미로서도 아프리카는 중국에게 매우 중요한 전략적 지역이다. 특히 중국은 아프리카 뿔(Horn of Africa)에 위치한 전략 국가 지부티(Djibouti)에 항모가 정박할 수 있는 대규모 해외 군사기지를 2016년 3월부터 건설을 시작해 2017년부터 운영 중이다. 지부티는 홍해 끝에 위치하고 있어, 원하기만 하면 원유 수송 해상로를 가장 효과적으로 차단할 수도 있다. 이 때문에 19세기 이 지역을 식민지로 삼았던 프랑스가 1977년까지도 지부티의 독립을 인정하지 않았다. 미국도 2001년부터 중동 산유국의 석유 수송로 보호를 이유로 4,000여 명의 군대를 주둔시키고 있을 정도이다. 바로 이 핵심 지역에 중국 최초이자 유일한 해외 해군 군사기지가 있는 것이다.

아프리까 뿐만이 아니다. 서아시아 지역에서 인도의 경쟁국인 파키스탄도 비슷한 운명이다. 파키스탄은 인도를 견제하기 위해 중국이 전략적 파트너로 간주하는 국가이다. 예컨대 파키스탄의 핵무기 개발 배후에 중국이 있다는 것은 이미 잘 알려진 비밀이다.[66] 2015년 한 해에만 잠수함 8대, 초계함 6대가 중국에서 파키스탄으로 팔렸다. 파키스탄 정부가 중국과의 우호 관계가 "산보다 높고 바다보다 깊다."라고 자랑삼아 이야기할 정도이다. 이 파키스탄이 일대일로 사업에서

---

64   마틴 자크, 앞의 책, p. 430

65   마틴 자크, 앞의 책, p. 436. 불행히도 아프리카에 진출한 중국 기업은 현지인보다 주로 중국인들을 채용한다. 이 때문에 최근 아프리카 국가의 국민들은 중국 기업에 대해 상당한 거부감을 가지고 있다고 한다.

66   미국은 파키스탄의 핵무기 개발 동향을 사전에 알고 있었지만, 1979년 인접국인 아프가니스탄을 소련이 침공하자 파키스탄의 전략적 중요성이 높아졌고, 이에 따라 이를 사실상 묵인해 주었다.

핵심적인 국가임은 두말할 필요가 없다. 실제로 파키스탄은 일대일로 사업의 핵심 항구 중 하나인 자국의 과다르(Gwadar) 항구 운영권을 중국에 이미 넘겼다.

과다르는 이란과 카스피해의 원유가 모이는 파키스탄의 핵심 전략 항구이다. 아마 러시아가 아프가니스탄 점령에 성공했다면, 그다음 군사적 목표는 거의 확실히 과다르 항구가 위치한 파키스탄의 발루치스탄(Baluchistan) 지역이었을 것이다. 이 때문에 중국은 일찍부터 과다르 항구를 눈여겨보고 있었다. 과다르 항구 운영권뿐 아니라, 중국과 파키스탄은 과다르에 집결된 원유를 육상 수송로를 이용하여 중국의 신장으로 수송하는 도로와 송유관 건설 사업도 같이 진행 중이다. 이 사업은 2015년부터 길이만 대략 3,000㎞이고 510억 달러라는 천문학적인 규모로 진행 중이며, "중국-파키스탄 경제회랑(China-Pakistan Economic Corridor: CPEC)"이라는 거창한 이름으로 추진 중이다.[67]

이 과정에서 파키스탄은 중국으로부터 막대한 자금을 차입했다. 그 결과 파키스탄은 IMF 구제 금융을 2016년에 졸업하고도, 2018년에 구제 금융을 다시 신청하는 어이없는 일이 벌어졌다. 2018년 말 기준으로 파키스탄의 국가 부채는 GDP의 70%로 추정되는데, 이 중 절반이 중국으로부터의 부채이다. 이 때문에 미국은 파키스탄에 대한 IMF의 구제금융이 실질적으로는 중국 부채에 대한 상환이라며 강력히 반발하고 있다.

인도 동남쪽의 섬나라 스리랑카도 파키스탄과 처지가 비슷하다. 1948년 영국으로부터 독립한 스리랑카 또한 경제개발을 위해 달러 시장에 접근이 안 되자,

---

67 인도는 CPEC가 통과하는 지역이 인도와 파키스탄이 국경 분쟁 중인 카슈미르라는 점에서 격렬히 반대하고 있다. 카슈미르는 원래 인구 대다수가 이슬람이었지만, 지배층인 하리 싱(Hari Singh, 1895~1961)은 힌두교도였다. 이 때문에 인도와 파키스탄이 분리할 때, 대다수 주민이 반대하는 가운데 인도 합병이 결정되었다. 이슬람 주민들은 무장 폭동을 일으켰고, 파키스탄과 인도가 개입하면서 결국 양국이 분리된 직후인 1947년 양국 간 전쟁으로 비화했다. 1949년 유엔이 중재하면서 양측이 간신히 휴전하였는데, 카슈미르의 북부인 아자드 카슈미르는 파키스탄, 남부의 잠무 카슈미르는 인도가 분할 점령했다. 양측 경계선은 아시아의 베를린 장벽이라고 불리는 통제선(Line of Control)으로 1,300㎞나 설치되었다. 인도와 파키스탄은 그 이후인 1965년, 1984년, 1985년, 1987년, 1995년, 1999년 등에도 끊임없이 충돌했다. 특히 1999년 충돌은 양측이 핵무기를 보유한 상태였기 때문에, 미국이 중재하지 않았다면 핵전쟁이 벌어졌을 수도 있었다고 한다. 팀 마샬, 앞의 책(지리의 힘), pp. 317~318. 한편 잠무 카슈미르의 아크사이친(Aksai Chin) 지역은 1962년 중국이 영유권을 주장하면서 무력으로 점령하고 있어, 카슈미르 지역은 파키스탄, 인도, 중국 3개 국가의 영유권 분쟁 지역이 된다.

중국으로부터 막대한 규모의 위안화 부채를 끌어들인 나라이다. 즉, 2005년에 대통령이 된 마힌다 라자팍사^(Mahinda Rajapaksa, 1945~)는 2009년에 20년이 넘는 내전을 종식하고 대통령이 되었다. 마힌다는 집권하자마자 스리랑카 최대 항구 도시인 콜롬보 외에 자신의 고향인 함반토타^(Hambantota)에 거대 항구를 건설한다는 황당한 계획을 세우고 경제개발에 박차를 가했다.

하지만 대략 10~15억 불 내외의 외환을 보유한 스리랑카는 국제금융시장에서 막대한 달러 자금을 조달할 역량이 되지 않았다. 일대일로를 추구하던 중국은 이 틈을 노려 중국 항만 회사가 시공을 맡는다는 조건으로 3.7억 불이라는 거금을 마힌다 정부에 빌려주었고, 2010년 11월에 신항만이 공식 개장했다. 불행히도 함반토타 항구에 선박이 거의 정박하지 않으면서 스리랑카의 원리금 지급은 계속 지연되었다. 이후 추가 투자를 위해 중국은 7.6억 불의 투자금을 다시 빌려주었지만, 정박하는 선박 수는 여전히 증가하지 않았다. 2017년 결국 스리랑카는 부채를 청산하는 조건으로 함반토타 항구 운영권을 중국의 국영 항만기업인 자오상위^(招商局)에 99년간 양도했다.

스리랑카의 정치 상황도 최악이다. 2019년 대선에서 마힌다의 동생인 고타바야 라자팍사^(Gotabaya Rajapaksa, 1949~)가 대통령이 되자 그는 자신의 형을 총리로 임명하고, 재무부 장관과 관개부 장관 등에 라자팍사 친인척 등을 대거 임명했다. 더나아가 고타바야 정부는 정치적 인기를 위해 세금을 깎아 주고, 중국에 빌린 자금을 갚기 위해 무리한 국채 발행을 강행했다. 설상가상으로 코로나 사태로 관광 수입마저 급감했다. 그 결과 2022년 스리랑카는 하루 중 13시간 동안 전기가 들어오지 않고 설탕, 분유, 쌀은 배급제로 바뀌었다. 종이와 잉크가 없어 학생들은 시험도 못 치고 신문 인쇄도 못 한다. 외부와의 소통을 금지하기 위해 유튜브, 페이스북, 인스타그램도 모두 차단된 상태다.

인도차이나 반도 중앙에 위치한 내륙 국가 라오스 또한 이들 국가 운명을 따라갈 가능성이 높다. 라오스는 산세가 험난하기로 유명한데, 중국은 이 험난한 지세를 뚫고 윈난성 성도 쿤밍에서 출발하여 시솽반나^(Sípsongpǎnnǎ), 모한^(Mohan),

루앙프라방^(Luang Prabang)을 거쳐 라오스 수도 비엔티안^(Vientiane)을 연결하는 총연장 1,035㎞에 이르는 철도를 2021년 12월 3일에 개통했다. 이 철도의 운영자는 70%의 지분을 보유한 중국국가철도그룹유한공사^(舊 중국철로공정총공사)와 30%의 지분을 보유한 라오스국영철도기업^(LNRE)의 합작사인 라오스-중국철로유한공사이다. 투입된 열차는 중국중처^(中車)그룹^(China Railway Rolling Stock Corporation, CRRC)이 제작한 란창호이다. 사실상 중국국영회사가 이 철도를 건설하고 운영하면서 중국 철도차량이 굴러가고 있는 셈이다. 최고 시속 160㎞로 달리면 출발역에서 종점까지 대략 10시간 만에 주파할 수 있다.

이 철도 건설에 들어간 비용은 총 59억 불로 추정되는데, 중국과 라오스가 7:3으로 부담했다. 이 중 합작사인 라오스-중국철로유한공사가 35.4억 불을 대출받았고, 중국이 16.3억 불을, 라오스가 7.3억 불을 직접 투자하였다. 라오스 정부는 직접 투자한 금액의 65%인 4.8억 불을 중국 수출입은행으로부터 연율 2.3%의 금리로 빌린 것으로 알려져 있다.⁶⁸ 2020년 명목 GDP가 191억 불에 불과한 라오스로서는 GDP의 ⅓에 육박하는 59억 불이라는 엄청난 금액을 베팅한 셈이다. 라오스 정부는 2027년부터 흑자 전환을 기대하고 있지만, 코로나 사태로 인한 여행객 감소로 흑자 전환 시점은 불투명한 상태다. 이 때문에 중국은 라오스가 상환이 어렵다는 것을 알고 있어서 부채 일부의 상황을 연기하거나 면제해 주는 조건으로 라오스의 땅을 양도받고 있다. 내륙 국가로서 대외 교통망 확충이 절실한 라오스가 중국채무를 모두 상환하고 독자적인 경제 발전을 과연 이룰 수 있을까?

유럽은 사정이 다소 복잡하다. 우선 미중 무역전쟁과 러시아의 우크라이나 침공 이전 중국과 유럽은 꿈같은 밀월 관계였다. 대표적으로 서유럽 최대의 내륙 항구 도시인 독일의 뒤스부르크^(Duisburg)는 중국을 견제하려는 독일 지도부의 희망과는 정반대로, 2014년부터 이미 중국 화물이 집결하는 서유럽 물류의 교

---

68 조선일보, 2021.12.3

두보로 변모했다.[69] 예컨대 2018년에 뒤스부르크에 들어 온 매주 90대의 철도 중 30대는 중국에서 출발한 것이었다. 열차 길이만 대략 1㎞에 이르는 위신어우(渝新歐) 철로의 이 장대한 열차 안에는 노트북, 신발, 의류, 전자 부품 등 Made in China 제품이 잔뜩 실려 있었다. 중국의 충칭에서 뒤스부르크까지는 열차로 대략 16일 정도 소요된다.[70] 뒤스부르크에 들어온 중국 화물은 네덜란드, 스위스, 이탈리아 등 서유럽 각국으로 다시 이송되어 유럽 각국으로 판매되었다.

나아가 뒤스부르크에는 중국 물류회사인 코스코(China COSCO Shipping Corporation Ltd), 중국 선박 컨테이너 라인(China Shipping Container Line), UES, 중국철도컨테이너운수(China Railway Container Transport, CRCT) 등의 중국 물류회사 로고를 어디서든 너무나 쉽게 찾아볼 수 있다. 여기가 독일인지 중국인지도 모를 정도였다. 파이낸셜 타임스가 2018년에 뒤스부르크에 도착한 철도편 중 중국의 충칭과 우한 등에서 출발한 철도편 총 6,300여 편이 향후 5년 내 1만여 편으로 늘어날 것이라고 예상할 정도였으니까.[71] 이렇게 되면 뒤스부르크는 런던, 파리, 베를린보다 훨씬 규모가 큰 서유럽의 최종 중국 물류 거점으로서의 지위를 확실히 굳힐 수 있었다.

2019년 3월에는 이탈리아가 제노바, 팔레르모, 라벤나, 트리에스테 등 4곳의 항구에 대한 중국 투자를 허용했다. 이탈리아는 일대일로 투자를 허용했던 G7 최초의 국가였다. 더 나아가 중국의 시진핑은 프랑스에 대해서도 2019년 3월, 크리스마스 시즌도 아닌데 에어버스 항공기를 무려 300대나 구매한다는 산타클로스의 선물 보따리를 풀었다.

불행히도 미중 무역전쟁이 격화되고 우크라이나 전쟁을 일으킨 러시아와 중국이 밀착하자, 유럽 국가들이 중국에 대해 극도의 경계심을 품기 시작했다. 대

---

69 ▨▨▨ 2010년 개통된 충칭에서 뒤스부르크를 잇는 1만 1,179㎞ 길의 철로는 2013년에 확장된다. 즉 뒤스부르크 철도는 상하이 인근의 절강성 이우(義烏)와 스페인의 마드리드로 동서 방향으로 연장되어 대략 1만 3,000㎞에 이르는 위신어우(渝新歐) 철로가 된다.

70 피터 프랭코판, 앞의 책, p. 853

71 Financial Times, Apr 8, 2019. ▨▨▨ 중국은 매년 철도망 확충과 개선에 수백억 달러를 쏟아붓고 있다. 특히 시속 300㎞ 이상의 속도로 달리는 고속철도망 투자에 매우 적극적인데, 2011~2021년 기간에 130억 불을 고속철도망 건설에 쏟아부었다. 이에 따라 2021년 기준 철도 운영 구간 15만㎞ 중 27%인 4만㎞가 고속철도이다.

표적으로 뒤스부르크 화물열차가 운반한 중국 상품은 2020년에 70% 가까이 폭증했으나, 2021년에는 20%대로 하락하더니, 2022년에는 △10%대를 기록했다. 2021년 6월, 미국 바이든 행정부의 주도로 개최된 G7 회의 이후에는 이탈리아가 일대일로 참여를 재고한다고 발표하였다. 나아가 중국의 일대일로 정책에 위기감을 느낀 유럽은 2021년 12월, 개도국 인프라 사업에 2027년까지 최대 3,000억 유로를 투자한다는 계획을 발표하기도 하였다. 특히 EU 27개국은 2021년 12월 1일, 중국산 제품에 대한 관세감면 혜택^(일반특혜관세 제도, GSP)도 폐지하였다. 향후 유럽 국가의 대응이 주목된다.

일대일로 외에 위안화 국제화를 위한 또 하나의 주요 수단이 바로 통화 스왑이다. 중국은 사드 위기가 정점에 달했을 때도 한국과의 위안화-원화 스왑은 연장한 적이 있다. 이것이 한국의 이익을 위한 결정이었다고 생각하는가? 절대 아니다. 위안화-원화 스왑 연장은 원화를 위안화의 영향력 아래 계속 두겠다는 중국 정부의 의지이다.[72] 아울러 중국은 한국의 무역업체로 하여금 중국과의 교역 과정에서 위안화 결제를 강제하도록 지속적으로 유도하고 있다. 하기야 현재에도 반도체 생산에 필수적인 희토류나 전기차 생산에 필수적인 리튬은 모두 위안화로 가격이 표시되고 위안화로 결제하고 있다. 삼성전자도 전 세계 생산의 60% 이상을 장악한 중국의 희토류를 사기 위해서는 위안화를 다량으로 보유해야만 한다. 한 통계에 따르면 중국과의 무역에서 위안화가 결제통화 비중으로 사용된 비중은 2000년 0%에서 2018년 25%로 상승했다고 한다.[73]

(7) 미국과 마창 시합? - ① 정치, 보불전쟁의 교훈

여섯째, 위안화의 힘이 커질 때까지 현재의 패권국인 미국과의 정치적 관계를

---

72 한·중 양국 간 통화 스왑 협정은 위기 시에 달러화를 빌리는 것이 아니라, 위급 상황에서 상대국 통화를 빌리는 것이다. 예컨대 한국의 외환 유동성이 부족하면, 한국 정부가 중국으로부터 위안화를 빌리는 것이다.

73 마리온 라부·니콜라스 데프렌스, *앞의 책*, p. 382

우호적으로 가져가야 한다. 트럼프가 중국을 방문했을 때, 자금성을 통째로 비워가면서 시진핑이 그를 극진히 대접한 것은 미국에게 잘 보이겠다는 의미가 아니다. 오히려 그 반대로 중국의 힘이 커질 때까지 미국을 안심시키겠다는 전략이다. 미국과 쓸데없는 분쟁은 가급적 자제해야 한다. 손자의 말대로 현명한 군주는 전쟁에 신중해야 하고 뛰어난 장수는 전투를 경계해야 한다. 그래야만 나라를 보전하고 군대를 유지할 수 있다.

특히 바이든 행정부 이전의 트럼프 행정부는 미국의 동아시아 지배라는 패권적 전략 가치보다, 미국 우선주의나 무역 역조에만 관심이 있었다. 이는 적당한 경제적 유인책만 제공하면 중국이 미국을 사실상 조종할 수 있었다는 뜻이다. 따라서 중국은 트럼프 행정부 시절 미중 무역전쟁에서 트럼프의 성향을 십분 활용하여, 미국의 요구에 적절한 방식으로 순응한 후 자국 산업의 힘을 키워야 하는 시간을 어떻게든 벌었어야 했다. 중국은 과연 그렇게 했는가?

만약 미국의 25% 관세 부과나 각종 무역전쟁 조치에 중국 정부가 항미원조 (抗美援朝) 전쟁 식의 맞짱을 뜨게 되면, 산업 대국으로 가야 할 길이 바쁜 중국으로서는 달러 패권을 가지고 있는 미국에게 결코 승리할 수 없다. 중국정부가 과거 항미원조 전쟁에서 미국을 저지할 수 있었던 이유는 첫째, 미국이 중국의 한국전 참전을 전혀 예상하지 못했기 때문이고, 둘째, 한국 전쟁 당시 한국에 대한 미국의 대외 정책이 내부적으로 혼란스러웠고 일치되어 있지 않았기 때문이다.

즉, 미국은 원자폭탄을 독점하고 있다는 자신감에 1949년 6월에 미군을 남한에서 철수시켰다.[74] 나아가 1950년 1월에는 미국의 동아시아 방어선을 일본과 류큐 열도까지로 한정하여 한국을 방어선에서 제외한다고 멍청하게 발표함으로써 스탈린과 김일성에게 남침의 빌미를 제공하였다. 미국은 한국 전쟁이 터지고 나서야, UN이 결의하기도 전에 소련의 팽창을 저지하기 위해 부랴부랴 군대를 다시 파견했다. 전쟁이 터진 이후 미국 대통령 후보로서 자주 거론되던 천

---

74 소련은 1949년 8월에 원자폭탄 실험에 성공하고 원자폭탄 보유국이 된다.

재 군인 맥아더는 내전을 끝낸 지 1년이 채 안 된 중국이 핵보유국인 미국에 맞서 결사적인 저항 공격을 할 것이라고는 예상하지 못하고, 38선을 넘어 북진하여 1950년 12월 25일 크리스마스 때에는 한반도에 통일 정부를 수립한다는 목표를 가지고 있었다. 나아가 중국 참전 이후에는 트루먼 대통령과 맥아더 사령관이 중국으로 전선을 확대할 것인지 여부에 대해 의견이 서로 충돌하면서, 맥아더 사령관이 전쟁 중에 해임되기도 했다.[75]

이 혼란과 알력 때문에 중국은 한국 전쟁 당시 미국의 막강한 공격 예봉을 피할 수 있었다. 만약 트루먼 대통령의 결정이 맥아더 사령관의 의견과 일치했었다면, 중국은 상상만 해도 끔찍한 궤멸적인 타격을 입었을 것이다.[76] 더구나 마오쩌둥은 미국 행정부 내의 분열 상태로 진행된 항미원조 전쟁을 통해 "공산당 통치에 대한 국내 반대파를 제거하고, 민중 사이에 혁명의 열정과 국가적 자긍심을 심어 준다."라는 2가지 핵심 목표를 덤으로 달성할 수 있었다.[77] 다시 말하면 항미원조 전쟁에서 중국이 미국에 성공적으로 대항할 수 있었던 이유는 그야말로 100% 운이 좋았기 때문이다.

하지만 지금 미국의 중국에 대한 무역전쟁은 트럼프가 속한 공화당은 물론이고 트럼프의 정치적 반대파인 바이든이 속한 민주당까지도 동조하는 정책이다. 레이 달리오에 따르면 미국의 중국에 대한 매파적 태도는 미국 양당이 "유일"하

---

75   이로 인해 전쟁이 한참 진행 중이던 1951년 4월 11일, 트루먼 대통령은 맥아더를 해임했다. 이는 군부에 대한 문민 지배라는 미국식 전통을 수호하기 위해서였다. 하지만 해임의 본질적인 이유는 트루먼 대통령이 당시 미국의 한국전 참전은 소련 확장의 "봉쇄"라는 목적만 가지고 있었으므로, 전선을 중국으로까지 확대할 필요가 없었다고 판단했기 때문이다. 그 결과 핵무기를 사용하여 중국과의 확전을 주장한 맥아더 사령관이 해임된 것이다. 불행히도 중국의 패권 부상이라는 현재의 관점에서만 보면, 중국으로까지 전쟁을 확대하려던 당시 맥아더 사령관의 판단이 틀렸다고 이야기할 수 있을까?

76   중국이 원자폭탄 개발에 성공한 해는 1964년이다. 하지만 규모도 작았고, 이를 실어 나를 장거리 탄도 미사일도 가지고 있지 않았다. 이 때문에 마오쩌둥은 1968년 11월까지도 중국이 핵보유국이 아니라고 고백해야 했다.

77   헨리 키신저, 앞의 책(중국 이야기), p. 187.   하지만 한국 전쟁으로 인해 중국은 대만의 무력 정벌이라는 숙원 사업을 포기해야 했다. 키신저는 이를 두고 "불확실한 동맹국(북한)을 지지하려다 본토에 대만을 통합시키는 기회를 잃고 말았다"라고 평가했다. 실제로 중국은 1950년 7월에 압록강 주변에 중국군 25만 명을 집결시켰는데, 이 병력은 다름 아닌 대만의 무력 정벌을 위해 준비된 병력을 차출한 것이었다. 하지만 마오쩌둥은 대만 대신 티베트를 점령하여 나름 실익은 챙겼다.

게 공조하는 정책이다.[78] 세계 최강 미국이 정치적으로 일치단결해서 추진하는 대외 정책에 눈에는 눈 식의 맞대응을 하겠다고? 나아가 현재의 한반도 상황에 서는 전쟁에 개입해도 중국이 현상 유지 말고 추가로 얻을 수 있는 것은 단 하나 도 없다. 오히려 중국의 세계 패권 행보 속도를 지연만 시킬 뿐이다.

현재의 중국인들에게 들려주고 싶은 1,000년 전 베네치아의 일화가 있다. 즉, 베네치아가 지중해 교역 활성화에 집중하고 있던 1171년, 콘스탄티노플의 베 네치아 상인이 폭동을 일으킨 사건이 있었다. 이를 진압하기 위해 동로마의 마뉴 엘 황제[(Manuel Comnenus, 1118~1180)]는 동로마 전체에 거주하던 베네치아 상인들을 남 녀노소 할 것 없이 모두 투옥했다. 성난 베네치아 민중들은 이에 격분하여 성 마 르코 광장에 모두 모인 후 일치단결하여 마뉴엘 황제가 거주하고 있던 콘스탄티 노플에 대한 군사적 공격을 한목소리로 외쳤다. 자국의 상인은 그렇다 치고, 어 린애고 노인이고 할 것 없이 모두 투옥했다고? 이런 굴욕적인 만행을 저지른 황 제를 그냥 내버려 둔다는 것이 말이 되나? 당시 베네치아 최고 통치자인 도제 [(Doge)] 미키엘[(Vitale II Michiel, ?~1172)]은 군중의 세찬 요구에 떠밀려 할 수 없이 베네치아 해군의 출항 명령을 내렸다.

하지만 당시 베네치아는 동로마의 적수가 되지 못했다. 미키엘은 이런 사실을 잘 알고 있었다. 하지만 그는 분노에 차 감상주의에 눈이 먼 베네치아 시민들을 이성적으로 설득하지 못했다. 불행히도 동로마의 마뉴엘 황제는 베네치아를 견 제하기 위해 베네치아의 숙적인 제노바와 피사의 해군까지 동맹 편으로 끌어들 인 후였다. 베네치아가 이런 콘스탄티노플을 공격하는 것은 그야말로 자살 행위 였다.

미키엘 도제는 아드리아 해상에 머물면서 군사력이 아니라, 외교적으로 문제 를 해결하기 위해 마뉴엘 황제에게 특사를 파견했다. 4차 십자군의 영웅 엔리코 단돌로[(Enrico Dandolo, c.1107~1205)]도 이때 특사 중 한 명이었다. 물론 외교적 해결책은

---

78 레이 달리오, 앞의 책, p. 483

베네치아 군중이 원하던 것은 결코 아니었다. 비극적이게도 마뉴엘 황제는 특사의 요구를 수용하기는커녕, 만나주지도 않았다. 힘이 우위에 있는데 왜 외교적 협상을 하나? 오히려 콘스탄티노플을 방문했던 엔리코 단돌로는 성난 동로마 군중들이 던진 돌 때문에 장님까지 되었다. 설상가상으로 베네치아 해군들 사이에서 역병까지 돌기 시작했다. 베네치아 본 함대는 콘스탄티노플 근처에도 못가고 결국 베네치아로 돌아올 수밖에 없었다.

베네치아 항구에서 미키엘 도제의 귀환을 지켜보던 베네치아 군중은 자존심에 상처를 입은 분노의 감정을 억누르지 못했다. 자신들이 시키는 대로 군사 공격은 감행하지도 않고, 오히려 외교적 노력만 하다가 빈손으로 귀환했다고? 성난 베네치아 군중은 도제 미키엘을 색출하여 살해했다. 베네치아는 갑자기 최고 통치자가 사망하는 정치적 혼란의 소용돌이에 휘말렸다. 이 사건은 국가가 냉철한 이성적 판단이 아니라 감상주의에 젖은 민중의 요구를 그대로 추종할 때 얼마나 파국적인 결론으로 치달을 수 있는지 너무나도 명확하게 보여 준 사건이다.[79]

중국도 마찬가지다. 현재 상태에서 중국과 미국의 경제력과 군사력을 면밀히 분석해 보라. 복잡한 수식이 아니라 간단한 산수만 할 수 있으면, 지금의 중국은 미국의 적수가 결코 될 수 없다는 것을 금방 깨달을 것이다. 누가 봐도 현재의 중국이 미국의 무역 보복 조치에 항미원조 전쟁 식의 맞대응을 하는 것은 당랑거철(螳螂拒轍), 즉 다가오는 수레를 막겠다고 온몸으로 저항하는 사마귀 신세와 다를 바가 없다.[80]

손자병법서의 말대로 승리하는 군대는 승리할 수 있는 여건을 갖춘 후에 싸

---

79 물론 베네치아 지도자들은 이 사건을 결코 잊지 않았다. 1171년 사건을 외교적으로 해결하기 위해 여러 차례 특사로 파견되었다가 수모를 당한 적이 있던 엔리코 단돌로는 베네치아 최고 지도자 도제가 된 후, 1204년 마침내 동로마 수도 콘스탄티노플을 군사적으로 점령하고 잔인하게 약탈했다.

80 춘추전국시대 제(濟)나라의 장공(莊公)이 사냥을 갔다가, 사마귀 한 마리가 다리를 쳐들고 수레바퀴 앞으로 튀어나와 자신의 수레를 저지하려고 하는 모습을 보게 된다. 장공은 사마귀의 어처구니없는 행동을 보고 사마귀를 피해 수레를 몰았다고 한다. 이후 목숨을 건 무모한 도전을 당랑거철(螳螂拒轍)이라는 고사성어로 부른다.

움을 걸고, 패배하는 군대는 싸움부터 걸고 승리를 구한다. 손자병법서의 이 말을 그대로 실천한 이는 독일 통일의 영웅 비스마르크 (Otto Eduard Leopold Fürst von Bismarck, 1815~1898)이다. 비스마르크는 1866년 오스트리아와의 전쟁을 통해 북부 독일을 사실상 통일했다. 하지만 그는 독일 전역의 통일을 위해서는 남부 독일에 영향력이 강했던 프랑스와의 전쟁이 불가피하다고 확신했다. 그는 그렇다고 섣불리 프랑스를 자극하지는 않았다. 그는 프랑스와의 전쟁을 치밀하게 준비하면서, 준비가 덜 되었다고 판단할 때는 과감하게 물러섰다. 예컨대 1867년 프랑스가 룩셈부르크를 합병하려고 시도하자, 비스마르크는 영국의 힘을 빌려 이를 저지했다. 다만 프랑스가 길길이 날뛰자 룩셈부르크에 진주했던 프로이센의 병력을 철수시켰다. 아직 전쟁 준비가 덜 되었다고 판단했기 때문이다.

철혈 재상 비스마르크. 독일 역사상 최고의 외교 천재. 그의 천재적 외교 감각이 없었으면, 오늘날 통일 독일은 없었다고 필자는 단언할 수 있다. 독일 사진사 자크 필라츠(Jacques Pilartz, 1836~1910)의 1890년 사진. Public Domain

하지만 프랑스와 군사 충돌을 피하는 와중에도 비스마르크는 전쟁 준비를 착실히 진행하고 있었다. 예컨대 1860년 프로이센은 프랑스 철강 생산의 절반 수준에 불과했지만, 1870년에는 철강 생산 규모가 드디어 프랑스와 같아졌다. 탄탄한 철강 생산력을 바탕으로 북부 독일 전역에 효율적인 물자 수송을 위한 근대적인 철도 시스템까지 대규모로 건설했다. 프로이센의 병력 규모 또한 1870년에 BC 480년 페르시아의 크세르크세스 그리스 침공 이후 유럽에서 눈으로 본 적이 없는 120만 명에 달하였다. 이처럼 1870년 무렵이 되자 프로이센은 모든 전쟁 준비를 끝내고 프랑스와 전쟁할 구실만 찾고 있었다.

이 즈음인 1868년 스페인에서 부르봉 왕가의 이사벨 2세(Isabel II, Isabel María Luisa de Borbón, 1830~1904)가 혁명으로 쫓겨났다. 스페인 혁명 세력은 후보 왕을 물색하다가, 프로이센 왕이었던 빌헬름 1세(Wilhelm I, 1797~1888)의 사촌인 호엔촐레른(Hohenzollern)

대공 레오폴드 ^(Leopold Stephan Karl von Hohenzollern: 1835~1905)에게 왕을 맡아달라고 의뢰했다. 이에 프랑스는 적국인 프로이센으로부터 동서 양쪽으로 협공당할 수 있다는 위협을 느껴, 레오폴드의 스페인 국왕 수락을 결사 저지했고 결국 성공했다. 빌헬름 1세 관점에서는 혁명 세력이 장악한 스페인에 친척을 보냈다가 무슨 봉변을 당할지 알 수도 없었고, 이미 루마니아 왕가 자리도 보장되어 있던 터라 무리할 이유가 없었던 것이다.

하지만 전쟁 구실을 찾고 있던 비스마르크는 1870년 6월 21일, 레오폴드 본인과 빌헬름 1세의 반대에도 불구하고, 스페인에 특사를 파견하여 결혼 수락 발표를 해 버렸다. 이 사건은 단순한 외교적 해프닝으로 그쳤지만, 프랑스는 불안감을 떨쳐 버릴 수가 없었다. 초조한 프랑스는 베를린 주재 프랑스 대사를 1870년 7월 13일, 휴양지인 바드 엠스^(Bad Ems)로 보내어 쉬고 있는 빌헬름 1세를 찾아가게 했다. 프랑스의 요구는 빌헬름 1세가 호엔촐레른 가문이 다시는 스페인 왕가에 얼씬도 하지 않도록 보장해 달라는 각서를 문서로 작성하도록 하는 일이었다. 18세기 스페인 왕위 계승 전쟁은 프랑스의 부르봉 왕가가 스페인 왕을 겸임하면서 신성 로마 제국이 주도하여 벌인 전쟁인데, 19세기에는 거꾸로 프로이센의 왕이 스페인 왕을 겸임한다고 하자 프랑스가 야단법석을 피우면서 외교전이 벌어진 셈이다. 아무리 그래도 일개 대사가 국왕을 찾아가 국왕의 각서를 문서로 요구한 점은 대단히 무례한 일이었다. 사람 좋은 빌헬

레오폴드. 그는 독일 지그마링엔(Sigmaringen) 출생의 프로이센 귀족으로, 포르투갈 왕인 페르난도 2세 왕의 사위다. 그러던 중 스페인 왕위 계승 후보자가 나타나지 않자, 포르투갈의 페르난도 2세가 추천하면서 갑자기 스페인 왕의 후보로 거론된다. 자신의 의지와 상관없이 스페인 왕의 후보로 거론되자, 독일의 빌헬름 1세에게 자신은 뼛속까지 프로이센 사람이라며 거절 의사를 밝히는 서신을 쓰기도 했다. 하지만 그의 의지와 상관없이 레오폴드는 보불 전쟁의 원인이 되고, 독일 통일의 결정적 계기를 제공하게 된다. 이 때문에 사람들은 그를 "대규모 체스판의 말"이라고도 부른다. 작자 미상. Public Domain

름 1세는 정중히 이를 거절하고, 보좌관을 통해 프랑스와 이 문제에 대해 더 이

나폴레옹 3세. 그는 초대 황제인 나폴레옹 1세의 조카다. 비스마르크는 그를 갈리아의 늙은 황소라고 불렀다. 그는 1848년 2월 혁명 이후 대통령이 되었으며, 1851년에는 친위 쿠데타를 일으켜 스스로 황제가 되었다. 도시 근대화, 은행 제도 개혁, 수에즈 운하 완공 등 내치에도 성공적이었으며, 크림 전쟁을 승리로 이끌어 외교에도 상당한 역량을 발휘했다. 하지만 엠스 전보 사건 이후 섣불리 프로이센과 개전 선언을 하면서 독일 통일의 빌미를 제공하게 된다. 패전하여 포로 생활에서 풀려 난 후 영국에서 요로결석 제거 수술을 받고 얼마 후 사망한다. 프랑스 화가 이폴리테 플랑드랭(Hippolyte Flandrin, 1809~1864)의 1862년 작품. 베르사이유 궁전 소장. Public Domain

상 대화하지 않겠다는 선에서 사건은 그냥 해프닝으로 끝나는 차였다.

그러나 이번에도 비스마르크는 가만있지 않았다. 비스마르크는 이 사실을 보고받은 후, 프랑스 대사가 완전히 문전박대당했다는 식으로 왜곡하여 영국의 언론에 전보를 통해 흘렸다. 비스마르크의 표현대로 하면 "갈리아의 늙은 황소에게 붉은 수건을 흔들어 볼까 합니다."[81] 이 사건이 그 유명한 이른바 "엠스 전보 사건"이다. 특히 영국의 언론을 받아쓴 프랑스 언론이 빌헬름 1세가 프랑스 대사관에 보낸 고위급 보좌관(adjutant)을 하사관으로 번역하여 국내에 보도하면서. 프로이센 왕이 프랑스의 자존감을 짓밟았다는 식으로 여론이 형성되었다. 이제 파리는 전쟁을 요구하는 프랑스 시민의 시위로 인해 통제 불능상태로 들끓었다.

당시 극심한 요로 결석증을 앓고 있어 건강이 좋지 않았던 나폴레옹 3세(Charles Louis Napoléon Bonaparte, 1808~1873)는 할 수 없이 1870년 7월 19일, 프로이센에 먼저 선전 포고를 해 버렸다. 나폴레옹 3세는 프로이센이 더 성장하기 전에 프로이센을 먼저 공격하는 것이 이득이었다고 판단했을지도 모르겠다. 불행히도 이렇게 하려면 미리 준비를 철저히 했어야 했다. 하지만 프랑스는 전혀 그런 준비가 되어 있지 않았다. 대표적으로 나폴레옹 3세는 개전을 선언해 놓고 한 달이 지나도록 국경을 돌파하지도 못했다. 아울러 프랑스는 초기 기관

81 ▨ 갈리아는 프랑스의 고대 지명이고, 늙은 황소는 나폴레옹 3세를 의미한다. 즉 이 말은 "프랑스의 나폴레옹 3세에게 싸움을 걸도록 유도할 작정입니다."

총 형태인 비밀 무기 미트레이외즈^(mitrailluse)를 개발해 놓고도 지나치게 비밀만 강조하다가, 이를 조종할 수 있는 사수도 부족하고 훈련이 제대로 이루어지 않아 제대로 전투에 활용하지도 못했다. 이 당시 프랑스는 손자병법서에 따르면 승리할 수 있는 준비를 끝내고 전쟁을 시작한 것이 아니라, 전쟁을 먼저 시작하고 승리를 구한 격이었다.

이와 반대로 비스마르크는 1866년까지 남부 독일까지 관세 동맹을 확대하고, 오스트리아와의 전쟁 이후 신형 대포 개발에 매진하여 실전 배치를 마치는 등 모든 전쟁 준비를 끝낸 상태였다. 그런데 프랑스가 먼저 선전포고를 한 것이다. "Why Not!" 프로이센은 프랑스의 선전포고 후 즉시 프랑스 공격을 개시했다. 프랑스가 먼저 선전포고를 하면서, 프랑스를 침략군이라 판단한 남부 독일까지 모두 프로이센 편이 되었다. 심지어 프로이센 왕국의 세력 확장을 견제하고 있던 남부 독일의 바이에른 공국까지 프로이센에 합류했다. 바이에른 공국의 관계자들을 비롯하여 이 당시 그 누구도 프랑스의 침략을 비스마르크가 유도한 것이라고는 꿈에도 상상하지 못했기 때문이다.

전쟁이 시작되자 프랑스는 전쟁 준비가 완벽히 끝난 프로이센의 적수가 되지 못했다. 심지어 나폴레옹 3세까지 프로이센의 대규모 대포 공격으로 1790년 9월 1일, 스당 전투에서 아예 전쟁 포로가 되었다. 나폴레옹 3세가 쿠데타로 만든 프랑스의 제정은 비스마르크의 꼼수에 걸려든 자신의 오판으로 결국 붕괴되었고, 프랑스에서는 공화정이 수립되었다. 애국심으로 뭉친 파리 시민들은 파리 꼬뮌을 통해 4개월을 결사 항전했지만, 철저하게 전쟁 준비를 마친 비스마르크의 프로이센 군대 앞에서

스당 전투 후 포로로 잡힌 나폴레옹 3세(좌)와 비스마르크(우). 독일 화가인 빌헬름 캄프하우젠(Wilhelm Camphausen, 1818~1885)의 1878년 작품. Public Domain

는 속수무책이었다. 결국 전쟁 개시 6개월만인 1871년 1월 28일, 프랑스는 독일

에 항복했다. 프랑스가 항복하면
서 남부 독일은 프로이센에 통합
되어 통일 독일이 등장하고, 빌헬
름 1세는 생각지도 않게 파리의
심장인 베르사유 궁전 거울의 방
에서 통일 독일 황제의 자리에 올
랐다. 1871년 5월 10일, 프랑크푸
르트 종전 조약을 통해 프랑스는
배상금 50억 프랑을 물어줘야 했
고, 배상금 완납 전까지는 프로이
센 군대가 프랑스에 주둔하도록
허락하였으며, 알자스-로렌 지방
까지 독일에게 빼앗겼다.[82]

베르사이유 궁전 거울의 방에서 거행된 독일
제3제국의 선포식. 독일 화가 안톤 베르너(Anton
von Werner, 1843~1915)의 1885년 작품.
비스마르크 박물관(Bismarck-Museum
Friedrichsruh) 소장. Public Domain

(7) 미국과 마창 시합? - ② 포템킨 항공모함

친애하는 중국인들이여, 이와 같은 베네치아와 동로마 전쟁, 프랑스와 독일
상호 간 보불 전쟁의 교훈을 면밀히 살펴보시라. 달러 패권은 차치하고서라도,
2024년 기준으로 항공모함이 3척에 불과한 국가가 항공모함인 10척이 넘는 국
가를 향해 어떻게 자신의 이해관계를 자기 의지와 힘으로 관철할 수 있다고 생

---

82   이 배상금은 단 8개월 만에 프랑스 국민이 일치단결하여 갚았는데, 이 굴욕적인 배상금은 1차 대전 후 프랑스
가 독일에 살인적인 배상금을 부과하는 근본 원인이 된다. 나아가 알자스-로렌 할양은 프랑스 문학가인 알퐁스 도데
(Alphonse Daudet, 1840~1897)의 「마지막 수업」의 배경이 되기도 한다. 마지막 수업에 프랑스인 아멜 선생이
칠판에 쓴 글씨 "VIVE LA FRANCE!"(프랑스 만세)는 보불 전쟁에서 프랑스인들이 얼마나 엄청난 굴욕감을 느꼈는
지 알 수 있는 장면이다. 그 결과 1차 대전 후 프랑스는 베르사이유에서 독일에게 "연합국 및 관련국 정부들은 독일과
그 동맹국들의 공격으로 모든 손실과 피해의 책임이 독일과 그 동맹국들에게 있음을 확인하고 독일은 이를 인정한다."
라는 항복 문서에 서명하게 한다. 베르사이유에서 벌어진 프랑스의 독일에 대한 이 복수극은 2차 세계 대전의 빌미가
된다.

각하시는지?[83] 항공모함 대수뿐 아니라 항공모함의 질적 수준도 면밀히 살펴보시라. 과연 중국이 미국을 대적할 수 있다고 보시는지?

원래 중국 항모는 1940년대 중국 국민당 시절부터 추진해 오던 중국 해군의 꿈이었다. 본격 도입은 중국 해군의 아버지라고 불리는 류화칭(劉華淸, 1916~2011) 제독이 1982년 해군 사령관이 되면서부터이다. 이에 따라 중국은 1955~1982년까지 운용하다가 퇴역한 만재 배수량 2만 톤 급 경항모인 호주의 멜버른 항모(HMAS Melbourne: R21)를 1985년 2월에 구입하였다. 호주는 멜버른 항모의 주요 전자장비는 떼고 고철 상태로 팔았지만, 증기를 이용해 함재기를 이륙시키는 항모의 사출 장비, 함재기 착륙에 사용하는 어레스팅 기어(arresting gear), 제트기 항모 착륙 시 안전하게 착륙하도록 유도하는 미러 랜딩(mirror landing) 시스템은 떼지 않았다. 이때만 해도 호주나 미국은 중국이 항모를 건조하리라고는 꿈에도 생각하지 않았기 때문이다.[84]

중국은 멜버른 항모를 가져와 해체하면서 항모 설계, 운용, 이착륙 시스템에 대한 리버스 엔지니어링(reverse engineering)을 실시하여 항공모함 기본 기술을 체득했다. 특히 1993년 류화칭이 중앙군사위원회 부주석이 되면서 항모 도입은 본격적인 궤도에 오른다. 이에 따라 중국은 소련으로부터는 1995년 만재 배수량 4만 톤 급의 민스크(Minsk), 1996년에는 만재 배수량 4만 톤 급의 키예프(Kiev) 항모를 구입하여 소련의 항모 기술 또한 체득했다. 하지만 류화칭은 리버스 엔지니

83 　　항공모함을 처음으로 만든 나라는 일본이다. 영국이 처음이라고 주장하는 이도 있다. 하지만 영국은 지금의 중국처럼 처음부터 항모를 개발한 것이 아니라 여객선이나 순양함을 개조한 것이다. 즉, 처음부터 항공모함이라는 개념 설계를 하고 제조한 국가는 일본이다. 항모 개수는 태평양 전쟁 발발 직전인 1941년 1월, 미국이 9척, 영국이 9척이었지만, 일본은 11척으로 세계에서 항모가 가장 많았다. 일본이 진주만을 폭격할 당시 일본은 6척의 항모를 이끌고 진주만을 폭격했으며, 미국은 태평양 함대에 3척의 항모만 가지고 있었다. 미국에게는 천운으로 진주만 폭격 당시 항모 3척은 진주만에 없었다. 한편 태평양 전쟁 때 미국의 잠수함 공격에 항모 대부분을 잃었던 일본은 2018년 12월, 아베 내각이 헬기 탑재 군함이던 이즈모형 군함 '가가'를 수직 이착륙 스텔스 전투기 F35B 10기를 탑재할 수 있는 항공모함으로 개조하겠다고 선언하면서, 본격적인 공격형 항모 보유 국가로 변신 중이다.

84 　　어레스팅 기어는 함재기가 항모에 착륙하기 위해 반드시 필요한 장치이다. 왜냐하면 항공기는 이착륙에 최소 400m가 넘는 거리가 있어야 하기 때문이다. 예컨대 F-16의 경우 이륙에는 최소 450m, 착륙에는 최소 900m 이상의 거리가 필요한데, 항모는 대략 100m 내외의 거리밖에 없다. 따라서 어레스팅 기어나 후술하는 사출기 없이 함재기의 항모 이착륙은 절대 가능하지 않다.

어링이 한계가 있다는 사실을 깨닫고, 항모 직접 도입을 시도하였다. 그 결과 중국은 소련과의 항모 합작 설계, 프랑스 항모 도입 후 현대화 진행 등 다양한 방안을 검토하였다. 불행히도 류화칭의 후원자인 덩샤오핑이 1997년에 사망하고 장쩌민이 모든 실권을 장악하게 되자, 류화칭이 1997년 중앙군사위원회 부주석에서 물러나면서 항모 도입은 다소 지연된다.

다만 중국은 소련 붕괴 후 재정난으로 70%만 완성되고 1992년 건조가 중단되어 우크라이나에 매각한 만재 배수량 5.5만 톤 급 항모인 바랴크^(Varyag) 항모를 주목했다. 중국은 마카오에 해상 카지노를 만든다는 명목으로 이 항모를 1998년 우크라이나로부터 2,000만 달러에 구입했다. 하지만 흑해에서 중국까지 배를 이동하려면 보스포루스 해협을 반드시 지나야 한다. 나토 회원국이던 튀르키예는 바랴크 항모의 엔진과 전자장비를 모두 해체하고, 중국 관광객 200만 명을 튀르키예로 보낸다는 조건하에 항모의 해협 통과를 허락했다. 이처럼 항모 구입 후 무려 4년이 지난 2002년 3월에야 중국에 입항한 바랴크 항모는 중국 최대 조선소인 다롄항에서 본격적인 항모 개조에 들어가게 된다. 이동을 위해 엔진과 전자장비는 모두 분리했다고 하지만, 중국은 우크라이나로부터 항모의 설계도와 기술자료를 모조리 확보한 상태였기 때문에 항모 개조는 시간문제였다. 2013년 12월, 바랴크 항모에서 만재 배수량 6.7만 톤의 랴오닝^(遼寧)함으로 이름이 바뀐 중국 최초의 항모는 그렇게 처음으로 실전 배치되었다.

하지만 랴오닝함은 항공기 이륙 방식이 사출기 방식이 아니다. 사출기 방식은 투석기, 즉 캐터펄트^(catapult)라고 부르는 증기식 사출기를 통해 함재기의 순간 이륙 출력을 급격히 높이는 방식으로 함재기를 이륙시킨다.[85] 따라서 사출기 방식은 항공기 연료 부담을 줄여 함재기 탑재 무기 중량을 획기적으로 증가시킨다. 연료 중량에 사실상 제한이 없으므로 함재기 작전 반경도 최대 1,000km까지 넓

85 　　이를 CATOBAR(Catapult Assisted Take Off But Arrested Recovery) 방식이라 부른다. 이때 사용되는 수증기는 원자로의 터빈을 돌릴 때 사용하는 수증기이다. 캐터펄트를 운용하기 위한 수증기를 담는 용기는 부피도 매우 크고, 시스템까지 합친 중량도 무려 1,500t에 이른다. 수증기 식 캐터펄트는 니미츠급에서는 운용 인력만 100여 명에 이르는 핵심 장치이다.

힐 수 있다. 사출기 방식이라 100미터 거리만 확보되면 함재기 이륙이 가능하므로, 함재기를 많이 실을 수도 있다. 오직 미군 항모만이 이 기술을 사용하는데, 다른 나라에는 이 기술이 없다. 중국은 오바마 행정부 시절 증기식 캐터펄트 기술 이전을 요청하였지만, 미국이 그 기술을 중국에 제공할 리가 만무하다.

이에 따라 중국의 랴오닝함은 할 수 없이 단거리 이륙 방식을 채택했다.[86] 그 결과 항공기에 실을 연료 부담이 증가하면서 탑재할 무기 중량이 급격히 줄어들었다. 연료를 많이 실을 수도 없으므로 작전 반경도 현격히 감소한다. 이륙 거리도 200미터는 되어야 하므로 항모에 탑재할 함재기 수도 급격히 줄어든다. 랴오닝함의 함재기는 러시아 수호이-33을 개조해 선양항공공사(Commercial Aircraft Corporation of China, COMAC)가 독자적으로 제작한 J-15(젠 15)인데, 젠-15의 추력은 89킬로뉴턴(kN)으로 수호이-33의 출력 123kN의 70%에 불과하다.[87] 이에 따라 랴오닝함은 함재기가 이륙하기 위해 스키 점프대 같은 기괴한 모양을 갖추고 있다. 랴오닝함에 실을 수 있는 최대 함재기 수 또한 26대에 불과하고, 최대 무장 능력 6~8톤인 J-15가 최대 무장으로 랴오닝함을 이륙하는 장면은 여태껏 단 한 번도 공개된 적이 없다. 1945년 건조 후 1992년 퇴역한 미국의 미드웨이 항모는 현대화 개조 후 만재 배수량이 6.4만 톤으로 랴오닝함과 유사한데, 이 항모는 최대 무장 능력 7톤인 함재기 F/A-18 호넷 65대를 실을 수 있었다. 따라서 중국에게 랴오닝함은 자랑거리일지 모르지만, 미국에게 랴오닝함은 조롱거리에 불과하다.

2013년 시작해서 2017년 진수한 후 2019년 12월 실전에 투입된 2호 항모 산둥함도 마찬가지다. 만재 배수량 7만 톤으로 젠-15를 32대 실을 수 있는 산둥함은 랴오닝함과 달리 중국 자체 기술로 만든 첫 번째 항모이다. 랴오닝함 도입 후 대략 10년 만에 항모를 자체 개발했다는 것이 놀라운 성과라는 점은 명백한 사

---

86 이를 STOBAR(Short Take off But Arrested Recovery) 방식이라 부른다. 주로 러시아 항모가 사용한다. 영국 항모는 STOVL(Short Take off and Vertical Landing)이라 하여, 단거리로 이륙하고 수직으로 착륙하는 방식을 사용한다.

87 중국의 함재기는 젠-15에서 스텔스 기능이 갖춰진 FC-31(혹은 J-35, 항모용 전투기 모델은 J-31B)로 완전히 교체 중이다. 트럼프 대통령은 중국의 FC-31이 미국의 F-35 기술을 훔쳐서 만들었다고 비난했는데, 아닌 게 아니라 두 함재기의 외형이 매우 비슷하긴 하다.

실이다. 하지만 산둥함은 기본적으로 랴오닝함의 한계를 벗어나지는 못했다. 단거리 이륙 방식을 채택하면서 산둥함도 랴오닝함과 마찬가지로 스키 점프대를 갖추고 있다. 미 국방부는 스키 점프대 형태의 항모에서 최대 이륙 중량은 30톤에 불과하여, 최대 이륙 중량이 33~35톤인 젠-15가 완전 무장하여 이륙하는 것은 불가능하다는 평가를 내리기도 하였다. 산둥함의 엔진도 랴오닝함과 마찬가지로 핵 추진이 아니라 증기 터빈식이다.

중국의 세 번째 항모로 만재 배수량이 8.5만 톤인 푸젠함은 조금 다르다. 중국은 증기식 사출기 방식 도입이 불가능하다고 판단하여, 그 대신 전자기식 사출기 방식을 푸젠함에 최초로 도입했다.[88] 전자기식 사출기 방식은 증기가 아니라 전기를 이용해 발생하는 자기력을 사출의 힘으로 사용한다. 증기식보다 순간 가속도를 점진적으로 제공하여 조종사가 받는 충격이 덜하고, 속도와 힘을 정밀하게 제어할 수 있는 장점이 있다. 미국은 제럴드 R 포드 항모에 이 방식을 처음 도입했다.

전자기식 사출기 방식의 단점은 가격이 비싸고, 1회 사출에 100메가와트$^{(MW)}$라는 엄청난 전기를 소모한다는 점이다. 이 때문에 트럼프 대통령은 전자기식 사출기보다 증기식 사출기를 선호한다는 견해를 밝히기도 했다. 나아가 제럴드 R 포드 항모는 700MWt급의 A1B 가압수형 원자로 2개를 탑재하여 출력 용량이 총 1,400MWt급 원자로이다. 나아가 이 원자로 1개당 남는 전기를 활용하여 발전기를 돌려 25,000가구에 전기를 공급할 수 있는 125MW의 전기도 자체 생산하는데, 미 해군은 이것도 모자라 자체 전기 생산량을 더 늘려야 한다고 주장한다. 전자기식 사출기 방식이 얼마나 엄청난 전력이 필요한지 가늠할 수 있는 대목이다.

불행히도 푸젠함은 핵 항공모함이 아니다. 푸젠함은 증기터빈 4개를 추진축으로 돌리면서 동시에 164MW의 전기를 생산하는데, 제럴드 포드 250MW의

---

88 전자기식 사출 방식은 EMALS (Electromagnetic Aircraft Launch System)라 부른다.

65% 수준이다. 핵 추진력도 없는 상태에서 이 전력으로 1회 사출에 100MW가 소요되는 전자기식 사출 시스템(EMALS), 추진축, 각종 전자장비를 모두 커버해야 하는 것이다. 이와 같은 기술적 난제에도 불구하고 중국 정부는 푸젠함을 2022년 6월 17일에 진수한 후, 2024년 5월 1~8일에 첫 시험 항해, 2024년 5월 23일 ~6월 11일에 2차 시험 항해, 2024년 7월 3일부터는 3차 시험 항해에 나섬으로써 푸젠함의 실전 배치 시점을 저울질 중이다. 필자 추정으로는 2024~2025년에 전자기식 사출 방식의 성능을 집중해서 시험할 것으로 본다. 이에 따라 필자는 푸젠함의 실전 배치는 늦어도 2026년 초에는 마무리될 것이며, 이 시점에 맞추어 대만을 향한 무력 점령 시도가 있을 가능성이 있다고 본다. 즉, 푸젠함은 대만 무력 점령을 위한 가장 핵심적인 전력 기반이 될 것이다.

 다만, 필자 개인적으로는 푸젠함의 전자기식 사출 방식은 전술한 막대한 전력 소요량 문제, 피드백 제어 기술[89], 안정적인 운용 소프트웨어 문제 등과 같은 복잡한 기술적 난제 때문에 실용 가능성이 매우 낮다고 본다. 2010년부터 전자기식 사출 방식을 시험해 온 미 해군조차도 이 기술의 항공기 발사 시스템 안정성과 고급 제동 장비의 신뢰성에 100% 확신을 갖지 못한 상태이기도 하다. 즉 중국은 미국을 따라잡겠다는 조바심에 푸젠함을 2022년 6월에 진수했지만, 필자가 보기엔 푸젠함이 실전 투입을 통해 100% 성능을 발휘할 수 있을지 매우 의문이다. 중국은 5년마다 항모 1척을 진수하여 최소 6척의 항모를 확보한다는 계획을 가지고 있는데, 이 계획에 쫓겨서 서둘러 푸젠함을 진수하면서 여러 가지 문제점을 잉태하고 있는 것으로 보인다.[90] 요컨대 필자가 보기에 중국의 항공

---

89 항공기가 항모에서 이륙할 때 지나치게 가속화되는 것을 방지하는 시스템으로, 전자기식 가속화 방식(EMALS)은 피드백 제어가 현재까지는 불가능한 것으로 알려져 있다.

90 물론 중국이 미국의 항모에 대해 전혀 방비가 없는 것은 아니다. 중국의 ICBM은 그 수가 수백여 기 정도이나, 사거리 2,000~3,000㎞에 이르는 중거리 탄도미사일(MRBM)인 둥펑 21 계열(DF-21)은 1,000여 기에 달하는 것으로 알려져 있다. (북한은 자신의 최신형 ICBM인 화성 17형의 사거리가 15,000㎞라고 주장한다.) 특히 유도용 레이더와 광학 센서를 갖춘 DF-21D, 일명 캐리어 킬러 미사일은 최대 사거리 3,000㎞로 주요 목표가 항공모함으로 세계 최초이자 유일한 대함탄도미사일(Anti-Ship Ballistic Missile, ASBM)이다. DF-21D는 고체 추진 미사일로 언제, 어디서나 발사가 가능하다. 중국이 자국 인공위성을 활용하여 최고 시속 57㎞에 달하는 미국 항모처럼 움직이는 타겟을 명중해야 하는 기술적 어려움만 극복한다면 DF-21D로 인해 미국 항공모함은 일본 오가사와라-괌-팔라

모함은 "포템킨 항공모함^(Potemkin Aircraft Carrier)"이다.[91]

(7) 미국과 마창 시합? - ③ 중화사상

항모는 객관적인 기술력이 부족해서 그렇다 치고, 그렇다면 중국 내부의 정치권력은 대미 무역전쟁에 대해 미국의 공화당이나 민주당처럼 일치단결되어 있나? 혹시 태자당이나 공청단, 상하이방 사이에 권력 다툼이 벌어지고 있지는 않나?[92] 이 3개 권력은 미국을 향한 대외 정책에 일치된 목소리를 내고 있나? 혹시 미국의 요구를 굴욕적이라 평가하고 감상적인 결사 항전을 주장하는 정파는 없나?

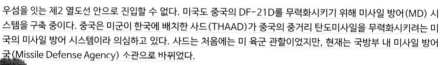

우섬을 잇는 제2 열도선 안으로 진입할 수 없다. 미국도 중국의 DF-21D를 무력화시키기 위해 미사일 방어(MD) 시스템을 구축 중이다. 중국은 미군이 한국에 배치한 사드(THAAD)가 중국의 중거리 탄도미사일을 무력화시키려는 미국의 미사일 방어 시스템이라 의심하고 있다. 사드는 처음에는 미 육군 관할이었지만, 현재는 국방부 내 미사일 방어국(Missile Defense Agency) 소관으로 바뀌었다.

91   포템킨(Grigory Potemkin, 1739~1791)은 예카테리나 2세 여제(Catherine the Great, 1729~1796) 당시 총독이면서 그녀의 연인이었다. 그는 1783년 크림 반도 합병을 주도하였는데, 합병 후 예카테리나 여제가 크림 반도를 방문할 때 발전된 모습을 보이기 위해 겉만 화려한 가짜 마을을 만들었다. 이를 "포템킨 마을(Potemkin Village)"이라고 부른다. 폴 크루그만은 이 단어를 차용해 미국과의 체제 경쟁에서 실패한 소련 경제를 "포템킨 경제(Potemkin Economy)"라고 불렀다. 필자가 사용한 "포템킨 항공모함"은 겉만 번지르르하고 실속은 크게 없는 항공모함이라는 뜻이다.

92   태자당은 대장정, 국공내전, 항일전쟁 등을 이끈 혁명원로의 2세, 이른바 홍이대(紅二代) 집단이다. 태자당은 쉽게 말해 부모 이름만으로 정관계와 재계에 진출해 먹고 사는 이들이다. 최근 들어 홍이대도 나이가 고령으로 진입하면서, 홍삼대가 주축이 되었다. 하지만 홍삼대는 정치보다 사업계 진출이 많아 태자당은 후계를 육성하는 등 미래를 고민해야 하는 실정이다. 공산주의청년단(공청단)은 청년들의 정치 교육·선전 집단이다. 공청단원 수는 2022년 말 기준, 7,358만 명으로 전체 공산당원 9.804만 명과 유사할 정도로 대규모다. 공청단의 수장인 중앙서기처 제1서기는 장관급으로 사실상 차세대 주석의 자리까지 넘볼 수 있다. 후진타오 주석과 리커창 국무원 총리 모두 공청단 제1서기 출신이다. 하지만 시진핑이 주석으로 취임한 이후 그 영향력이 급격히 쇠퇴하고 있다. 상하이방은 상하이를 세계 최고의 도시로 만든 상하이 출신 당정 집단이다. 상하이방은 철저한 능력주의를 강조했지만, 후계자 양성에 실패하여 장쩌민 이후 권력의 힘이 순식간에 빠지는 모양새다. 시진핑은 태자당 출신이고, 이전 주석인 후진타오는 공청단 출신, 장쩌민은 상하이방 출신이다. 2017년부터 구성된 제19대 상무위원회는 태자당이 우위를 점하면서도, 3개 분파가 나름대로 분점하고 있다. 이들을 권력 서열대로 나열하면 ① 시진핑(태자당), ② 리커창(공청단), ③ 리잔수(태자당), ④ 왕후닝(태자당), ⑤ 왕양(공청단), ⑥ 자오러지(태자당), ⑦ 한정(상하이방) 등이다. 태자당과 상하이 방은 공식적인 계파는 아니나, 공청단은 중국 정부도 인정하는 공식적인 계파다. 그러나 19대 상무위원들은 2022년 10월, 20차 당대회에서 완전히 물갈이된다. 가장 큰 특징은 공청단과 상하이방의 완전한 몰락이다. 예컨대 공청단 제1서기로 후진타오-리커창에 이어 상무위원 후보로 거론되었던 후춘화(胡春華, 1963~) 서기장이 탈락했다. 이에 따라 태자당이 아니라 시진핑 집권 이후 독립 분파가 된 시진핑의 최측근이라는 뜻의 시자쥔(習家軍) 출신이 상무위원 전원으로 임명된다. 이를 순위대로 나열하면 ① 시진핑(태자당), ② 리창(시자쥔), ③ 자오러지(시자쥔), ④ 왕후닝(태자당, 시자쥔), ⑤ 차이치(시자쥔), ⑥ 딩쉐샹(시자쥔), ⑦ 리시(시자쥔) 등이다.

미래도 마찬가지다. 『*황금, 설탕, 이자 - 바빌로니아의 수수께끼*^(下)』編에서 후술하겠지만 미국 경제가 3% 이상 계속 성장하고[93] 무역수지를 현재 수준에서 계속 통제할 수만 있다면, 미국의 달러 패권은 영원히 유지될 것이다. 중국은 이 시나리오 하에서 미국의 위협에 일말의 걸림돌도 안 된다. 수천 년 전 손자의 말대로 적을 알고 나를 알아야 절대 위기에 빠지지 않는 법이다^(知彼知己 百戰不殆). 지피지기 전략에 민족의 자존심과 같은 감상주의적 요소가 개입될 여지가 어디에 있나? 아직도 그것을 모른다면 패권국가의 자격이 없다.

요컨대 중국 인민의 자존심과 같은 감상주의는 중국의 패권 장악에 아직까지는 아무 도움이 안 된다. 오히려 방해만 될 뿐이다. 불행히도 중국은 세계의 중심에 위치한 자신들의 사상과 철학이 절대 선이며, 이를 주변국에 강요해 온 오래된 역사가 있다. 백성이 우선이라는 보편철학인 사상을 만들었던 맹자조차도 "나는 중화로서 오랑캐를 변화시킨다는 말은 들었어도, 아직까지 오랑캐가 중화를 변화시켰다는 말은 들어 본 적이 없다."라며, 무의식적인 중국인의 우월감을 공개적으로 표명했다.[94]

이 철옹성 같은 자존심의 결정체인 중화사상은 봉건국가 잔재의 타파를 내건 중화인민공화국에서조차도 변치 않는 확고한 원칙이다. 예컨대 1958년 핵무기가 없었던 중국이 대만의 진먼^(金門, Kinmen)을 향해 포격을 개시한 시점에서도 마오쩌둥은 "미국이 핵무기로 공격하여 수억 명이 사망한다고 해도, 머리를 조아릴 뜻은 절대 없다."라고 잘라 말했다.[95] 트럼프가 중국인들의 이런 자존심을 역으로 이용해서 이란 제재 위반을 이유로 화웨이 부사장인 멍완자우^(孟晩舟, 1972~)를 캐나다에서 체포하거나, 화웨이에 대한 스마트폰 운영 체제^(OS)와 부품 거래를 아예 차단하거나, 틱톡의 미국 내 자산을 90일 내 매각하라거나, 중국의 5G 기

---

93   물론 3% 성장 시나리오는 현실적인 시나리오는 아니다. 상세한 내용은 『*황금, 설탕, 이자 - 바빌로니아의 수수께끼(下)*』編에서 상술한다.

94   맹자(孟子) 등문공(滕文公) 편

95   헨리 키신저, *앞의 책(중국 이야기)*, p. 223

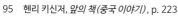

술을 사용하는 국가에 대해서는 미군 부대를 재배치한다는 각종 기괴한 조치를 취했을 수도 있다.[96]

그렇다고 트럼프 행정부가 이렇게 막가파식 규제만 한 것일까? 절대 아니다. 일반 대중에게는 잘 알려져 있지 않지만, 트럼프 행정부는 집요하고 세밀하게 중국을 포위하는 전략을 구사했다. 예컨대 트럼프 행정부는 1940년 2차 대전 중 제정된 수출통제법(Export Control Act)을 수정한 수출통제개혁법(Export Control Reform Act, ECRA)을 제정하여 Section 1758 기술이라고 부르는 바이오, 인공지능, 위치 항법 기술 등 14개 민군 겸용 기술의 중국 (재)수출·이전을 원천적으로 봉쇄했다.[97] 특히 이 법은 기술 통제 규범이 일반적으로 채택하는 해당 기술 리스트(Commerce Control List, CCL)와 최종 사용처 규제(End Use Control, EUC) 리스트뿐만 아니라, 이 기술을 최종 사용하는 사용자에 따른 규제가 가능한 최종 사용자 규제 리스트(End User Control, Entity List)라는 기상천외한 규제도 포함되어 있다.

이 정도만 해도 다행이다. 트럼프 행정부는 2018년 10월부터는 기존에 소유 및 통제와 관련된 외국인 투자심사권만 부여된 외국인투자위원회(CFIUS)의 권한을 크게 확대하여, 소유나 통제 권한이 없는 非 지배적 투자(non-controlling investments)까지 외국인 투자 심사권을 강화한 FIRMMA (The Foreign Investment Risk Review Modernization Act of 2018)까지 제정했다. 이것도 모자라 트럼프 행정부는 2019년 국방수권법을 통해 2019년 8월부터 화웨이(Huawei), 중흥통신(ZTE), 하이크 비전(HIK

---

96   미국 상원은 화웨이와 중흥통신이 중국 정부의 영향을 너무나 많이 받기 때문에 미국의 안보를 위협하고, 이에 따라 이들 기업을 믿을 수 없다고 결론 내렸다. 실제로 화웨이나 중흥통신은 통신 장비 구축에 필요한 막대한 자금을 중국 국가개발 은행(China Development Bank, CDB)으로부터 저리로 융자받고 있다. 카자흐스탄 등 중앙아시아의 자원 부국에 대한 통신 시설 설치도 국가 간 원조라는 이름으로 화에이와 중흥통신의 몫이다. 이 때문에 2014년에는 미국의 NSA가 중국 화웨이 본사 서버에 침투에 민감한 정보를 빼돌린 "샷자이언트(Shotgiant) 작전"이 있었다고 뉴욕타임스가 2014년 3월에 보도하기도 하였다. 2020년 2월에는 미국 상원이 연방기금이 화웨이나 중흥통신의 장비를 구매하는 것을 금지하는 법안을 통과시키기도 하였다.

97   1. Biotechnology, 2. AI and machine learning technology, 3. Position, Navigation, and Timing ("PNT") technology, 4. Microprocessor technology, 5. Advanced computing technology, 6. Data analytics technology, 7. Quantum information and sensing technology, 8. Logistics technology, 9. Additive manufacturing (e.g., 3D printing), 10. Robotics:Brain-computer interfaces, 12. Hypersonics, 13. Advanced Materials, 14. Advanced surveillance technologies.

Vision), 다후(Dahua), 하이테라(Hytera) 등 5개 중국 기업의 제품과 이 기업이 제조한 물품이 들어간 다른 기업의 정부 조달을 아예 금지했으며, 2020년 8월부터는 이들 기업의 제품을 사용하는 모든 기업에 대해 미국 정부 기관과 거래를 금지했다. 중국 포위를 위해 2020년 5월에는 재무부의 해외자산통제국(Office of Foreign Assets Control, OFAC)의 해외 투자 규제까지 강화했다. 즉 2020년 5월 13일에, 백악관은 연방 퇴직연금(Thrift Savings Plan, TSP)의 중국 주식 투자를 금지했고, 같은 해 11월에는 중국 인민 해방군 관련 기업에 대한 해외 투자도 금지했다. 아울러 미국 금융 패권의 상징으로 금융 규제의 핵심 수단인 금융 거래 금지 대상 명단인 SDN(Specially Designated National) 리스트를 금융기관이 아닌 중국의 군산 복합체(Communist Chinese Military Industrial Companies, CMIC)로 확대하여 금융 거래를 금지했다.[98]

트럼프 행정부에 이은 바이든 행정부도 2021년 11월 11일, 국가 안보를 이유로 미국 기업과 화웨이와 중흥통신(ZTE) 등 중국을 포함한 적국(foreign adversaries)의 "모든 정보통신업체"의 보안장비 및 부품 등 "모든 정보 통신 제품"에 대한 거래를 중지할 수 있는 행정 명령에 서명하였고,[99] 같은 시기에 인텔이 반도체 공급 부족에 대비하여 청두의 웨이퍼 생산량을 늘리려 하자 바이든 행정부가 이를 제지하기도 했다. 2022년 3월 7일에는 그 유명한 바이 아메리카(Buy America) 법의 일환으로 연방 조달 시장에서 미국산 부품 비중을 당시 기준 55%에서, 2029년까지 75%까지 올리는 내용으로 연방 조달 규정을 개정했다. 2022년 9월부터는 미국 국가 안보에 위협이 되는 제3 자와 어떤 식으로든 관련성이 있다면 외국인 투자심사권을 발동하는 이른바, 연관성(Third-parties Ties) 심사 권한을 부여하는 행

---

98 국방부는 재무부의 CMIC 리스트 규제가 부과된 다음 해로 바이든 행정부가 출범한 직후인 2021년의 국방수권법에 의거하여 중국의 방산업체(Communist Chinese Military Companies, CCMC) 리스트를 작성하여, 국방 분야에서 금융 거래 및 협력 등을 금지하고 있다.

99 이 행정 명령은 원래 트럼프 대통령이 2019년 5월에 발동한 "정보 통신 기술 및 서비스 공급망 보호(Securing the Information and Communications Technology and Services Supply Chain)"라는 행정 명령을 확대하여 바이든 행정부가 미국 관할권 내에 있는 모든 당사자가 적국의 모든 당사자와의 정보 통신 거래를 금지, 수정 또는 완화할 수 있는 권한을 부여한 행정 명령이다. 이 행정 명령이 정의한 적국은 홍콩을 포함한 중국, 러시아, 베네수엘라, 쿠바, 이란, 북한 등 5개국이다. 즉, 적국의 정보 통신 기업이 미국 기업과 정보 통신 거래를 하기 위해서는 무조건 상무부의 심사를 받아야 한다.

정 명령도 발동했다.[100] 나아가 2022년 10월에는 중국에 대한 미국의 슈퍼컴퓨터 및 인공지능 기술 유출을 제한한다는 행정 명령을 발표하기도 하였다.

바이든 행정부는 특히 2023년 8월에는 트럼프 행정부의 기조를 계승하여 해외투자 국가 심사기관인 해외자산통제국^(OFAC)이 반도체, AI, 양자 정보 기술 분야에 대한 해외 투자 심사를 강제하는 법을 도입하겠다고 발표하기도 하였다. 필자가 보기엔 피해망상처럼 보이기는 하는데, 미국 항만에 설치된 중국산 크레인도 안보에 잠재적 위험이 된다는 이유로 5년 내에 모두 미국산으로 교체한다고 2024년 2월에 발표하였다. 심지어 2024년 4월 23일에는 틱톡의 모회사인 중국 IT 기업 바이트댄스^(ByteDance)에게 틱톡 지분을 향후 9개월 이내에 매각할 것^(forced divestment)을 명령하는 법안이 상원을 통과하여 최종 법안으로 확정되었다. 바이든 행정부는 더 나아가 2024년 5월 7일에는 화웨이에 금지된 칩을 수출했다는 이유로 자국의 대표 IT 기업인 인텔과 퀄컴의 수출 면허까지 취소하는 결연한 모습을 보여 주기도 하였다.

물론 트럼프 행정부나 바이든 행정부가 이처럼 중국인의 자존심을 의도적으로 자극할 정도로 교활하지는 않을지도 모른다. 오히려 필자 개인적으로는 최근 트럼프나 바이든 행정부의 기괴한 조치들을 보면 미국이 얼마나 다급한지를 보여 주는 것 같아서 씁쓸하기만 하다. 하여튼 확실한 것은 현재 시점에서 미국 정부가 싸움을 걸어 올 때 중화사상이라는 덫에 걸려 감정적으로 맞대응하게 되면, 중국은 미국의 책략에 말려드는 꼴밖에 안 된다.

다시 말해 중국은 미국과의 패권 '전쟁'에서 승리해야지, 각종 '전투'에서 승리할 필요가 전혀 없다. 항우는 3만의 군대로 60만 대군을 격파한 팽성 전투를 포함하여 유방과의 70여 차례 전투에서 모두 이겼다. 하지만 마지막 해하^(垓下) 전투에서 유방에게 패하면서 결국 목숨을 잃었다. 중국이 지금 중화민족의 중화사상이라는 감상주의의 덫에 빠진다면 미국과의 각종 각개 전투에서 어쩌다가

---

100   여기서 연관성(Ties)이란 상업적 연관성, 투자 연관성, 비경제적 연관성 및 기타 연관성을 포괄한다. 이처럼 규제 대상의 범위가 명확하지 않고 무한대로 확장된 행정 명령이 미국 역사상 과연 있었을까?

이길 수 있을지는 몰라도, 천하가 항우로부터 작별 인사했듯이 중국의 최종 목표인 세계 패권도 중국으로부터 영원한 "Bye-bye"이다.

(7) 미국과 마창 시합? - ④ 프로메테우스의 금속, 희토류

중국이 미국에 대한 각개 전투 카드로 가장 유력하게 꼽을 수 있는 것이 바로 희토류다.[101] 중국은 전 세계 희토류의 60% 내외를 생산한다. 예컨대 미국 지질조사국에 따르면 중국은 2019년에 13만 2,000톤에 달하는 희토류를 생산하여 전 세계 생산량 21만 톤의 62.8%를, 2023년에는 24만 톤의 희토류를 생산하여 전 세계 생산량 35만 톤의 68.6%를 차지했다.[102] 수치에서도 확연히 알 수 있듯이 중국의 전 세계 희토류 장악력은 갈수록 강화되는 추세로, 중국이 미국을 압박할 카드로 활용할 만큼 자신감을 가질 만한 상태인 것은 맞다.

중국 최대의 희토류 생산지는 경희토의 경우 네이멍구(內蒙古), 중희토는 장시성(江西省)이다. 특히 네이멍구의 바이윈얼보쾅구(白云鄂博鑛區)는 중국 최대의 희토류 광산으로 중국 경희토 매장량의 84%, 전 세계 매장량의 38%를 차지한다. 이 광구가 위치한 바오터우(包頭)시는

---

101 희토류(Rare Earth)는 원소기호 57~71번까지의 물질 15개와 21번 스칸듐(Sc), 39번인 이트륨(Y) 등 총 17개 원소를 의미한다. 화학적으로 안정되어 있고, 열전도와 전류 흐름이 뛰어나며, 동시에 방사능 차단 효과도 있다. 이름과는 달리 61번 프로메튬(Pm)을 제외하고는 매장량이 풍부한 것이 특징이다. 한편 생산 혹은 수출이 어렵거나 특정 국가에 편중된 니켈, 코발트, 리튬 같은 금속을 희귀금속이라고 부른다. 대체로 카보나타이트 암석층이 있으면 희토류가 대량으로 매장되어 있다고 보면 되는데, 아프리카는 전 세계 카보나타이트 암석층의 절반을 보유하고 있다. 다시 말해 아프리카에 대규모 희토류가 매장되어 있을 가능성이 매우 높다. 이 때문에 중국은 아프리카에 엄청난 공을 들이고 있는 것이다.

102 USGS, 『Mineral Commodity Summaries 2020-Rare Earths Data Sheet』, 2020. 1, p. 133. 이에 따르면 1위 중국 - 13.2만 톤, 2위 미국 - 2.6만 톤, 3위 미얀마 - 2.2만 톤, 4위 호주 - 2.1만 톤, 5위 인도 - 0.3만 톤: USGS, 『Mineral Commodity Summaries 2024-Rare Earths Data Sheet』, 2024. 1. p. 145. 2023년에도 순위는 거의 변하지 않아, 1위 중국 - 24만 톤, 2위 미국 - 4.2만 톤, 3위 미얀마 - 3.8만 톤, 4위 호주 - 1.8만 톤, 5위 인도 - 0.29만 톤

"희토류의 도시," "중국 희토류의 수도"라고도 부른다. 중국의 주요 희토류 생산 기업은 모두 국영기업으로 중국북방희토그룹, 남중국희토그룹, 중국알루미늄 공사, 샤먼텅스텐그룹, 광둥희토산업그룹, 오광희토주식회사 등 6곳이다. 이 6개 기업이 중국 희토류 생산의 대략 85%를 담당한다.[103]

중국의 희토류 세계 시장 장악의 비결은 바로 경제성이다. 희토류는 채굴 (mining), 분리(separation), 정제(refine), 합금(alloy)을 거쳐 완성되는데, 분리부터 정제까지의 과정에서 방사성 물질을 포함하여 막대한 공해 물질이 배출된다. 예컨대 희토류는 대부분 바위나 큰 암석에 포함되어 있어, 바위나 큰 암석을 채굴한 후 여기에서 희토류를 먼저 분리해야 한다. 바위가 아니라 흙 속에 포함된 경우도 있다. 예컨대 브라질의 아라샤(Araxà) 광산은 철의 강도를 3~4배 이상 올려주는 희토류인 니오븀(Niobium)이 흙 속에 포함되어 있고 이 흙이 지표면에 지천으로 깔려 있어, 그냥 파낸 후 이 상태로 그대로 정제하면 된다. 하지만 이런 경우는 거의 없다. 대부분 커다란 바위를 파내고 쪼갠 후에 녹여야 한다.

암석을 녹이는 물질은 강력한 산성을 띤 황산, 염산, 질산 등이다. 황산 등으로 녹여낸 암석은 죽처럼 변하여 물질별로 다른 층을 형성하는데, 이런 과정을 수백 번 반복하면 마지막에는 원하는 희토류와 첨가제인 강력한 산성 물질만 남는다. 이때 첨가한 산성 물질을 증발시키면 최종적으로 희토류만 남는다. 하지만 불행히도 황산, 염산, 질산 등은 심각한 공해 문제를 유발한다. 예컨대 희토류 1톤을 생산하는 과정에서 산성 폐수가 무려 20만 리터가 발생한다.[104] 방사성 폐기물도 1~1.4톤가량 발생하여 인체에도 치명적이다. 유럽과 미국은 강력한 공해물질 규제 때문에, 이런 공해 물질을 반드시 중화해서 배출해야 한다.

불행히도 이 공해 물질을 중화하려면 엄청난 비용이 소요된다. 특히 방사성

---

103 ⬤ 2018년 기준 생산량(톤): 중국북방희토그룹 - 69,250, 남중국희토그룹 - 28,250, 중국알루미늄공사 - 14,350, 샤먼텅스텐그룹 - 3,440, 광둥희토산업그룹 - 2,700, 오광희토주식회사 - 2,010. 이 6개 주요 기업 외에도 희토류 생산 관련 기업은 중국 내 대략 35,000여 개가 있는 것으로 알려져 있다. 이 때문에 중국 정부가 쿼터로 설정한 생산량 이외에도 중국 정부의 통제 밖에서 음성적인 생산도 이루어지고 있다.

104 박정원, 문윤실, 이현경, 『희토류 회수 및 재활용 기술』, KISTEP, 2023.8, p. 3

폐기물은 중화 자체가 안 된다. 이 때문에 유럽과 미국은 아예 자국 생산을 포기했다. 호주의 라이나스(Lynas Rare Earths)社도 희토류 원재료를 말레이시아 쿠안탄(Kuantan)으로 보내 거기서 분리, 정제한 후에 일본으로 수출한다. 하지만 중국은 희토류 생산 과정에서 환경 문제를 거의 고려하지 않는다. 물론 엄청난 대가를 치러야 한다. 중국 희토류의 성지인 바오터우시에는 20~30대 청년이 온통 흰머리이고, 아이들 중에는 치아가 자라지 않는 경우도 많다. 이런 엄청난 대가를 감수한 덕분에 중국은 채굴부터 합금까지의 전 생산 공정을 일괄 구축하여, 싼 가격으로 막대한 양의 희토류를 전 세계에 공급할 수 있는 능력을 갖추었다.

이미 중국은 30여 년 전부터 희토류를 전략 물자로 지정하고, 외국인의 채굴을 금지한 바 있다. 중국 근대화의 아버지인 덩샤오핑도 "중동에는 석유가 있다면, 중국에는 희토류가 있다."라면서 희토류의 중요성을 강조하였다. 덩샤오핑의 전략대로 중국은 희토류를 생산한 후에 반드시 거쳐야 하는 합금 과정에 필요한 고도의 기술력을 해외 기업을 합병하는 형식으로 확보했다. 예컨대 현존하는 가장 강력한 영구자석은 네오디뮴 자석이다. 이 자석은 네오디뮴, 철, 붕소를 2:1:14의 비율로 혼합한 후 소결 방식으로 합금해야 한다. 이 기술은 미국의 GM이 처음 개발했다. GM은 네오디뮴 자석을 상용화하기 위해 1986년 마그네퀜치(Magnequench)라는 회사를 만들고, 인디애나주의 앤더슨(Anderson)에 공장을 짓고 생산을 시작했다. 마그네퀜치의 최대 고객사는 미국 국방부였다.

그러던 중 GM이 1990년대부터 비핵심 사업을 정리하는 구조조정 과정에서 마그네퀜치를 7천만 불에 팔겠다고 시장에 내놓았다. 마그네퀜치를 눈여겨보던 중국은 인수전에 뛰어들었고, 미국 정부는 미국 공장을 최소한 5년간 유지한다는 조건으로 인수를 승인했다. 이렇게 하여 중국은 섹스탄즈(Sextanz) 그룹이라는 국영 투자회사를 통하여 1995년 마그네퀜치 인수에 성공하게 된다. 하지만 중국은 1998년부터는 마그네퀜치의 생산 라인을 그대로 복제하여 텐진에 공장을 짓기 시작했다. 중국은 이 공장이 완성되고 미국 정부의 승인 조건인 5년이 경과한 직후인 2001년 12월에는 마그네퀜치의 미국 공장을 아예 폐쇄해 버렸다! 이 마그네퀜치의 황당한 인수 스토리는 미국 희토류 기술의 중국 유출의 대표적인 사례로, 미국 보수의 대표적인 싱크탱크 기관인 헤리티지 재단이 오늘날까지도 입에 거품을 물고 두고두고 이야기하는 사례이다.

장쩌민 또한 기술 개발을 통해 중국 희토류 자원의 매장량 우위를 경제적 우위로 전환해야 한다고 역설했다. 이에 따라 2016년에는 채굴권을 기준으로 희토류 기업을 전술한 6개 기업으로 통합하여, 매년 생산량 쿼터를 부여하는 등 희토류 산업에 대한 국가 통제를 종전보다 강화했다. 2019년 5월에는 시진핑 국가 주석이 장시성 간저우시를 방문해 네오디뮴^(Neodymium) 등 주요 희토류를 생산하는 "진리^(金力) 영구자석 과기유한공사"를 시찰한 적이 있다.[105] 시 주석은 이 자리에서 희토류가 중요한 국가적 전략 자원이라고 언급하였는데, 이는 이미 중국 지도부가 희토류를 국가 이익을 위해 활용할 중요한 카드로 염두에 두고 있다는 뜻이다. 그리하여 마침내 2021년 1월에는 희토류 채굴, 정제, 비축, 수출 관리 등을 내용으로 하는 희토류 조례안까지 제정하여 시행했다.

더 나아가 2021년 12월 23일, 중국 정부는 중희토류 최대 생산지인 장시성^(江西省)의 난방희토, 오광희토, 중국알루미늄 등의 3개 기업을 합병하여 중국희토집단유한공사^(中國稀土集團有限公司)를 출범시켰다. 중국희토그룹이라고도 부르는 이 기업의 최대 주주는 국유기업을 관리하는 정부 기구인 국유자산감독관리위원회로 31.2%의 지분을 보유한다. 난방희토, 오광희토, 중국알루미늄 등의 3개 기업은 각 20.33%의 지분을 갖게 되었다. 중국희토그룹의 출범으로 중희토 분야에서 중국 정부의 독점적 영향력이 확고히 정립되었다. 이는 중국 정부가 희토류를 자국의 패권적 영향력을 실현하려는 강력한 수단으로 삼겠다는 정치·경제적 야

---

105 네오디뮴은 원자번호 60번으로 오스트리아 과학자 카를 아우어 폰 벨스바흐(Carl Auer von Welsbach, 1858~1921)가 1885년에 발견했다. 그는 디디뮴 원소에 질산암모늄을 첨가하여 네오디뮴과 프라세오디뮴이라는 2개의 새로운 물질을 분리했다. 네오디뮴이라는 이름도 새롭게(neos) 태어난 쌍둥이 물질(didymos)이라는 뜻이다. 네오디뮴은 세상에서 가장 자성이 강한 자석의 원료이다. 예컨대 네오디뮴을 일정 비율을 섞어 자석을 만들면 자성이 10배 이상 강하게 된다. 이 때문에 전기차 모터, 스마트폰, 첨단무기 제조 등에 사용된다. 자기부상열차 기술 또한 네오디뮴의 강력한 자성이 있어야만 가능하다. 네오디뮴은 2019년 기준으로 중국이 전 세계의 대략 80%를 생산한다.

망을 그대로 드러낸 것이다.[106] 이로써 2022년부터 첨단무기 생산에 반드시 필요한 핵심 원자재인 중희토류는 중국 정부의 패권행사에 사용되는 자원 무기로 전환되었다.

반면 2019년 미국의 희토류 생산량은 2만 6,000톤, 2023년에는 4만 3,000톤에 그쳐 중국 생산량의 20%에도 미치지 못한다. 미국에서 현재 채굴이 가능한 희토류 광산은 캘리포니아의 마운틴 패스 광산(Mountain Pass Rare Earth Mine)이 유일하다. 그나마 이곳 광산도 2000년대부터 시작된 중국의 저가 공세로 인해 2016년, 2017년에는 아예 채굴을 중단하기도 하였다. 특히 미국은 희토류 가공 시 나오는 엄청난 방사성 물질과 공해 물질 때문에 가공 처리 시설이 부족해 희토류 원석을 중국에 수출했다가, 중국에서 가공 후 합금이나 가공물 형태로 재수입한다. 그 결과 미국은 최소한 2019년까지는 전체 희토류 수입량의 80%를 중국으로부터 수입했다. 예컨대 2019년 미국은 1.7억 불의 희토류를 수입했는데, 그중 80%는 중국, 6%는 에스토니아, 3%는 일본과 말레이시아에서 수입했다.[107] 2023년에는 8,800톤의 희토류를 수입했는데, 이 중에서 6,000여 톤을 해외로부터 수입한 것으로 보인다.[108] 미국이 중국에 대한 보복관세를 부과할 때도 중국의 희토류는 제외한 적이 있을 만큼 미국은 희토류에 대한 중국 의존도가 높다. 예컨대 2022년에 미국은 비소(arsenic), 갈륨(gallium), 인듐(indium) 등의 희토류를 100% 해외에서 수입했는데, 이 중의 절반 이상이 중국산이다.

희토류는 주로 영구자석 제조, 석유 정체 첨가물, 반도체와 같은 전자제품 제조에 사용된다[109] 플라스틱 소재나 수지 및 합금철에도 첨가제로 사용되어 이들

106 　　　희토류는 중희토와 경희토로도 구분한다. 중희토는 우주, 군사와 방위산업에 많이 사용한다. 방사성 물질을 포함하고 있는 경희토는 배터리, 컴퓨터, 석유 정제, 신재생 에너지 등 소비재 분야에 주로 사용한다. 중희토는 경희토 매장량의 1%에도 안 될 만큼 희토류 중에서도 희귀한 금속이다. 경희토는 내몽골, 산둥성, 쓰촨성 등에, 중희토는 장시성 등 중국의 남부 지역에 집중 매장되어 있다고 한다.

107 USGS, *Ibid(2020)*, p. 133

108 USGS, *Ibid(2024)*, 추정

109 　　　희토류의 산업 수요(2019년 기준, 캐나다 천연자원부): ① 영구 자석(38%) ② 석유 정제를 위한 촉매제 (23%) ③ 유리 첨가제(13%) ④ 배터리 합금(9%) ⑤ 합금(8%) ⑥ 세라믹, 안료, 유약(5%) ⑦ 형광체(3%)

제품의 부가가치를 높인다.[110] 예컨대 렌즈용 유리에 희토류인 란타넘$^{(La)}$을 섞으면 빛의 굴절률이 높아지고, 플라스틱에 세륨$^{(Ce)}$을 사용하면 광택 효과가 극대화된다. 우리가 사용하는 대표적인 스마트폰인 아이폰도 17개의 희토류 중 9개를 사용한다. 희토류의 시대를 아이폰이 열었다고 해도 과언이 아니다. 예컨대 아이폰의 화면은 세륨 때문에 매끄럽고 광택이 나는 것이다. 스마트폰의 터치스크린에 들어가는 인듐$^{(In)}$도 손가락과 같은 도체가 화면에 닿을 때 전기적 반응을 할 수 있게 한다. 아이패드 프로, 에어파드$^{(AirPods)}$, 애플 펜슬$^{(Apple Pencil)}$에도 네오디뮴 자석이 내장되어 있다. 나아가 전기차와 풍력 발전에 사용하는 모터에도 영구자석이 반드시 들어간다. 테슬라의 로고는 전기 모터의 단면을 잘랐을 때 모양 일부를 그대로 쓴 것인데, 이 전기 모터의 영구자석을 효율적으로 제작하기 위해서는 네오디뮴과 디스프로슘$^{(Dysprosium)}$이 반드시 들어가야 한다.

미국 관점에서 가장 중요한 것은 희토류가 F35 전투기, 토마호크 미사일, 프레데터 드론, 스텔스 장비, 항공기용 발전기 등 자신들의 첨단무기 생산에 필수적이라는 사실이다. 예컨대 미 의회 조사국의 2013년 보고서에 따르면 현재 전세계에서 가장 뛰어난 최첨단 전투기인 F-35 라이트닝 II 한 대를 생산하는 데에는 희토류 약 400㎏, 이지스급 구축함 한 대 생산에는 대략 2,300㎏, 핵잠수함 한 대 제작에는 대략 4,000㎏이 필요하다고 한다. 록히드 마틴이 전투기에 탑재하려고 개발 중인 고출력 레이저 무기에도 희토류가 반드시 필요하다. 즉, 희토류는 미국의 국가 안보와 직결된 핵심 전략 물자이다.

이런 사실을 알고 있는 중국이 희토류 수출 제한 카드를 꺼내어 미국과 극단의 대치 상태로 가게 될 수도 있다. 실제로 중국은 2010년 센카쿠섬$^{(중국 명 댜오위다오)}$에서 일본 해상보안청 선박과 실랑이를 벌이다가 구금된 중국인 선장을 기소하려다가 중국이 일본에 대한 희토류 수출 금지 카드를 꺼내면서, 중국인 선장을

---

110 플라스틱 소재에 첨가되는 희토류 비용이 1.4이면 이를 활용해 만든 플라스틱 제품의 부가가치는 그 2만 배인 30,379가 된다. 박정원, 문윤실, 이현경, 앞의 책, p. 2

풀어 준 적이 있다.[111] 하지만 필자가 보기에 중국이 미국에 대한 희토류 수출을 제한하는 경우, 이는 루비콘강을 건너는 최악의 수다. 희토류 수출 제한을 통해 미국과의 희토류 전투에서 일시적으로 승리할지는 모르겠다. 하지만 이게 무슨 의미가 있나? 항우가 3만 군대로 60만 유방 군대를 팽성에 물리쳤다고 큰소리 치는 것과 뭐가 다른가? 마지막 순간인 해하 전투에서 사면초가에 빠져 사랑하는 여인 우희(虞嬉)도 자결하고 곧바로 자신의 몸도 머리와 사지가 산산이 찢겨나가는 패왕별희(霸王別嬉)의 처지가 되지 않았나? 로마와의 전투에서 단 한 번도 패배한 적이 없다가 마지막 전투 자마(Zama)에서 패배함으로써 나라가 멸망한 한니발의 카르타고나, 네이팜탄을 동원해 수많은 전투에 이기고도 최종 전쟁에서 패배함으로써 베트남 반도 전체가 공산화된 미국의 베트남 전쟁이 항우의 운명과 뭐가 다른가?

중국의 희토류 수출 제한 조치는 오히려 미국이 이를 계기로 중국을 자신의 국가 안보에 위협이 되는 적국으로 확실하게 단정할 가능성이 매우 높다. 레이 달리오의 말대로 양국에서 필수 수입품을 차단하는 단계가 오면 갈등은 무조건 확대되어 심각한 사태를 초래하게 될 것이 자명하다.[112] 일본이 진주만을 폭격한 결정적 원인이 미국의 원유·가솔린·철강의 對日 수출 금지 조치였다는 사실을 중국 정부는 알고 있어야 한다. 이와 같은 역사적 사실을 고려하였을 때 중국이 미국에 대한 희토류 수출 금지 조치를 단행하는 순간, 미국은 일치단결하여 중국에 대해 대화를 통한 해결을 포기하고 기술, 산업, 금융 전쟁이나 물리력 동원 등의 전면전을 선포할 가능성이 있다. 필자가 단언컨대 이 경우 중국은 전쟁 준비가 덜 된 상태에서 프로이센에 대해 선전포고를 한 나폴레옹 3세와 정확히 같은 꼴을 당할 것이다. 특히 미국은 미래의 어느 시점보다 현재 상태에서 중국과

---

111 일본은 센카쿠 사태 이후 "희토류 종합 대책"을 수립하여 대체 재료 개발, 희토류 공급선 다변화, 희토류 광산 직접 확보 등에 집중했다. 일설에는 일본의 희토류 재고분이 20년 치에 달한다는 설도 있다.

112 레이 달리오, *앞의 책*, p. 484. 아이폰 제작에도 희토류가 들어간다. 예컨대 아이폰 화면의 광택을 가능하게 하는 물질은 세륨이라는 희토류이다.

전쟁을 개시하는 것이 훨씬 유리하다는 점을 인식하고 있다. 이런 상태에서 중국이 미국에게 전쟁 빌미를 먼저 제공하겠다고?

　　미국도 희토류가 자신의 치명적인 아킬레스건이라는 점을 알고 있다. 이 때문에 미국은 이미 캘리포니아 이외에 텍사스, 와이오밍, 알래스카 등 미국 전역에서 새로운 희토류 광산 개발을 시작했다. 희토류 가공 처리 시설 또한 미국의 펜타곤이 직접 생산기금을 투입하여 건설할 예정이다. 2020년 5월에는 희토류 지출과 관련된 예산 상한선도 군수 물자와 미사일의 경우는 17.5억 불, 전자기기에는 3.5억 불로 상향 조정하고, 차세대 극초음속 무기 개발의 경우는 지출 상한선을 아예 없애 버렸다. 2023년에는 영구 자석에 들어가는 네오디뮴^(neodymium), 디스프로슘^(dysprosium) 등의 희토류를 미국 내에서 생산할 경우 세제 혜택을 부여하는 법^(Rare Earth Magnet Manufacturing Production Tax Credit Act of 2023)까지 제정했다.

　　특히 미국은 희토류 세계 생산 4위 국가인 호주와의 전략적 무역 관계를 구축할 가능성이 매우 높다.[113] 호주는 미국과 전통적으로 정치, 군사적 우호 관계에 있기 때문에 희토류 분야에서 호주보다 더 편한 파트너 국가가 미국으로서는 없다. 예컨대 호주 중앙의 황량한 사막인 아웃백^(outback)에 위치한 파인 갭^(Pine Gap) 기지는 33개의 대형 인공위성 안테나를 보유한 세계 최대 인공위성 기지국인데, 미국과 호주가 합동으로 운영한다.[114] 이 파인 갭 기지는 정보 통신을 탐지하는 CIA 위성들의 지상 기지 역할, 아프가니스탄 같은 중동 지역 및 중국 본토와 남중국해 지역의 전장 정보 제공, 미국과 일본의 미사일 방어 시스템 지원, 중동과 아시아 지역에서의 탄도 미사일 발사 탐지, 미 우주군 사령부에 대한 통신 지원

113　　호주의 대표적인 희토류 기업은 아이오닉 레어 어스(Ionic Rare Earths)인데, 이 기업은 2021년부터 아프리카 우간다의 마쿠투(Makuutu) 지역에서 희토류를 채굴, 생산하기 위한 프로젝트를 가동 중이다. 마쿠투 지역은 중국의 중국알루미늄공사(Aluminum Corporation of China; Chinalco)도 개발 사업을 진행 중인 곳이기도 하다. 다만 호주도 공해 문제 때문에 원석은 호주에서 채굴한 후, 말레이시아 등 다른 나라에 투자한 자사의 공장으로 원석을 보내서 제련한다.

114　　미군이 운영하는 정찰위성 기지를 육상에서 통제하는 기지는 크게 세 군데이다. 첫 번째가 미국의 콜로라도 덴버시에 있는 버클리 우주공군 기지(Buckley Space Force Base), 두 번째가 영국의 요크셔에 있는 맨위드 힐 공군 기지(RAF Menwith Hill Air Force), 세 번째가 바로 호주의 파인 갭 기지이다. 이 세 군데 기지는 위성에서 수집된 첩보를 상호 공유하면서 협업하여 업무를 처리한다. 이곳에서 일하는 직원은 자신의 직업을 말해서도 안 되고, 동료의 미션을 상세히 물어보는 것도 안 된다고 한다.

등 미국의 전략적 이해관계에 필수적인 작전 활동을 보조한다.[115]

특히 파인 갭 기지의 관할 범위가 중국을 비롯한 아시아와 중동이기 때문에, 그 중요성은 그 어느 때보다도 높다. 단언컨대 이 지역에서 스마트폰을 들고 있는 모든 이들은 파인 갭 기지를 통해 자신의 사진, 이메일, 문자가 노출되는 것은 물론이고, 자신이 들고 있는 스마트폰의 녹음과 녹화 기능까지 파인 갭 기지에서 통제할 수 있다는 점을 명심하는 것이 좋을 것이다.[116] 파인 갭 기지에서의 협업 외에도 미국은 호주에 핵우산을 제공하고 있으며, 한국전, 베트남전, 제1·2차 걸프전에도 호주는 모두 참전할 만큼 양국 간 관계는 매우 긴밀하다. 따라서 희토류 생산량이 많은 호주가 미국과 전략적인 협력 관계를 구축하는 것은 어떻게 보면 너무나 당연한 귀결이다.

덴마크령인 그린란드도 미국이 주목하는 희토류의 보고이다. 지리적으로도 그린란드는 덴마크보다 미국이 훨씬 가깝다. 특히 그린란드 남쪽 끝에 위치한 크바네펠트[Kvanefjeld] 광산은 희토류 매장량만 3,800만 톤으로 중국 이외 지역에서 가장 희토류가 많이 매장된 지역이다. 희토류 중 가장 수요가 높은 네오디뮴도 이 광산에 대량으로 매장되어 있으며, 중국에만 매장된 것으로 알려진 중희토(重稀土) 또한 풍부하다고 한다. 이 광산을 개발하기 위해 호주인들이 그린란드 미네랄[Greenland Mineral]을 2007년에 설립하였는데, 호주는 외부 자본 유치를 위해 중국에 손을 내밀어 2016년에 중국의 셩허자원지주[Shenghe Resources Holding, 盛和源控股股有限公司]가 지분 11%를 인수하기도 했다.

뒤늦게 그린란드의 가치를 인식한 미국은 2019년에 트럼프 대통령이 그린란드를 구매하겠다는 의사를 덴마크 정부에 전달하였다. 당연히 덴마크 외무부는 매각 의사가 없다고 공개 반대했다.[117] 2021년 4월에는 크바네펠트 개발이 그린

115　팀 마샬, *앞의 책*, pp. 58~59

116　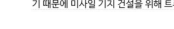　이 때문에 러시아의 푸틴 대통령은 어떤 경우에도 전자 기기나 스마트폰을 들고 다니지 않는다고 한다.

117　　물론 트럼프 대통령이 그린란드 구매의사를 밝힌 첫 미국 대통령은 아니다. 냉전 시대 소련과 지리적으로 가깝기 때문에 미사일 기지 건설을 위해 트루먼 대통령이 1억 불에 그린란드를 사겠다고 제안한 적도 있다.

란드 총선의 핵심 이슈로 부상하기도 하는데, 개발을 반대하는 야당인 이누이
트 아타콰티길트 (Inuit Ataqatigilt) 당이 적극 개발을 주장하는 여당인 시우무트 (Siumut)
당을 37%:29%로 이겼다.[118] 이 때문에 크바네펠트 광산 개발은 보류되었지만,
미국의 구애는 트럼프 대통령 구매 제안 뒤에도 계속된다. 즉 2020년 4월, 미국
무부는 희토류 개발, 관광 및 교육 분야 지원을 위해 그린란드에 1,210만 불을
제공하겠다고 발표했다. 2020년 6월에는 인구가 57,000명에 불과한 그린란드에
총영사관까지 설치했다.[119] 특히 2018년 캘리포니아에서 설립된 코볼드 (KoBold)라
는 민간 자원 개발 회사는 2022년 2월에 투자금 1억 9,250만 불을 모집했는데,
이 투자금 모집에 캐나다 연금펀드 (CPPIB)와 레이 달리오, 제프 베이조스, 빌 게이
츠 등이 참여했다. 코볼드는 이 자금으로 그린란드 희토류의 적극 개발을 이미
선언한 상태이다.

　미국이 주도하는 유인 달 정착기지 개발 프로젝트인 아르테미스 프로그램
(Artemis Program) 또한 달에 매장된 엄청난 규모의 희토류 활용과 절대 무관하지 않
다.[120] 아르테미스 협정은 아르테미스 프로그램을 진전시키기 위한 국제 조약으
로, 트럼프 행정부가 2020년 10월, 미국, 한국, 일본, 이탈리아, 싱가포르, 영국,
캐나다 등 21개국과 체결한 조약이다. 미국이 주도하는 아르테미스 계획에 따르
면 첫째, 달에 여성 우주 비행사를 보내고, 둘째, 달 주위를 공전하는 우주정거
장인 루나 게이트웨이를 만들며, 마지막으로 2028년까지 달 남극 부근에 유인
기지를 건설하는 것을 목표로 체결된 협정이다. 러시아와 중국이 이 협정에 빠
진 것을 보면 미국 아르테미스 프로그램의 목표는 명확하다. 즉, 아르테미스 프
로그램은 아폴론 계획처럼 단순히 달에 인간의 발자국을 남기는 것이 목표가

118　덴마크는 그린란드를 자국의 지방으로 간주하다가, 2009년에는 그린란드 주민이 자신의 의회와 정부를 가질
　　수 있는 그린란드 자치정부법(Act on Greenland Self-Government Act)을 통과시켰다. 이에 따라 그린란드는 자
　　치 정부와 의회를 가진 자치령이 된 상태이다. 그럼에도 불구하고 여전히 덴마크는 그린란드 주에 매년 5천만 불 내외의
　　자금을 지원하는데, 그린란드 정부 세수의 90%를 차지한다.

119　그린란드의 초대 총영사는 한국인인 성 초이(Sung W. Choi)였다.

120　아르테미스는 아폴로의 쌍둥이 누이 동생으로 달의 여신이다. 아폴로 계획의 후속 계획이라 이런 이름이 붙여
　　졌다.

아니다.

필자가 보기엔 미국이 주도하여 만들게 될 달의 유인 기지를 통해 미국은 달에 존재하는 대규모 희토류를 추출해서 미국으로 가져갈 것이 거의 확실하다.[121] 물론 달에 존재하는 천연자원을 인류 공동의 유산으로 정의한 1979년의 달 조약(Moon Treaty)이 있긴 하다. 하지만 미국은 이 조약을 비준하지도 않았고, 따라서 지킬 의무도 없다.[122] 그렇게 되면 중국의 희토류 패권은 물거품이 되어 사라지게 된다. 요컨대 필자가 보기에 중국의 희토류 카드는 미국을 다소 성가시게 할 수 있을지는 몰라도, 미국의 운명을 좌우할 정도의 핵폭탄은 절대 아니라고 본다.

이럴 경우 중국은 어떻게 대응할 것인가? 아편전쟁 당시 산업 패권과 해양 패권을 보유한 영국은 오늘날 달러 패권과 비교가 안 되는 조막손 파운드 패권으로 청나라를 만신창이로 만들었다. 그런데 지금 아후라 마즈다와 같은 절대 권력을 보유한 달러 패권과 기술 및 산업 패권, 해양 패권을 동시에 가진 미국과 희토류 하나로 맞장을 뜨겠다고? 외환보유고가 고작[!] 3조 달러에 불과해서 자국의 금융시장 보호를 위해서는 각종 외환통제가 불가피한 국가가 달러 패권에 맞서겠다고? 트럼프 행정부의 거래제한 조치 하나로 회사의 존립이 위태위태하는 화웨이가 그나마 중국에서 가장 잘나가는 기업인 상황에서 고작 희토류 하나로 미국의 기술 및 산업 패권에 반기를 들겠다고? 거대 제국 소비에트 연방 제국을 붕괴시킨 역사적 경험과 역량을 갖춘 패권국가에 정면으로 맞서겠다고? 항공모함 3척으로 항공모함 10여 척을 보유한 국가에게 도대체 무슨 위협을 하겠다는 것인가? 중국이 희토류를 미국에 대한 공격 무기로 삼게 되면, 팽성 전투(彭

121　　　물론 달을 포함한 우주 공간의 개발에 관한 국제 협정으로 1967년에 체결된 우주조약(Outer Space Treay)에는 달을 포함한 우주 공간은 어떤 국가의 배타적 주권 공간이 될 수 없다고 규정하고 있다. 나아가 달을 포함한 우주 공간은 군사적 이용의 대상이 될 수 없다고 규정한다. 하지만 우주조약은 우주 공간이 이미 군사적 목적으로 사용되기 시작하면서, 조약이 사실상 유명무실해졌다. 한편 우주조약에는 달의 영유권 주장 금지가 국가에 대해서만 규정하고 있어, 개인에 대한 규정이 없다. 이 허점을 타고 데니스 호프만이라는 미국인이 1980년에 유엔을 상대로 달 소유권을 주장하였고, 유엔이 이에 대응을 하지 않자 달의 토지를 자기가 소유하고 있다고 주장하고서는 일반인들에게 달 토지를 매각하기 시작했다.

122　　　달 조약을 비준하거나 가입한 국가는 2024년 기준으로 오스트리아, 칠레, 모로코, 네덜란드, 페루, 필리핀, 우루과이 등 18개국에 불과하다.

^{城戰鬪)}에서 이겼다고 으스대다가 해하 전투^(垓下戰鬪)에서 패하여 결국 사지가 찢겨나가 목숨을 잃은 항우 꼴이 날 것이다. "패권 전투"가 아니라 "패권 전쟁"에서 중국이 미국을 이기는 것은 지금으로서는 절대 가능하지 않다는 점을 중국 지도부는 명확히 알고 있어야 한다.

(7) 미국과 마창 시합? - ⑤ 남중국해와 구단선

역설적이게도 이 점에서 2016년 대선에서 클린턴이 아니라 "관세맨"인 트럼프가 당선된 것은 중국으로서는 엄청난 행운이기도 하였다. 가장 대표적으로 트럼프는 중국의 무역 영토 확장을 태평양 연안의 국가들을 동원하여 저지하려는 민주당의 거대 플랜인 "환태평양 경제동반자 협정^(Trans-Pacific Partnership, TPP)"을 대통령에 즉위하자마자 탈퇴했다. 미국 관점에서는 불행하게도 TPP는 단순한 무역협정이 아니었다. TPP는 미국, 일본, 호주 등 주요 동맹국의 디지털 무역 질서와 국유 기업의 불공정 거래 금지를 기반으로, 중국의 무역 대국 지위의 태평양 연안 확장을 봉쇄한다는 전략 하에서 추진된, 여신 아테네의 무적 방패 "이지스^(Aegis)"와 같은 존재였다.

예컨대 TPP는 전자상거래를 통한 무역 거래의 프로토콜을 거의 완전히 미국이 주도하여 만들어 놓은 상태였다. 다시 말해 아마존이나 페이스북 같은 미국 대표기업의 이익에 철저히 부합된 무역협정이었다. 특히 시진핑이 주석으로 등극한 이후 신창타이의 추진 주체로서 중국 경제의 핵심 근간으로 부상한 중국 공기업의 행위는 TPP 조약에 따르면 "국영기업^(state-owned enterprise)" 조항을 통해 거의 모두 불공정 무역 거래로 간주한다. 따라서 TPP는 시진핑이 공기업을 동원하여 중국 무역 패권의 영역을 아시아 태평양으로 확장하는 것을 봉쇄하는 매우 효과적인 전략적 강철 방어막이었다.¹²³ 이와 같은 전략적 무역협정을 자국

123 　국무원 총리 중 유일하게 경제학을 전공한 경제전문가 리커창(李克强, 1955~2023)이 국무원 총리로 경제를 총괄할 때만 해도 중국은 시장 경제 요소를 매우 중시했다. 사람들은 이를 "리커노믹스(Liconomics)"라고 불렀다.

노동자의 이익에 반한다는 이유로 트럼프 행정부가 탈퇴한 것이다. 중국 관점에서 이보다 더 큰 행운이 어디 있었을까? 워싱턴 포스트는 "트럼프는 부상하는 중국을 위해 하늘이 준 선물"이라고 비꼬기도 했다.

다만 중국 관점에서는 매우 불행하게도 미국은 TPP에 대한 전략적 실수를 만회하기 위해 중국을 글로벌 공급망에서 배제하는 이른바, "경제 번영 네트워크(Economic Prosperity Network, EPN)"를 코로나 바이러스가 창궐한 2020년 초반부터 구상하였다. 이 EPN에 따르면 우선 미국의 국가 안보에 영향을 미치는 수입품목을 찾아 중국 의존도를 급격히 낮춘다. 대표적인 품목이 앞서 설명한 희토류이다. 이를 위해 미국 정부는 세제 지원, 제조업의 국내 복귀, 이른바 리쇼어링(re-shoring)과 제조업의 인근 국가 배치, 이른 바 니어-쇼어링(near-shoring) 시 보조금 지원, 수입 국가 다변화 등 가능한 모든 수단을 총동원한다.

둘째, 미국은 국제 산업과 무역의 글로벌 네트워크에서 중국을 "봉쇄"하기 위해, 중국의 산업과 무역의 아킬레스건을 찾는다. 이 아킬레스건을 대상으로 미국은 대중 교역 금지, 인적 교류 금지, 자금 공급 금지 등의 조치로 중국의 산업과 무역의 부상을 철저하게 저지한다. 예컨대 중국의 대표적인 산업과 무역의 아킬레스건은 시진핑도 천명하였듯이 바로 반도체이다. 따라서 필자가 보기에 중국 기업 화웨이에 통신 장비 반도체를 중국 측 설계대로 제작하여 납품하는 대만의 TSMC와 UMC는 중국과의 비즈니스 거래 관계를 완전히 단절해야 한다.[124]

리커창 총리가 눈여겨보는 철도 물동량, 전기 사용량, 은행 신규대출량은 조작이 불가능한 '커창 지수'라 하여, 중국 경기변동의 중요 지표로 삼기도 한다. 특히 중국 인민들은 시진핑의 경제 정책이 잘못되어 불만이 쌓일 때 '시샤리상(習下李上)'이라 하여 리커창이 권력을 잡았으면 좋겠다는 희망을 피력하기도 하였다. 하지만 시진핑이 주석이 된 2013년 이후 리커창의 권력은 급격히 쇠퇴하였고, 경제 정책의 기조마저 시진핑 뜻대로 시장이 아니라 국가나 당이 주도하는 "신창타이(new normal)"로 바뀐다. 시진핑에 밀려 2022년 상무위원단에서 축출된 리커창은 2023년 10월 27일, 갑작스러운 심장마비로 사망한다.

124 ⬤ TSMC는 파운드리 산업의 절대 강자로 대만에서는 나라를 수호하는 신령스러운 산이라는 뜻의 "호국신산(護國神山)"으로 불린다. TSMC는 바이러스보다 작은 2~3나노 분야에서 절대적인 기술 경쟁력과 마치 인간의 신경망 회로 같은 복잡한 기업 간 네트워크를 통해 설계된 반도체를 제작해 준다. 일본 엔지니어들 말에 따르면 TSMC는 양산이 불가능해 보이는 어떠한 설계도 실물로 제작해 주는 괴물 같은 회사이다. TSMC가 보유한 기술력과 기업 간 네트워크는 다른 회사가 복제 자체가 불가능하여, 겉으로는 을처럼 보이지만 시장에서 실질적인 갑이다. 인텔의 경쟁자인

그래야만 그들은 현재처럼 인텔, 애플, 퀄컴과의 비즈니스를 유지할 수도 있고, 달러 국제무역 결제 시스템에 접근할 수 있기 때문이다.[125] 예컨대 2021년 차량용 반도체의 전 세계 품귀 현상이 지속되자 TSMC는 중국 난징에 28나노미터급 차량용 반도체 공정 라인을 신설하려고 시도하였다.[126] 하지만 2021년 7월, 미국의 바이든 행정부는 TSMC의 공장 증설이 중국의 반도체 굴기에 우호적이라는 이유로 공장 증설을 중단하라고 압박했다. 아니 오히려 TSMC와 UMC는 미국과의 밀월 관계를 이전보다 더 강화해 나갈 가능성이 매우 높다. 실제로 2021년 4월, TSMC는 미국의 애리조나주의 피닉스에 120억 불을 투입하여 15개의 반도체 공장 건설을 시작해 2022년 12월에 공장을 완공하였고, 2차 투자까지 진행하여 미국 자동차 업체에 차량용 반도체를 우선 공급할 계획이다.

　　중국이 가진 또 하나의 아킬레스건은 철광석이다. 전술한 대로 중국은 2022

AMD가 2018년 기존의 파운드리 업체에 위약금을 물고 해지한 후 TSMC와 계약한 사건은 업계에서 유명한 일화이다. TSMC의 창업자이면서 대만 반도체 산업의 아버지는 장중머우(張忠謨, 모리스 창, 1931~)인데, 2014년에는 삼성전자가 장악하던 애플의 반도체 물량을 TSMC로 가져온 일화로 유명하다. 2018년에는 경영일선에서 은퇴하였지만 대만 반도체 산업에서 아직도 그의 영향력은 막강하다.

125 　　인텔은 파운드리도 같이 한다. 불행히도 인텔은 대만의 TSMC만큼 경쟁력이 없다. 인텔은 파운드리의 대부분을 1980년대 대만의 TSMC나 한국의 삼성전자에 넘겼다. 인텔은 뒤늦게 파운드리 사업에 본격적으로 재진출하기 위해 2021년 3월에 애리조나 주에 200억 불 규모의 파운드리 공장 신설 등을 내용으로 하는 IDM 2.0 전략을 발표했지만, TSMC를 추월하기는 쉽지 않을 것으로 본다. 실제로 2023년 8월, 인텔은 54억 달러를 들여 이스라엘 파운드리 업체인 타워 세미컨덕터(Tower Semiconductor) 인수를 선언하였지만, 중국 경쟁 당국의 승인이 늦어지자 3.53억 불의 위약금을 내고 결국 인수를 포기하기도 하였다. 한국의 삼성전자도 2030년에 파운드리 세계 1위를 목표로 파운드리 사업을 확장 중이다. 예컨대 2021년 11월, 텍사스 주의 테일러 시에 170억불 규모의 미국 제2 파운드리 공장 신설을 확정하고, 2024년부터 양산한다는 계획이다. SK하이닉스도 2021년 10월 키파운드리를 인수하여 파운드리 사업 진출을 선언한 상태이다.

126 　　2019년 기준, 지역별 시스템 반도체 생산능력(출처: 보스턴 컨설팅 그룹): ① 10 나노 이하 - 대만 92%, 한국 8%, ② 10~22나노 - 미국 43%, 대만 28%, 유럽 12%, ③ 28~45나노 - 대만 47%, 중국 19%, ③ 45나노 이상 - 대만 31%, 중국 23%, 일본 13%. 한편 일본은 시스템 반도체 분야의 선도 국가 탈환을 위해 토요타, 소니, NTT 등 일본 기업 8개 기업이 73억 엔, 일본 정부가 700억 엔을 출자하여 2022년 8월에 '라피더스(Rapidus, 라틴어로 '빠르다'라는 뜻)'라는 회사를 만들었다. 이 회사는 2027년까지 2나노급 이하의 시스템 반도체 생산을 목표로 하고 있다. 하지만 2나노급 이하의 어떤 시스템 반도체 칩을 생산한다는 건지 명확하지 않고, 기업이 아니라 정부가 주도한다는 점에서 성공가능성은 미지수이다. TSMC, 삼성전자, 라피더스 3社간 기술개발 로드맵을 비교하면 아래와 같다.

연도	TSMC	삼성전자	라피더스
2022	3나노 양산	3나노 양산	회사 설립
2024	3나노 2세대 양산	3나노 2세대 양산	
2025	2나노 양산	2나노 양산	2나노 기술 구현
2027	-	1.4나노 양산	2나노 양산

년에 호주 한 개 국가로부터 자국 수요의 69%에 이르는 막대한 양의 철광석을 수입했다. 이 때문에 중국은 철광석 대체 산지로 아프리카를 주목하고는 있는데, 아프리카는 기반 시설이 부족하여 설사 철광석 개발에 성공했다 하더라도 중국으로 수입하는 데 시간이 많이 소요된다. 특히 미국은 중국의 해외 철광석 개발을 저지하기 위해 사활을 걸고 있다고 한다. 중국이 공을 엄청나게 들인 아프리카 기니의 시만두(Simandou) 철광석 광산 개발을 저지하기 위해 2021년 9월 발생한 기니의 쿠데타를 미국의 CIA가 지원했다는 주장이 있을 정도니까.

셋째, 아시아 국가들을 포함한 전 세계 국가를 대상으로 미국과 중국 어느 국가를 지지할지 공개적으로 요구한다. 핵심 상품에 대한 글로벌 공급망 자체도 미국과 우호적인 국가들 위주로 재편해야 한다. 국가나 상품뿐만 아니라 기업, 사회단체, 교육기관, 연구기관 등 거의 전 세계의 모든 단체를 대상으로 미국에 우호적인 네트워크를 구성한다.

트럼프 행정부가 주도했던 EPN은 바이든 행정부의 공급망 재편 정책인 우호 세력의 결집, 이른바 "프렌들리 쇼어링(friendly shoring)"으로 이름을 바꾼다. 이름만 다를 뿐, 내용은 실질적으로 같다. 즉, 자유민주주의라는 가치를 공유하는 국가 상호 간에만 글로벌 공급망을 공유하고, 反 자유 국가와 反 민주 국가의 기술, 산업, 무역을 글로벌 공급망에서 배제하는 것이다. 바이든 행정부는 EU, 영국, 일본에 대해서는 2022년 1월부터 트럼프 행정부가 시행했던 철강 및 알루미늄 산업의 232조 규제를 철폐하기 시작했는데, 이 조치의 근본적인 이유가 바로 프렌들리 쇼어링 정책이다. 바이든 대통령 스스로가 중국산 철강을 "더럽다(dirty)" 라고까지 표현할 정도였으니, 프렌들리 쇼어링에 미국 정부가 얼마나 강하게 집착하는지 전 세계에 보여 주었다. 과연 미국 정부의 중국 배제 글로벌 공급망 구축은 성공할 수 있을까?

한편 트럼프 행정부 시절, 중국 관점에서는 다행히도 미국은 동아시아 지역에 대한 외교적, 군사적 동맹에 큰 관심이 없었다. 관세맨인 트럼프는 오로지 미국의 비즈니스 이익에만 관심이 있었다.[127] 그는 자신의 비즈니스에 미국 통상전략을 활용하는 듯한 행보도 보였다. 대표적으로 2016년 3월, 미국은 중국 통신기업 중흥통신^(ZTE)에 자국 부품 수출을 금지한다는 내용으로 제재 방안을 발표했다가, 그의 딸인 이방카가 7개 상표를 중국에 등록한 직후인 2018년 5월에는 제재안을 완화한다고 발표한 적이 있다.[128]

트럼프와는 반대로 힐러리 클린턴^(Hilary Rodham Clinton, 1947~)은 국무장관 재임^(2009~2013) 시절인 2011년에 미국 외교 정책의 중심축을 중동에서 아시아로 이동시키겠다는 이른바 "아시아 회귀 정책^(Pacific Pivot)"을 공식 선언했다. 그 후 그녀는 말레이시아, 필리핀, 대만, 인도네시아 등 아세안 국가들의 미국에 대한 외교적 지원을 이끌어 내기 위해 그야말로 아시아 지역을 활보하고 다녔다. 중국을 고립시키기 위한 전략적 선택이었다. "저는 제 손자와 손녀가 중국인들이 지배하는 세상에서 살기를 원치 않습니다."라고 말한 힐러리 클린턴의 너무나도 당연한 행보였다.[129] 중국 관점에서 클린턴 국무장관은 눈엣가시 같은 존재였을 것이다. 하지만 트럼프 당선 이후 아시아 태평양 지역에서 미국의 선택은 일본, 인도, 호주 등 이른바 다이아몬드 동맹국뿐이었다. 그마저도 일본을 제외하고는 이들 국가에 대한 전략적 중요성을 본인이 직접 강조하지도 않았다. 그는 오직 자신에게 표를 몰아주었다고 생각하는 "러스트 벨트^(Rust Belt)" 사람들의 이익만 공개적으로 내세웠다.[130]

127　트럼프 대통령은 국가 기밀문서를 백악관 화장실에 그냥 버리는 것으로도 악명이 높았다. 이 때문에 트럼프 행정부 시절 백악관 배관공이 거의 쉴 틈이 없었다고 한다. 뉴욕 타임즈의 매기 해버만(Maggie Haberman. 1973~) 여기자는 자신의 저서(『Confidence Man』)에 트럼프 대통령이 화장실 변기에 버린 메모를 사진으로 찍어 싣기도 했다. 나아가 트럼프 전 대통령은 기밀문서를 자신의 저택으로 대량 반출하기도 했다. 이 때문에 2022년 8월 9일, FBI가 트럼프 대통령의 플로리다 자택 압수 수색을 실행하기도 했다. 미국은 전직 대통령에 대해 압수 수색을 단 한 번도 한 적이 없는데, 이것이 처음이다.

128　트럼프 대통령은 튀르키예의 이스탄불에도 트럼프 타워 빌딩 2개를 소유하고 있는데, 트럼프 대통령 시절 국가 안보 보좌관을 역임하다 경질된 볼튼(John Bolton, 1948~)은 2019년 10월 미군의 시리아 철군이 트럼프 대통령의 비즈니스 이해관계에 따른 결정이라고 주장하기도 했다.

129　그레이엄 앨리슨, 앞의 책, p. 221

130　러스트 벨트(Rust Belt)란 1870~1970년까지 100년 동안 미국 제조업의 호황기에 번영을 누렸지만, 독일, 일본과 중국의 등장으로 제조업이 몰락한 지역을 일컫는다. 디트로이트(자동차), 피츠버그(철강), 필라델피아, 볼티모어, 멤피스 등이 위치한 오하이오, 미시간, 뉴욕, 펜실베이니아, 웨스트버지니아 州 등의 중북부, 북동부 지역이 이

하지만 지도를 보면 베트남, 말레이시아, 필리핀 지역이 중국의 손에 넘어가면 중국은 에너지가 집중 매장된 전략적 물류 요충지인 남중국해를 확보하게 된다.[131] 특히 남중국해에 대규모 유전이 있다는 1968년의 유엔 보고서는 중국의 이 지역에 대한 지정학적 관심을 급격히 고조시켰고, 이 때문에 중국은 1970년대부터 남중국해에서 군사 활동을 증가시켜 왔다. 예컨대 1974년 중국은 베트남이 자국 땅이라고 주장하는 파라셀 군도(중국명 시사군도)를 무력으로 점령했다. 2012년에는 필리핀 쪽에 더 가까운 스카버러 암초(중국명 황옌다오)도 무력으로 점령해 버렸다.

Maps Data: Google Earth

중국은 남중국해 섬을 단순히 점령만 한 것이 아니라, 그곳을 준설하여 땅을 만들고 건물도 짓고 있다. 대표적인 곳이 9단선(Nine-Dash Line)의 남단에 위치한 스프래틀리 군도(중국명 난사군도)이다. 원래 2차 대전 후 이곳을 처음부터 눈여겨보던 곳은 중국이 아니라 대만이었다. 대만은 1956년에 스프래틀리 군도에서 가장 큰 섬인 이투 아바(Itu Aba) 섬을 점령하고 그곳에 군대를 주둔시켰다. 필리핀은 1950년대부터 이 섬의 대부분이 자국 땅이라 주장하면서, 1971년에는 이 군도를 칼라얀 군도(Kalayaan Islands)라 이름 붙이고 팔라완(Palawan) 주에 편입시켰다. 1973년에는 남베트남이 스프래틀리

에 해당한다. 글자 그대로 해석하면 "녹 슬은 지역"이다.

131 남중국해는 중국 측 명칭으로 4개의 군도(동사군도, 중사군도, 서사군도, 남사군도)가 있다.

군도의 10개 섬을 베트남에 합병하고 군대를 파견했다.

이처럼 1970년대까지만 해도 대만이나 아세안 국가끼리만 각축을 벌이다가, 미국이 필리핀에서 철수한 1992년부터 중국이 난사군도 지역에 본격 개입하면서 판이 커지기 시작했다. 즉 중국은 1995년 필리핀이 점령하고 있던 팡가니방 산호초 (혹은 미스치프 산호초, Mischief Reef) 무력 점령을 시작으로 온갖 산호초 위에 땅을 만들고 건물을 짓고 있다. 특히 2010년대 이후 중국은 남중국해 점령 속도를 높이고 있다. 중국이 2015년 6월까지 이 지역 7개의 암초에 인공섬 건설을 통해 넓힌 땅의 넓이는 2,900에이커 (11.7㎢, 3,550평)로 베트남 80에이커, 말레이시아 70에이커, 필리핀 14에이커, 대만 8에이커와 비교 자체가 안 된다.[132] 특히 난사 군도의 미스치프·수비 (Subi Reef)·파이어리 크로스 암초 3곳에는 2,000명이 넘는 중국 군인들이 상주하면서 대함·대공 미사일 기지, 레이

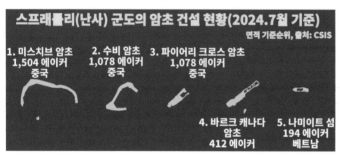

스프래틀리(난사) 군도의 암초 건설 현황(2024.7월 기준)
면적 기준순위, 출처: CSIS

1. 미스치브 암초 1,504 에이커 중국
2. 수비 암초 1,078 에이커 중국
3. 파이어리 크로스 암초 1,078 에이커 중국
4. 바르크 캐나다 암초 412 에이커
5. 나미이트 섬 194 에이커 베트남

더 기지, 활주로, 전투기 등을 갖춘 군사기지를 2022년에 기어이 완성했다.[133] 특

---

132 그레이엄 앨리슨, 앞의 책, pp. 203~204. ▨▨▨ 중국이 인공섬을 만든 7개 암초는 모두 팔라완섬 앞의 스프래틀리 군도의 섬으로 수비, 가벤(Gaven), 휴즈,(Hughes) 존슨사우스(Johnson South), 미스치프, 파이어리 크로스, 카테론(Quateron) 등이다. 다만 베트남은 최근 들어 스프래틀리 군도에서 공격적으로 매립 활동을 확대하고 있다. 워싱턴에 있는 보수 싱크 탱크인 전략국제연구센터(Center for Strategic and International Studies, CSIS) 산하의 아시아 해양투명성 이니셔티브(Asia Maritime Transparency Initiative: AMTI)에 따르면, 베트남은 2023년 11월부터 2024년 5월까지 남중국해에서 692에이커만큼의 바다를 매립하였다. 이는 2022년 1~11월 342에이커, 2023년 1~11월 사이 매립 면적인 404에이커를 훨씬 초과한 면적이었다. 출처: https://amti.csis.org/hanoi-in-high-gear-vietnams-spratly-expansion-accelerates/

133 ▨▨▨ 9단선이란 남중국해의 80%를 점령하는 U자 모양 9개의 점선을 의미한다. 1947년 국민당 정부가 만들었으며, 1949년 중화인민공화국이 출범하면서 이를 계승했다. 대만은 2개의 선을 더 추가하여 11단선을 주장한다. 1980년 중국 인민해방군 류화칭(劉華清, 1916~2011)이 만든 도련선(island chain)이라는 개념도 있다. 이 도련선이 미국의 먼로 독트린처럼 정치적 방어선인지, 아니면 2차 대전 당시 일본이 선언한 절대 방위선처럼 군사적 개념인지 중국 측에서 밝히지 않는다. 필자가 보기엔 최초 주창자가 해군 제독이라는 점에서 중국이 목표로 하는 군사 방위선으로 보인다. 만약 이 도련선이 군사 방위선이라면 중국은 해양으로 영유권을 확장하려는 야욕을 가지고 있다는 뜻이 된다. 제1 도련선은 쿠릴 열도에서 시작해 일본, 필리핀, 말라카 해협까지의 선, 제2 도련선은 오가사와라 제도, 괌, 사이판, 파푸아 뉴기니에 이르는 선, 제3 도련선은 알류산 열도, 하와이, 뉴질랜드에 이르는 선이다. 제1 도련선은 남중국해와 대만이 모두 중국의 방어선 내에 포함되어 있고, 제2 도련선은 일본까지 포함하여 동아시아 전체가 방어선

미 1979년에 대만의 무기 수출에 기한을 정하지 않고, 대만의 주권에 대한 일관된 입장을 변경하지 않는다는 등 6개 보장^(Six Points)을 담은 「대만관계법^(Taiwan Relationship Act)」을 제정해 놓고 있다. 이 법은 미국이 중국과 수교하면서 기존의 미국과 대만의 공동방위조약을 폐지하면서 체결한 미국 국내법이다. 중국은 이 법에 강력히 반발하고 있다. 하지만 대만관계법은 대만과 체결한 조약이 아니라, 미국이 일방적으로 제정한 미국 국내법이다. 중국이 무슨 근거로 미국의 국내법을 폐지하라, 마라 할 수 있나?

우연의 일치인지는 몰라도 대만 서쪽으로 50㎞ 떨어진 평후^(澎湖) 제도는 대만이 실효 지배하는 90여 개의 섬으로 이루어진 제도인데, 차이잉원^(蔡英文, 1956~) 대만 총통이 2021년 10월, 미군이 이 섬에 주둔하며 합동군사훈련까지 했다는 사실을 공개했다. 원래 미국은 1979년 중국과 수교하면서 대만에 주둔하던 3만여 명 규모의 미군을 철수하였다. 그러나 그 이후에도 미군이 대만에 주둔했던 것은 물론, 대만군과 합동군사훈련까지 전개하고 있었던 것이다.

이보다 더 나아가 미국 의회는 2023~2027년 회계연도에 대만에 연간 최대 50억 불에 이르는 해외 군사금융 지원^(FMF)을 승인했고, 바이든 행정부는 대만에 연간 10억 불의 군사 지원이 가능한 2023년도 회계연도 국방수권법^(NDAA)을 통과시켰다. 그리고 대만군이 미국으로 직접 건너가 미군과 합동으로 군사 훈련을 전개하고 있으며, 미국은 대만의 주력기 F-16A/B에 탑재할 공대공 미사일^(AMRAAM) 200기 및 공대지 미사일^(AGM-88B) 100기, 최대 사거리 280㎞인 하푼 지대함 미사일 460개 등의 판매를 승인했다. 아울러 대만은 자국 주력기 F-16A/B를 업그레이드하는 평잔^(鳳展) 프로젝트를 2026년까지 마무리한다는 계획인데, 이에 따라 미국은 F-16V 66대를 대만에 제공할 예정이다. 특히 미국은 탱크, 지프차, 탄약 등 전쟁물자를 사전에 한국과 일본에 확대 배치하겠다는 계획도 밝힌 바 있다. 이는 미국이 대만의 지정학적 중요성을 분명히 인식하고 있으며, 이에 따라 대만을 절대로 포기하지 않는다는 명확한 반증이다.

하지만 오히려 이러한 지정학적 이유 때문에 중국은 대만에 대해 거의 병적인 집착을 보인다. 정치적으로는 중국의 일부인데, 미국 때문에 대만 점령을 통한 경제적 이득을 추구할 수 없다는 게 도대체 말이 되나? 나아가 중국은 1996년 대만 해협을 향해 미사일을 쏘며 위협 수위를 극도로 높였지만, 빌 클린턴 대통령이 대만에 대규모 군대를 파견하고 대만 해협으로 항모 니미츠와 인디펜던스호 2척을 보내면서 중국이 물러선 적이 있다.[134] 필자는 중국인들이 1996년의 대만 해협 위기를 얼마나 치욕스럽게 생각하고 있을지 상상이 안 된다.[135] 따라서 대만은 동아시아의 화약고나 발칸 반도라고 해도 좋을 만큼 중국의 무력 점령 시도와 미중 무력 충돌 가능성이 매우 높은 곳이다.

예컨대 2022년 8월 2일, 미국 권력 서열 3위인 하원 의장 낸시 펠로시(Nancy Pelosi, 1940~)가 동아시아 순방 시 대만을 방문한 적이 있다. 이에 중국은 남중국해에서 대규모 해상 무력시위를 전개하는가 하면, 관영지 환구시보는 펠로시가 탄 비행기를 격추해도 좋다는 평론도 서슴지 않았다.[136] 아울러 중국 외교부 대변인인 자오 리젠(Zhào Lìjiān, 1972~)은 2022년 7월 27일 브리핑에서 펠로시 의장의 대만 방문을 단호히 반대한다면서, "만약 미국이 고집을 꺾지 않는다면 중국 군대는 좌시하지 않을 것"이며, 중국은 "한다면 한다!"라고 협박하기도 했다. 더 나아가 중국 군용기와 군함이 펠로시 의장 방문 직후인 2022년 8월 21일, 미국이 대만과 상호 방위조약을 체결한 후인 1955년 미국 공군이 중국과 대만 간 무력 충돌을 방지하기 위해 설정한 비공식 라인인 대만 해협 중간선을 넘어갔다. 남중국해와 대만뿐만 아니다. 만약 중국이 인도네시아와 인도차이나 반도까지 확보할 경우 중국은 연간 8만 척의 선박이 드나들고 동북아시아 원유 수송의 80%가

134　대만 총통인 리덩후이(李登輝, 1923~2020)가 1996년 선거에서 대만 독립을 강조하자, 중국은 이에 반발하여 대만 주변 해협에 미사일을 쏘면서 위기를 고조시켰다. 하지만 미국의 개입으로 중국은 무력시위를 중단했고, 오히려 리덩후이만 당선시켜주는 역효과를 낳았다.

135　물론 지금은 중국 해안선을 따라 배치된 1,000개 이상의 대함미사일 때문에 미함대의 중국 해안선 접근 문제가 1990년대와 완전히 다르다. 70척이 넘는 잠수함 또한 미 해군으로서는 위협이다. 혹자는 미함대가 중국 해안 160km 이내로 접근하는 것은 불가능하다고 평가한다. 그레이엄 앨리슨, *앞의 책*, p. 209

136　미국 하원 의장의 대만 방문은 1997년이 마지막이었는데, 미중 패권 분쟁 와중에 하원 의장의 대만 방문은 25년 만이다. 특히 펠로시 의장은 천안문 광장에서 민주화 시위를 옹호하는 3인 시위를 벌이다가 공안에 적발된 적이 있는데, 중국 관점에서 대표적인 반중 인사로 낙인찍힌 인물이다.

지나는 아시아 물류의 심장인 말래카 해협을 확보하면서, 동시에 인도양 및 태평양을 향해 확장을 도모할 수 있는 열린 출구를 보유하게 된다.[137]

중국은 남중국해를 넘어 더 남쪽으로 내려가 호주 근해까지도 영향력을 넓히고 있다. 우선 중국은 호주와 10년 동안의 협상을 거쳐 중국-호주 FTA를 2015년 12월에 타결했다. 더 나아가 2015년 랜드브리지(Landbridge)라는 회사는 5억 달러를 지급하고, 호주 중앙정부의 결사 반대에도 불구하고 호주 지방정부(Nothern Territory)로부터 호주 북부의 전략 항구인 다윈(Darwin) 항구를 99년간 임차하는 계약을 체결했다. 랜드브리지는 1992년 산둥성에서 설립된 회사로 주인이 랑차오(浪潮) 그룹의 오너인 예청(葉成)이다. 랜드브리지가 민간 기업이라고는 하지만, 예청은 중국 군부 출신이다. 이 기업이 중국 정부와 관련성이 없는 순수한 민간 기업이라고 할 수 있을까?

중국은 호주를 넘어 아예 태평양 쪽으로도 팽창을 시도하고 있다. 즉 2020년 12월에는 공기업인 푸젠성 중홍 어업유한공사(福建省中 有限公司)가 파푸아 뉴기니의 무인도인 다루(Daru) 섬에 2억 호주 달러를 투자하여 중국의 어업 단지를 건설한다고 발표했다. 중국은 여기서 더 나아가 2022년 4월에는 미국과 호주의 격렬한 반발을 뚫고 파푸아 뉴기니 동쪽 인근, 인구 약 70만 명의 솔로몬 제도와도 안보 협약을 체결, 유사시 중국의 군함을 태평양 남서쪽에 위치한 솔로몬 제도에 파견할 수 있는 권한을 확보했다. 솔로몬 제도는 2017년 호주와 이미 유사시 군병력 파견을 허용하는 안보 협정을 체결한 상태였는데, 호주가 이후 솔로몬 치안에 적극적인 역할을 하지 않자 솔로몬 제도의 소가바레(Manasseh Damukana Sogavare, 1955~) 총리가 아예 중국과 손을 잡아 버린 것이다. 중국과 안보 협약을 사전에 호주에 통지하지 않은 데 대해 호주가 항의하자, 소가바레 총리는 다음과 같이 말

---

137 말래카(믈라카) 해협은 길이는 약 800㎞인데, 가장 좁은 곳이 폭이 3㎞가 채 안 된다. 신대륙 발견 시대 포르투갈이 동쪽으로 진출했을 때, 가장 먼저 무력으로 장악한 곳이기도 하다. 중국은 에너지의 80%가 말래카 해협을 지나는데, 이 지역에 대한 의존도를 줄이는 것이 중국 정부의 주요 목표이다. 대표적으로 말래카 해협을 지날 필요가 없는 파키스탄과 미얀마와의 협력 관계는 중국으로서 매우 중요한 전략적 목표이다. 예컨대 중국은 미얀마의 차우크퓨(Kyaukpyu)에서 미얀마 내륙을 거쳐 중국 서부의 쿤밍으로 가는, 1,100㎞에 이르는 원유, 가스 파이프 이중 라인을 건설하여 현재 운용 중이다.

했다. "우리도 호주가 오커스에 가입한 것을 언론을 통해 알았다."

BC 5세기 아테나이인들의 미래는 바다에 달려 있다고 강조한 테미스토클레스(Themistocles, BC c.524~c.459)나 1001년부터 바다와 결혼까지 한 베네치아와 달리. 시진핑의 말대로 "해양을 무시한 것은 우리가 저지른 역사적 실수다. 지금 우리는 이 실수에 대한 대가를 치루고 있고, 앞으로도 계속 치룰 것이다."[138] 이 실수를 만회하기 위해 남중국해 확보, 아세안 지역 진출, 태평양으로의 팽창과 대만 통일은 중국이 반드시 달성해야 하는 필수 전략이다. 이와 같은 중국의 해상 진출 전략이 성공할 경우 중국은 이제 더 이상 대륙 국가가 아니게 된다.[139] 요컨대 남중국해, 아세안 지역과 대만, 그리고 남태평양이 중국으로 넘어가면 중국은 진정한 세계 패권국가로 발돋움할 수 있는 해양 기반을 확보하는 셈이 된다.

미국 관점에서는 불행하게도 아세안 지역은 트럼프 행정부 시절, 이 지역에 대해 철저하게 무관심으로 일관했던 트럼프 대통령에 대해 손사래를 치면서 미국의 영향력에서 자발적으로 벗어나려고 노력했다. 따라서 중국은 이 틈을 타서 아세안 지역을 중국의 영향력 아래 두려고 무진장 노력했다. 이 점에서 중국과 아세안 지역을 포괄하는 역내 포괄적 경제 동반자 협정, 이른바 RCEP(Regional Comprehensive Economic Partnership)은 중국 관점에서 반드시 자국에게 유리한 방향으로 최대한 신속하게 체결해야 했고 실제로 그렇게 했다.[140] 더 나아가 중국 정부가 주도하여 2015년에 설립한 아시아 인프라 투자 은행(AIIB, Asian Infrastructure Investment Bank) 또한 아세안 지역을 중국의 텃밭으로 만들기 위한 과정에서 최대한 활용할 가능성이 높다. 이처럼 최소한 트럼프 행정부 기간 동안만이라도 중국은 미국과

---

138   그레이엄 앨리슨, 앞의 책, p. 208. 베네치아가 1001년부터 매년 치르는 "바다와의 결혼"이라는 행사에 대해서는 『황금, 설탕, 이자 - 성전기사단의 비밀』 編에서 상술한다.

139   중국의 배타적 경제수역은 영토가 큰 다른 나라에 비해 초라하기 그지 없다. 예컨대 일본의 25배에 이르는 영토를 보유한 중국은 파라셀, 스프래틀리와 센카쿠 등 남중국해 분쟁 지역을 제외하고 일본과 중국이 주장하는 EEZ를 단순 비교하면, 일본이 중국 EEZ의 2배가 넘는다. 중국은 이 때문에 남중국해에 9단선(Nine-Dash Line)을 긋고 이 구역이 자신의 배타적 경제수역임을 주장하고 있다. 하지만 2016년 국제상설중재재판소(PCA)는 중국의 9단선이 법적 근거가 없는 무효라고 판시했다.

140   RCEP은 2020년 11월 타결되었고, 2022년 1월부터 비준을 완료한 국가부터 시행에 들어갔다. 인도는 RCEP 협상에 참여하다가 마지막 순간에 탈퇴했다. 인도가 만약 남아 있었다면 2020년 협상 타결은 불가능했을 것이다.

표면적으로 우호적인 관계를 유지하면서, 아세안 지역으로 자신의 패권을 확장할 수 있는 절호의 기회를 적극 활용했어야 했다. 중국은 과연 그렇게 했나?

국제기구에서 트럼프 행정부에 대한 지지 상실도 중국에게는 절호의 기회였다. 미국은 2차 대전 후 전 세계 국제 외교 무대의 확고한 지도자였다. 베를린 필하모닉의 카라얀처럼, 미국이 없으면 제대로 된 교향곡을 단 한 곡도 연주할 수 없었던 것이다. 따라서 UN 산하 국제기구의 수장이 되기 위해서는 미국의 공개적, 혹은 암묵적 지지가 필수 요소였다. 하지만 비즈니스 이익만 따졌던 트럼프 행정부의 미국 우선주의는 미국에 대한 국제 사회의 지지를 크게 약화시켰다. 미국은 이제 최소 90개의 다양한 악기가 등장하는 교향곡의 오케스트라 지휘는커녕, 피아노 3중주나 현악 4중주조차도 지휘하기 버거운 신세로 전락했다.

예컨대 2019년 1월, 미국은 차기 유엔식량농업기구(FAO) 사무총장에 중국인 후보가 나선다는 첩보를 입수했다. 미국은 국제무대에서 중국의 영향력을 축소하기 위해 사활을 걸고 이를 막으려고 시도했다. 하지만 2019년 6월, FAO의 본부인 로마에서 열린 선거에서 FAO 사무총장으로 취동위(屈冬玉, 1964~) 전 중국 농촌부 부부장이 선출되었다. 194개 회원국이 참여한 선거전에서 중국은 일대일로 사업을 통해 자금을 쏟아붓고 있는 아프리카와 중남미 국가의 몰표를 받아 108표를 얻었다. 미국이 지지했던 다비트 키르발리드체(Davit Kirvalidze, 1967~) 조지아 전 농업부 장관은 고작 12표를 얻는데 그쳤다. 미국은 전통 우방 국가였던 유럽 국가들의 지지를 얻는데도 실패했다.

2020년 WTO 사무총장 선거도 마찬가지였다. 이 선거 또한 중국을 등에 업은 아프리카의 나이지리아 출신 응고지 오콘조-이웨알라(Ngozi Okonjo-Iweala, 1954~)가 본선 투표에서 최다 득표를 하는 과정에서 미국의 트럼프 행정부는 어떤 영향력도 발휘할 수 없었다. 미국의 USTR이 마지막 단계에서 한국의 통상교섭본부장을 지지한다고 공식 발표했지만, WTO의 분쟁 해결 절차를 완전히 무시하고 보복관세 조치를 자국 원하는 대로 남발한 미국의 트럼프 행정부가 도대체 WTO에 무슨 영향력을 행사할 수 있단 말인가?

이로 인해 2020년 기준으로 유엔 산하 15개 전문기구 수장 중 가장 많은 4명이 중국인이다.[141] 미국인은 세계은행 한 곳에 불과하다. 국제기구에 대한 중국의 힘은 2020년 초 코로나 바이러스가 창궐할 때도 그대로 드러났다. 즉, WHO 사무총장인 에티오피아 출신 테드로스 아드하놈(Tedros Adhanom, 1965~)은 중국의 눈치를 보면서 코로나가 전 세계 유행병이 될 수 있다는 선언을 차일피일 미루었다. 중국의 코로나 바이러스 대응에 대해서는 침을 튀겨 가면서 극찬하기도 했다. 취임 다음 날에는 대만 문제를 언급하며, "하나의 중국"을 지지한다는 뜬금없는 정치적 발언도 주저하지 않았다. 누가 봐도 가장 효과적으로 코로나 바이러스에 대응한 대만에 대한 언급은 일언반구도 없었다.[142] 이처럼 기묘한 WHO 사무총장인 대표적 "중국빠" 테드로스는 2017년 133표라는 압도적인 몰표로 50표에 그친 전염병 전문가 영국인 데이비드 나바로(David Nabarro, 1949~)를 제치고 WHO 사무총장에 오른 인물이다. 테드로스의 WHO 선거 자금에 중국 자금이 사용되었다는 사실은 이미 공공연한 비밀이다. 에티오피아 또한 중국으로부터 40억 달러를 빌려 철도 사업에 투자하는 등 중국의 일대일로 사업에 적극 참여하고 있는 국가이다. 이처럼 국제 외교 무대에서도 트럼프 행정부의 등장은 중

141　　2019년 말 기준 UN 산하 전문기구 수장 현황: 식량농업기구(FAO): 중국, 국제민간항공기구(ICAO): 중국, 유엔산업개발기구(UNIDO): 중국, 국제전기통신연합(ITU): 중국, 세계은행(WB): 미국, 국제농업개발기금(IFAD): 토고, 국제노동기구(ILO): 영국, 국제통화기금(IMF): 불가리아, 국제해사기구(IMO): 한국, 유엔교육과학문화기구(UNESCO): 프랑스, 만국우편연합(UPU): 케냐, 세계보건기구(WHO): 에티오피아, 세계지식재산권기구(WIPO): 호주, 세계기상기구(WMO): 핀란드, 유엔세계관광기구(UNWTO): 조지아

142　　코로나와 가장 유사한 질병 사건이 바로 스페인 독감 사건이다. 스페인 독감은 사망자가 전 세계에서 2,500만 명~1억 명으로 추정된다. 참고로 1차 대전 당시 숨진 군인수는 대략 800만 명이다. 역설적이게도 스페인 독감의 발원지는 스페인이 아니다. 바로 미국이다. 최초 발원지는 캔자스주 해스컬(Haskell County)로 알려져 있는데, 이는 1918년 3월 해스컬의 의사 로밍 마이너(Loring Miner, 1560~1935)가 주간지 『Public Health Report』에 보고한 것이 최초 사례이기 때문이다. 스페인 독감의 증상은 온몸을 두들겨 맞은 듯이 아프다가 폐렴 증세로 전환되고, 피부가 검푸르게 변한 후 사망까지 이른다. 당시 미국은 1차 대전 참전 중이었기 때문에 이 바이러스는 유럽에 파병된 미군을 통해 유럽 전역으로 확산한다. 당시 미국을 비롯한 영국 등 1차 대전에 참전한 국가들은 전쟁 중이라 엄격한 언론 통제 정책을 시행하고 있어, 바이러스 확산으로 인한 대규모 인명 피해에 대해서 대중에게 거의 알려지지 않았다. 하지만 이때 스페인은 1차 대전에 참전하지 않아 언론 통제가 없었고, 이 때문에 스페인에서 독감 환자의 급격한 증가와 사망 사례가 보도가 되었다. 그 결과 사람들은 이 독감을 '스페인 독감'이라고 부르기 시작했다. 스페인 독감의 원인 및 바이러스 정체에 대해서는 여전히 알려져 있지 않다. 오늘날 생화학자들은 냉동 처리된 시신 등에서 스페인 독감 바이러스를 추출하여 연구를 시도하고 있다고 한다. 제니퍼 라이트, 『세계사를 바꾼 전염병 13가지』, 산처럼, 2017, pp. 211~234

국의 패권 확장 과정에 둘도 없는 기회였었다.

하지만 2021년 미국 우선주의가 아니라 다자주의를 복원하려는 바이든 행정부의 등장으로 중국은 트럼프 행정부가 제공한 절호의 기회를 이제는 더 이상 활용할 수 없게 되었다. 미국의 바이든 행정부 또한 트럼프 행정부가 스스로 붕괴시킨 미국 주도의 다자주의를 어떻게든 복원시켜야 하는 중요한 과제에 직면했다. 다자주의 복원의 일환으로 바이든은 취임하자마자 2021년 1월 20일, 트럼프가 탈퇴한 파리기후 변화 협약에 다시 가입하여, 기후 변화에 대응한 다자주의 체제를 주도하겠다고 선언했다. 2020년 트럼프 대통령이 공식적으로 탈퇴하겠다고 위협하였던 WHO와 WTO에 대해서도 미국은 탈퇴는 없다고 선을 그었다.

바이든 행정부는 이보다 더 나아가 2021년 3월에는 인도 태평양 지역에서 일본, 인도, 호주를 자국 혈맹으로 묶는 4국 동맹 체제인 과드^(QUAD)를 정상급 회담으로 격상시켰다. 2021년 6월에는 중국의 일대일로에 맞서 미국 주도로 G7 국가가 중·저개발 국가의 인프라 구축에 40조 달러를 지원하는 "더 나은 세계 구축 (Build Back Better World: B3W)" 프로젝트를 출범시켰다. 나아가 2021년 9월 15일에는 호주에 핵잠수함 기술을 이전한다는 폭탄선언과 동시에, 영국과 호주를 일종의 해양 집단안보 동맹으로 끌어들인 오커스^(AUKUS)도 출범시켰다.[143] 2021년 12월 1일에는 CIA, FBI, NSA, MIS 등 국방 및 민간 정보기관의 5개국^(미국, 영국, 호주, 캐나다, 뉴질랜드) 연합체인 파이브 아이즈^(Five Eyes)에 인도, 독일, 한국, 일본 등을 포함시킬 수 있는 국방수권법^(National Defense Authorization Act, NDAA)을 통과시켰다.[144] 2021년 12월

---

143 오커스는 핵잠수함 기술 이전 등을 추진하는 필러 1과 양자 기술, 인공 지능, 극초음속 무기 개발 등을 공동 추진하는 필러 2로 구분된다. 필러 1에는 미국, 영국, 호주가 참여하고, 필러 2에는 미래 언젠가 일본이 참여할 것이 거의 확실하다고 본다.

144 국방수권법(National Defense Authorization Act, NDAA)이란 미국의 국방 정책을 구체화하는 법안으로 매년 제정한다. 미국 의회가 행정부의 의견을 듣고 작성하는데, 미국의 대내외 국방과 외교 정책을 결정하는 가장 중요한 수단이다. 행정부가 거부권을 통해 반대하더라도 상원과 하원 의원의 ⅔ 이상이 찬성하면 그대로 확정된다. 예컨대 트럼프 대통령은 주한 미군의 규모를 축소하려고 하였지만, 2021년 국방수권법에서 의회는 주한 미군의 규모를 축소하는 데 필요한 예산 사용을 금지했다. 이에 트럼프 대통령은 거부권을 행사하였으나, 상·하원의 일치된 의견으로 국방수권법 원안이 확정되었다. 참고로 미국 정부는 우리나라와 달리 정부 입법을 할 수 있는 권한이 없고, 행정부 차원에서 예산이 수반되는 입법적 계획과 의견을 관리예산처(Office of Management. Budget, OMB)가 총괄 작

9~10일에는 중국과 러시아 등을 제외한 112개 민주주의 국가를 초청해 화상으로 정상회의까지 개최하여 反 민주주의 국가에 대한 압박 강도를 높이고 있다.

더 나아가 2021년 10월에는 탄소 배출 기준을 충족한 철강·알루미늄만 자국 수출을 허용하는 철강·알루미늄 글로벌 협정 체결을 EU와 공동으로 추진한다는 공동선언문으로 중국 견제를 아예 대외적으로 천명하고 나섰다. 2022년 5월에는 디지털 통상, 역내 공급망, 탈 탄소 추구 등 새로운 통상 이슈에 대한 경제 및 안보 공동체인 인도-태평양 경제 프레임(Indo-Pacific Economic Frame, IPEF)을 제안하여 CPTTP를 대체할 새로운 경제통합 동맹 구축 개시를 공식 선언했다.[145] 2022년 6월에는 미국이 주도하여 G7 국가와 공동으로 2027년까지 개발도상국 인프라에 6,000억 불을 투자한다는 이른바, 글로벌 인프라 투자 파트너쉽(Partnership for Global Infrastructure and Investment, PGII)을 발표했다. 2022년 7월에는 미국이 이스라엘, 인도, UAE와 공동으로 경제협력과 기후 변화에 대응한다는 I2U2도 출범했다. I2U2 때문인지 몰라도, 항공기 엔진 기술의 해외 이전을 철저히 막아온 미국은 2023년 6월, 인도에 GE가 만든 F414 전투기 "엔진"의 생산기지 건설과 항공기 엔진의 핵심 기술을 이전한다고 발표했다! 2023년 9월 9일에는 인도에서 개최된 G20 정상회의에서 바이든 대통령이 중국의 일대일로에 대항해 인도, 중동, 유럽의 철도망과 항구 네트워크 건설에 미국이 참여하는 인도·중동·유럽 경제회랑(India-Middle East-Europe Economic Corridor, IMEC) 구상을 발표했다. 2024년 4월에는 미국, 일본, 필리핀 정상이 사상 처음으로 워싱턴에서 정상회담을 갖고, 남중국해의 어느 곳이든 미국-필리핀 상호방위 조약이 적용된다고 천명하였다. 사람들은 바이든 행정부의 이러한 행보를 "小 다자주의(Mini-Lateralism)"라고 부른다.

성하여 의회에 송부하면, 의회가 이 중에서 어느 입법을 할지 결정한다. 요컨대 미국 행정부는 "법안 권고와 법안 거부권"만 가지고 있다. 한편 파이브 아이즈 출범 연도는 1956년이다. 파이브 아이즈는 지구상에서 가장 효율적인 정보 수집 기관 연합체라는 평가가 많다.

145 인도-태평양 전략 구상을 공개석상에서 처음으로 밝힌 이는 일본의 아베 수상이다. 그는 2007년 인도 의회에서 행한 연설에서 태평양과 인도양이 자유와 번영의 바다에서 역동적인 결합 관계로 전환하고 있다고 평가하고, 모두에게 투명하게 개방될 것이라고 천명한 바 있다. 팀 마샬, *앞의 책*, p. 61

특히 바이든 행정부는 미국과 중국 사이에서 전략적 모호성을 유지하던 아세 안 국가들을 향해 미국과 중국 어느 한 국가를 분명하게 선택할 것을 직·간접적 으로 강요하고 있다. 그동안 아세안 국가들은 경제적으로, 그리고 지리적으로 미 국보다는 중국과 긴밀한 관계를 유지하고 있었기 때문에, 미국식 자유민주주의 에 동조하면서도 중국의 정치적 대외 노선에 대해서는 명확한 반대 입장을 표명 하지 않았다. 이 '전략적 모호성'은 아세안 국가들에게 나름대로 협상 레버리지 를 제공하면서, 아세안 국가들의 이른바 '몸값'을 올리는 중요한 계기가 되기도 하였다. 힐러리 클린턴 외무장관이 아세안 국가들에게 공을 들인 이유도 이 때 문이다.

하지만 이제 상황이 완전히 바뀌면서, 아세안 국가들은 어떻게든 미·중 양자 사이에서 한 국가를 선택해야만 하는 미국의 압박에 직면하게 되었다. 그 결과 대만은 물론이고, 필리핀, 브루나이는 미군 기지 제공과 미국과 합동 군사 작전 전개 등으로 미국 편으로 서서히 돌아서는 중이고, 반대로 라오스, 미얀마 등의 국가는 적극적인 중국의 일대일로 사업의 결과 완전히 중국 편이 되었다. 반면 베트남, 말레이시아와 싱가포르는 여전히 전략적 모호성을 유지하면서 미국과 중국 사이에서 아슬아슬한 줄타기를 하고 있다.

예컨대 말레이시아는 2021년 11월, 브루나이와 미군과 합동으로 자유로운 항행을 위한 해상군사 활동을 전개하면서도, 중국을 자극하지 않으려고 노력 중이다. 예컨대 안와르 이브라힘(Anwar Ibrahim, 1947~) 말레이시아 총리는 2023년 4월 8일, "대만 문제와 관련하여 우리 정부는 하나의 중국 정책을 지지합니다. 우리 가 아는 한, 중국은 하나입니다."라고 발언하기도 했다. 여기서 더 나아가 2024 년 6월 19일, 말레이시아와 자국 무역의 최대 교역국인 중국은 하이테크 분야와 디지털 분야에서 경제 협력을 강화하고, 기초 과학 분야에서 인력 교류도 활발 히 하겠다는 각종 협약에 서명하였다. 베트남 또한 미군과 군사 훈련을 하면서 도, 러시아와 일정이 공개되지 않은 합동군사훈련을 전개한다는 계획을 발표하 기도 하였다. 과연 바이든 행정부와 이후 등장할 미국의 행정부는 중국 견제라는 패권 전략을 견고하게 유지하면서, 2차 대전 후 교향곡 지휘자였던 국제 사회에서의 확고한 지위를 다시 회복할 수 있을 것인가? 중국은 트럼프와 바이든 행정부, 그리고 이후 등장할 미국 행정부의 중국 고립 정책에 대해서 어떻게 대응할 것인가?

마지막으로 가장 중요한 것이 바로 중국 자국의 뱅킹 역량을 키워야 한다는 점이다. 이에 대해서는 다음 장에서 상술한다.

미국과 중국 -
제국 충돌(Empires Clashes)의 승자는?

성채논의, 바티칸 성당 소장

(1) 무역전쟁: 백년 전쟁, 임진왜란, 태평양 전쟁

불행히도 현재의 무역 대국 중국은 기축통화 달러와 달러 기반 무역 결제 시스템 때문에 전 세계에서 가장 팔 수 있는 물건이 많았음에도 불구하고, 파운드화와 뱅킹의 힘을 앞세운 영국의 파상 공세 앞에 국가가 거덜 난 청나라와 다를 바가 없다. 다시 말해 현재의 중국은 뱅킹의 힘은 없고 무역의 힘만 있는 미완성 대국에 불과하다. 실제로 2021년 기준으로 중국은 세계 수출 비중 15.1%, 2022년에는 이보다 더 늘어 17.6%로 수출 세계 1위 국가이지만, 2023년 6월 기준 무역 결제 위안화 비중은 1.66%로 캐나다 달러에도 미치지 못하는 세계 6위 수준이다. 특히 중국의 전 세계 수출 비중은 2021년까지는 2010년대보다 계속 늘고 있지만, 무역 결제 위안화 비중은 2010년대부터 정체되어 있다.

따라서 만약 중국이 청나라처럼 외환시장을 개방했다면, 이미 청나라처럼 만신창이가 되었을 가능성이 높다. 반면 미국의 달러는 기축통화이고, 미국은 기술 패권, 산업 패권을 바탕으로 매년 1조 달러 이상 상품을 수출하는 무역 대국이면서, 전 세계 금융 산업을 장악하고 있다.[1] 기축통화의 힘, 기술·산업·무역의 힘, 뱅킹의 힘을 동시에 갖추고 있으면 세계 패권이다. 이것이 바로 미국이 현재 향유하고 있는 세계 패권의 본질이다. 즉, 황금, 설탕, 이자를 전 지구적 차원에

---

1   2024년 기준 매년 상품을 1조 달러 이상 수출하는 나라는 전 세계에서 중국, 미국, 독일 3개국뿐이다.

서 모두 정복한 자가 세계를 지배하는 것이다.

그러나 중국이 「중국 제조 2025」나 「신품질 생산력」 전략에 성공한 이후 위안화의 금 태환을 선언하면 어떻게 될까? 위안화가 달러처럼 기축통화로서 무역 결제 수단이 될 가능성이 있다. 위안화의 금 태환이 된다고 바로 뱅킹 대국이 되는 것은 아니지만, 일단 그렇다고 전제할 경우 중국은 기축통화와 무역, 기술 및 산업 패권, 금융 패권을 동시에 쥐게 될 수도 있다. 기축통화(황금), 무역·기술 및 산업 패권(설탕), 금융 패권(이자)을 동시에 소유하면, 그것은 곧 세계 패권이다. 따라서 이런 일이 벌어진다면 그 때부터 중국은 미국과 정면으로 충돌할 것이다. 바로 「제국의 충돌(Empires Clashes)」이다. 그때는 미국 대통령이 북경을 방문한다고 해서, 자금성을 통째로 비우고 환대하는 일은 결코 없을 것이다.

그렇다면 무역전쟁을 벌이고 있는 미국과 중국 양국 간 제국 충돌의 양상은 어떻게 전개될 것인가? 역사적으로 보면 강국 상호 간 무역 패권 싸움은 거의 언제나 군사적 충돌로 이어졌다. 11세기 제노바와 베네치아도 콘스탄티노플에서의 교역 주도권을 두고 상인끼리 충돌하다가 4번에 걸친 국가 간 무력 전쟁을 치렀다.[2] 14세기 영국과 프랑스의 백년 전쟁의 표면적인 명분은 프랑스 카페 왕조의 마지막 왕인 샤를 4세(Charles IV of France, 1294~1328)가 아들이 없이 세상을 떠나면서 누가 프랑스 왕이 될 것인가 대한 구두 논쟁이었다. 하지만 이 이슈는 단순한 언쟁의 대상일 뿐이었다. 실제 물리

필리프 6세. 그는 여성은 토지를 상속받을 수 없다는 중세 프랑크족 부족법인 살리카법(Lex Salica)에 따라 후계자를 남기지 않은 샤를 4세의 후임 왕이 된다. 이에 샤를 4세의 누나인 이자벨라(Isabella of France, 1295~1358)가 문제를 제기했고, 그의 아들인 영국의 에드워드 3세가 프랑스 왕위를 주장한다. 결국 영국, 프랑스 양측은 100년 이상 동안 전쟁에 돌입한다. 프랑스 화가인 조지프 플뢰리(Joseph-Nicolas Robert-Fleury, 1797~1890)의 1837년 작품. 베르사이유 궁전 소장. Public Domain

---

2 제노바와 베네치아의 4차례에 걸친 무역전쟁은 『황금, 설탕, 이자 – 성전기사단의 비밀(下)』 編에서 상세히 서술한다.

도요토미 히데요시. 어릴 때 부친이 일찍 사망하여 양아버지의 학대에 못 이겨 가출한 후, 여러 무신을 섬긴다. 이후 전국 3 영걸 중 나머지 2사람인 오다 노부나가와 도쿠가와 이에야스를 모두 제압하여 전국시대를 그럭저럭 통일한다. 하지만 완벽한 통일은 아니었고, 지방에는 아직 정벌되지 않은 무장 다이묘들이 여럿 있었다. 이를 빌미로 그는 수많은 다이묘들의 반대를 무릅쓰고 동북아 최초의 무역전쟁인 임진왜란을 일으킨다. 한편 권좌에서 쫓겨나 에도 지방에서 농사짓던 도쿠가와 이에야스는 임진왜란 후 히데요시가 사망하자 다시 정권을 잡고, 에도 막부를 개창한다. 카노 미츠노부(Kanō Mitsunobu, 狩野光信, 1565-1608)의 1598년경 작품. 오사카 시립 박물관 소장. Public Domain

력이 동원된 전쟁은 에드워드 3세[Edward III of England, 1312~1377]가 프랑스로 수출되던 양모 공급을 중단하고, 필리프 6세[Philip VI of France, 1293~1350]가 그 보복으로 영국으로 수출되는 와인 생산지인 가스코뉴 지방을 몰수하면서 시작되었다. 즉 백년 전쟁은 양모와 와인을 둘러싼 가장 전형적인 무역전쟁이었다.

1592년 도요토미 히데요시[豊臣秀吉, 1537~1598]가 일으킨 임진왜란도 본질적으로는 무역전쟁이었다. 즉, 명나라는 세상에 무슨 일이 벌어지고 있는지 아무런 관심이 없고 오직 라마교와 미색에만 심취했던 정덕제[正德帝, 1491~1521, 재위 1505~1521]가 즉위한 16세기부터 해상 진출을 완전히 포기하고 해양 교역 자체도 철저히 억압했다.[3] 예컨대 일본에 대해서는 저장성의 닝보를 통해서만 해양 교역을 허락하였고, 그나마 10년에 1회, 배 2척에 300명까지만 승선이 가능하다는 조건까지 부과하였다. 엥? 10년에 1번, 배 2척만 교역을 허락한다고? 명나라에 이어 조선도 일본과의 유일한 교역항이었던 진해의 내이포, 부산의 부산포, 세종대왕이 추가로 개방했던 울산의 염포 등의 3포를 1510년 삼포왜란 이

---

3 정덕제의 이름은 주후조(朱厚照)이다. 그는 정덕제라는 이름보다 주후조라는 이름으로 더 알려져 있다. 즉, 황제 취급을 받지 않은 황제이다. 정사에는 관심이 없고, 유근(劉瑾, ?~1510)과 같은 환관의 전횡을 그대로 묵인하면서 주색에 심취하다가 31세에 요절했다. 사인도 기가 막힌다. 즉, 정덕제는 호수에서 미녀와 함께 술을 마시다 만취한 상태에서 배가 가라앉아 익사하였다. 정덕제 이후 불로장생 도교에 미쳐 오직 불로불사 단약 제조에만 매진했던 가정제(嘉靖帝, 재위 1521~1567), 약 50년 동안 재위하면서도 명재상 장거정(張居正, 1525~1582) 사후 개인적 치부에만 열중했던 만력제(萬曆帝, 재위 1572~1620, 만력제는 임진왜란 당시 조선에 원군을 파병한 장본인이다.), 글씨는 전혀 읽지 못하고 오직 목공일에만 전력을 기울였던 천계제(天啓帝, 재위 1620~1627) 등이 명나라 황제에 오르면서, 명나라는 결국 몰락한다. 이 4대 황제를 명나라 4대 암군이라고 부른다. 불행히도 이 당시 서양은 지리상 발견을 통해 황금, 설탕, 이자를 결합하면서 폭발적인 성장을 구현하고 있었다.

후 사실상 폐쇄했다.

그 결과 남송 시대부터 활발하게 바다를 통해 명나라의 주요 문물을 직수입하거나 조선을 통해 우회 수입하던 일본은 궤멸적인 타격을 입었다. 명나라 그리고 동시대 조선의 해안가에 16세기를 전후한 시기부터 왜구들이 1년 내도록 끊임없이 들끓었던 이유는 바로 이 때문이었다. 전국시대^(戰國時代, 1467~1573) 일본을 통일한 오다 노부나가^(織田信長, 1534~1582)의 후임인 도요토미 히데요시^(豐臣秀吉, 1537~1598)는 이처럼 명나라가 해상교역을 통한 물자 보급을 사실상 중단하자, 대외 물자 보급을 회복하고 전국 시대의 불안정한 통일 후 전국 다이묘들을 자신의 지배하에 완벽하게 통제하려는 두 가지 목적으로 대외 전쟁을 기획한 것이다. 즉, 임진왜란은 본질적으로 중국의 명나라가 일본과의 해상교역을 사실상 단절하면서 발생한 무역전쟁이었다. 예컨대 명나라의 참전이 기정사실화

정덕제. 명나라 4대 암군 중 1인. 황제가 되기 전에는 글 읽기를 좋아하고 활쏘기에도 능해 총명하다는 평을 받았다. 하지만 황제가 된 후 미색에 빠지고, 간신배들을 중용하여 명나라 국운 쇠퇴의 계기를 만들게 된다. 작자 미상. 대만 고궁 박물관 소장. Public Domain

된 이후 도요토미의 일본군 철수 조건은 조선의 4도 양도와 명나라와의 감합무역 재개였다.[4] 하기야 도요토미 스스로도 조선이 아니라, 명나라를 정복하기 위해 전쟁을 일으켰다고 하지 않았나?[5]

17세기 네덜란드와 영국 사이의 전쟁도 마찬가지다. 네덜란드는 카톨릭의 대부 합스부르크 왕가에 저항하여 서양 역사상 처음으로 종교의 자유를 쟁취한 국가다. 이 때문에 종교 개혁 이후 위그노 기술자, 유대교 금융가, 그리고 신교도를 믿는 자본가들이 대거 네덜란드로 이주했다. 한 통계에 따르면 이베리아 반도에서 유대인이 축출되던 1492년부터 1715년 사이에 숙련된 기술과 자본을 가진

---

4 감합무역(勘合貿易)은 명나라와 일본의 무역을 총칭하는 말이다. 감합이란 명나라 황실이 무로마치 막부에게 발행한 무역선 입항 허가서이다. 감합에는 선박 수, 선원 수, 입항 회수, 무역 규모 등이 기재되어 있었고, 원본은 중국 황실이 보관하고 막부는 사본을 들고 입항 시 이를 제시했다.
5 　　　도요토미 히데요시의 최종 목표는 중국의 닝보항을 중심으로 세계를 지배하겠다는 것이었다.

이들의 네덜란드 이주는 역사상 최대 규모였다고 한다.[6]

특히 황금의 추구와 함께 기독교의 전파를 국제무역의 중요한 목표로 삼았던 스페인이나 포르투갈과 달리, 종교의 자유를 허용했던 네덜란드의 국제무역 활동은 기독교의 전파를 목적으로 삼지 않았다. 따라서 이런 엄청난 인적 자원과 종교의 자유라는 정신을 바탕으로 금욕을 통한 탐욕의 추구라는 자본주의 정신으로 무장한 네덜란드인들은 황금, 설탕, 이자를 결합하여 1600년대 중반까지 스페인, 포르투갈의 해외 식민지를 거의 모조리 차지했다. 1683년 전 세계 무역선 2만여 척 중 영국이 3,500척, 프랑스가 500척, 그 나머지 80%인 1만 6,000척이 바로 네덜란드의 무역선일 정도였으니까.

한편 영국은 스페인 지배하에서 독립 전쟁을 벌일 당시에는 네덜란드를 군사적, 경제적으로 적극 지원했다. 하지만 네덜란드가 베스트팔렌 조약을 통해 공식적으로 독립한 1648년 이후부터 양국은 사사건건 부딪히기 시작했다. 우선 네덜란드는 공식 독립 이전부터 경제 영토를 무자비하게 확장하고 있었다. 예컨대 네덜란드 동인도회사는 1605년 아시아 향료의 본산지인 인도네시아를 점령하여 정향, 후추, 커피 무역을 독점했고, 1624년에는 오늘날 뉴욕시에 뉴 암스테르담(New Amsterdam)을 세우고 모피 교역을 독점했다.[7] 1621년에 설립된 네덜란드 서인도 회사도 1630년, 포르투갈이 브라질의 페르남부쿠(Pernambuco) 지역에 건설한 설탕 대농장마저 무력으로 점령했다.[8] 이것도 모자라 네덜란드는 1634년에는 스페인령인 퀴라소(Curacao)를 빼앗아 카리브해에 거점을 마련하였고, 1648년에는

---

6   에이미 추아, *앞의 책*, p. 242

7   원래 네덜란드의 암스테르담은 "암스텔강을 막은 둑(댐)"에서 유래한 지명이다. 암스텔강은 에이설 호수(Lake IJssel)로 흐르는 작은 강이다. 암스테르담은 이 강을 막아서 생긴 조그만 어촌 마을이었다. 그러다가 1287년 홍수로 에이설 호수가 넘쳐 북해와 연결되면서, 북유럽의 한자 동맹과 교역하는 중요한 국제무역항이 되었다. 1581년에는 네덜란드 연방 공화국의 수도가 되었고, 1585년에는 기존의 최대 교역항인 앤트워프를 스페인이 파괴하면서 도시가 더욱 커졌다. 지리상 발견 시대에는 네덜란드의 거의 모든 상공업자들이 이곳 암스테르담에 거주할 만큼 도시의 영향력이 커지게 된다. 네덜란드인이 뉴욕에 세운 뉴 암스테르담은 암스테르담 상공업자들이 식민지에 세운 새로운 암스테르담이라는 뜻이다.

8   브라질이라는 이름은 염료의 원료로 쓰이던 '브라질 나무(Brazilwood)'에서 비롯되었다. 브라질 나무는 포르투갈인들이 처음 브라질 땅을 밟았을 때 속이 붉어 '불붙은 숯과 같은 나무'라고 하여 파우 브라질(pau brasil)이라고 이름 붙인 데서 유래했다. 이후 이 땅에서 파우 브라질을 계속 수출하자, 지역명을 아예 브라질로 바꾸어 버렸다.

안틸레스^(Antilles) 제도까지 진출했다.

이미 네덜란드보다 먼저 해상에 진출해 있던 영국은 자신의 대외무역을 네덜란드가 잠식하는 것을 그냥 보고만 있지는 않았다. 영국 상선은 공해상에서 네덜란드 상선을 나포하고, 강제로 물건을 빼앗았다. 영국 상선을 보호하기 위해 전투 함선도 1649년 39척에서 1651년 80척으로 늘렸고, 1600년까지 대략 3만 명에 그치던 영국 군인 또한 1650년대에 7만여 명으로 확대했다.[9] 1600년에 영국 상인들이 동양 진출을 위해 설립한 동인도회사^(British East India Company) 또한 네덜란드 상인들이 1602년에 설립한 네덜란드 동인도회사^(Vereenigde Oostindische Compagnie, VOC)와 격렬히 충돌했다.[10]

영국은 1651년에 양국의 무력 충돌을 방지하기 위해 양국 간 연맹을 네덜란드에 제안했지만, 네덜란드가 보기 좋게 거절했다. 양측의 무력 충돌 가능성이 고조되는 시기에 영국은 결정타를 날렸다. 즉 1651년, 영국의 올리버 크롬웰은 자국 식민지와의 무역 거래는 반드시 영국 국적의 선박이어야 하고, 선원의 절반은 영국인이어야 한다는 항해법^(1651 Navigation Acts)을 통과시켰다. 이 법의 목표는 당연히 네덜란드 상선이었다. 이마뉴엘 월러스틴^(Immanuel Wallerstein, 1930~2019)의 말대로 영국은 "국가가 영국 상선을 돕든지, 아니면 국가가 외국 상선을 규제하든지" 둘 중 하나의 선택지밖에 없었던 것이다.[11] 네덜란드는 이 법을 어기고 영국 해협에서 무역을 하다가, 1652년에 영국 선단이 이 선박을 공격했다. 양측의 무력 충돌은 결국 국가 간 전쟁으로 비화했다.

20세기 1차, 2차 세계 대전 또한 블록으로 방어막을 친 세계 교역권 상호 간의 충돌이었다. 즉, 1873년 세계 공황 이후 서구 열강들은 황금, 설탕, 이자를 결합하면서 극적으로 확장된 생산력을 바탕으로 시장에 쏟아져 나오는 상품을

---

9   그레이엄 앨리슨, *앞의 책*, p. 379

10   영국 동인도회사의 인도 마드라스(Madras, 현재의 첸나이, Chennai) 총독으로 엄청난 돈을 벌어 코네티컷에 있는 대학교에 거금을 기부한 사람이 일라이휴 예일(Elihue Yale, 1649~1721)이다. 조선에 표류한 네덜란드인 하멜(Hendrik Hamel, 1630~1692)은 네덜란드 동인도회사 직원이었다.

11   그레이엄 앨리슨, *앞의 책*, p. 380

어떻게든 소비해야 했다. 그 결과 유럽의 자본주의 국가들은 원료 공급지와 상품 소비지로서 자신들의 식민지를 쟁탈하기 위해 사활을 걸었다. 확보된 식민지는 서구 열강의 자기 안마당이 되었다. 1929~1932년 사이 세계 무역이 30%나 급감하면서, 대공황 이후 식민지 블록 간 교역은 당연히 멈추었다. 예컨대 대공황 이후 일본은 필리핀·알래스카·하와이·괌을 거느린 미국, 말레이시아·버마·싱가포르·홍콩을 거느린 영국, 중국, 그리고 인도네시아를 거느린 네덜란드라는 ABCD^(America-British-China-Dutch) 포위망에 갇혀, 석유, 고무, 주석, 심지어 식량조차 해외 시장에서 조달할 수 없었다.[12] 식민지 쟁탈전에 앞서 있던 영국, 프랑스와 그에 뒤처져 있던 독일, 이탈리아, 일본의 무력 충돌은 너무나도 당연한 역사적 귀결이었다.

1941년 태평양 전쟁 또한 전형적인 무역전쟁의 귀결이었다. 우선 일본의 무식한 확장 정책으로 싱가포르를 일본에게 잃을까 두려워한 영국은 미국에게 아시아 방어를 강화해 달라고 강력히 요청하였다. 하지만, 원래 미국은 2차 대전 초기 유럽에서 독일, 이탈리아를 상대하기도 버거운 상태여서 아시아에서는 군사력을 통한 전쟁이 아니라 경제 제재를 선호했다. 이유는? 첫째, 경제 제재가 미국에게 훨씬 유리했다. 예컨대 미국의 생산력이 일본을 압도하고 있었다. 미국은 1941년, 일본의 5배에 달하는 항공기를 제작할 수 있었고, 10배나 더 많은 선박

---

12 대니얼 임머바르, 앞의 책, p. 291. 이 중 고무는 가장 중요한 원자재 중의 하나였다. 미국은 국내에 풍부한 광물, 식물자원 등이 있었지만, 유독 고무만은 없었다. 고무나무가 적도 일부 지방에서만 자랐기 때문이다. 하지만 타이어, 호스, 튜브, 전선 피복, 비옷 등의 제작에 고무 수요가 폭발적으로 늘어나면서, 1860~1920년 사이 고무 수요량은 무려 200배가 늘었다. 대니얼 임머바르, 앞의 책, p. 392. 이에 따라 식민지 쟁탈전 시대 고무는 열강들이 목표로 삼은 핵심 자원이 된다. 벨기에가 콩고민주공화국을 식민지로 삼은 이유도 바로 고무 때문이었다. 영국, 프랑스, 네덜란드가 동남아시아와 인도네시아를 점령하고 그곳에 막대한 규모의 고무나무를 심고 고무 농장을 건설한 이유 또한 이것이다. 일본이 중국을 넘어 동남아시아를 침략한 주요한 이유 중의 하나도 바로 고무의 확보였다. 불행히도 태평양 전쟁으로 일본이 확보한 동남아시아는 미국이 필요한 고무의 97%를 공급하던 곳이었다. 다급해진 미국은 국가 역량을 총동원해 합성 고무를 만들어, 태평양 전쟁을 치르게 된다. 1945년 무렵 미국이 생산한 고무 중 대략 90%는 석유를 이용해 만든 합성 고무였다. 대니얼 임머바르, 앞의 책, pp. 391~398. 미국은 태평양 전쟁 중에 고무 외에도 비단, 삼, 황마, 장뇌, 양모, 주석 등의 주요 원자재를 화학 역량을 총동원하여 합성 물질로 대체했다. 그 결과 탄생한 제품들이 바로 나일론, 폴리에스테르, 플라스틱 등이다. 요컨대 미국이 원자재 식민지로부터 고립되면서 탄생한 것이 바로 합성소재 산업이다. 그런데 미국은 합성소재 산업 덕분에 원자재 확보로부터 자유로워졌지만, 합성소재 산업의 원료가 대부분 원유였으므로 원유확보가 미국 국가 정책의 가장 중요한 우선순위로 오르게 된다. 일설에 따르면 닉슨 행정부는 중동의 유전을 점령하는 방안도 진지하게 검토했다고 한다. 대니얼 임머바르, 앞의 책, p. 409

을 제조할 수 있었다.[13]

둘째, 태평양에서 전쟁을 수행할 경우 보급로 또한 문제였다. 미국과 대서양은 오랜 역사를 가지고 뉴욕이나 리버풀과 같은 대규모 항구로 효율적으로 연결되어 있었지만, 샌프란시스코에서 맥아더 사령부가 위치한 호주까지 거리는 뉴욕-리버풀 거리의 두 배가 넘었고, 중간에 귀착할 항구도 제대로 없었다. 불행히도 프랭클린 루스벨트 행정부는 일본에 대한 원유나 철강 수출통제를 통한 무역전쟁이 실제 전쟁으로 이어질 수 있다는 가능성을 다소 경시했다. 시쳇말로 "에이 설마?" 그 결과 1941년 미국은 영국과 공동으로 일본의 인도차이나 점령에 대한 경고 메시지로 일본의 자산을 공동으로 동결하였고, 1941년 8월 1일에 루스벨트 대통령은 미국산 철강, 원유, 가솔린의 일본 수출을 전면 금지하게 된다. 이 무역 조치가 바로 1941년 12월 7일, 일본의 진주만 공격으로 이어진 가장 결정타였다.

(2) 제국의 충돌: 상호확증파괴의 공포, 체스와 바둑

그렇다면 현재 벌어지고 있는 미국과 중국의 무역전쟁, 기술 및 산업 전쟁, 화폐 전쟁이 미래에는 양국 간 물리적, 군사적 충돌로 비화할 것인가? 미국의 역사학자이면서 정치학자인 그레이엄 앨리슨(Graham T. Allison, 1940~)은 그의 저서 『예정된 전쟁(Destined for War)』에서 지난 500년간 16개의 패권 경쟁 사례를 분석했는데, 이 중 12건이 모두 전쟁으로 이어졌다고 분석했다.[14] 이 12건은 모두 "신흥 강국의 부상"과 "기존 강국의 두려움"이 빚어낸 투키디데스의 함정에 빠진 사례들이다. 이처럼 역사적 경험만 놓고 보면 미국과 중국의 패권 경쟁은 양국이 직접 충돌하는 물리적 전쟁으로 이어질 가능성이 매우 높은 것처럼 보인다.

---

13 대니얼 임머바르, 앞의 책, p. 294

14 그레이엄 앨리슨, 앞의 책, p. 83

하지만 필자는 조금 생각이 다르다. 우선 그레이엄이 분석한 16개의 사례 중 현재 미국과 중국의 패권 경쟁과 가장 유사한 사례는 미국과 소련의 패권 경쟁 하나뿐이다. 다른 15개의 사례는 강국끼리 혹은 초강국끼리 싸움이지, 제국끼리 충돌하는 제국의 충돌 사례가 아니다. 현재까지 인류 역사상 전 지구적 차원에서 두 제국이 충돌한 사례는 오직 하나, 바로 2차 대전 이후 미국과 소련의 충돌이었다. 제국의 충돌은 리디아나 밀레투스의 충돌, 스파르타나 아테네의 충돌, 제노바나 베네치아의 충돌, 영국과 네덜란드의 충돌, 영국과 독일, 독일과 프랑스의 충돌, 일본과 청나라, 일본과 러시아의 충돌과는 차원이 완전히 다르다.

오늘날 제국 충돌과 과거 초강국 충돌 사이의 또 하나의 중요한 차이는 2차 대전 이전 인류의 역사에서는 핵무기가 없었지만, 현재는 만 개가 넘는 핵무기가 전 세계 곳곳에 배치되어 있다는 사실이다. 예컨대 14만 6천 명을 죽인 히로시마 원자폭탄의 폭발력은 18킬로톤$^{(kt)}$이었다.[15] 오늘날 핵탄두에 장착된 핵무기의 폭발력은 기본이 히로시마 원자폭탄의 대략 60배인 1메가톤$^{(Mt)}$이다. 길이 180m, 넓이 15m로 120일 동안 연속 잠수가 가능한 세계 최대 핵잠수함인 러시아의 벨고로드$^{(Belgorod)}$가 탑재한 핵 어뢰인 포세이돈은 폭발력이 2메가톤 이상이다.[16] 파이낸셜 타임스에 따르면 2022년 기준 러시아가 보유한 핵탄두는 7,454개이고, 미국이 보유한 핵탄두는 5,702개이다.[17] 폭발력이 소형인 전술 핵무기를 제외하면 미국과 소련이 보유한 핵무기 수는 각 5,472개와 5,624개로 1만 개가 넘는다. 단순 계산으로 전술핵을 제외한 핵무기 폭발력을 1메가톤으로 가정하고 히로시마 원자폭탄 희생자 수를 기준으로 하면, 미국과 소련 핵무기만

15 1킬로톤의 폭발력은 TNT 1,000톤의 폭발력이다.

16 벨고로드는 2019년에 제작이 완료되었으며, 2022년 7월부터 실전 운용 중이다.

17 Financial Times, Oct 4, 2022. 전술 핵무기(tactical nuclear weapon)는 통상의 핵무기보다 폭발력이 소형인 핵폭탄인데, 폭발력이 수송 수단에 따라 다르다. 예컨대 러시아의 B61-3 폭격기가 실어 나르는 전술 핵무기는 0.3~170kt이고, SS-26 Stone Missile이 실어 나르는 전술 핵탄두는 폭발력이 10~100kt에 이른다. 파이낸셜 타임스에 따르면 러시아는 총 7,454개의 핵무기 중 1,830개가 전술 핵무기이고, 미국은 5,702개 중 230개가 전술 핵무기이다. 2023년도에는 미국과 러시아 핵무기 수는 줄고, 중국 보유 핵무기 수는 늘었다. 즉 러시아 5,889개, 미국 5,244개, 중국 410개이다. (SIPRI, 2023년 1월 기준)

으로도 전 세계 인류 80억 명을 10번 이상 살상할 수 있다!!! 벨고로드 잠수함은 포세이돈을 최대 8발 장착할 수 있는 것으로 알려져 있는데, 이 잠수함 한 척이 미국 인구의 절반을 일시에 살상할 수도 있는 셈이다.

그나마 미국이나 소련은 핵 군축 협상을 하면서 과거 3만 개 이상의 핵무기를 현재 수준으로 줄인 것이고,[18] 중국이나 인도·파키스탄이 보유한 핵탄두 숫자는 정확히 알려져 있지도 않다.[19] 그렇다면 미국과 충돌 가능성이 가장 높은 중국이 보유한 핵탄두는 몇 개 정도일까? 중국의 핵탄두는 스톡홀름국제평화연구소[SIPRI]가 추정한 수치에 따르면 2021년에 290여 개였다. 미국이 2022년 11월 29일 발표한 '중국 군사력 보고서'에 따르면, 중국의 핵탄두는 2022년 11월 기준으로 400개, 美 국방부가 2023년 10월에 발표한 2023년 보유 핵탄두는 이보다 100개 이상 증가한 500개 이상으로 추정되었으며, 2035년에는 1,500개로 증가할 것이라고 전망했다. 이는 중국이 러시아, 미국에 이은 세 번째 핵탄두 보유 국가가 됨을 의미한다. 특히 중국은 2021년에 135회의 핵탄두 미사일 시험을 했는데, 이는 전 세계의 탄두 시험 전체를 전부 합한 수치보다 많은 것이라고 한

18 　　　미소 양국이 벌인 핵 군축 협상은 크게 세 가지 축으로 구성된다. 하나는 1969~1979 사이에 열린 추가적인 핵미사일 제조를 제한하는 전략 무기 제한 협상(Strategic Arms Limitation Talks, SALT)이다. 양측 행정부가 합의했지만, 국내에서는 모두 행정부의 비준에 대한 의회의 동의가 없었다. 또 하나는 1972년, 상대방 핵미사일 방어 시스템 구축을 중단한다는 탄도탄요격미사일 협정(Anti-Ballistic Missile Treaty, ABM Treaty)이다. 이 협정은 2002년에 부시 행정부가 일방적으로 파기했다. 마지막이 1991년, 핵무기 수를 상호 감축한다는 전략무기 감축 조약(START I, Strategic Arms Reduction Treaty)이다. 2010년에는 스타트 I을 대체하는 새로운 스타트(New START, New Strategic Arms Reduction Treaty) 조약이 체결되었고, 2021년에는 5년 연장되었다. New Start에 따르면 미소 양국은 ICBM 발사를 포함한 핵전쟁 연습 시 사전에 반드시 상대국에 통보해야 한다.

19 　　　스톡홀름국제평화연구소(SIPRI)가 추정한 각국 핵탄두 수는 다음과 같다. (2021년 1월 기준 추정치) : ① 러시아 - 5,977 ② 미국 - 5,428 ③ 프랑스 - 350 ④ 중국 - 290 ⑤ 영국 - 225 ⑥ 파키스탄 - 165 ⑦ 인도 - 160 ⑧ 이스라엘 - 90 ⑨ 북한 - 20. 이들 국가 중 이스라엘은 건국 직후부터 핵무기 개발을 추진하여, 1967년 6월, 6일 전쟁 전후로 핵무기를 보유하게 된다. 당시 미국의 닉슨 대통령은 이스라엘의 핵무기를 사실상 용인(페타콤플리 fait accompli)하되, 이를 문서화하지 않고 상호 이해한다는 데 합의했다. 특히 이 합의에서 이스라엘은 핵무기 보유선언을 하지 않고, 추가 핵실험도 하지 않으며, 핵무기 사용 위협을 하지 않는다는 이른바 3금 원칙에 합의했다. 이 대가로 미국은 이스라엘에 NPT 조약 가입을 압박하지 않는다고 확약했다. 하지만 이 합의는 양측이 공동 문서에 서명한 것이 아니라, 각자의 문서 형태로 서명한 것이므로 언제든지 파기가 가능한 형태였다. 이후 이 각자 서명 문서는 조지 부시 대통령 시절, 양국은 이스라엘의 억지력(deterent)을 훼손(detract)하지 않는다는 미국의 보증 문서로 진화한다. 다만 오바마 대통령은 이 각서에 핵무기 관련 문구가 전혀 없다는 것을 근거로 이스라엘의 핵무기 폐기를 종용했지만, 당시 총리였던 네타냐후의 반대로 성사되지는 못했다. 양국의 이 어정쩡한 합의는 트럼프, 바이든 대통령까지 유지된다. 하지만 이스라엘의 핵억지력은 2023년 10월 하마스의 공격으로 과연 효용성이 있는지에 대해 의문이 제기된 상태이다.

다. 미국과 중국의 충돌 가능성이 이래서 공포 그 자체인 것이다. 아인슈타인의 말대로 핵무기는 우리의 사고방식 빼고는 모든 것을 바꿔 놓았다. 따라서 핵무기가 없는 강국 혹은 초강국 상호 간 과거의 충돌과 핵무기를 보유한 오늘날 제국 충돌의 가장 큰 차이는 바로 제국 충돌의 결과는 승자가 아무도 없다는 것이다.

미국과 소련의 패권 경쟁을 상기해 보라. 미국과 소련의 패권 경쟁으로 인한 핵전쟁은 미국과 소련 모두를 파괴하고 나아가 인류 전체를 절멸시키는 대재앙이다. 즉 승자가 아무도 없다. 예컨대 미국이 쿠바에 미사일 기지를 설치하려는 소련을 파괴하기 위해 소련 본토에 핵 선제공격을 가했다고 가정하자. 소련의 주요 도시와 핵무기 저장소 등이 그 대상이 될 것이고, 흔적도 없이 사라질 것이다. 하지만 미국의 ICBM이 발사되면 소련의 인공위성 등 탐지 자산은 이를 무조건 파악하기 때문에, 미국 ICBM 도착 전에 소련도 핵무기 버튼을 자동으로 누르게 된다. 더구나 해저에 있는 소련의 핵잠수함은 그 위치를 전혀 알 수 없으므로, 미군이 절대로 먼저 파괴할 수 없다.[20] 미국의 핵 공격을 인지한 소련 핵잠수함은 당연히 미국 본토와 미국의 전 세계 미군 핵기지를 대상으로 전면적인 핵 공격을 감행할 것이다. 만약 1980년대 중반이었다면 미국 본토는 물론이고 미국의 수백 개 핵무기가 배치되었던 필리핀, 한국, 괌, 푸에르토리코, 그린란드의 툴레(Thule, 현재명 카나크)도 소련 핵 공격의 대상이다. 더구나 소련의 핵잠수함 함장은 이 공격 과정에서 모스크바로부터 어떠한 승인이나 핵 공격에 필수적인 발사 코드가 필요하지 않다! 특히 미국도 마찬가지이지만, 러시아는 육상에 배치된 ICBM보다 잠수함에 배치된 SLBM이 더 많다!![21] 그래서 세상에서 가장 무서운 권력자 세 사람이 수천 개의 핵탄두 발사 버튼이 내장된 핵 가방(Nuclear briefcase)

---

20 핵잠수함은 그 어떠한 인공위성 자산으로도 탐지가 불가능한 유일한 전략 무기이다.

21 (2023년 6월 기준, ICBM: SLBM: 항공기 등 기타 순) 러시아 – 1,672: 1,731:1,086, 미국 – 800:1,920:988, 출처; 일본 나가사키 대학교의 핵무기 폐기 연구 센터(Research Center for Nuclear Weapons Abolition, RECNA)가 2024년 6월에 발표한 「세계 핵탄두 데이터(World's Nuclear Warheads Data 2023)」 보고서. https://www.recna.nagasaki-u.ac.jp/recna/en-nwdata/list_of_nuclear_2023

을 들고 다니는 미국 대통령, 러시아 대통령, 그리고 소련 핵탄두 잠수함의 함장인 것이다. 영화 「크림슨 타이드」에서처럼 미국은 미국 대통령의 직접 명령과 함장과 부함장의 의견이 일치해야지만 핵 버튼을 누를 수 있다고 규정해 놓았지만, 소련이나 러시아는 그런 규정이 있는지조차도 알려져 있지 않다.

결과는? 양측 모두 "확실히!" 궤멸한다. 1, 2차 세계대전처럼 승자가 있고, 승자가 이득을 독차지한 것과 완전히 다르다. 이 메커니즘을 "상호확증파괴(Mutually Assured Destruction, MAD)"라고 하는데, 이 때문에 한국 전쟁,[22] 쿠바 사태, 베트남이나 "찰리 윌슨의 전쟁"이라고 불리는 아프가니스탄 전쟁처럼 몇 개의 미소 대리전이 있긴 하였지만, 미국과 소련의 패권 경쟁은 양국 간 전면전을 수반하지 않았다.[23] 1972년에는 미소 양측 모두 미사일 방어 시스템 개발을 중단한다는 ABM(Anti-Ballistic Missile) 조약에 서명한 바 있는데, 이 ABM 조약은 미소 양측이 스스로 자국을 상호확증파괴 메커니즘에 노출시킴으로써 양측의 파멸을 방지한다는, 겉으로만 보면 황당하기 그지없는 고육지책의 일환이었다. 윈스턴 처칠 말에 따르면 MAD가 만든 "숭고한 역설과 공포라는 견고한 산물 때문에, 평화와

---

22 한국 전쟁에 소련군이 참전했다는 사실은 소련이 공식적으로 밝히지 않아, 비밀 아닌 비밀이었다. 정전 당사국에 소련이 포함되지 않은 이유도 이 때문이다. 그러다가 1993년 옐친 대통령이 김영삼 대통령에 보낸 서한에 소련군의 한국전쟁 참가 사실에 대한 간략한 언급이 있었고, 한국전쟁 정전협정 70주년인 2023년 푸틴 대통령이 김정은 국무위원장에게 보낸 친서에서도 다시 확인되었다.

23  베트남 전쟁에는 북한의 김일성이 자국의 공군 조종사를 파견하였다. 물론 당시에는 철저히 비밀리에 붙였다. 북한은 이 대가로 소련으로부터 당시 최첨단 전투기인 미그 29기를 대량으로 받았다. 미그 29기는 지금도 북한의 주력 전투기이다. 베트남 전쟁에 참여했던 북한의 공군 조종사들은 미국 공군을 놀라운 조종술로 끊임없이 괴롭혔다. 이 때문에 미국은 베트남 전쟁 중에 해병대 공군 조종사들의 훈련 필요성을 절감하여 미사일 발사에 의존하지 않고 근접전에 초점을 맞춘 비행 훈련 프로그램을 1969년에 만드는데, 이 프로그램이 나중에 최고의 총잡이라는 뜻의 탑건(TOPGUN) 프로그램으로 발전하게 된다. 한편 이란 혁명이 일어나기 직전인 1978년 4월, 모하마드 타라키(Nur Muhammad Taraki, 1917~1979)와 하피줄라 아민(Hafizula Amin, 1929~1979)이 쿠데타를 일으켜 아프가니스탄을 전복했다. 1년 5개월 후인 1979년 9월, 이번에는 아민이 타라키를 암살하고 권력을 잡는다. 그런데 아민이 친미 행보를 보이자 소련은 그를 미국의 첩자로 간주하고, 그를 그냥 둘 경우 아프가니스탄이 미국으로 넘어갈 것을 우려했다. 이에 따라 소련은 1979년 12월, '폭풍 333호' 작전을 통해 아프가니스탄으로 쳐들어간다. 아민은 소련 KGB가 사살하고, 아프가니스탄은 소련군의 무자비한 점령 작전의 희생양이 되었다. 그러나 아프가니스탄 사람들은 지하드에 나선 사람들이라는 뜻의 '무자헤딘'을 결성한 후 결사 저항했고, 미국은 스팅어 미사일을 비롯한 온갖 군수 물자를 파키스탄, 이스라엘, 이집트 등을 통하여 빈 라덴과 탈레반을 포함한 아프가니스탄 반군에 대량으로 제공했다. 즉, 미국과 소련이 대리전을 펼친 것이다. 특히 소련과 사이가 안 좋았던 중국조차도 무자헤딘에 대한 군사 지원을 한 것으로 알려져 있다. 결국 1988년 소련은 아프가니스탄에서 완전히 철수했다. 아프가니스탄에 대한 미국의 군수 물자 제공 이야기는 2008년 톰 행크스가 주연한 「찰리 윌슨의 전쟁」이라는 영화로도 만들어졌다.

궤멸이라는 쌍둥이 형제의 존재가 가능"했던 셈이다.[24]

필자는 미국과 중국의 패권 경쟁으로 인한 무력 충돌 가능성도 상호확증파괴가 가져오는 인류 절멸이라는 소름끼치는 공포와 이 때문에 조성되는 불안한 평화의 메커니즘을 따를 것이라고 생각한다. 이유는 바로 핵무기를 보유한 미국과 중국 모두 세계 패권을 추구하는 제국이고, 핵무기를 보유한 양측 모두 물리적 전쟁을 통한 전면전의 결과 승자가 없다는 것을 명확히 인식하고 있기 때문이다. 따라서 미중 양측이 국력을 총동원하여 전면전을 벌일 가능성은 논리적으로만 보면 현저히 낮다. 전술한 위안화 패권의 마지막 수단이 미국과 중국 간 전쟁이었는데, 이 점에서 양측이 통화 패권을 명시적 목표로 하여 전쟁을 벌이지는 않을 것으로 생각한다.

다만 핵무기처럼 양측을 모두 파괴하는 수단을 동원한 전면전이 아니라, 재래식 무기를 사용하는 우발적인 국지전의 가능성은 충분하다고 본다.[25] 레이 달리오는 미중 간의 대규모 확전 가능성이 향후 10년 내 35%라고 추정했다.[26] 필자도 레이 달리오의 주장에 동의하는데, 다만 개인적으로는 35%보다 더 높은 40% 이상이라고 생각한다. 예컨대 중국이 영유권을 주장하는 남중국해에서 미국과 중국의 전함이나 전투기가 우발적으로 재래식 전투를 벌일 가능성은 충분하다. 현재 미국은 남중국해를 공해로 간주하여 자유로운 항행을 주장하고, 중국은 남중국해를 자국 영해로 선포하고 난사군도의 7개 산호섬에 군사기지를 건설한 상태이기 때문에, 미국과 중국의 우발적 군사 충돌은 필자는 시간문제라고 본다. 실제로 2022년 12월 21일, 남중국해 상공에서 미국 공군 RC-135 정찰기의 정찰 중에 중국 해군 J-11 전투기가 6m 이내로 접근하는 초근접 비행을

24　그레이엄 앨리슨, *앞의 책*, p. 314

25　중국은 건국 후 주요 국가와 재래식 무기를 사용하여 대략 3차례의 국지전을 치렀다. 즉, 1962년 인도, 1969년 소련, 1979년 베트남. 인도와 소련과의 국지전은 국경 분쟁이었고, 1979년 베트남과의 전쟁은 베트남이 1978년 캄보디아를 침략한 것에 대한 경고성 국지전이었다.

26　레이 달리오, *앞의 책*, p. 555. 다만 레이 달리오는 대규모 확전 가능성에 핵전쟁이 포함되는지 여부는 평가하지 않았다. 상상도 하기 싫었기 때문일까?

한 적이 있다. 중국 전투기는 4발의 미사일을 장착하고 있었고, 근접 비행 중에 무슨 일이 벌어질지 알 수 없는 상태였다. 미군 정찰기는 충돌을 피하기 위한 회피 기동을 해야 했다.

물론 미국은 전투함을 동원해 이 지역에서 상선의 자유로운 항행을 지지는 하되, 중국과의 무력 충돌은 피한다는 기본원칙은 가지고 있다. 하지만 미국과 중국의 함선과 전투기가 가시거리 안에서 떼로 몰려 있는 남중국해에서, 양국이 교전 원칙을 존중하면서 철저히 절제된 군사 행동만 전개한다는 보장이 어디에 있나? 예컨대 중국과 친미 성향의 필리핀은 2023년 9월부터 2024년 4월 사이에 남중국해 스프래틀리 제도 근방의 세컨드 토머스 암초(Second Thomas Shoal)에서 6차례나 물리적으로 충돌했다. 2024년 3월 23일에는 중국 해경선이 필리핀 보급선을 향해 물대포를 쏘면서 4명의 선원이 부상당하고 선체도 훼손되었다. 이 때문에 2024년 4월 11일에는 사상 최초로 개최된 미·일·필리핀 정상회담에서 바이든 대통령이 중국이 필리핀 선박을 공격하면 미국이 자동으로 개입하겠다고 천명하기도 했다. 심지어 이 사건 이후 중국은 분이 풀리지 않았는지, 자국의 두 번째 항모인 산둥함을 2024년 6월 26일, 필리핀 루손섬 서쪽 370㎞까지 근접 파견하여 무력시위를 벌였다. 다행히도 당시 남중국해에 머물고 있던 미국 항모인 시어도어 루즈벨트호는 한미일 연합 훈련 참가로 이 지역에 없었다. 필자는 미국과 중국 양측의 항모가 남중국해에서 정면으로 대치하는 상황은 소설 속 상상이 아니라, 이제는 예정된 사실로 봐야 한다고 생각한다.

특히 미국을 비롯한 서양은 전쟁의 기술을 주변 상황을 고려하여 폭넓게 해석하지 않고 전장에 한정시키는 경향이 있다. 즉, 미군은 전쟁 상황에서 전체 수를 고려하는 바둑을 두는 것이 아니라, 상대방 킹을 제압하려는 체스를 두는 경향이 강하다. 이 때문에 미군은 20수 이상 앞을 보면서 싸우지 않고 적을 포위하여 섬멸하는 바둑이 아니라, 5~6수 앞선 수로 왕을 옴짝달싹 못 하게 만드는 체스 게임처럼 실제 전장에서 힘을 사용한 정면 대결에 매우 친숙해 있다.

그렇다면 오늘날 남중국해에서 미국은 바둑을 둘 것인가? 아니면 체스 게임

을 둘 것인가? 2001년 하이난섬에 정찰 업무를 수행하던 미국 정찰기가 중국 공군과 충돌하는 사건이 있었는데, 이때는 외교적 협상을 통해 사태가 평화롭게 해결되었다. 즉, 2001년에는 미국과 중국 모두 바둑을 두고 있었다. 그러나 2020년대 난사군도에서 미국과 중국의 우발적 무력 충돌은 하이난섬 사태처럼 과연 외교적 협상을 통해 원만히 해결될 수 있을 것인가? 시진핑이 장기 집권에 성공한 2022년 10월 이후, 중국은 남중국해에서 전통 게임인 바둑 식 접근을 할 것인가? 아니면 서양의 체스 식 접근을 할 것인가?

미국과 중국 양측이 직접 충돌하는 국지전쟁이 아니라, 제3의 국가나 지역을 매개로 간접적으로 양국이 충돌할 가능성도 있다. 미국과 중국이 간접적으로 충돌할 가능성이 높은 가장 유력한 제3의 국가는 바로 대만과 한반도이다. 예컨대 대만 해협에서 공해라고 주장하는 미국 공군이나 미국 항모의 지원을 받은 대만 전함이 자국 영해라고 주장하는 중국의 전함과 재래식 방식으로 충돌할 가능성은 배제하기 어렵다. 예컨대 2022년 8월 4일, 낸시 펠로시 의장의 타이완 방문 직후 중국은 타이완 해상을 완전히 포위하여 포격 훈련을 한 적이 있다. 더구나 중국은 아예 타클라마칸 사막에 제럴드 포드 항모 모형을 만들어 놓고 장거리 미사일 타격 실험을 하고 있는 것으로도 알려져 있다.[27] 이런 상황에서 만약 어떤 계기로 중국이 비슷한 포격 훈련을 하다가 캐리어 킬러인 DF-21D가 발사되고, 이로 인해 만약 태평양에서 군사 작전을 수행하는 제5 항모타격단(Carrier Strike Group 5: CSG5)의

---

27 타클라마칸 사막의 제럴드 포드 항모 모형의 위성 사진은 미국의 민간 위성업체인 플래닛 랩스(Planet Labs)가 2024년 1월에 공개했다.

로널드 레이건 항모 혹은 2024년에 완전히 업그레이드되어 교체된 조지 워싱턴 항모가 피해를 입어 사상자가 발생했다면, 미국은 중국에 대해 군사적 대응조치를 하지 않을까?[28]

나아가 한반도의 북한에서 김정은 정권이 어느 날 갑자기 붕괴하면 미국과 중국은 어떻게 행동할 것인가? 중국은 미군이 주둔하는 남한과 국경을 접하는 일은 "절대로" 용납하지 않을 것이다. 따라서 이런 일이 생기면 중국의 인민 해방군은 무조건 압록강과 두만강을 건너 북한으로 전속력으로 진군할 것이다. 그렇다면 과연 미군이 주둔하는 남한은 중국 인민 해방군이 압록강과 두만강 도하를 건너 북한으로 물밀듯이 진군하는 모습을 강 건너 불구경하듯이 가만히 앉아서 지켜 보고만 있을까? 나아가 김정은 정권이 붕괴되면 북한이 보유한 핵무기의 제3국 유출을 막기 위해, 미국 특수작전사령부 또한 무조건 특수군을 북한으로 파견하여 북한 핵무기의 국제 무기 시장 유출을 막을 것이다. 그렇다면 중국은 북한 핵무기에 대한 미국 특수작전사령부의 군사 작전을 척 노리스가 열연한 영화 「델타포스」 감상하듯이 멀리서 지켜보고만 있을까?

문제는 미국과 중국의 국지전이나 제3국에서의 재래식 군사 충돌이 세계 대전으로 비화할 가능성이다. 전술한 대로 논리적으로만 보면 이럴 가능성은 현저히 낮다. 그러나 인간이 언제나 합리적으로 행동하는 것은 아니다. 이 명제는 인간의 역사를 통해 100% 증명된 진실이다. 투키디데스는 인간이 위험을 사전에 인지하고 있음에도 불구하고 피할 수 없는 재앙에 빠져드는 이유가 인간의 어리석음 때문이라고 평가했다. 유발 하라리의 말대로 인간의 어리석음을 절대로 과소평가해서는 안 된다. 믿을 수 없는 일이지만 야간 훈련 중 용변을 보러 간 병사 1명 때문에, 1,200만 명의 군인이 사망한 중일전쟁이 시작되었다는 역사적 사

---

 28 미국은 2024년 기준으로 총 9개의 항모타격단을 가지고 있다. 태평양은 2024년 이전에는 로널드 레이건 항모, 2024년 이후에는 완전히 업그레이드된 조지 워싱턴 항모를 주축으로 하고 있고, 모항이 도쿄 외곽의 요코수카이다. 항모타격단의 모항이 해외에 있는 곳은 제5 항모타격단이 유일하다. 한편 미국이 항공모함 타격단을 운영하는 비용은 연간 20~30억 불 사이인 것으로 알려져 있다.

실을 상기해 보라.[29] 즉 필자는 미중 양측의 전면적 핵전쟁 가능성이 현저히 낮다고 판단하고는 있지만, 이 결론은 인간의 어리석음을 과소평가하는 측면이 있다. 전쟁은 언제나 인간의 감정적이고 어리석은 결정에서 비롯되는 경우가 부지기수이기 때문에, 논리적으로만 핵전쟁 개시 여부를 판단하는 것은 틀림없이 한계가 있다.

따라서 필자는 미국과 중국 양측 모두 예상하기 어려운 어리석은 결정을 상호 연속으로 내릴 경우, 미국과 중국의 물리적 충돌이 핵무기를 동반한 제3차 세계 대전으로 이어질 가능성이 제로라고 단언할 수는 없다고 본다. 비스마르크의 표현대로 지금 중국 주변인 대만과 한반도는 화약이 산더미처럼 쌓여 있고,

미국과 중국의 지도자들은 그 위에서 담배를 피우고 있는 형국이다. 투키디데스의 함정은 양측 모두 화약고 위에 앉아서 담배를 피우다가 자칫하면 폭발이 일어날 수도 있는 파멸적인 함정이 있음을 알고 있고 그 함정에 빠지지 않을 것이라 확신하면서도, "어? 어?"하면서 필연적으로 빠지게 되는 마법의 함정이다.

세르비아 19세 청년 가브릴로 프린치프 (Gavrillo Princip, 1894~1918)가 1914년 6월 28일에 쏜 총알 두 발 때문에 군인과 민간인을 합쳐 무려 1,500만 명이 사망한 1차 세계대전이 일어났다는 역사적 사실 또한 공포스럽다.[30] 왜냐하면 세계 대전이 일어나기 직전인 1914년 초 유럽 전역 어디에도 전쟁 위험이 임박했다는 징후 자체가 보이지 않았기 때문이다. 오히려 미국과 유럽은 철도 혁신, 포드사의 자동차 혁신 등 생산력의 진전과 기술혁

---

29 이 블랙 코미디 같은 사건은 『황금, 설탕, 이자 - 바빌로니아의 수수께끼(下)』 編에서 상술한다.

30 오스트리아 법정은 가브릴로 프린치프를 사형에 처하려고 했으나, 당시 오스트리아 법에 따르면 20세 미만의 미성년자는 사형에 처할 수 없었다. 결국 그는 20년 형을 선고받고 투옥되었으나, 구타와 영양실조로 결국 옥중에서 사망한다.

신, 임금 상승으로 풍요와 평화를 만끽하고 있었다. 1914년 6월 25일, 영국의 옥스퍼드 대학은 독일의 뷔르템베르그(Wuttermberg) 공작에게 명예 박사 학위를 수여하고는 강단에 교수들이 모여 이 독일인을 향해 우렁찬 박수갈채를 보내기도 했다.

심지어 러시아 주재 영국 대사 아서 니콜슨(Arthur Nicolso, 1849~1928)은 1차 대전이 터지기 2달 전인 1914년 5월에 이렇게 썼다. "나는 외무부에 들어온 이래로 그렇게 고요한 바다를 본 적이 없다."[31] 이처럼 1871년부터 1914년까지 분쟁의 징후 자체가 전혀 없었던 고요한 평화의 시기를 "벨 에포크(Belle opque)," 즉 "좋은 시절"이라고 부른다. 이는 마치 2023년 10월 7일 토요일, 이스라엘 전역에 5,000발의 미사일을 무더기로 쏟아부어 중동 전역을 전쟁 위기로 몰고 간 하마스 공습 8일 전인 2023년 9월 29일, 미국 내 유명 연사 초청 행사인 애틀랜틱 페스티벌(Atlantic Festival)에서 미국 국가 안보 보좌관인 제이크 설리반이 "지난 20년간 이렇게 중동이 조용한 적이 없었다."라고 발언한 것과 하나도 다를 바 없다.[32]

더 나아가 쿠바 미사일 위기 때 케네디 대통령은 외교 채널을 통한 비밀 조율 방식이 아니라, 미국인들 전원이 시청하는 TV를 통해 흐루쇼프 서기장에게 단 하루의 말미를 주고 물러나라고 스스로 배수

가브릴로 프린치프. 그는 세르비아의 가난한 가정에서 태어나 사라예보에서 교육을 받았다. 그곳에서 1911년 오스트리아 지배를 청산하고 세르비아를 포함한 보스니아를 독립하려는 목적을 가진 정치 단체인 젊은 보스니아(Young Bosnia)에 가입한다. 불행히도 키도 작고 신체도 건강하지 못해 세르비아 민병대에는 합류하지 못하고, 철저한 슬라브 민족주의에 입각하여 오스트리아 주요 인물에 대한 암살 음모를 기획한다. 마침 페르디난트 대공 부부가 1914년 6월 28일에 사라예보를 시찰하러 왔고, 오스트리아 황태자 부부를 태운 체코의 운전사가 동선을 몰라 방향 제어를 잘못하여 엔진이 멈춘 사이 19세의 나이로 황태자와 그 부인을 암살한다. 암살 후 체포되어 20세 미만이라는 이유로 사형을 면했으나, 허약한 몸으로 독방에 갇혀 영양실조와 폐결핵에 걸려 24세의 나이로 사망했다. 이때 그의 몸무게는 40kg에 불과했다. 작자 미상. 1914년. 출처: Wikipedia. Public Domain

---

31 · 피터 프랑코판, *앞의 책*, pp. 518~519

32 · "The Middle East is quieter than it's been in two decades."

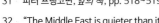

진을 쳤다.[33] 만약 흐루쇼프 대통령이 거부했거나 24시간 후에나 조치를 취했다면 무슨 일이 벌어졌을 것인가? 더욱 놀라운 것은 이런 어리석은 최후통첩이 가장 합리적인 국가라고 자부하는 미국의 대통령이 내린 결정이라는 점이다. 상식과는 완전히 반대로, 이성을 잃지 않고 엄청난 자제력을 발휘하여 합리적인 판단으로 핵전쟁을 막은 결정을 내린 사람은 미국의 케네디 대통령이 아니라 소련 공산당 당서기인 흐루쇼프였다! 실제로 케네디 대통령은 나중에 쿠바 사태 당시 미국과 소련의 핵전쟁 가능성을 30~50%나 된다고 판단했음을 동생인 로버트 케네디에게 털어놓았다고 한다.[34]

베트남 전쟁 또한 국방부 장관 맥나마라 장관의 말에 따르면 존슨 대통령이 "실제 일어나지도 않은 2차 공격에 대응하겠다는 생각"으로 북베트남에 대한 전쟁을 선포하면서 본격 시작했다.[35] 미국과 중국의 국지적인 군사 충돌 과정에서 케네디 대통령이나 존슨 대통령과 같은 어리석은 결정이 없을 것이라고 과연 누가 장담할 수 있나? 1인 독재체제를 완성한 중국이 무슨 이유에서든 대만을 점령하는 과정에서 필요한 경우 핵전쟁을 강행하겠다는 결정을 내릴 경우, 합리적으로 이를 통제할 제어장치가 있다고 보는가? 자국의 국익이 훼손된다고 판단하면 러시아와 같은 1인 독재국가는 물론이고, 미국 같은 합리적인 국가의 지도자조차도 이성을 잃고 행동한다는 것이 역사의 교훈이다.

이처럼 인간의 피할 수 없는 어리석음을 감안한다면, 미국과 중국의 국지적 충돌이나 제3국에서의 충돌이 우발적으로 3차 세계 대전으로 비화하고, 그 어리석음이 막장으로 갔을 때는 전면적 핵전쟁 가능성도 배제하기 어렵다. 예컨대 페리클레스도, 러시아 황제도, 일본 천황도 스파르타나 영국, 중국과 처음부터 전쟁을 할 의도가 전혀 없었다. 그들은 자신들의 의지와 상관없이 전쟁에 끌려 들

---

33 물론 케네디 대통령은 외교 채널을 통해 쿠바 미사일 기지 건설을 취소하면, 튀르키예에 있는 미국의 미사일도 6개월 내 감축할 수 있다는 제안도 외교 채널을 통해 소련에 던졌다.

34 그레이엄 앨리슨, *앞의 책*, p. 13

35 그레이엄 앨리슨, *앞의 책*, p. 253

어간 것이다. 최소 2,000만 명의 중국 인민이 사망한 1937년 7월 7일, 중일전쟁의 서막은 야간 훈련 중에 용변을 보러 간 일본인 병사를 중국군이 납치했다고 믿고는 중국 마을을 침공한 관동군 연대장 무다구치 렌야^(牟田口廉也, 1888~1966)의 블랙 코미디 같은 결정에서 시작된 것이다. 이 당시 일본은 아무르 강에서 소련과 군사적으로 충돌하는 상황이었으므로, 합리적인 관점에서만 보면 일본이 중국 국민당과 전면전을 치르며 전선을 확대한다는 것은 상상도 못할 일이었다.[36] 미국과 중국도 마찬가지다. 이들의 합리적인 의지와 상관없이 전쟁으로 끌려 들어가는 투키디데스의 함정에 빠질 가능성을 절대로 배제해서는 안 된다.

전쟁이 일단 일어나면 예외 없이 적용되는 불변의 법칙이 있는데, 바로 전쟁은 그 누구도 전개 방향과 결론을 예측할 수 없다는 것이다. 예컨대 1차 세계대전이 터졌을 때 무려 4년 동안이나 전쟁을 할 것이라고 그 누구도 예상하지 못했고, 2차 세계대전이 터졌을 때도 인류 역사상 핵무기가 처음 사용될 것이라고 아무도 예상하지 못했다. 푸틴이 우크라이나를 침공했을 때에도 전쟁을 1년이나 넘게 끌 것이라고는 상상조차 하지 못했을 것이다. 따라서 국지전이든, 3국 충돌이든 일단 미중 양국 간 전쟁이 터지면, 그 결론이 전면전으로 갈지, 아니면 핵전쟁까지 갈지 아무도 모른다.

다만 미중 전쟁이 터지고 확전의 경로를 밟게 되면 필자가 100% 확신을 가지고 무조건 발생한다고 예측할 수 있는 사건은 몇 가지 있다. 우선, 미중 간 전쟁의 확전은 무조건 인류 최초의 우주전쟁으로 비화할 것이다. 중국은 확전 초기 미국 군사력 우위의 핵심인 인공위성을 파괴하려고 시도할 것이고, 미국은 이를 방어하기 위한 미사일 방어 시스템을 가동할 것이다. 인류는 역사상 처음으로 우주에서 벌어지는 미국과 중국 간 미사일 공격과 방어전을 지상에서 지

---

36   일본은 스탈린과의 전선 확대에 부담을 느껴, 중일전쟁이 한창이고 독일의 소련 침공 직전인 1941년 4월 13일, 소련과 중립 조약을 맺게 된다. 일본은 독소 불가침 조약 같은 불가침 조약을 원했지만, 소련은 독일을 자극하지 않기 위해 중립 조약으로 급을 낮춘다. 이 조약은 소련이 1945년 8월 9일, 만주를 침공하면서 무효가 된다. 그러나 실제로는 중일전쟁 당시 스탈린은 일본의 적인 국민당 정부에게 엄청난 전쟁물자를 제공하고 있었다. 스탈린은 일본이 국민당 정부와의 소모적 전쟁에 계속 몰입하도록 함으로써, 소련의 동쪽 전선을 안정화하고 싶었던 것이다.

켜보는 차원이 다른 경험을 하게 될 것이다.[37] 둘째, 국지전이 아닌 미중 확전 결과 누군가 승자가 있게 되면 그 국가가 통화 패권을 가질 것이다. 미국이 승리하면 미국의 달러 패권은 유지될 것이고, 중국이 승리하면 중국의 위안화 패권이 새로이 확립될 것이다. 달러 패권이 유지되면 크게 바뀌는 것은 없지만, 만약 위안화 패권이 확립된다면 전 세계 중앙은행은 달러가 아니라 위안화를 외환보유고로 가지고 있어야 한다. 셋째, 미중 확전 결과 만약 양쪽 모두가 절멸하는 상호확증파괴 경로를 따르게 되면, 통화 패권이 문제가 아니라 인류 전체가 구석기 시대로 진입할 것이다! 아마 농사짓는 법조차도 몰라서 나무 열매나 줍고 그나마 사냥할 동물이나 남아 있다면 사냥으로 끼니를 때워야 한다. 설사 농사짓는 법을 아는 이가 생존했다 하더라도 노르웨이의 스발바르(Svalbard) 국제 종자 저장고까지 가서 종자를 구해야 하는데, 핵겨울이 닥친 매서운 추위 속에서 북극해에 가까운 노르웨이 북쪽의 고립된 섬까지 가서 종자를 구하러 갈 수 있는 사람이 도대체 몇 명이나 될까?

하지만 누가 승자가 될지는 아무도 모른다. 객관적인 전력은 현재로서는 미국이 단연 앞서 있지만, 우주전쟁을 통해 미국의 위성 시스템을 중국이 효과적으로 파괴한다면 미국의 승리는 결코 장담할 수 없다. 미국이 2차 대전 후 전쟁에 임한 나라 중에서 중국과 같은 최첨단 기술을 가진 국가가 단 한 나라도 없었다는 점 또한 큰 부담이다.

(3) Great Rapprochement

따라서 "미중 양국의 국지전이 설마 핵전쟁으로까지 비화할 가능성이 있겠

37 　　다만 이 전략은 2016년에 창설된 로켓군의 부정부패 및 비리 혐의로 인해 상당 기간은 실현이 안 될 수도 있다. 미 정보 당국에 따르면 로켓의 연료에 물이 채워져 있거나, 규격이 안 맞는 뚜껑으로 못 쓰는 미사일이 창고에 대량으로 쌓여 있다고 한다. 시진핑은 이 사실을 확인한 후 2023년 하반기부터 리샹푸(李尙福, 1958~) 국방부 장관, 리위차오(李玉超, 1962~) 로켓군 사령관을 포함하여 로켓군 고위군 인사와 방위산업 관계자 10여 명을 파면, 체포 혹은 구금한 것으로 알려져 있다.

나"라고 반문하는 것은 합리적인 판단이 아니다. 2차 세계 대전이 기술 및 산업 패권과 무역 패권을 새로이 확보한 신흥 패권국가인 독일과 일본을 기존의 국제 질서가 통제하지 못해서 발생한 것임을 감안할 때, 부상하는 중국의 신규 패권을 현재 미국 패권을 전제로 구축된 국제 질서로 평화적으로 처리하지 못할 경우, 세계적 차원의 전쟁이 일어나는 것은 어쩌면 당연한 논리적 귀결일지도 모르겠다. 혹자는 3차 세계대전을 피하기 위해서라도 차라리 달러라는 기축통화를 소유한 미국의 기술 및 산업 패권, 무역 패권, 금융 패권에 따른 세계패권을 인정하는 편이 낫다고 주장할 것이다.

개인적으로도 필자는 중국의 경제 굴기를 바탕으로 한 중화사상이 미국의 달러 패권과 물리적으로 충돌하지 않기를 간절히 바라는 사람 중의 한 사람이다. 이 점에서 필자는 미국의 목표가 중국을 완전히 궤멸시키는 것이 아니라, 중화사상이라는 중국인의 존엄성을 인정하면서 10억 이상의 인구가 거주하는 거대 소비 시장과 값싼 노동력을 활용한 제조업 생산기지의 역할은 남겨 두는 것이 나을 것이라고 생각한다. 중국도 「중국 제조 2025」 혹은 「신품질 생산력」, 일대일로나 위안화 금 태환처럼 미국의 기술 패권, 산업 패권, 무역 패권, 달러 패권에 공개적으로 도전하는 것보다는 미국과의 협력적 분업 체계를 다시 고민하는 새로운 전략이 필요하다고 본다. 필자는 이렇게 양국이 절충점을 찾는 것이 인류 모두가 생존하는 현명한 길이라고 생각한다.

역사적 사례도 있다. 바로 영국과 미국이다. 미국은 독립 후 19세기 초부터 적극적인 팽창 정책을 추구하게 되는데, 대표적인 사례가 1803년에 미국이 프랑스가 지배하던 미시시피강 유역의 루이지애나 땅을 나폴레옹으로부터 매입한 사건이다. 이 땅은 현재 스페인, 프랑스, 이탈리아, 통일 독일, 영국을 합친 것과 유사한 엄청난 규모의 영토이다. 영국은 당시 나폴레옹과 한창 전쟁 중이었으므로, 이를 견제할 여력이 없었다. 다만 미국이 루이지애나 매입 후 영국이 지배하던 캐나다까지 점령하려고 시도하자 이번에는 영국이 이를 적극적으로 견제했다.

워싱턴의 의회 의사당을 불태우는 영국군. 이 당시 영국에 대해 선전포고한 이는 미국 헌법의 아버지라 불리는 제임스 매디슨(James Madison, 1751~1836)이었다. 전쟁의 원인은 캐나다를 둘러싼 양국의 주도권 다툼이었다. 이 과정에서 수도 워싱턴을 영국군이 점령하고 의회와 대통령 집무실(President's House)을 불태우기도 했다. (전쟁이 끝난 후 대통령 집무실을 수리하면서 포탄과 화재의 흔적을 지우기 위해 건물 전체를 하얀색 페인트로 칠하게 되는데, 이후부터 이 건물은 백악관, 즉 White House라고 불린다.) 전쟁 결과 미국은 캐나다 진출을 포기해야 했지만, 당시 최강대국 영국과 공식적으로 승패가 없는 전쟁을 함으로써 미국의 국력을 대외에 과시했다는 평가도 받는다. 프랑스 역사가 폴 드 라 팽(Paul M. Rapin de Thoyras. 1661~1725)의 1816년 저서 『영국 역사(The History of England, from the Earliest Periods)』, 1권에서 발췌. 미국 의회도서관 소장. 출처: Wikipedia. Public Domain

결국 1812년 국력은 약했지만, 적극적인 팽창 정책을 추구하던 미국은 당시 미국보다 훨씬 강대국이었던 영국을 상대로 전쟁을 선포했다. 전쟁이 시작되자 약소국이었던 미국은 강대국 영국의 적수가 되지 못했다. 영국은 1814년 8월에 미국 수도인 워싱턴으로 직접 쳐들어가 의회와 백악관을 비롯한 미국의 공공시설들을 불태웠다. 이처럼 미국 건국 초기에는 영국이 미국 견제에 그나마 적극적이었다.[38] 1812년 전쟁 초반 영국의 우세는 결국 미국의 캐나다 점령 실패로 이어졌다. 이 때문에 오늘날까지도 캐나다가 독립 국가로 남아 있는 것이다. 하지만 영국은 이 당시에 기본적으로 프랑스의 나폴레옹이 장악하던 유럽에 정신이 팔려 미국에 대한 적극적 견제에 나설 수가 없었다. 양측은 1814년 12월에 종전 선언을 하고는 전쟁을 끝냈다.

하지만 미국은 북쪽으로의 팽창을 포기하는 대신 서쪽과 남쪽으로 팽창을 시도했다. 즉 1814~1819년 기간 동안 스페인으로부터 최단 서북부인 워싱턴 주와 오리건주에 대한 통치권을 넘겨받아 태평양에 최초로 도달했고, 플로리다까

---

38 1814년 워싱턴 점령은 미국이 독립 후 외국 군대가 수도를 점령한 유일한 사건이다. 한편 미국 대통령 집무실은 사암으로 만들어져 원래 회색이었으나, 영국군이 건물을 태워 버려 검게 그을리게 되었다. 미국인들은 검은색 화염을 지우기 위해 하얀색 페인트로 건물을 새로 칠했다. 이후 이 건물은 백악관(White House)으로 불리게 된다.

지도 나중에 확보한다. 1823년 미국의 먼로 대통령^(James Monroe, 1758~1831)은 의회에 제출한 연두교서에서 영국을 비롯한 유럽 국가들의 미주 대륙 간섭을 포기하라고 선언했다. 「먼로 선언」이라고 불리는 이 선언은 중국의 「일대일로」가 대외적으로 중국의 패권 행사를 공식화한 것처럼 미국의 세계 패권 행보 의지를 공식화한 대단히 중요한 선언이었다. 당시 패권국가는 1770년 산업혁명을 바탕으로 파운드화를 기축통화로 만든 영국이었지만, 영국은 먼로 선언에 대한 어떠한 적극적인 조치도 취하지 않았다. 당시 영국은 이미 나폴레옹과의 전쟁을 승리로 이끌어 충분한 여력이 있었는데도 말이다.³⁹

미국은 영국의 무관심을 틈타 1846년에는 멕시코와도 전쟁을 일으켜 2년 만에 캘리포니아, 뉴멕시코, 애리조나, 네바다, 유타, 콜로라도 땅까지 차지한다. 당시 미국 의회 의원들 중에는 멕시코 전체를 차지해야 한다는 주장도 펼쳤지만, 백인 이외의 인종을 연합국의 일원으로 수용하는 것은 안 된다는 논리 때문에 그렇게까지 하지는 않았다. 1856년에는 당시 비료 대용으로 농사에 반드시 필요했던 해조분^(guano)을 취득하기 위해서라면, 다른 나라가 소유하지 않는 무인도일 경우 미국 시민이 이 섬을 취득하는 것을 허용하는 일명 구아노 제도법^(Guano Islands Act)도 통과시켰다.⁴⁰

남북전쟁의 시작이 된 1861년 섬터 요새 포격전. 이처럼 남북전쟁은 남부군이 북부군의 섬터 요새를 선제공격하면서 시작된다. 미국 출판사인 쿠리어 & 이브즈(Currier & Ives). 출처: Wikipedia. Public Domain

미국이 이런 팽창 행보를 보이는 중간인 1861년에 남북전쟁이 터졌다. 남

---

39 물론 영국은 이 당시 러시아의 남하 정책 저지에 온통 정신이 팔려 있었다.

40 이후 구아노 제도 연방법은 미국의 국경이 대륙에 한정되지 않고, 대양으로 확장될 수 있다는 강력한 메시지를 담은 철학적 바탕이 된다. 구아노는 잉카인들이 이 배설물을 '후아누(huanu)'라고 부르던 것에서 유래한 것이다. 잉카인들의 후아누는 똥이라는 뜻이다. 잉카인들은 후아누의 지력 회복 효과를 잘 알고 있어 후아누를 적극 사용했다. 잉카인들이 지력소모가 많은 옥수수를 주식으로 하면서도 그 많은 인구를 먹여 살릴 수 있었던 이유도 바로 후아누 때문이었다.

북전쟁은 기본적으로 미국 내 내전이었으므로, 영국은 직접 참전하지 않고 남부군을 지원만 해도 미국의 패권 부상을 저지할 수 있었다. 특히 남부군은 기본 산업이 노예 노동력을 바탕으로 한 면화 산업이었으므로 철강, 석유화학을 기반으로 풍부한 전쟁물자를 조달할 수 있었던 북부군을 이기는 것이 매우 어려웠다.[41] 특히 북부군은 발달한 산업화를 기반으로 철도, 증기선, 철갑 군함, 전신, 기관총 등을 처음으로 전쟁에 도입하여 사용하였으므로,[42] 남부군은 북부군의 적수가 될 수가 없었다. 오늘날 우리에게 익숙한 하인즈(Heinz Company)와 캠벨 수프(Campbell's Soup), 보든(Borden) 등은 남북전쟁 때 대형 통조림을 군용 식량으로 납품하면서 대형화된 기업이기도 하다.[43]

따라서 당시 가장 산업화가 진전된 영국은 마음만 먹으면 북부군이 아니라 남부군에 전쟁물자를 팔아 전쟁을 장기로 끌 수 있었던 셈이다. 즉 영국에게 남북전쟁은 파운드 패권을 바탕으로 남부군에 전쟁물자를 돈을 받고 조달해 주면서 경제적 이득도 챙기고, 이를 통해 자국의 패권적 지위도 강화하며, 동시에 미국을 분열시켜 자국의 패권을 확고히 수호할 절호의 기회였다! 마치 1, 2차 세계대전 때 전쟁물자 조달로 막대한 돈을 벌어 패권국가로 부상한 미국처럼 말이다!!![44]

---

41 미국이 석유화학 산업이 발달한 이유는 후발 선진국으로 해외에 원료를 조달할 수 있는 식민지가 별로 없었기 때문이다. 19세기 초반 미국을 대표하는 석유화학 기업이 바로 화약 제조회사로 출발하여 1934년 나일론까지 만든 기업인 듀폰(DuPont)이다. (고급 소비재를 생산하는 프랑스의 듀퐁(S.T.Dupont)과는 다른 회사이다.) 듀폰은 대공황 이후 영국과 일본이 독점한 고무 식민지 때문에, 석유화학 역량을 총동원하여 1930년 합성 고무도 만들었다. 독일도 미국과 비슷하게 석유화학 산업이 발달하는데, 독일 또한 원료 조달 식민지가 매우 제한되어 있었기 때문이다. 대표적으로 19세기 농업에 반드시 필요했던 비료인 해조분(guano)은 영국의 깁스(Gibbs) 상사가 전 세계적인 독점 판매권을 보유하고 있었는데, 이 독점구조를 타파한 이가 독일의 유대계 화학자 프리츠 하버다. 그는 공기 중 질소를 이용해 개발한 암모니아(NH3) 합성법을 개발했다. 암모니아는 합성 비료의 원료가 되고, 이후 하버의 암모니아 발명은 "공기에서 빵"을 만들었다는 찬사를 듣게 된다. 다만 암모니아는 폭발물과 탄약의 원료인 니트로글리세린을 대체할 질산 생산에도 활용되는데, 프리츠 하버는 독일의 1차 세계대전 때 TNT 원료와 고성능 수류탄 연구 등에도 참여하게 된다.

42 케네스 포메란츠, 스티븐 토픽, 앞의 책, p. 336

43 케네스 포메란츠, 스티븐 토픽, 앞의 책, p. 396

44 미국은 1차 대전 때 전쟁물자를 14개 항구로 실어 보냈고, 2차 대전 때는 무려 100개가 넘는 항구로 전쟁물자를 실어 보냈다. 2차 대전 때 미국은 전쟁물자를 선박 외에도 항공기를 사용해 보급했다. 미국은 2차 대전 후반기에는 선박보다 항공기를 더 선호했다. 이 때문에 미국은 항공기 제작에 국가역량을 총동원했고, 현재까지도 미국은 항공

그러나 당시 패권국가였던 영국은 유럽에서 프랑스 견제와 러시아의 남하 저지에만 온통 신경이 쏠려 있었다. 대서양을 사이에 두고 멀리 떨어진 국가였기 때문에, 미국이 영국에게 당장은 위협이 안 된다고 판단했을 수도 있다. 즉, 미국 대통령이 나서서 패권 선언까지 했는데도 불구하고, 미국이 자신의 패권을 위협할 수 있다는 생각은 꿈에도 하지 못했던 것이다. 특히 영국 통화인 파운드화는 국제무역에서 기축통화이긴 했지만, 대영 제국에서나 통용되는 통화였다. 레이건 대통령처럼 소련을 붕괴시키기 위해 필요한 막대한 규모의 재정을 조달하기 위해 무지막지하게 달러를 찍어도 가치가 오히려 상승하는 『**바빌로니아의 수수께끼**』같은 달러의 힘은 파운드화에 없었다. 이 때문에 영국은 남북전쟁에 개입할 경제적, 재정적 여력이 없었던 것으로 보인다. 그 결과 남북전쟁은 4년 만인 1865년 영국의 적극적 개입 없이 북부군의 승리로 끝이 났다. 이로써 미국은 통일이냐, 분열이냐는 운명의 갈림길에서 통일 가도를 선택하게 된다. 이 장면은 필자가 보기엔 영국 근대 역사상 상상할 수 있는 가장 멍청한 순간이었다!!!

결과는? 1850년 미국과 영국의 인구는 비슷했다. 피뢰침을 발명한 벤저민 프랭클린(Benjamin Franklin, 1706~1790)은 1755년에 미국의 인구가 100년 안에 영국을 추

기 산업 최강국이 된다. 한 기록에 따르면 전쟁 중 항공기 생산이 정점에 이르렀을 때, 미국에서 4분마다 항공기 1대가 제작되었다는 기록도 있다. 대니얼 임머바르, *앞의 책*, p. 420. 미국은 2차 대전 중 항공기를 통한 물자를 보급하기 위해 대서양 한가운데 무인도인 어센션(Ascension)에 중간 기착지를 건설하는 등 세계 곳곳에 활주로를 건설했다. 특히 미국은 트럭이나 군용 장갑차를 부품으로 분해해서 도착지에서 조립하는 기술도 개발했다. 나아가 미국의 부품과 유럽 각국의 군수 물자 부품을 상호 호환시키기 위해 국제표준화도 단행한다. 1947년에 출범한 국제표준화기구(ISO)는 이러한 배경하에서 탄생한 것이다. 한편 미국은 1900년 무렵부터 국내 표준화에 관심을 가지고, 1901년 의회에 국립표준국(National Bureau of Standards, NBS)을 설립하고 강력한 표준 정책을 추진했다. 하지만 그 과정은 결코 쉽지 않았다. 예컨대 1927년 이전에는 맨해튼의 빨간색은 서행, 녹색은 멈춤, 노란색이 출발 가능 신호였고, 채소의 부셸 단위도 노스캐롤라이나는 10파운드, 테네시에서는 30파운드를 의미했다. 제조업자마다 이해관계가 달라서 표준화가 쉽지 않자, 1920년 상무장관으로 낚시광이던 허버트 후버(Herbert Hoover, 1874~1964)는 업계를 대상으로 거의 반강제로 표준화 정책을 밀어붙였다. 후버의 강력한 표준화 정책은 미국이 1947년 주도한 ISO와 나토를 통해서 민간과 군사 물자의 세계 표준화에도 그대로 시행된다. 즉 미국은 나사산의 각도(60도), 방송 주파수, 비행기 엔진, 항공 관제사의 소통 언어(당연히 영어다), 소총의 탄창(0.3인치, 영국은 0.303인치였지만 거부되었다.), 심지어 음악의 A(라음)도 자국 제조업 기준으로 전 세계 표준을 수립했다. (미국의 라음은 440Hz, 프랑스의 라음은 435Hz인데, 2차 대전 후 모든 악기는 바로크 시대 프랑스의 악기와 달리 미국의 440Hz A음에 맞추어져 있다.) 불행히도 미국은 전 세계에 자국 제조업의 표준을 강요했지만, 프랑스가 만든 미터법은 채택하지 않았다. 현재 미국은 미얀마, 라이베리아, 사모아, 팔라우, 미크로네시아 공화국, 마샬 제도와 함께 미터법을 채택하지 않은 소수의 국가로 남아 있다.

월할 것이라고 예측했는데, 실제 그의 예측대로 1855년 미국의 인구가 영국을 처음 넘었고,[45] 남북전쟁 후인 1900년 미국의 인구는 영국의 2배를 넘었다. 미국은 독립 당시 인구가 프랑스 인구 3,000만 명의 10% 수준에 불과했지만, 1900년이 되자 미국 인구는 프랑스의 거의 두 배에 달하는 7,600만 명이 되었다.[46] 더 나아가 남북전쟁 5년 만인 1870년 미국 경제 규모는 영국을 결국 따라잡았고, 1900년 미국 경제 규모는 영국의 2배를 넘었다. 특히 1880년 전 세계 시장 점유율 23%였던 영국 공산품은 1914년 13%로 하락한 반면, 미국 공산품의 세계 시장 점유율은 32%로 급등했다..[47]

미국의 영토 확장도 추가로 진행되었다. 즉, 1867년 미국은 크림 전쟁으로 재정이 악화된 러시아로부터 알래스카를 구매했고, 1898~1900년 사이 당시 카리브해의 병자라 불리던 스페인으로부터 당시 미국 시민이 10명이 채 되지 않았던 필리핀과 카리브해의 푸에르토리코, 태평양의 괌 등을 무력으로 점령했으며 하와이, 웨이크섬, 사모아도 흡수했다.[48] 19세기 말 미국이 차지한 섬의 수는 100여

---

45   프랭클린은 25년마다 미국 인구가 2배 증가할 것이라고 예측했다. 실제로 그가 사망한 1790년 처음으로 미국의 인구가 집계되고 100년 만인 1890년에 인구가 16배 증가했다. 즉 그의 예측대로 25년마다 인구가 2배 증가한 것이다. 프랭클린의 인구론은 이후 식량 증가가 인구 증가를 따라잡지 못한다는 맬서스의 『인구론』에 커다란 영향을 끼치게 된다. 실제로 19세기 들어 식량의 수요는 증가했으나, 지력소모로 인해 식량 공급은 심각한 수확체감을 겪었다. 즉 당시 산업화한 국가의 가장 큰 골칫거리가 바로 토지의 지력소모에 따른 수확량 감소였다. 예컨대 19세기 뉴욕 상원 의원에 보고된 바에 따르면 "백만 단위까지는 아니더라도 뉴욕주의 수천 에이커에 달하는 땅에서 에이커당 20부셸은 생산되었는데, 지금은 10부셸도 안 나온다"라는 증언이 있었다. (대니얼 임머바르, 앞의 책, p. 73) 이 때문에 사람들의 배설물인 뿌드레트(poudrette), 가마우지의 배설물인 해조분(guano) 등이 주목을 받았지만, 이 또한 공급이 원활하지 않았다. 열대 무인도에서 냄새나는 새똥을 대량으로 채굴한다는 게 말처럼 쉬운 일이 아니었던 것이다. 즉 맬서스의 인구론은 그 당시 상황으로만 보면 매우 설득력 있는 학설이었다. 그러나 1909년 독일의 유대계 화학자 프리츠 하버(Fritz Haber, 1868~1934)가 암모니아 합성법을 발명하여 비료를 대량으로 생산하면서, 맬서스의 『인구론』은 설득력을 완전히 상실하게 된다. 프리츠 하버는 이 공로로 노벨상을 타게 된다. 프리츠 하버는 이후에도 연구를 계속하여 치클론A라는 살충제를 개발하고, 이를 약간 변형한 치클론B도 개발했다. 치클론B는 이후 유대인을 대량 살상하는 독가스로 사용된다.

46   대니얼 임머바르, 앞의 책, p. 52

47   그레이엄 앨리슨, 앞의 책, p. 297

48   그러나 미서 전쟁 당시 스페인의 해외 주둔 병력은 쿠바 20만 명, 필리핀 3만 명, 푸에르토리코 8,000명으로 결코 무시할 수 있는 수준이 아니었다. 대니얼 임머바르, 앞의 책, p. 105. 미국은 미서 전쟁 후 필리핀은 스페인으로부터 2,000만 달러를 지급하여 구입했고, 푸에르토리코와 괌은 무상으로 점령했다. 대니얼 임머바르, 앞의 책, p. 109. 한편 푸에르토리코인들은 1917년에 미국의 법정 시민권을 획득했고, 미국령 버진 아일랜드는 1927년에, 괌 주민들은 1950년에 법정 시민권을 획득한다. 법정 시민권이므로 법적 요건 혹은 미국 의회의 판단에 따라 무효가 될 수도 있다. 다만 필리핀은 47년 미국의 통치하에서도 미국 시민권을 부여받지 못했다. (필리핀 국기의 파랑, 빨강, 하

개에 달했고,[49] 1917년에는 덴마크로부터 미국령 버진 아일랜드까지 사들였다. 심지어 19세기 말, 외교 전문가도 아닌 미국 시인 월트 휘트먼(Walt Whitman, 1819~1892)은 "태평양은 우리 것이 될 터이며, 대서양의 대부분도 그럴 것이다."라고 미국의 패권 행보를 자랑스럽게 노래했다.[50] 필자는 월트 휘트먼은 시인이 아니라 차라리 예언자라고 부르는 것이 나을 것 같다는 생각이 든다.

영국은 평범한 미국 시인조차도 알고 있었던 미국의 부상을 남북전쟁 이후 30여 년이 지난 1890년대에 가서야 인식했다. 결국 1895년 영국 총리였던 솔즈베리 경(Robert Arthur Talbot Gascoyne-Cecil, 3rd Marquess of Salisbury, 1830~1903)은 "미국이 프랑스-러시아 동맹보다 더 위협적"이며, "미국과의 전쟁이 멀지 않았으니" 해군성 예산 증액을 검토하라고 지시했다. 그러나 이미 때는 늦었다. 영국은 유럽, 중앙아시아, 남아프리카에서 독일, 프랑스, 러시아를 견제하면서 이 지역을 동시에 관리하는 것조차도 버거운 상태였다. 거기다가 미국은 이미 영국의 국력을 2배 이상 넘어선 상태였다.

1895년 12월에는 베네수엘라 영토 분쟁 사건도 터졌다. 즉, 베네수엘라와 영국이 영토 분쟁을 벌이자, 미국의 클리블랜드 대통령(Stephen Grover Cleveland, 1837~1908)이 먼로 독트린을 발동하여 영국에게 미국 워싱턴의 국경분쟁위원회(US Boundary Commission)에 이 문제를 안건으로 상정하라고 압박했다. 당사국도 아닌 미국이 제3국과 영토 분쟁을 벌이고

솔즈베리 경. 보수당의 당수로서 13년 동안 3번이나 총리를 역임한 영국 정치가. 총리 재임 기간 중 아프리카 쟁탈전에 적극 참여하여 영국의 이익을 최대한 확보하였으며, 아일랜드 독립에 대해서는 독립을 저지하는 강경 입장을 고수했다. 이처럼 솔즈베리의 대외 정책은 기본적으로 영국의 팽창 정책이었고, 이 때문에 미국의 부상을 저지하기 위해 해군성 예상 증액을 지시하기도 하였다. 영국 사진 스튜디오 회사인 엘리엇 & 프라이 社(Elliott & Fry)의 1886년 이전 사진. 출처: Wikipedia. Public Domain

---

얀색은 미국 성조기의 색깔을 그대로 가져온 것이다.) 대니얼 임머바르, *앞의 책*, p. 130

49 대니얼 임머바르, *앞의 책*, p. 71

50 대니얼 임머바르, *앞의 책*, p. 79

있는 영국을 향해 이래라저래라한 것이다. 영국의 대응은? 영국과 미국은 상호 무력을 통한 전쟁 상황까지 검토했지만, 객관적 전력에서 이미 미국은 영국을 추월한 상태였다. 영국은 조용히 미국의 요구를 수용했다.[51]

베네수엘라와 영토 분쟁이 마무리된 1899년 이후인 1902년 솔즈베리 총리는 "아쉽지만, 미국과의 동등한 관계를 회복할 길은 이제 없다. 남북전쟁에 개입만 했더라면!"[52] 나아가 1904년에 영국 해군은 미국과의 해전에서 "어떤 상황에서도 미국에게 압도적이고 굴욕적인 패배를 당하리라는 결과는 피할 길이 없다"라고 결론 내렸다.[53] 1906년 영국 외무장관 에드워드 그레이 (Edward Grey, 1862~1933)의 말대로 20세기 시작부터는 미국과 우호적인 관계를 유지하는 것이 영국의 기본적인 정책이 되었다. 아닌 게 아니라 1900~1910년 사이 미국 해군 전함의 총톤수는 영국의 3배가 되어 있었다. 이에 따라 영국은 미국의

클리블랜드 대통령. 뉴저지주 태생으로 영국 이민자의 집안에서 태어났다. 법대를 나와 뉴욕주 변호사를 하다가, 남북전쟁에 참여하지 않고 봉사 활동으로 군 복무를 피했다. 전쟁이 끝난 후에는 민주당에 입당하여, 뉴욕주 이리 카운티의 보안관, 버팔로 시장 등을 거쳐 뉴욕주 주지사까지 된다. 1884년 대선에서 극도의 네거티브 공세를 극복하고 대통령에 당선되었으며, 당선 후 철저한 금본위제 옹호자로서 시장주의 논리로 미국을 다스렸다. 재선에서 실패하고 다시 대선에 도전하여 1892년에 다시 대통령이 됨으로써, 미국 최초의 징검다리 대통령이라는 기록도 세운다. 1895년, 영국을 대상으로 먼로 독트린을 발동함으로써, 미국의 국력을 대외에 과시한 첫 대통령이라는 평가도 있다. 작자 미상. 메릴랜드 국립문서 보관소(National Archives at College Park) 소장. 출처: Wikipedia. Public Domain

51 영국은 1814년 네덜란드의 에세키보(Essequibo), 버비스(Berbice), 데메라라(Demerara) 등의 땅을 빼앗아 영국령 기아나(Giana, 현재의 가이아나, Co-operative Republic of Guyana)를 세웠다. 이때 베네수엘라와 접한 서쪽 영토의 경계가 명확하지 않았다. 영국은 1835년 탐험가이자 측량기사인 로버트 숌부르크(Robert Schomburgk, 1804~1865)를 시켜 서쪽 경계(이른바 숌부르크 라인)를 나름 확정했다. 하지만 1841년 베네수엘라가 스페인으로부터 독립하면서 숌부르크 라인에 이의를 제기했다. 하필 1860년 무렵 이 지역에 황금이 발견되자, 양측의 분쟁은 무력 충돌 가능성으로 비화한다. 1876년, 베네수엘라는 결국 미국의 개입을 요청했다. 미국은 1895년 클리블랜드 대통령 당선 이후부터 본격 이 문제에 개입하여, 미국이 강제 중재에 나서게 된다. 결과는 베네수엘라의 소망과는 반대로 미국이 대부분 숌부르크 라인을 인정하는 선에서 마무리되었다.

52 그레이엄 앨리슨, *앞의 책*, p. 300

53 그레이엄 앨리슨, *앞의 책*, p. 402

패권에 더 이상 도전하지 않았고, 아니 더 정확히 말해 도전할 수 없었고, 양국 간 물리적 충돌이나 유혈 전쟁 없이 평화적으로 영국에서 미국으로의 패권 교체가 이루어졌다.[54] 영국은 조지 오웰의 상상대로 미국 중심의 제국을 위한 전진기지로 전락했다.[55] 역사가들은 영국과 미국의 평화적인 패권 교체를 "Great Rapproachement," 즉 "위대한 화해"라고 부른다.

(4) 투키디데스의 함정

그렇다면 과연 중국이 필자의 희망처럼 「중국 제조 2025」 혹은 「신품질 생산력」이나 일대일로를 포기하거나 수정하고 미국과의 협력적 분업 체계를 새로이 고민할 것인가? 필자는 이에 대해 매우 회의적이다. 우선 중국은 미국에 평화적으로 패권을 넘겨준 영국과 달리 민주주의 국가가 아니라 일당 독재국가이다. 독재국가는 외부 세력에 굴복하는 나약한 모습을 절대로 보이지 않는다는 점이 특징이다. 시진핑이 3 연임에 성공한 2022년 10월 23일, 뉴욕타임스를 비롯한 미국의 언론은 독재 정부가 이끄는 중국이 미국을 넘지 못할 것이라며 일제히 감사하다고 논평했지만, 필자는 매우 우려스럽다. 왜냐하면 기존의 집단지도체제 붕괴와 시진핑 1인 독재가 중국의 경제 성장에는 악영향을 미칠지는 모르지만, 중국의 군사적 행동 가능성은 이 때문에 이전보다 훨씬 더 높아질 것이기 때문이다. 시진핑 스스로도 강한 중국을 표방하고 있는 데다가 20차 당대회 개막식부터 대만 통일에 대한 강력한 의지를 천명하면서, 중국의 미국에 대한

---

54   하지만 1차 대전 무렵만 해도 미국이 영국을 완전히 제압한 것은 아니었다. 가장 대표적인 사례가 국가 간 통신망이다. 1차 대전 무렵 영국은 전 세계 영국령을 해저 케이블로 연결하여 전 세계 통신망을 구축한 무적의 통신 국가였다. 하지만 미국은 이 작업을 하지 못했는데, 이 때문에 1차 대전 때 영국의 통신망을 사용해야 하였다. 이 때문에 미국은 우선순위에서 항상 밀려 영국의 메시지를 먼저 처리한 후에나 그 통신망을 사용할 수 있었다. 심지어 1917년 미국과 필리핀의 해저 통신 케이블이 고장나자, 미국 정부는 아시아와 아예 전시 통신망을 가동할 수조차 없었다고 한다. 대니얼 임머바르, *앞의 책*, p. 426. 미국은 이후 기지국을 통한 무선 통신망을 사용하여 영국을 완전히 제압하게 된다.

55   대니얼 임머바르, *앞의 책*, p. 523

군사적 대응 가능성은 종전보다 훨씬 높아졌다. 이것이 과연 감사만 해야 할 일인가?

나아가 영국과 미국은 영어를 공용어로 사용한 유사한 서양 문명권이지만, 중국과 미국은 언어도 다르고 동양과 서양이라는 완전히 다른 문명권에 속해 있다. 뭄바이에서 태어난 영국 시인 키플링(Joseph Rudyard Kipling, 1865~1936)의 말대로 "동양은 동양이고, 서양은 서양이다. 절대 서로 어울릴 수 없을지니."[56] 따라서 중국은 서양의 명예 회원이 되는 것을 원하지도 않고, 반길 이유도 없다. 가장 중요한 것은 중국이 중화사상이라는 강력하면서도 확고한 민족의식을 보유하고 있다는 점이다. 특히 중국인은 전통적으로 세상에는 단 하나의 통치자, 전체 인류를 대표해 통치하는 단 하나의 '천자'만 있을 뿐이라는 통치 철학도 가지고 있다. 이에 따라 중국은 미국 패권에 굴복하지 않고, 세계 패권을 향해 폭주하는 기관차처럼 멈추지 않고 질주할 가능성이 매우 높다.

특히 국가 간 패권 경쟁은 인간의 의지와 상관없이 구조적으로 멈추기가 매우 어렵다. 투키디데스의 함정은 함정이 있다는 사실을 양측이 뻔히 알고 있고 피할 수 있다고 판단하면서도, 빠져드는 함정이다. 영국에서 미국으로의 평화적인 패권 교체는 일반적인 패턴을 벗어난 예외적인 사례일 뿐이다. 이는 필자 혼자만의 생각이 아니라, 그리스 역사가 투키디데스(Thucydides, BC c.465~c.400), 인도 재

키플링. 영국인이었으나 영국령 인도의 봄베이(현재 뭄바이)에서 태어난 시인으로, 당시 영국에서 가장 뛰어난 작가로 평가받았다. 키플링은 봄베이가 자신에게는 어머니와 같은 도시라고 극찬했다. 하지만 다섯 살 때 다시 영국으로 돌아가 그곳에서 교육을 받고, 17살 때인 1882년에 다시 인도로 돌아간다. 성인이 된 후 인도, 영국, 미국, 남아프리카 등을 오가며 작품 활동을 계속하였으며, 1907년에는 노벨 문학상까지 수상하였다. 청년 시절에는 프리메이슨 활동에도 적극적이었으며, 공산주의에 대해서는 매우 적대적이었다. 출처: 영국 작가 존 팔머(John Palmer, 1885~1944)의 『키플링 전기(Rudyard Kipling)』(1895년경 사진). Public Domain.

---

56 대니얼 임머바르, *앞의 책*, p. 353

상 카우틸랴^(Kautilya; 차나키야, Chanakya, BC c.370~c.283), 영국 외교관 에어 크로우^{(Eyre Crowe,}
^{1864~1925)}, 싱가포르 수상 리콴유^(Lee Kuan Yew, 1923~2015)의 결론이기도 하다.[57]

(5) 황금 = 뱅킹? - ① 신대륙의 황금

하지만 중국의 세계 패권 가도에는 가장 결정적인 문제가 있다. 중국이 「중국 제조 2025」 혹은 「신품질 생산력」이나 일대일로 등을 통해 무역 패권, 기술 및 산업 패권, 금융 패권을 갖기 위해서는 그 전제가 위안화의 권력 혹은 위안화의 금 태환이 뱅킹의 힘으로 연결되어야 한다는 것이다. 그렇다면 중국이 보유한 막대한 외환보유고와 이를 바탕으로 시행할 금 태환이 곧 미국이 소유하고 있는 뱅킹의 힘, 금융의 힘으로 자연스럽게 연결되는 것일까? 결코 아니다. 금과 은이 아무리 많아도 뱅킹의 힘이 없으면 빛 좋은 개살구일 뿐이다.

역사적으로 가장 명확한 사례가 15~16세기 포르투갈과 스페인이다. 포르투갈과 스페인은 신대륙 발견을 통해 엄청난 양의 금과 은을 확보했다. 예컨대 스페인은 콜럼버스 이후 신대륙으로부터 소량의 황금과 은을 들여오다가, 스페인 망나니 코르테스^(Hernán Cortés, 1485~1547)가 아즈텍 수도 테노치티틀란^(Tenochtitlan)을 함락한 직후인 1520년 무렵부터는 금광과 은광 생산이 본격화되면

15~16세기 포르투갈 황금 동전. 포르투갈은 유럽에서 지리상 발견을 가장 처음으로 시작하여 아프리카 기니만에서 대규모 황금을 발견했다. 포르투갈 왕국은 이 황금을 가지고 1485년부터 금화를 제작했다. 이 금화에는 포르투갈 왕을 기니 왕으로 칭했다. 위편 금화 두 개(①, ②)는 주앙 2세(John II of Portugal, 1455~1495) 시절인 1481~1495년경 금화, 아래편 금화 두 개(③, ④)는 주앙 3세(John III of Portugal, 1502~1557) 시절인 1521~1557년경 금화. 영국박물관 소장

---

57 네 위인의 패권 경쟁의 구조적 운명에 대한 통찰은 후술한다.

서 황금과 은을 대량으로 실어 날랐다. 아즈텍 황금 유물을 본 유럽인들은 이 놀라운 예술품에 온몸이 얼어붙었고, 1520년 전시된 아즈텍 보물들의 정교한 솜씨를 보고 놀란 독일 미술가 알브레히트 뒤러(Albrecht Dürer, 1471~1528)는 다음과 같이 말했다고 한다. "내 평생 이 물건들만큼 마음을 즐겁게 하는 것을 본 적이 없다."[58] 그 결과 스페인은 신대륙으로부터 1502년부터 1560년 기간 동안 최소 금 180톤, 은 8,200톤을 들여왔다. 1400년 유럽 전체에서 생산된 금이 고작 4톤이었으니, 180톤이면 무려 40배가 넘는 엄청난

아즈텍 문명과 가까운 콜롬비아 북부에서 출토된 황금 장식품. 가운데는 박쥐 형상 모습을 한 사람이고, 좌우로는 가재 모양을 한 사람이다. 이 지역의 원주민들은 바닷가재와 게를 땅과 물의 중재자로 숭배했다. 200~1600년경, 가운데는 콜롬비아 카우카(Cauca), 좌우는 초코(Chocó) 출토

양이다. 그 결과 1500년대 말 유럽의 금과 은의 총량은 콜럼버스가 아메리카를 발견한 1492년보다 무려 5배나 커졌다.

하지만 포르투갈과 스페인은 레콩키스타 과정에서 뱅킹 역량을 보유한 이슬람인과 유대인을 이베리아 반도에서 모두 내쫓았다. 결과적으로 16세기 스페인은 변변한 자신만의 뱅커와 뱅킹 산업을 모두 상실한 상태에서 황금과 은을 대량으로 가져온 것이다. 이에 따라 이베리아 반도로 들어온 황금과 은은 포르투갈이나 스페인 상인이 아니라, 독일의 뱅커 푸거(Fugger) 가문이나 스피놀라(Spinola), 도리아(Doria), 그리말도(Grimaldo) 가문과 같은 이탈리아의 롬바르드 뱅커인 제노바 뱅커들이 자신들 마음대로 요리했다. 예컨대 신대륙의 황금과 은은 독일과 제노바 뱅커들이 이미 담보로 잡고 있어서 스페인 왕실의 국고와는 아무런 상관이 없었다.

따라서 황금과 은을 자국의 산업과 무역에 투입하여 더 많은 이윤을 창조하

---

58 피터 프랭코판, *앞의 책*, p. 357

는 탐욕스러운 뱅킹 활동이 없었다. 뱅커가 없어도 하루도 쉬지 않고 산을 개간하고 도로를 뚫었으며 제방을 쌓았던 중국 첫 번째 오제인 황제헌원씨(黃帝軒轅氏)와 하(夏)나라 시조 우왕(禹王), 대운하를 건설한 수나라 양제, 다키아 정벌로 확보한 황금으로 오스티아 항만 확장 공사를 벌인 트라야누스 로마 황제처럼 스페인 왕실이 직접 나서서 국가의 상업적 인프라에 투자하는 활동도 하지 않았다. [59]

오히려 그들은 이 황금을 오로지 전쟁에 사용했다. 즉, 포르투갈과 스페인이 들여온 황금과 은은 16세기 당시 유럽을 활개 치던 '어벤져스(Avengers) 3인방'의 이전투구 싸움에 거의 모두 사용되었다. 어벤져스 3인방은 당시 유럽에서 가장 넓은 영토를 가지고 신대륙으로부터 유입된 황금과 은을 마음대로 요리하였던 합스부르크 가문의 '아이언 맨' 신성 로마 제국 카를 5세(Carl V, 1500~1558), [60] 가장 학식이 높았던 '헐크' 프랑스의 프랑수아 1세(Francois I, 1494~1547), 작지만 전략가였던 '캡틴 브리타니카' 영국의 헨리 8세(Henry VIII, 1491~1547)였다.[61] 이들 3인방이 서로 치고받는 싸움에 16세기 스페인, 신성 로마 제국의 황금이 거의 모두 사용된 것이다.

예컨대 카를 5세는 신성 로마 제국 황제에 오르기 위해 프랑수아 1세와 선거전을 벌였는데, 이때 사용한 선거비용이 850만 플로린이라는 천문학적인 금액이

59   황제헌원씨(黃帝軒轅氏)는 5제(황제, 전옥, 제곡, 요, 순) 중 가장 처음 등장하는 인물이다. 그는 3황의 마지막 인물인 신농씨(神農氏) 시대에 제후들을 평정하여 천자로 추대되었다. 그는 백성들의 복지를 위해 하루도 쉬지 않고 국가 인프라 건설에 매진했다고 한다. 한편 사마천은 『사기』에서 황제헌원씨가 구려의 천자인 치우천왕(蚩尤天王)에게 수십 번을 패한 뒤에 마지막 전투인 탁록의 들판에서 승리하여 잡아 죽였다고 기록했다. 황제헌원은 치우천왕을 두려워하여 그를 죽인 뒤, 목과 사지를 잘라 5방으로 보내 묻었다고 한다. 치우천왕의 사후에도 중국인들은 치우천왕을 추모하여 잊지 않았고, 오히려 전쟁의 신으로 부활한다. 예컨대 은나라에서는 그의 모습을 새겨 넣어 귀신을 쫓는 기구를 만들었고, 후일 한고조 유방은 전쟁 전에 치우천왕에게 꼭 제사를 지냈다고 한다. 신라 시대 그의 모습을 새겨 넣은 기왓장도 유행했는데, 이를 귀면와(鬼面瓦)라고 부른다. 치우의 머리가 보관된 치우천왕의 무덤인 치우총은 현재 산동성 유성시 양곡현 십오리원진 협곡촌 동쪽에 있는 황고총으로 추정된다. 중국인들은 이곳에서 지금도 매년 10월에 붉은색 치우기를 들고 치우천왕의 제사를 지낸다. 하지만 치우천왕은 배달국 환웅으로 구려 지역을 제패했던, 엄연한 한국인의 조상이다.

60   카를(Karl)은 게르만족 언어로 남자라는 뜻이다.

61   헨리 8세의 유일한 아들은 에드워드 6세(Edward VI, 1537~1553)였다. 하지만 그는 16세의 젊은 나이에 병으로 죽었다. 에드워드 6세는 왕위 계승법을 무시하고 그의 오촌 조카인 제인 그레이(Jane Grey, 1537~1554)를 후임 왕으로 지명했다. 잉글랜드 왕실은 이에 격렬히 반발한 메리 1세(Mary I, 1516~1558)의 손을 들어주고, 제인 그레이는 6일 만에 왕좌에서 쫓겨났다. 그녀는 얼마 후 참수되었다.

헨리 8세는 신성 로마 제국 카를 5세, 그리고 프랑스의 프랑수와 1세와 끊임없이 싸웠다. 그는 이 과정에서 해군의 중요성을 깨닫고 국가적 차원에서 해군을 양성하기 시작한다. 헨리 8세의 해군 양성 프로젝트는 후일 스페인의 무적함대를 격파하고 이후 전 세계를 제패하는 물리적 기반이 된다. 런던 초상화 박물관 소장

었다.[62] 카를 5세는 이 막대한 자금을 독일의 푸거, 웰서 등의 뱅커 가문이나 이탈리아의 피렌체, 제노바, 나폴리 출신의 뱅커들로부터 "빌렸다." 이것도 모자라서 카를 5세는 프랑수아 1세와 무려 27년 동안이나 전쟁을 벌였다. 헨리 8세는 카를 5세와 프랑수아 1세 사이에서 때로는 친구로, 때로는 적으로서 변신하면서 마치 이솝 우화 속의 박쥐처럼 이편, 저편을 바꿔가면서 전쟁을 벌였다. 카를 5세, 프랑수아 1세, 헨리 8세는 오늘날로 치면 트럼프, 시진핑, 푸틴 사이와도 같았던 셈이다.

불행히도 이들의 전쟁은 유럽 전역에서 진행되었다. 만약 이들의 전쟁이 유럽이 아니라 아프리카나 신대륙에서 전개되었다면, 유럽은 생산이나 판매기지 역할을 하면서 엄청난 돈을 벌었을지도 모르겠다. 마치 자국 땅이 아닌 유럽을 중심으로 전개된 1, 2차 세계 대전 이후 돈방석에 앉은 미국이나,[63] 한국 전쟁으로 인해 폭발적으로 몰려든 미군의 구매 주문, 즉 일본 중앙은행이 "신의 도움(神助)"이라고 부른 엄청난 주문량으로 떼돈을 번 일본[64], 우크라이나 전쟁으로 중고 유조선을 불

62 　　　프랑수아 1세도 자금을 사용해서 선거 운동을 벌였는데, 카를 5세와는 방식에 차이가 있었다. 즉, 프랑수아 1세는 현금을 뿌리고, 카를 5세는 현금이 아니라 프랑수아 1세가 받은 현금보다 더 많은 금액을 나중에 지급한다는 약속 어음을 뿌렸다. 여러분이 선제후라면 누구에게 표를 던지겠는가? 하여튼 이 선거의 승자는 카를 5세였다.

63 　　　미국은 1차 세계 대전이 터지기 전인 1914년까지 세계 최대 무역수지 적자국이었으며, 마땅한 국내 통화가 없어 1857년까지 멕시코 페소화가 미국의 법정 통화였다. 그러나 미국은 1차 대전 이후 역사상 처음으로 채권국이 된다, 케네스 포메란츠, 스티븐 토픽, 앞의 책, p. 386

64 　　　일본은 한국 전쟁이 터질 당시 미군정 하에 있었다. (미군정은 1945~1952년 7년간 지속되었다. 반면 루스벨트가 40년 예상했던 한국의 군정은 3년에 그쳤다. 하여튼 미국의 일본군정 이후에도 미군 20만 명과 일본 본섬 2,000개 이상의 미국 군사시설에 미군이 계속 주둔했다.) 미국은 한국 전쟁이 터지자 전쟁물자 조달에 수 주가 걸리는 자국보다, 몇 시간이면 전쟁물자 조달이 가능한 일본을 선택했다. 1950년부터 미국의 구매 주문이 일본으로 밀물처럼 몰려들었고, 1952년 한해에만 8억 불의 주문이 밀려들었다. 일본 중앙은행은 미국의 조달 주문을 "신의 도움

티나게 팔아댄 그리스,[65] 그리고 중립국 스위스가 우크라이나 전쟁 후 EU의 러시아 경제 제재에 동참하면서 러시아산 석유를 매매하는 오일 허브로 부상한 두바이처럼 말이다.[66] 하지만 카를 5세, 프랑수아 1세, 헨리 8세는 이 엄청난 규모의 전쟁을 자국과 상대방 영토 안에서 벌였다. 그 결과 이들 전쟁은 유럽의 생산능력과 판매망을 파괴했다.

나아가 이들 국가에는 황금과 설탕을 결합시킬 수 있는 자신들만의 유력한 뱅커가 없었다. 특히 신대륙에서 유입된 대량의 황금과 은은 세비야에 있는 푸거나 제노바 뱅커들의 물류 창고에 산더미처럼 쌓여 갔다. 예컨대 1546년에 스페인 사람들이 본격 개발하기 시작한 현재 볼리비아의 포토시(Potosi) 은 광산은 당시 전 세계 은 생산량의 절반을 파내어 유럽에 공급한 사상 최대의 은광으로, 향후 200년 동안 4만 톤 이상의 은을 전 세계에 공급하게 된다.[67]

프랑수와 1세는 프랑스의 계몽군주이다. 레오나르도 다 빈치를 프랑스로 초빙한 장본인이고, 이 때문에 모나리자가 루브르 박물관에 걸려 있기도 하다. 카를 5세와는 신성로마 제국 황제 자리를 차지하기 위해 선거전을 벌였고, 카를 1세와의 전쟁에서 밀리자 오스만 튀르크까지 유럽 내전에 끌어들이기도 했다. 얀 반 클리프(Jan Van Cleef, 1480경~1540) 作. 월레스 컬렉션(Wallace Collection) 소장

(神助)"이라고 불렀다. 한국 전쟁 직전 직원을 해고하고 임금을 삭감했던 자동차 회사 토요타는 1948~1954년 6년간 한국 전쟁 이전 생산량보다 3~4배가 증가했다. 대니얼 임머바르, 앞의 책, pp. 531~532

65　　　우크라이나 전쟁 후인 2022.1~2023.8까지 그리스는 24.7억 달러의 유조선을 팔아, 5.4억 불을 판매한 2위 노르웨이를 압도했다. 구입한 이는 대부분 정체불명으로 대부분 원유 판매가 제한된 러시아로부터의 구매일 것으로 추정된다.

66　　　2023.1~4까지 UAE 소재 무역회사는 170억 불 규모의 러시아산 석유를 3,900만 톤 구매했다. 이 기간 러시아 세관에 신고된 수출량의 ⅓이 UAE로 향한 것이다. 원래 러시아와 아프리카의 원유가 거래되는 최대 시장은 스위스의 추크(Zug)에 있었는데, 우크라이나 전쟁 후 이 거래 시장이 두바이로 옮겨가기 시작한 것으로 보인다.

67　　　포토시 은광의 노동자들은 받은 임금으로 주로 코카를 구매했다. 코카는 볼리비아와 페루가 원산지인데, 과거 잉카인들은 코카잎을 신이 내린 풀이라며 칭송했다. 잉카인들은 코카잎을 주로 종교의식에 사용했는데, 포토시 은광 이후 코카잎이 대중화된다. 이후 유럽과 미국에서 코카잎은 진화를 거듭한다. 예컨대 1860년 무렵 독일 화학자들이 코카잎에서 알카로이드를 분리하여 '코카인'이라고 이름 붙였고, 미국 애틀랜타에서는 코카인과 콜라 잎을 섞어 새로운 음료를 만들기도 했다. 코카인은 유럽과 미국에서 모르핀이나 아편보다 훨씬 안전한 진통제나 마취제로도 사용되었다. 코카인이 불법이 된 이후에도 볼리비아와 페루 원주민들은 여전히 코카나무를 기르고 코카잎을 생산한 후 코카잎을 씹고 있다. 케네스 포메란츠, 스티븐 토픽, 앞의 책, pp. 214~219. 한편 포토시 은광 노동자들의 주식은 감자였는데, 이 때문에 유럽에서는 감자를 '노예들의 음식'이라고 불렀다. 하지만 감자는 기르기가 워낙 쉬워서 나중 유럽 인구의 폭발적인 증가를 뒷받침하는 핵심 식량이 된다.

포토시 은광. 콜럼버스의 신대륙 발견에 따른 가장 큰 성과가 바로 현재 볼리비아에 위치한 포토시 은광이다. 산 전체가 거대한 은 덩어리로, 16세기 세상에서 가장 큰 은광이었다. 1553년 『페루 연대기(El imagen de la Cronica del Peru)』에서 발췌. 출처: Wikipedia. Public Domain

괴물 같은 은광 도시인 이 포토시는 도시 이름으로 스페인 사람들이 은 채굴을 위해 세운 도시이다. 은이 채굴되던 곳은 산봉우리였다. 즉 볼리비아 수도 라파스에서 남동쪽으로 대략 300~400㎞ 떨어진 곳에 세로 리코^(Cero Rico)라는 봉우리가 있었는데, 이 봉우리는 그 자체가 거대한 은 덩어리였다. 잉카인들은 이미 오래전부터 귀금속 제작을 위해 세로 리코 봉우리에서 곡괭이로 소량의 은을 캐고 있었고, 잉카인을 정복한 스페인이 이 정보를 캐내어

1545년 무렵 서둘러 세로 리코로 향한 것이다. 그랬더니 웬걸? 산 전체가 은 덩어리로 이루어진 것이었다! 특히 지표면 가까이에 유럽인들이 단 한 번도 경험해 보지 못한 엄청난 규모의 은 광맥이 무려 4개나 있었다!![68] 황금과 은을 찾아 미친 듯이 안데스 산맥을 넘었던 스페인 망나니 군인들이 우여곡절 끝에 찾은 산 전체가 거대한 은 덩어리라니, 이런 만화 같은 장면이 있을까?[69]

그 결과 스페인 사람들은 국가 역량을 총동원하여 이곳을 개발하기 시작했다. 남미 대륙 한 가운데 오지 중의 오지였지만, 은을 향한 탐욕으로 인해 1600년 무렵 포토시에 거주하던 사람들은 대략 16만 명에 이르렀다.[70] 이는 비슷한

---

68   케네스 포메란츠, 스티븐 토픽, 앞의 책, p. 311

69   은도 금 못지않게 훌륭한 귀금속이다. 특히 은은 전도율이 금속 중에서 가장 높다. 만약 은이 풍부했다면 전선에 구리 대신 은을 사용했을 것이다. 이 때문에 은에 광적으로 투자하는 투자자도 있다. 대표적인 인물이 워렌 버핏이고(워렌 버핏은 금 투자는 거의 하지 않지만, 은에 대해서는 매우 적극적으로 투자한다.), 대표적인 기관이 JP Morgan이다. 특히 JP Morgan은 1~2억 트로이 온스(약 3,100~6,200 톤)에 이르는 은을 보유한 전 세계 최대 투자자이다. JP Morgan이 왜 이렇게 많은 은을 모으고 있는지 그 이유는 알려져 있지 않다.

70   이 당시 은을 제련하는 방법은 아말감법이었다. 아말감법은 은을 수은과 함께 녹여서 액체 상태로 만든다. 이를 아말감이라고 하는데, 이를 가열하면 수은이 증발하여 날아가서 순수한 은만 남게 된다. 문제는 수은을 증발하는 과정에서 사람이 수은의 독성에 중독된다는 단점이 있다. 이 때문에 포토시 은광에서는 중노동과 수은 중독으로 하루

시기 런던의 인구와 유사한 규모이다. 특히 포토시에서는 런던, 암스테르담, 세비야 등 유럽 주요 도시에서 살 수 있는 물건은 모두 구매할 수 있을 정도로 엄청난 번화가 뒤따랐다. 하여튼 스페인 사람들은 이곳에서 막대한 규모의 은을 파내어 세비야로 실어 날랐다.

이에 따라 15세기 후반 세비야에서의 한 목격자 말에 따르면 하루 동안에만 "금, 은과 귀한 보석을 실은 수레 332대가 들어오는 것을 보았고, 6주 뒤에는 686대분의 귀금속이 들어왔다. 수레가 너무 많아서 교역청에 이를 모두 수용하지 못해 청사 안뜰에까지 흘러넘쳤다!"[71] 1551년에는 누군가가 카를 5세에게 다음과 같이 말했다. "이 시대는 마땅히 에라 도라다(Era Dorada), 즉 황금시대라고 불러야 합니다!"[72]

불행히도 푸거와 제노바 뱅커는 포토시 은광에서 채굴한 은과 잉카 제국 등의 황금을 포르투갈과 스페인의 생산력을 높이기 위해 사용한 것이 아니라, 카를 5세와 그의 아들 펠리페 2세를 포함한 유럽 각국의 군주에게 전쟁자금으로 빌려주었다. 다시 말해 포르투갈과 스페인은 황금과 설탕과 이자를 결합하지 못했다. 그 결과 포르투갈과 스페인이 신대륙으로부터 들여온 황금은 유럽의 물가 수준만 올려놓았다. 즉, 유럽은 1500년대 내도록 물가가 상승하는 이른바 가격혁명(Price Revolution)을 겪었다. 예컨대 1480~1650년 기간 동안 영국의 가축과 곡식과 같은 원자재 가격은 5배에서 7배나 상승했다.[73] 프랑수아 1세와 카를 5세의 싸움은 양국의 재정이 바닥난 1550년대에 가서야 겨우 진정되었다.

1,500명이 죽어 나갔고, 총 운영 기간 동안 무려 800만 명이 사망했다는 기록이 있다.

71 피터 프랭코판, *앞의 책*, p. 368

72 피터 프랭코판, *앞의 책*, p. 362

73 이와 같은 스페인의 실패 사례를 유심히 관찰한 프랑스 재상 콜베르(Jean-Baptiste Colbert, 1619~1683)는 황금을 활용한 산업 생산과 무역수지 증대를 통한 황금의 축적이라는 선순환 구조를 만들려고 부단히 노력했다. 콜베르는 이를 위해 베네치아로부터 유리 공업 산업을 적극 도입하였고, 플랑드르의 모직물 산업, 테피스트리 산업 등을 적극 후원하여 프랑스 산업 생산력 확보에 열을 올렸다. 동시에 커피, 목화, 후추, 설탕 등의 수입품에 높은 관세를 부과하여 수입을 억제했다. 하지만 자신이 곧 국가라고 말했던 루이 14세 시대의 절대 왕정을 자연법이라고 생각한 그는 "국가 이익=왕의 이익"이라는 오류에 빠져 전반적인 자유무역과 산업혁신을 가져오는 데는 실패했다. 귀족 출신이 아닌 콜베르를 재상으로 발탁한 루이 14세의 절대 왕정 신념을 그가 어떻게 거부할 수 있었을까?

(5) 황금 = 뱅킹? - ② 오일 달러

이 현상은 1970년대 말에 중동 지역에서도 그대로 재현되었다. 즉, 1973년 10월 욤 키푸르^(Yom Kippur) 전쟁 이후 OPEC 국가들이 원유가격을 4배 가까이 올리면서 중동 지역에 막대한 양의 달러가 쌓이기 시작했다. 하지만 중동 지역에는 달러를 활용할 수 있는 유력한 뱅커들이 없었다.[74] 오히려 넘치는 달러로 인한 사치와 인플레이션이 중동 사회를 극도의 불안으로 몰고 갔다.[75]

예컨대 이라크의 석유 수입은 1972~1980년 사이에 5억 7,500만 달러에서 260억 달러로 50배 가까이 증가했다. 그 결과 이라크 수도 바그다드에는 기념비적 건축물이 우후죽순처럼 생겨났고, 프랑스 현대 건축가 르 코르뷔지에^(Le Courbousier, 1887~1965)가 설계한 거대한 체육관도 지어졌다. 일본의 한 건축 잡지는 바그다드의 변모가 1853~1870년 사이에 오스만^(Georges-Eugène Haussmann, 1809~1891) 파리 시장이 개조하여 외관이 완전히 바뀐 프랑스의 파리 같다고 기록했다.[76]

여기서 더 나아가 이라크의 사담 후세인^(Saddam Husayn, 1937~2006)은 카를 5세나 프랑수아 1세가 한 것과 똑같이, 가격이 4배 오른 원유가격으로 획득한 달러를 무기 구매에 쏟아부었다. 1975년부터 1980년까지 이라크 무기 구매 지출액은 국가 예산의 무려 40%로 치솟았다. 미국과 영국, 프랑스는 물론이고 소련까지 나서서 이라크에 지대공 미사일, 대전차 설비, 전투기 등을 팔아서 한몫 잡으려고 혈안이 되었다.[77] 심지어 사담 후세인은 1970년대부터 "한 해에 원자폭탄 6

---

74   원유 폭등으로 아랍에서 넘치던 달러는 미국계 은행이 아니라 유럽 지역의 유럽계 은행에 주로 예치되었다. 이를 유로달러라고 부른다. 이 유로달러는 남미 지역 정부 대출로 이어졌고, 이는 1980년대 초 남미 외환위기로 이어진다.

75   반대로 미국은 석유 수요를 줄이기 위해 안간힘을 썼다. 대표적으로 1973년 미국은 전국 고속도로의 속도 제한을 시속 60마일(90km)로 줄였다. 이 조치로 하루 석유 소비량이 15% 정도 감소했고, 교통사고 사망자 수도 감소했다고 한다.

76   사담 후세인은 1968년부터 1979년까지 부통령이었지만, 1972년 이라크 석유 국유화를 주도했고 급등한 유가로 벌어들인 돈으로 사회 인프라에 투자하면서 이라크 정치를 안정화시켰다는 평가도 있다. 다만 1979년 대통령이 된 후부터는 이란-이라크 전쟁과 걸프전을 일으키며 카를 5세처럼 나라를 완전히 거덜 내 버렸다.

77   피터 프랭코판, 앞의 책, pp. 732~739

개"를 만든다는 구체적인 목표까지 세우고, 프랑스와 이탈리아에 과학자와 기술자들을 파견하여 원폭 제조 계획을 단호하게 추진하기 시작했다.[78] 사담 후세인은 이 시기에 구매한 무기를 바탕으로 신성 로마 제국 황제였던 카를 5세와 똑같이 1980년 이란을 공격했고, 승패도 없는 이란 전쟁으로 빚더미에 올라앉게 되자 이를 만회하기 위해 1990년 쿠웨이트를 상대로 전쟁을 벌이다가 나라를 완전히 거덜 내 버렸다.

특히 이란의 상황은 심각했다. 이란도 이라크와 마찬가지로 욤 키푸르 전쟁 이후 엄청난 달러가 유입되었다. 예를 들어 1973년 욤 키푸르 전쟁 이후 이란의 수입은 단 1년 만에 8배 증가했다. 1976년 이란의 국왕이던 팔레비(Mohammad Reza Pahlavi, 1919~1980)는 "다 쓸 수 없을 정도의 많은 돈을 얻었다."라면서 쌓여만 가는 달러에 대해 심각한 우려를 표명했다.[79] 실제로 이란은 60여 명의 왕자들이 200억 불에 이르는 엄청난 돈을 보유하면서, 이를 산업과 무역에 투자하지 않고 오직 향락에만 물 쓰듯 사용하고 있었다. 예컨대 이란 항공은 왕자들의 안락한 해외여행을 위해 당시 가장 비싼 초음속 여객기였던 콩코드를 주문했다. 스테레오와 컬러 TV의 수입도 급증했는데, TV 수입은 1970년 200만 대 수준에서 1974년에는 7배가 넘는 무려 1,500만대로 급증했다. 팔레비 국왕은 람보르기니, 벤츠 600시리즈 수집에 미쳐 있었고, 고흐, 르누아르, 마티스, 앤디 워홀, 잭슨 폴록 등의 미술품 콜렉션에도 몰두하면서 이란은 미국과 유럽 다음으로 가장 방대한 현대 미술품을 보유한 국가가 되었다. 반면 세계보건기구(WHO)에 따르면 1970년대 이란 국민의 40% 이상이 영양 결핍 상태였다.[80]

더구나 이라크가 무기 구매에 열을 올리자 인접국인 이란도 가만있지 않았다. 두 나라는 마치 100미터 달리기 경쟁이라도 하듯 무기 구매에 열을 올렸다.

---

78   피터 프랭코판, *앞의 책*, pp. 744~745

79   대니얼 예긴, 『황금의 샘 III』, 고려원, 1993, p. 155

80   피터 프랭코판, *앞의 책*, pp. 732~749. 오일 달러로 인해 1970년대 중반 중동 지역의 무기 구매 비중은 전 세계의 50% 이상을 차지했다.

그 결과 이란의 방위비 지출은 욤 키푸르 전쟁이 터진 1973년부터 1978년까지 6년 동안 대략 열 배가 증가했다. 1963년과 비교하면 더 극적이다. 즉 1963년 이란의 군사비 지출은 2억 9,300만 달러였으나, 1975년 그 수치는 24배가 넘는 73억 달러가 되어 있었다. 그 결과 이라크가 소련제 T-52 탱크를 대량 구매하면, 이란은 영국의 FV4201 치프턴(Chieftain) 전차를 보란 듯이 대량으로 구매했다. 이란 주재 영국 대사관은 "치프턴 탱크 사슬바퀴의 마력이 얼마나 되나요?"라는 샤의 질문에 대답하느라 진땀을 흘려야 했다.[81] 무기 구매가 군부의 영향력을 강화하여 이란 민주주의의 싹을 잘라 버릴 수 있다는 양식 있는 목소리는 서방 세계 어디에서도 나오지 않았다. 결국 이란 왕국은 오일 달러로 인한 통제 불가능한 인플레이션과 이로 인한 민중들의 불만 때문에, 1979년 민중 혁명으로 마침내 몰락하였다.

(5) 황금 = 뱅킹? - ③ 일본과 중앙아시아

1990년대 일본도 마찬가지다. 일본은 원유가 아니라 환율을 통해 막대한 황금을 확보했다. 어느 날 갑자기 엔화 가치가 달러의 2배가 되면서 막대한 양의 달러를 소유하게 된 것이다. 하지만 일본 정부는 넘치는 달러 여유 자금을 신기술 개발이나 신산업 창출, 무역 확대에 사용하지 않고, 부동산 건설에만 쏟아부었다. 그 결과 부동산 거품 붕괴 직전 일본의 非 금융 자산 중 부동산 자산 비중은 80%에 육박했다. 혹자는 부동산 가격이 너무 올라서 도쿄만 팔아도 미국 전체를 살 수 있다고 비아냥거렸다. 또 다른 이는 1990년대 호황기에 일본 기업의 접대 골프 연간 비용이 해당 연도 일본의 전체 방위비를 넘는 수준이라고 꼬집었다. 아마도 일본의 평화 헌법만 없었다면 일본 정부는 이라크나 이란처럼 엔화 강세를 이용해서 미국으로부터 엄청난 규모의 무기를 구매했을 것이 거의 확실

81 피터 프랭코판, *앞의 책*, pp. 718~739

하다.[82] 요컨대 일본 또한 달러(황금)와 기술·산업·무역(설탕)과 금융(이자)을 결합하지 못했다. 그 결과 일본은 거품이 붕괴된 1992년부터 2012년까지 20년 동안 저성장이라는 뼈아픈 경험을 겪어야 했다.

2000년대부터 지금까지 중앙아시아와 카스피해 인근 상황도 마찬가지다. 과거 중국의 비단길에 위치한 키르기스스탄, 타지키스탄, 우즈베키스탄, 투르크메니스탄과 그 북쪽의 카자흐스탄은 황금, 석유, 천연가스, 희토류의 보고다.[83] 예컨대 키르기스스탄, 타지키스탄, 우즈베키스탄에 걸쳐 있는 톈산 산맥의 금맥은 매장 규모가 1860년대 세계 최대 금광이었던 남아프리카 공화국의 비트바테르스란트 (Witwatersrand) 금광 다음 규모로 큰 금광이다.[84] 카자흐스탄은 석유 매장량 세계 12위, 천연가스 매장량 16위이며 우라늄과 크롬의 매장량은 세계 2위, 희토류인 붕소나 카드뮴의 매장량은 세계 5위 수준의 국가이다.[85] 투르크멘인(Türkmenler)의 나라 투르크메니스탄의 천연가스 매장량은 확인된 것만 약 20조㎥로 전 세계 4위 규모이다. 카스피해 서쪽 인근의 아제르바이잔도 원유 및 천연가스 생산 규모가

---

82   2차 대전 후 일본의 군정을 책임진 이는 맥아더 장군이었다. 그는 8,000만 일본 인구 전체를 자신의 통제하에 완벽하게 두고 있었다. 그는 일본 국기 게양을 금지했고, 도쿄 각 길거리에 워싱턴 하이츠, 루스벨트 휴양지 등 미국식 명칭을 붙였다. 특히 일본 정치인들이 만든 헌법 초안이 그의 마음에 들지 않자, 9일 만에 영어로 일본 헌법 초안을 만들었다. 대니얼 임머바르, 앞의 책, p. 332. 따라서 오늘날 일본 헌법은 사실상 맥아더 장군이 만든 것이나 마찬가지이다. 이 시기 미국 의회에는 일본의 49번째 주로 만들자는 청원이 접수되기도 하였다. 한편 일본의 군비는 플라자 합의가 있었던 1985년에 GDP의 0.95%인 131억 불 수준이었다. 1986년에는 군비가 195억 불로 치솟지만, 이는 엔화 강세에 따른 착시다. 일본 GDP 수준과 비교하면 1986년 군비 지출은 0.96%로 1985년과 거의 유사하고 2019년 까지는 비슷한 수준을 유지한다. 출처: www.macrotrends.com. 다만 2020년대 이후에는 분위기가 급격히 바뀌게 된다. 즉, 일본의 군비는 2022년에 GDP의 1%를 처음 초과하였고, 2024년에는 1.6%로 치솟았다. 아마도 2030년 무렵에는 GDP의 2%를 넘길 것이 거의 확실한데, 이렇게 되면 군비 지출 순위가 미국에 이어 중국과 2위를 다툴 가능성이 있다. 한편 일본 주둔 미군은 공군과 해군을 합쳐 5만 4천여 명에 이르는데, 3성 장군이 지휘하고 단독 작전권이 없어 하와이에 있는 인도·태평양 사령부의 지휘를 받는다. 반면 주한 미군은 2만 8,500여 명에 불과하지만, 전시 단독 작전권(Autonomous Operational Control: OPCON)을 보유한 4성 장군인 한미연합사 사령관이 통할한다.

83   중앙아시아가 가진 자원의 전략적 가치 때문에 러시아와 중국은 카자흐스탄, 키르기스스탄, 타지키스탄 5개 국은 1996년에 광범위한 분야의 국가 간 협의체인 상하이 파이브(Shanghai Five)를 결성했다. 2001년에 우즈베키스탄이 가입하면서 상하이 파이브는 정치, 경제, 군사적 협력체인 상하이협력기구(SCO, Shanghai Cooperation Organization)로 승격하게 된다. 2024년 기준 6개국 외에 이란, 파키스탄, 인도가 가입하여 정회원국은 9개국에 이른다.

84   피터 프랑코판, 앞의 책, p. 843. 비트바테르스란트의 금광은 19세기 중엽에서 20세기 중엽까지 전 세계 최대의 금광이었고, 이 금광 때문에 남아프리카 공화국의 수도인 요하네스버그가 만들어졌다.

85   출처: 駐 카자흐스탄 대한민국 대사관 홈페이지

20위 권 내외의 자원 부국이다. 카스피해 일대 지하에 매장된 원유는 확인된 것만 미국 원유 매장량의 두 배에 이른다고 한다.[86]

이 국가들이 막대한 규모의 자원을 팔아 획득한 황금으로 하고 있는 일들은

무엇일까? 1998년 투르크메니스탄의 사파르므라트 종신 대통령(Saparmyrat Nyýazow, 1940~2006)은 자신의 조각상을 나라 곳곳에 세웠는데, 모두 황금으로 덧칠해서 만들었다. 자신이 살아 있는 동안에는 전 국민에게 전기, 수도, 가스를 무료로 제공한다는 법률도 공포했다. 투르크메니스탄의 수도 아슈하바트(Asgabat)에는 2008년부터 오구즈한 대통령궁(Oguzhan Palace)을 새로 건설하기 시작했는데, 2억 5천만 달러가 투자되었고 실내 겨울 스포츠 경기장까지 지어졌다. 투르크메니스탄의 카스피해 동쪽 해안에 위치한 아바자(Avaza) 관광지구에는 이미 보수적 추산으로 20억 달러에 이르는 돈을 쏟아부었다.[87]

2011년 나자르바예프(Nursultan Abishuly Nazarbayev, 1940~) 카자흐스탄 초대 대통령은 재선에 성공하자 엘튼 존, 넬리 퍼타도 같은 유명 팝가수를 거절하기에는 너무나 아까운 조건의 가격으로 초대했다. 카자흐스탄은 새로운 수도 아스타나를 건설하면서, 2004년부터 2년 동안 영국 건축가 노먼 포스터(Norman Foster, 1935~)가 디자인한 62미터 높이의 피라미드 궁전인 "평화와 화해 궁전"을 지었고, 나자르바예프 대통령의 오른손 손바닥이 새겨져 있는 삼각형 모양의 황금 조각대인 아얄라 알라스칸(Ayala Alaskan)을 보관하고 있는 197미터 높이의 바이테렉 타워(Baiterek

---

86   피터 프랭코판, 앞의 책, p. 843

87   피터 프랭코판, 앞의 책, p. 847

^{Tower)} 도 1996년에 착공하여 2002년에 완성했다.

타지키스탄은 중앙아시아 최대 규모의 극장, 최대 규모의 도서관, 최대 규모의 박물관을 짓는 데 혈안이 되어 있다. 아제르바이잔의 일함 알리예프^{(Ilham Eliyev,} ^{1961~)} 대통령은 자기 아이들 이름으로 두바이에 엄청난 규모의 고급 저택과 아파트를 소유하고 있다. 아제르바이잔 수도 바쿠에는 힐튼, 라마다, 쉐라톤, 하이얏트 호텔이 즐비하고, 전년도 우승국인 한국이 프랑스에게 우승 자리를 내준 2012년 바쿠의 17세 이하 여성 월드컵을 대회 개최 시에는 제니퍼 로페즈를 초대했다.[88] 아제르바이잔은 더 나아가 2012년 유로비전 가창대회를 개최하기 위해 크리스털 홀이라는 거대한 공연장도 새로 지었고, 바쿠 국제공항은 유리 벽면을 사용하여 완전히 리모델링했다. 중앙아시아 국가들과 아제르바이잔의 이와 같은 행보는 달러^(황금)와 기술·산업·무역^(설탕)과 금융^(이자)을 결합하는 행보인가? 판단은 독자 여러분께 맡기겠다.

---

88 피터 프랭코판, *앞의 책*, pp. 845~851

이어서 『황금, 설탕, 이자 - 바빌로니아의 수수께끼(上-2)』編으로 이어집니다.

In Memory of My Father, Moonsun Lee

이 원 희 지음

황금, 설탕, 이자를 동시에 장악하는 자가 세상을 지배한다!!!
서양은 왜 동양을 지배하게 되었는가? 세계 질서는 왜 등장했는가?
미국, 중국 대결의 승자는? 황금, 설탕, 이자의 역사 탐구를 통해 그 대답을 찾다!!!

그림

헤라르트 테르 보르흐의 「레모네이드 한 잔」. 17세기에 레몬은 매우 값비싼 재료였고, 원기를 회복하는 대표 음식이었다. 상사병에 걸린, 밝게 채색된 좌측의 여성과 레모네이드를 통해 그녀를 유혹하려는 어두운 톤을 한 남성의 대비가 극적이다. 1664년경 작품. 에르미타쥬 미술관 소장. Public Domain

헤라르트 테르 보르흐의 「화장실의 여인」. 1660년경 작품. 디트로이트 미술관(Detroit Institute of Arts) 소장. Public Domain

헤라르트 테르 보르흐의 「훈계」. 1653~1655년경 작품. 암스테르담 라이크스 박물관(Rijksmuseum) 소장. Public Domain

헤라르트(1617~1681)는 부유한 집안에서 태어났다. 이 때문인지 몰라도 그는 주로 부유한 집안의 여성을 대상으로 그림을 많이 그렸다. 그는 렘브란트(1606~1669)와 페르메이르(1632~1675)의 중간 세대로 렘브란트처럼 빛의 효과를 잘 활용했고, 페르메이르는 헤라르트가 사용한 인물의 극적인 배치를 모방했다. 나아가 그는 씨줄을 최소화하고 날실을 주로 사용하여 비단을 광택이 나게 만든 비싼 직물인 새틴(Satin)을 입은 여성의 치마를 즐겨 그렸다. 제시된 세 그림 모두 이 여성들의 새틴 치마를 실감 나게 묘사했다. 특히 렘브란트의 영향을 받아 빛을 활용한 명암의 대비가 압권이다. 세 번째 그림의 「훈계」는 과거에는 앉아 있는 부친이 뒤돌아 서 있는 딸을 훈계하는 장면으로 해석했다고 한다. 하지만 필자가 보기에 앉아 있는 남성이 부친으로 보기에는 너무 젊어 보인다. 혹자는 이 그림이 홍등가에서 가격을 흥정하는 남녀를 그린 것으로 해석하기도 한다.

가브리엘 메취의 「편지를 쓰는 남자」. 원래 그는 처음에 종교화를 그렸으나, 종교적인 그림이 그의 성향에 맞지 않아 네덜란드인의 일상을 묘사하는 그림을 그리는 방향으로 선회했다. 이 그림에서 묘사된 테이블 위에 높인 페르시아 양탄자, 은으로 만든 펜을 담는 통, 아래쪽 벽면에 붙여진 네덜란드의 델프트(Delft)에서 개발된 푸른색의 델프트 타일(다양한 새들이 가운데 새겨져 있다.) 등이 이 남자가 얼마나 부자인지 알려 준다. 열려진 창문의 바깥으로는 지구본이 보이는데, 이 당시 세계로 뻗어가는 네덜란드를 상징하는 소품이다. 한편 17세기 네덜란드에서는 교육적 효과를 위해 어려서부터 편지 쓰는 훈련을 많이 시켰다고 한다. 이 그림은 어른이 되어서도 편지를 쓰는 남성을 묘사한 것인데, 이 그림에서 편지를 쓰는 남성은 과연 누구일까? 1662~1665년 작품. 아일랜드 국립 미술관(National Gallery of Ireland) 소장. Public Domain

가브리엘 메취의 「편지를 읽는 여자」. 편지를 읽고 있는 여성은 가운데 선을 금박으로 장식한 진홍색 치마, 담비로 만든 것으로 보이는 가죽 장식이 달린 노란색 옷을 입고 있는데, 이는 그녀가 얼마나 부자인지, 당시 네덜란드가 얼마나 풍요로운 국가였는지 보여 준다. 그녀는 이마가 거의 벗겨져 있는데, 이는 당시 미인이 갖추어야 할 하나의 조건이었다고 한다. 우측 벽면의 액자 그림에는 바다를 항해하는 네덜란드 상선이 그려져 있고, 하녀가 들고 있는 편지통에는 큐피드의 화살이 그려져 있다. 하녀의 왼손에는 편지 봉투가 들려져 있는데, 이 편지 봉투에는 메취(Metsu)라는 글씨가 새겨져 있다. 그럼 「편지를 쓰는 남자」에 그려진 주인공이 바로 화가 자신인 메취라는 뜻인가? 1665년 작품. 아일랜드 국립 미술관(National Gallery of Ireland) 소장. Public Domain

얀 스텐은 네덜란드 전성기 시절 국력을 유지하기 위한 소망을 담아, 주로 가정의 중요함을 강조하는 그림을 많이 그렸다. 「사치를 조심하라」는 일이 잘 풀릴수록 경계하라는 네덜란드 속담을 그림으로 표현한 것이다. 왼편에 검은 옷을 입은 여인(가운데 요염하게 앉아 있는 여성이 주인공이 아니다.)이 졸고 있는 사이에, 집안은 완전히 아수라장이다. 성취감에 젖어 졸고 있는 여인과 그 주변의 혼란(담배를 피우는 아이, 하녀와 노닥거리는 주인장, 집안을 휘젓고 다니는 돼지 등)이 사치를 조심하라는 강력한 메시지를 전달한다. 얀 스텐의 이 그림은 네덜란드의 국력이 신장한 결과, 가정을 책임지는 가정주부로서의 모습을 사실상 최초로 화폭에 담아냈다는 점에서도 큰 의미가 있다. 1663년 작품. 비엔나 미술사 박물관(Kunsthistorisches Museum) 소장. Public Domain

얀 스텐의 「그림 수업」. 1665년 작품. 폴 게티 미술관 소장. Public Domain

얀 스텐의 「화장실의 여인」. 1665년 작품. 런던 왕실 미술관(Royal Collection) 소장. Public Domain

309